स्वयम्को आवाज

किताबले पाएका प्रशंसा

"जीवनका बारेमा प्रेम रावतको गहन बुझाइबाट मैले दशकौँदेखि खोजिरहेका सारा प्रश्नहरूको उत्तर पाएको छु। यो पुस्तकले शान्तिलाई यस अशान्त संसारमा खोजी गर्नुको साटो यसलाई आफूभित्रै प्राप्त गर्ने एउटा व्यावहारिक तरिका र विवेक प्रदान गरेर पाठकहरूलाई प्रेरित गर्दछ।"

–**माइकल बोल्टन**, ग्रेमी पुरस्कार विजेता,
गायक तथा गीतकार

"प्रेमका शब्दहरू साँचो सन्तुष्टिको प्रबल इच्छा राख्ने मानिसहरूका लागि एउटा राहत दिने मलमजस्तै छन्। यो पुस्तक एक बहुमूल्य रत्न हो!"

–**सुसान स्टिफेलम्यान**, एमएफटी,
प्यारेन्टिङ विदाउट पावर स्ट्रगल्सका लेखक

"प्रेम रावत चेतनाका आइन्स्टाइन हुनुहुन्छ।"

–**क्लाउडियो नरेन्जो**, एमडी,
दि एनेग्राम अफ सोसाइटीका लेखक

"यस पुस्तकमा गीतहरू छन्, सम्भावित आनन्दका सुन्दर धुनहरू अनि जीवनको वास्तविक शान्तिका लयहरू छन्–यदि हामीले स्वयम्लाई सुन्यौँ भने। आउनुहोस्, यस पुस्तकलाई लिऔँ, नयाँ ज्ञान र हृदयबाट प्रकाशित खुसीका साथ यसलाई ग्रहण गरौँ। आउनुहोस्, पहिलो पटक गीत गाऔँ।"

–**हुवान फिलिपे हरेरा**, अमेरिकी प्रतिष्ठित कवि

स्वयम्‌को आवाज

कोलाहलमय यस संसारमा शान्ति कसरी प्राप्त गर्ने

प्रेम रावत

HarperCollins *Publishers* India

First published in English in the US as *Hear Yourself: How to Find Peace in a Noisy World* by HarperOne 2021
An imprint of HarperCollins *Publishers*

First published in Nepali in India by HarperCollins *Publishers* 2025
HarperCollins *Publishers* India, Cyber City, Building 10- A, Gurugram, Haryana- 122002, India
www.harpercollins.co.in

2 4 6 8 10 9 7 5 3 1

P-ISBN: 9789369893065
E-ISBN: 9789369896141

Typeset by *Hamro Kitab Ghar*, Siliguri (India)

Printed and bound at *Thomson Press India Ltd*

HarperCollins *Publishers*, Macken House, 39/40 Mayor Street Upper, Dublin 1, D01 C9W8, Ireland

FSC www.fsc.org MIX Paper | Supporting responsible forestry FSC® C010615

This book is produced from independently certified FSC® paper to ensure responsible forest management.

विषयसूची

परिचय ७

अध्याय १ : आफ्ना कानहरूबिचको हल्लाबाट टाढा रहनुहोस् २३

अध्याय २ : आफ्नो भित्री लयलाई चिन्नुहोस् ४१

अध्याय ३ : अनन्त शान्तिसँग आफूलाई जोड्नुहोस् ५९

अध्याय ४ : जान्नु र विश्वास गर्नुका बिचमा फरक छुट्याउन सिक्नुहोस् ७७

अध्याय ५ : आफैँबाट सुरु गरौँ ९७

अध्याय ६ : कृतज्ञतालाई रोज्नुहोस् ११५

अध्याय ७ : कठिन समयका लागि आफ्नो बोझ घटाउनुहोस् १३३

अध्याय ८ : क्षमा गरेर स्वयम्लाई मुक्त गर्नुहोस् १५१

अध्याय ९ : यस क्षणमा प्रेम गर्नुहोस् १७१

अध्याय १० : परमात्मालाई अपनाउनुहोस् १८१

अध्याय ११ : दयाका माध्यमबाट सर्वव्यापी आत्मतत्त्व बन्नुहोस् १९७

अध्याय १२ : अभ्यास, अभ्यास, अभ्यास २१७

परिचय

विगतका वर्षहरूमा मैले स्वयम्‌को खोजीको यात्रामा रहेका धेरै मानिसलाई भेटेको छु र उहाँहरूसँग कुराकानी गरेको छु। केही मानिसहरूले आफ्नो जीवनलाई ज्ञानको खोजीमा समर्पण गर्नुभएको छ। यसका लागि उहाँहरूले लगातार यो संसारभर विचार र विधिको खोजी गरिरहनुभएको छ। त्यस्तै अन्य मानिसहरू स्वयम्‌लाई अझै राम्ररी जान्न चाहनुहुन्छ अथवा आफ्नो जीवनमा तृप्ति र आनन्दको सुन्दर अनुभव गर्न चाहनुहुन्छ।

आफ्नो यस यात्रामा केही समय तपाईं मसँगै यात्रा गर्नुहोस्। हामी कहाँ जाँदै छौँ भनेर तपाईं चकित हुनुहुनेछ। हामी सिद्धान्त र विश्वासहरूभन्दा पर गइरहेका छौँ अनि ज्ञानको एउटा अनुपम रूप भएतिर अघि बढिरहेका छौँ। हामी तपाईंभित्र रहेको कुनै त्यस्तो स्थानतिर जाँदै छौँ जुन हरदिनको उल्झनबाट मुक्त छ। त्यस स्थानमा पुगेपछि वास्तवमा तपाईंले स्पष्टता, तृप्ति र आनन्दको अनुभव गर्न सक्नुहुनेछ। त्यहाँ भित्री शान्ति विराजमान छ। हाम्रो बाटोले हामीलाई दिमागको सजगतादेखि हृदयको पूर्तिसम्म अनि हृदयको पूर्तिबाट शान्तिको अनुभवसम्म लैजानेछ। तपाईं जो भए पनि शान्ति तपाईंभित्रै छ। आत्मज्ञानद्वारा तपाईं त्यो शान्तिको अनुभव गर्न सक्नुहुन्छ अनि यस पुस्तकले तपाईंलाई त्यो अनुभव कसरी गर्न सकिन्छ भन्ने कुरा बताउनेछ।

आफूलाई बुझ्ने विषयमा मैले प्रशस्त भ्रमपूर्ण बौद्धिक होहल्ला रहेको पाएँ तर आत्मज्ञान प्राप्तिको उद्देश्य एकदमै सरल छ। यो हामीले ताजा स्पष्टता, गहिरो तृप्ति, अथाह आनन्द र अनेकन् आश्चर्यहरूको अनुभव गर्ने विषय हो। यसलाई आफूभित्रको शान्तिको ब्रह्माण्डमा रहेर अनुभव गर्न सक्छौँ। शान्तिको यो अनुभव 'वास्तवमा हामी को हौँ?' भन्ने कुरामा केन्द्रित छ।

म यहाँ स्पष्ट पार्न चाहन्छु– केवल शान्तिका बारेमा तपाईंको बुझाइलाई विकसित गर्नु र तपाईंको जीवनमा आन्तरिक शान्तिसँग जोडिएपछि कस्तो प्रभाव पर्दछ भन्ने कुरालाई बुझाउनु नै मेरो उद्देश्य हो। तर, बाहिरी कोलाहलदेखि

आन्तरिक शान्तिसम्मको यात्रालाई तपाईँ स्वयम्ले तय गर्नुपर्नेछ। तपाईँलाई कसैले पनि शान्ति प्रदान गर्न सक्दैन। यो त तपाईँले आफ्ना लागि आफैँभित्र उजागर गर्न सक्ने विषय हो। यदि यसो गर्नुभयो भने तपाईँले 'तपाईँ को हुनुहुन्छ?' भन्ने कुरालाई नयाँ तरिकाबाट बुझ्न सक्नुहुनेछ। हाम्रो जीवनमा धेरै कुरा स्वतः भइरहन्छन्। यस्ता कुराहरू हाम्रा लागि सहजै भइरहेका हुन्छन् तर आन्तरिक शान्ति प्राप्त गर्नका लागि कोसिस गर्नु आवश्यक हुन सक्छ। पूर्ण रूपमा सचेत रहनका लागि प्रयास गर्नुपर्छ। आइन्स्टाइनले भनेजस्तै, "विद्यालयीय शिक्षाबाट विवेक प्राप्त हुँदैन, बरु यसलाई प्राप्त गर्नका लागि जीवनभरि प्रयास गर्नुपर्छ।"

जतिजति यस पुस्तकमा कथा अनि नयाँ विचारहरू अगाडि आउन थाल्छन्, म के आशा गर्छु भने तपाईँले कुनै त्यस्तो चिजका बारेमा अपेक्षाभन्दा पर एउटा दृष्टिकोणको आनन्द लिन सुरु गर्नुहुनेछ जुन हामी सबैमा एक समान छ। मेरो विचारमा यी दृष्टिकोणहरूबाट हामी विलक्षण मानवताको भावनालाई अनुभव गर्नेछौँ जसलाई उत्सवका रूपमा मनाउनुपर्छ। अर्को पनि एउटा उल्लेखनीय पात्र छ। यसका बारेमा खासगरी म के चाहन्छु भने तपाईँ उनलाई भेट्नुहोस् अनि उनलाई चिन्नुहोस् तर उनका बारेमा केही समयपछि मात्रै चर्चा गर्नेछु।

धेरै मानिसहरूको भनाइ के छ भने उहाँहरूले आफ्ना छेउछाउमा बढिरहेको होहल्लाका कारण चुनौती महसुस गरिरहनुभएको हुन्छ। हामी हाम्रा भिडभाडयुक्त सहरहरू अनि व्यस्त र डिजिटल प्रविधिले सबल बनाएको जीवनमा छौँ। यस्तो परिवेशमा सरल ढङ्गले बाँच्नका लागि हामीलाई त्यस्तो समय र स्थान पाउन प्रायः गाह्रो हुन्छ। दुर्गम ग्रामीण क्षेत्रसम्म पनि 'विकास' पुगिरहेको छ। यसबाट मानिसहरूलाई अत्यावश्यकीय चिजको फाइदा लिने अवसर त प्राप्त भइरहेको छ तर यसका साथसाथै यो प्रगतिले मानिस र समुदायमा नयाँ माग पनि थपिरहेको छ। जीवित रहनका लागि यो कति सुन्दर समय छ! नयाँनयाँ आविष्कारहरूले साँच्चै नै सुन्दर सम्भावनाको सृजना गरिरहेका छन् तर कहिलेकाहीँ यो प्रगतिसँगै आइरहेको होहल्लाले हामीलाई नराम्रोसँग भड्काइरहेको भान हुन्छ।

वास्तवमा यसरी उत्पन्न भएको होहल्लालाई हाम्रो दिमागभित्र उत्पन्न भएको हल्लासँग तुलना गर्नै सकिँदैन। यी समस्या र सवालहरूलाई हामी समाधान गर्न सक्दैनौँ जस्तो लाग्छ। यी चिन्ता र आत्मशङ्कालाई हामी घटाउन सक्दैनौँ जस्तो लाग्छ। हाम्रा महत्त्वाकाङ्क्षा र अपेक्षाहरूलाई पूरा गर्न सक्दैनौँ जस्तो लाग्छ। यसकारण हामी अरूप्रति झर्को, चिढचिढाहट र क्रोध पनि महसुस गर्न सक्छौँ र

आफैँसँग निराश हुन पुग्छौँ। सम्भवतः एकाग्रताको अभाव अथवा भ्रम र आलटालको बोझले थिचिएको महसुस गरेका कारण हामी पछि परेका छौँ। आनन्द र सुरक्षाका लागि हामी मानसिक कसरत गरिरहेका हुन्छौँ। यस पुस्तकमा म ती नकारात्मक सोचाइले हामीमा पारेको प्रभावलाई सम्बोधन गर्नेछु र हाम्रो विचारभन्दा पर रहेको गहिरो तथा अपरिवर्तनीय आत्मचेतनतिर पुग्ने तरिका बताउनेछु।

एउटा फरक मार्ग

मलाई मेरै तरिकाले काम गर्छ भनेर कसरी थाहा हुन्छ? यसले मेरा लागि काम गरेका कारण तपाईंसमक्ष पनि आत्मविश्वासका साथ प्रस्तुत गरिरहेको छु। म प्यासी थिएँ, म एउटा कुवा नजिकै आइपुगेँ अनि मेरो तिर्खा मेटियो। के अरू तरिका पनि छन्? अवश्य हुन सक्छन्। त्यसो हो भने मैले किन ती तरिकालाई अपनाइनँ त? किनभने, म अब प्यासी रहिनँ।

तपाईं जुनसुकै धार्मिक, नैतिक या राजनीतिक विचारधारामा आस्था राख्ने भए पनि अथवा कुनै पनि राष्ट्रियता, वर्ग, लिङ्ग, उमेरको भए पनि तपाईं आफ्नो जीवनमा मेरो तरिकालाई प्रयोग गर्न सक्नुहुन्छ। यो तरिकाले तपाईंको विश्वासलाई विस्थापन गर्दैन। यो त विश्वास गर्ने कुरा होइन, जान्ने कुरा हो। यो आधारभूत रूपमा नै एउटा महत्त्वपूर्ण भिन्नता हो। यसका बारेमा म अगाडि प्रस्ट्याउँदै जानेछु। 'जान्नु' ले तपाईंलाई तपाईंको सबैभन्दा सुन्दर मानवीय भावनासँग गहन रूपमा जोड्न सक्छ र तपाईंलाई हरेक आयामबाट स्वयम्को अनुभव गर्न सक्षम बनाउँछ। यो कसरी तपाईंको विश्वाससँग जोडिन्छ भन्ने कुरा तपाईंमै भर पर्छ।

तपाईंले के थाहा पाउनुहुनेछ भने म तपाईंलाई आफ्नो हृदयलाई विश्वास गर्न तथा समृद्ध तुल्याउन र आफ्नो दिमागलाई मार्गदर्शक मानेर त्यसमा मात्रै भर नपर्न आग्रह गर्नेछु। दिमागले हाम्रो धेरैजसो दैनिक अनुभवलाई स्वरूप प्रदान गर्छ अनि यसले कसरी सही र कसरी गलत व्यवहार गर्छ भन्ने कुरा बुझ्न हामीलाई निकै सहयोग पुग्छ। आफ्नो विचारलाई सबल र बुद्धिलाई प्रखर तुल्याउने अवसरहरूलाई अपनाउँदै हाम्रो जीवनमा दिमागका सकारात्मक र नकारात्मक प्रभावहरूलाई हामीले पहिचान गर्नु महत्त्वपूर्ण हुन्छ। तथापि, हाम्रो समाजले प्रायः हृदयको तुलनामा दिमागलाई बढी महत्त्व दिन्छ। दिमागी क्षमताले सबै थोक गर्न सक्दैन। उदाहरणका लागि हाम्रो दिमागले मात्रै "तपाईं को हुनुहुन्छ?" भन्ने

प्रश्नको सन्तोषजनक उत्तर दिन सक्छ जस्तो मलाई लाग्दैन। मेरो दिमागले मलाई कहिल्यै पनि आन्तरिक शान्तिको स्थानसम्म लगेको छैन। हाम्रो दिमाग राम्रोसँग काम गर्नका लागि यसमाथि थोपरिएका हरेक चिजमा अत्यधिक निर्भर रहन्छ तर हृदयको निर्भरता मानिसको डीएनए (वंशाणु) सँग बढी हुन्छ।

मैले दिमागको कुरा गरिरहँदा एक जना पाठकका रूपमा तपाईंसँग मेरो एउटा अनुरोध छ। तपाईंले आफ्ना लागि यसको वास्तविकतालाई महसुस गर्नुभयो भने मात्रै मैले यो पुस्तकमा लेखेका कुराहरूलाई स्वीकार गर्नुहोस्। के तपाईंको बुद्धिले मेरो सन्देशप्रति शङ्का गरिरहेको छ वा यसलाई स्वीकार गरिरहेको छ ? तपाईंको अन्तरात्माले के भनिरहेको छ भन्ने कुरालाई पनि सुन्नुहोस्। मेरो यो तरिकालाई पनि उचित अवसर दिएर हेर्नुहोस्। यहाँ तपाईंले के सोच्नुपर्छ भनेर बताउनुभन्दा यसपछिका अध्यायहरूमा तपाईंले विचार गर्नुपर्ने केही सम्भावनाहरूलाई प्रस्तुत गरिनेछ। म तपाईंलाई तर्क गरेर विश्वास दिलाउन खोजिरहेको छैन। बरु केवल तपाईंका लागि सहयोगी दृष्टिकोण प्रदान गर्न सक्ने आफ्नो अनुभव, विचार अनि कथांशहरूलाई प्रस्तुत गर्दै छु। हृदयबाट निस्केका स्पष्ट शब्दहरू तपाईंको बुझाइलाई बदल्न समर्थवान् बन्न सक्छन्। म यस पुस्तकमा विचार र त्योभन्दा परको भित्री संसारको अनुभवसम्म पुग्ने एउटा मार्गका रूपमा मेरा शब्दहरूलाई प्रस्तुत गर्दै छु। कृपया मैले भनिरहेको कुरालाई दिमागमा मापन गर्नुहोस् तर यस कुरालाई आफ्नो हृदयबाट पनि सुन्नुहोस्।

म को हुँ ?

हामी अघि बढ्नुभन्दा पहिला म तपाईंलाई मेरा बारेमा केही कुरा बताउँछु ! मेरो जन्म सन् १९५७ मा हिमालयको काखमा बसेको भारतको हरिद्वारमा भयो। त्यसपछि नजिकैको सहर देहरादुनमा म हुर्किएँ, बढेँ। देहरादुन सहरभन्दा माथि पहाडमा गङ्गा नदीको उद्गमस्थल छ। यसलाई हिन्दुहरूको पवित्र तीर्थस्थल मानिन्छ। वास्तवमा हरिद्वारको अर्थ 'हरिको द्वार' हो। हुनलाई यो एकदमै ठुलो ठाउँ नभए पनि तीर्थस्थल भएका कारण हरेक वर्ष लाखौँ मानिसहरू त्यहाँको धार्मिक उत्सवमा सहभागी हुने गर्छन्। यो दृश्य साँच्चै हेर्न लायक हुन्छ।

म हुर्केको स्थान यस्तो छ जहाँ मानिसहरूले लामो समयदेखि धर्मलाई अत्यन्तै गम्भीर रूपमा लिँदै आएका छन्। उनीहरू प्रभावशाली तथा प्रेरक

तरिकाले आफ्नो विश्वासलाई व्यक्त गर्ने गर्दछन्। मेरा पिताजी श्री हंसजी महाराज शान्तिका विषयमा बोल्नुहुने एक प्रसिद्ध वक्ता हुनुहुन्थ्यो। उहाँको सन्देश सुन्नका लागि हजारौँ मानिसहरू आउने गर्दथे। कलिलो उमेरमै उहाँ पहाडको यात्रामा निस्कनुभयो। त्यसपश्चात् उहाँ आन्तरिक शान्तिसम्म पुऱ्याउने महापुरुषहरूको खोजीमा कैयौँ गाउँ बस्ती अनि सहरहरूमा पुग्नुभयो। यस यात्रामा उहाँलाई धेरै हदसम्म निराशा मात्रै हात लाग्यो।

मेरा पिताजीले उत्तरी भारतमा आफ्ना गुरु श्री स्वरूपानन्दजीसँगको सान्निध्य पाएपछि आफ्नो लक्ष्यमा सफलता प्राप्त गर्नुभयो। त्यो स्थान विभाजन भएपश्चात् अहिले पाकिस्तानमा पर्छ। भारतमा 'गु' को अर्थ अन्धकार र 'रु' को अर्थ प्रकाश भन्ने हुन्छ। यसैले तपाईँलाई अँध्यारोबाट प्रकाशतिर लैजाने व्यक्ति नै गुरु हुन्। तपाईँ उनलाई जीवनका एक मार्गदर्शकका रूपमा मान्न सक्नुहुन्छ। अन्ततः मेरा पिताजीले एक सच्चा गुरु पाउनुभयो। उहाँसँग मानवीय भावनाको गहिरो बुझाइ थियो। यो अनुभवले उहाँलाई साँच्चै नै परिवर्तन गरिदियो। उहाँले खोजिरहनुभएको चिज प्राप्त गर्नुभयो– स्वयम्को गहिरो बुझाइ र अवर्णनीय आन्तरिक शान्तिको चेत। उहाँले आफ्ना 'गुरु' बाट ज्ञान प्राप्त गर्दाको अनुभूतिलाई सम्झँदा मैले उहाँलाई रोइरहेको देखेँ। उहाँ प्रायशः पन्ध्रौँ शताब्दीका प्रसिद्ध सन्त कवि कबिरदासको एउटा दोहालाई उदाहरणका रूपमा प्रस्तुत गर्ने गर्नुहुन्थ्यो। उहाँले आफ्ना गुरुसँगको सम्बन्धलाई यसरी अनुभूत गर्नुभएको थियो :

यो संसारको, यो समाजको
अन्धकाररूपी नदीले मलाई बगाइरहेको थियो
अनि मलाई मेरा सद्गुरुले बत्ती थमाइदिनुभयो।
उहाँले मभित्रको सुन्दर स्थानलाई देखाइदिनुभयो
र म अहिले सन्तुष्ट छु।

अन्ततः मेरा आमाबुवा एउटा घर लिएर देहरादुनमा बस्न थाल्नुभयो तर मेरा पिताजी भने केही पर हरिद्वारमा स्थापित केन्द्रबाट नै कार्य सञ्चालन गर्नुहुन्थ्यो। त्यहाँबाटै उहाँले आफ्नो सन्देश सुन्न चाहने सबै मानिसहरूसमक्ष उक्त सन्देशको प्रचार गर्न थाल्नुभयो। सदियौँदेखि चल्दै आएको गुरुले आफ्ना शिष्यलाई जिम्मेवारी सुम्पने त्यही प्राचीन परम्पराअनुसार उहाँले आफ्नो कार्यलाई

अघि बढाउनुभयो। मेरा पिताजीका सन्दर्भमा भन्नुपर्दा श्री स्वरूपानन्दजीले यस कार्यका लागि उहाँलाई छनोट गर्नुभएको थियो। मेरा पिताजीको मूल सन्देश के थियो भने जुन शान्तिलाई तपाईँले खोजिरहनुभएको छ त्यसले कतै बाहिर संसारमा तपाईँलाई पर्खिरहेको छैन। बरु त्यो त पहिल्यै तपाईँभित्रै छ तर त्यस चिजसँग सम्बन्ध गाँस्ने कुरालाई तपाईँ स्वयम्ले नै रोज्नुपर्नेछ। मेरो तरिकामा पनि रोज्ने, छनोट गर्ने विषय अत्यन्त महत्त्वपूर्ण हिस्सा रहेको तपाईँ देख्नुहुनेछ।

सबै मानिसले ज्ञान पाउनु हुँदैन भन्ने पुरानो मान्यतालाई मेरा पिताजी स्वीकार गर्नुहुन्नथ्यो। त्यो समयको भारतीय समाजलाई ऊँचनीच, विदेशीहरूप्रति राखिने सन्देह अनि जातपातको कठोर व्यवस्थाले विभाजन गरेको थियो तर मेरा पिताजीले हरेक मानिसलाई विश्वमानव परिवारको सदस्य मान्नुभयो। तपाईँ जुनसुकै जाति, धर्म, सामाजिक पृष्ठभूमि अथवा जुनसुकै लैङ्गिक पहिचानको भए पनि उहाँको सन्देशसँग जोडिन सक्नुहुन्थ्यो। कुनै भेदभावविना नै उहाँलाई सुन्न सक्नुहुन्थ्यो। मलाई के सम्झना छ भने एउटा कार्यक्रममा उहाँले एक अमेरिकी जोडीलाई मञ्चमा बोलाउनुभयो अनि विशेष अतिथि बनाएर सम्मानपूर्वक कुर्सीमा बसाउनुभयो। यो त विदेशी व्यक्तिहरू आध्यात्मिक रूपमा अशुद्ध अनि कुनै पनि रूपमा नीच र फरक हुन् भन्ने सोचाइ भएकाहरूका लागि एउटा ठुलो चुनौतीको विषय बन्थ्यो। मैले अध्याय ११ मा विश्वव्यापी मानवीय सम्बन्धका बारेमा आफ्नो भावनालाई प्रस्तुत गरेको छु।

मेरा पिताजीले आफ्ना श्रोता वा अन्य मानिसहरूलाई सम्बोधन गर्नुहुन्थ्यो। उहाँहरू पिताजीको सन्देश सुन्न वा ज्ञान प्राप्त गर्नका लागि आउने गर्नुहुन्थ्यो। उक्त समयमा उहाँको चरणमा बसेर सुन्ने अवसर पाउँदा म उहाँबाट सिक्दथेँ। म चार वर्षको हुँदा उहाँको एउटा कार्यक्रममा मैले पहिलो पटक सम्बोधन गरेको थिएँ। त्यस दिन मेरो सन्देश एकदमै सरल थियो– शान्ति तब मात्रै सम्भव हुन्छ जब तपाईँले आफूबाटै सुरुवात गर्नुहुन्छ। मैले सदा त्यो सत्यतालाई आफ्नो हृदयमा महसुस गरेको थिएँ। यति सानो उमेरमा पनि आफूअघि बस्नुभएका श्रोताहरूसामु उभिएर यो सन्देश प्रस्तुत गर्न मलाई पूर्ण रूपमा स्वाभाविक लागिरहेको थियो।

दुई वर्षपछिको कुरा हो। एक दिन म आफ्ना दाजुभाइका साथमा बाहिर खेलिरहेको थिएँ। त्यसै बेला भित्रबाट कोही त्यहाँ आएर भन्नुभयो, "तिमीहरूका पिताजीले तिमीहरू सबैलाई भित्र बोलाउनुभएको छ। अहिले नै!" मैले सोचेँ, "ओहो! हामीबाट कतै गल्ती त भएको छैन?" भित्र गएपछि पिताजीले सोध्नुभयो,

"के तिमीहरू ज्ञान लिन चाहन्छौ?" ज्ञान शब्दलाई उहाँ र अरू मानिसहरूले आत्मज्ञानसँग जोड्ने विधिलाई जनाउन प्रयोग गर्दथे। नसोचीकनै हामी सबैले भन्यौँ, "हजुर, चाहन्छौँ।"

पिताजीसँग हाम्रो त्यो सत्र त्यति लामो समयसम्म चलेन। उहाँले मलाई दिनुभएको त्यो चिज त्यसपछिका वर्षहरूमा मैले राम्रोसँग बुझेँ र त्यही चिज म तपाईँलाई दिनेछु। मैले जीवनका बारेमा निकै फराकिलो दृष्टिकोण पाउन सुरु गरेको महसुस गरेँ। हामी बाहिरका चिजहरू वा हाम्रा विचारहरूले मात्र बनेका होइनौँ भन्ने कुरालाई राम्रोसँग बुझ्न थालेँ। भित्र अर्को कुनै चिज पनि सक्रिय छ। अत्यन्तै शक्तिशाली!

मलाई पहिलादेखि नै आन्तरिक दुनियाँका बारेमा चेत थियो तर मैले ठिक त्यसै बेलादेखि कसरी व्यक्तिगत शान्तितर्फको मार्ग आत्मज्ञान हो भन्ने कुरालाई बुझ्न थालेँ। यसको अभ्यासले मलाई हृदय र वास्तविकतासँग जोडिरहन सक्षम बनायो। मलाई ज्ञानले एकाग्रता अनि आत्मविश्वास दिइरहेको महसुस भयो तर अन्य मानिसहरू प्रायः स्वयम्का बारेमा द्विविधामा रहेको देखिनुहुन्थ्यो। आत्मज्ञानका सन्दर्भमा तपाईँले कतै अन्तै रहनुपर्ने वा केही अरू कुरा सोच्नुपर्ने आवश्यकता नै पर्दैन। केवल जीवित हुनुको मधुर आनन्दबाहेक अन्य कुनै चिजका बारेमा सचेत हुनुपर्ने आवश्यकता पनि पर्दैन। त्यसपछि मैले शान्ति हाम्रो जीवनमा कुनै विलासिता नभएर एउटा आवश्यकता हो भन्ने कुरालाई बुझ्न थालेँ।

आत्मज्ञानको विधि जानेपश्चात् म एक दिन देहरादुनमा आफ्नो बगैँचामा बसिरहेको थिएँ। त्यही समयमा मभित्र शान्तिको विलक्षण भावना स्थापित भयो। त्यस बेला मैले पहिलो पल्ट भित्री शान्ति आएर गइहाल्ने भावना होइन र यसको सार बाहिरी संसारसँग जोडिएको हुँदैन भन्ने कुरालाई साँच्चै नै बुझेँ। म यस अनुभवका बारेमा अध्याय ३ मा अझै विस्तारपूर्वक बताउनेछु।

गङ्गादेखि ग्ल्यास्टनबरीसम्म

म साढे आठ वर्षको हुँदा मेरा पिताजीको देहान्त भयो। यो घटना म, मेरी माता, मेरी बहिनी, मेरा दाजुहरू साथै परिवारका लागि कति गहिरो चोट पुऱ्याउने खालको थियो भनेर तपाईँ अनुमान गर्न सक्नुहुन्छ। यसले हामी र उहाँका अनुयायीहरू सबैको जीवनमा एकदमै आघात पुऱ्यायो।

मेरा पिताजीले मलाई अङ्ग्रेजी सिक्न सकोस् भनेर देहरादुनको एउटा रोमन क्याथोलिक स्कुल 'सेन्ट जोसेफ एकेडेमी' मा पढ्न पठाउनुभएको थियो। यसो गर्नुका पछि उहाँमा के आशा लुकेको थियो भने मैले उहाँबाट सिकेको आत्मज्ञानलाई एक दिन अन्तर्राष्ट्रिय जगत्का मानिसहरूसमक्ष अर्थात् अझ यथार्थमा भन्ने हो भने पूरै मानव जातिका माझमा पुऱ्याउन सकूँ। मेरा पिताजी बित्नुभएपश्चात् मलाई आफ्नो जीवनको उद्देश्य अचानक एकदमै स्पष्ट भयो। "शान्ति सम्भव छ" भन्ने सन्देश सुन्न चाहने संसारभरिका हरेक मानिससमक्ष उक्त सन्देश पुऱ्याउने उहाँको कार्यलाई मैले निरन्तरता दिनुपर्ने थियो।

एक बालकका लागि यो एउटा एकदमै साहसी महत्त्वाकाङ्क्षा थियो तथापि मैले गर्नुपर्ने कार्य नै यही हो भन्ने कुरा मलाई स्पष्ट रूपमा महसुस भयो। मैले आफ्ना पिताजीका अनुयायीहरूलाई सम्बोधन गरेर यस कार्यको सुरुवात गर्ने यो नै एउटा मात्र तरिका थियो। यसकारण मैले आफैँ मानिसको विशाल जमातलाई सामना गर्ने अत्यन्तै ठुलो हिम्मत बढाएँ अनि छिट्टै नै पूरै भारतका मानिसहरूका माझमा सन्देश प्रवाह गर्न थालेँ। आजसम्म पनि म भारतका मानिसहरूको अद्भुत स्वभावबाट एकदमै प्रभावित छु। भारतवर्ष यति धेरै हमला र चुनौतीहरूबाट गुज्रिएको छ तथापि विषम परिस्थितिमा पनि टिक्न सक्ने यी मानिसहरूको आपसी सद्भाव र विनम्र स्वभावका कारण बचेको छ। भारतमा आफ्नो भ्रमणका सिलसिलामा मैले धेरै असल मानिसहरूलाई भेटेको छु।

सन् १९६० को दशकमा अमेरिका र युरोपबाट जीवनको नयाँ विचारका बारेमा खोजी गर्दै धेरै आगन्तुकहरू देहरादुन आउनुभयो अनि उहाँहरूले मेरो सन्देश सुन्न थाल्नुभयो। म यस पुस्तकमा यी अनौठा प्रकृतिका आगन्तुकहरूसँग भएको आफ्नो पहिलो भेटका बारेमा पछि कुरा गर्नेछु। उहाँहरूमध्ये केही मानिसहरूले मेरो सन्देशलाई ध्यानपूर्वक सुन्नुभयो। केही समयपछि उहाँहरूले मेरो सन्देशलाई आफ्नो देशका मानिसहरूसमक्ष प्रस्तुत गर्ने चाहना प्रकट गर्नुभयो र मलाई बेलायतमा बोलाउनुभयो। म पनि जानका लागि उत्सुक थिएँ तर त्यस बेला मेरो उमेर १३ वर्षको मात्रै भएकाले सेन्ट जोसेफ विद्यालयका मेरा शिक्षकहरूले मलाई कक्षामा अनुपस्थित नहोस् भन्ने चाहनुहुन्थ्यो। यसकारण मेरो विदेश यात्रा विद्यालयको छुट्टीको समयमा तय गर्नुपर्ने भयो।

सन् १९७१ को जुन महिनामा म युके पुगेपछि केही दिनमा नै मलाई कारमा राखेर लन्डनको ग्रामीण इलाकामा लगियो। आफ्नो यात्राको अन्त्यमा मैले

ग्ल्यास्टनबरी सङ्गीत महोत्सवको पिरामिड स्टेजमा पाइला टेकैँ। त्यति बेला यो दोस्रो ग्ल्यास्टनबरी कार्यक्रम थियो र त्यो अहिले विश्वप्रसिद्ध कार्यक्रम बनेको छ। रमाइरहेका र एकदमै आश्चर्य मानिरहेका मानिसहरूका माझमा त्यो रात मैले आत्मज्ञानको शक्ति अनि व्यक्तिगत शान्तिका बारेमा सङ्क्षेपमा चर्चा गरेको थिएँ। मेरो सन्देशले त्यहाँ उपस्थित भएकामध्ये धेरैलाई प्रभाव पारेको महसुस गरेँ। युकेमा भएको मेरो आगमन र ग्ल्यास्टनबरीको मेरो उपस्थितिले त्यहाँको सञ्चार क्षेत्रको ध्यान खिच्यो। त्यसपछि मानिसहरूले मेरो सन्देशमा अभिरुचि देखाउन थाले।

त्यसै वर्ष पहिलो पटक म अमेरिका गएँ। त्यहाँ पनि मानिसहरूसमक्ष मैले आफ्नो सन्देश सुनाएँ र उहाँहरूमा पनि रुचि बढ्दै गयो। मैले आफ्नो विद्यालयको नयाँ शैक्षिक सत्रका लागि फर्केर घर जानुपर्ने थियो तर मैले केही दिन त्यतै रहने निर्णय गरेँ। मलाई याद छ, मैले घरमा फोन गरेर आफ्नी माताजीलाई 'मेरो अहिले घर आउने योजना छैन है' भनेको थिएँ। म त्यस बेला बोल्डर, कोलोराडोमा थिएँ। मैले उहाँलाई अमेरिकामा एकदमै राम्रो काम भइरहेको कुरा बताएँ। वास्तवमा मेरो यात्राको उद्देश्य नै 'के विदेशमा पनि मानिसहरूले यो शान्ति सन्देशमा रुचि राख्छन् त' भन्ने कुरा पत्ता लगाउनु थियो। त्यस बेला भारतमा धेरै मानिसहरू विपन्न हुनुहुन्थ्यो तर पनि उहाँहरूलाई आत्मज्ञानरूपी अनमोल उपहार प्राप्त भएको थियो। उहाँहरूका तुलनामा अमेरिका अनि अन्य स्थानका धनी मानिसहरूले पनि के स्वयम्सँग जोडिने आवश्यकतालाई महसुस गर्छन्? मलाई पश्चिमका मानिसहरूमा पनि भारतका मानिसहरूमा जसरी नै आत्मज्ञान र आन्तरिक शान्तिको प्यास थियो भन्ने कुरा छिटै स्पष्ट भयो।

म त्यहाँ थिएँ– केवल १३ वर्षको अनि आफ्नो घरदेखि हजारौँ माइल टाढा तर पनि मेरा सामु भविष्यको सम्भावनाबारे स्पष्ट बुझाइ थियो। अनि, मैले आफ्नो दिमागमा योजना तय गरिसकेको थिएँ। मेरी मातालाई सही तरिकाले सम्झाएपछि उहाँले नचाहँदा नचाहँदै पनि थप केही समय बस्न मलाई सहमति दिनुभयो। त्यस बेलासम्म हामी दुईमध्ये कसैलाई पनि के कुरा थाहा थिएन भने मैले छिटै अमेरिकामा नयाँ जीवनको सुरुवात गर्नेछु र अमेरिकालगायत अन्य क्षेत्रमा बढ्दो विशाल जनसमुदायलाई सम्बोधन गर्नेछु। अनि, केही वर्षपछि त्यहाँ मेरी श्रीमती मेरोलिनलाई भेट्नेछु र अमेरिकामा मैले आफ्नो पारिवारिक जीवनको सुरुवात गर्नेछु।

सही स्थानमा हेर्नु

लामो समयदेखि व्यक्तिगत शान्तिसम्बन्धी आफ्नो सन्देशलाई लिएर म संसारभर यात्रा गरिरहेको छु। जब हामी त्यो भित्री शान्तिलाई महसुस गर्छौं त्यसपछि हामी आफ्ना वरपरका मानिसहरूलाई प्रभाव पार्न सुरु गर्छौं। शान्ति अत्यन्तै सुन्दर तरिकाले फैलिन्छ। मैले यसका बारेमा हरेक क्षेत्रमा कुरा राखेको छु– संयुक्त राष्ट्र सङ्घको बैठकदेखि लिएर कडा सुरक्षा भएको जेलसम्म, हाल द्वन्द्वरत क्षेत्र (दक्षिण अफ्रिका, श्रीलङ्का, कोलम्बिया, पूर्वी टिमोर अनि कोट डिभोयरसहित) देखि लिएर अन्य धेरै राष्ट्रका सभागृह र रङ्गशालाहरूसम्म पनि। मैले संसारका नेतादेखि लिएर पूर्वगुरिल्ला लडाकुसम्म, ५,००,००० को जनसमूह तथा लाखौँ टेलिभिजनका दर्शकदेखि लिएर ससाना समूहसम्म र धेरै मानिसहरूसँग एकएक गरेर यो सन्देश राखेको छु। अहिले भने म तपाईंसँग यस पुस्तकका माध्यमबाट कुरा गरिरहेको छु।

म जहाँ पुगे पनि बसौँदेखि एकपछि अर्को पुस्तामा सुम्पिँदै आइएको आत्मज्ञान अनि शान्तिको त्यो प्राचीन सन्देशलाई बाँड्न चाहन्छु। म सदैव त्यो प्राचीन ज्ञानलाई आज जे भइरहेको छ त्यसको सन्दर्भसँग जोडेर हेर्ने गर्दछु। म हालको औद्योगिक तथा प्राविधिक विकासले ल्याएका व्यक्तिगत र सामाजिक प्रभावहरूप्रति चिन्तित भए तापनि तपाईंले मलाई आधुनिकताबाट प्राप्त लाभको आनन्द पनि लिएको देख्नुहुनेछ।

प्रविधिले मेरो दैनिक जीवनमा पक्कै पनि एउटा महत्त्वपूर्ण भूमिका निर्वाह गर्दछ। उदाहरणका लागि हवाईउडान मेरा लागि अत्यन्तै महत्त्वपूर्ण छ। म सानैदेखि सधैँ हवाईजहाजका बारेमा सोच्ने गर्थें अनि त्यसमा उडान भरेको सपना देख्थेँ। वास्तवमा म माथि बादलहरूका बिचमा पुग्न चाहन्थेँ। अमेरिका पुगेपश्चात् मैले पाइलट बन्नका लागि तालिम लिने निधो गरेँ। त्यस बेलादेखि नै हवाईउडानले मलाई आफ्नो यात्रालाई नियन्त्रण गर्न र टाढा टाढाका स्थानसम्म पुगेर आफ्नो सन्देश प्रचार गर्न मदत गरेको छ। हवाईजहाज उडाउने कुरा मेरो जीवनको एकदमै लाभदायक हिस्सा बनेको छ।

मैले यात्रा गर्दै सन्देश प्रस्तुत गरिरहेका यी दशकहरूमा संसारमा मानिसहरूको जीवनस्तरमा असाधारण रूपले वृद्धि भएको देखेको छु। समाजका हरेक व्यक्ति यसबाट अवश्य पनि लाभान्वित भएका छैनन्। यदि तपाईं भारत वा अमेरिकाको सबैभन्दा विपन्न क्षेत्रमा पुग्नुभयो भने पक्कै पनि यो कुरा स्पष्ट हुनेछ तर समग्रतः

भौतिक समृद्धि उल्लेख्य रूपमा वृद्धि भएको छ। तथापि, म जहाँसुकै जाँदा पनि आफ्नो परिस्थितिप्रति सन्तुष्टि महसुस गर्ने, आफूसँग पूर्ण रूपमा जोडिएका र आफ्नो उद्देश्यका बारेमा स्पष्ट भएका मानिसहरूको सङ्ख्या त्यही अनुपातमा वृद्धि भएको देखिँदनँ। प्रायः मानिसहरू मसँग आफूभित्रको 'स्वयम्' लाई हराएको महसुस हुन्छ भनेर बताउनुहुन्छ तर वास्तवमा त्यो 'स्वयम्' हराएको नभएर उहाँहरूले त्यसलाई केवल गलत स्थानमा खोजिरहनुभएको हो।

हामीले खोजिरहेको चिजलाई पाउनका लागि हामी बाहिरी संसारमा जान लालायित हुन सक्छौँ अनि त्यसबाट हामीले ठुलाठुला अनुभव बटुल्न पनि सक्छौँ तथापि वास्तविक तृप्ति त हामीले आफ्नो ध्यानलाई भित्रतिर मोडेपछि मात्रै प्राप्त गर्छौँ। हामी जन्मिएदेखि नै हामीभित्र पूर्ण रूपमा शान्ति स्थापित भएको हुन्छ तर जीवनमा हाम्रो ध्यान अन्यत्र मोडिन थालेपछि शान्तिसँगको हाम्रो सम्पर्क विच्छेद हुन पुग्छ। मानिसहरूले आत्मज्ञान र शान्तिलाई हरेक स्थानमा खोज्छन् तर तपाईँले खोजिरहनुभएको चिज तपाईँसँगै छ भने त्यसलाई खोज्नुपर्ने कुनै आवश्यकता नै पर्दैन।

हामी को हौँ भन्ने कुरालाई हामीले साँच्चै नै अनुभव गर्नु आवश्यक छ। मैले पहिल्यै कुरा गरेको त्यो उल्लेखनीय पात्र यी सबै कुराहरूभन्दा महत्त्वपूर्ण छ। त्यस व्यक्तिलाई अन्य व्यक्तिभन्दा राम्रोसँग चिन्नु आवश्यक छ र त्यो व्यक्ति 'तपाईं' हुनुहुन्छ। मेरो विचारमा तपाईँले स्वयम्लाई सही तरिकाले चिन्नका लागि आवश्यक सबै स्रोतहरू तपाईँभित्रै छन्। तपाईँमा स्पष्टता, सन्तुष्टि अनि दया छ। तपाईँभित्र अँध्यारो छ भने उज्यालो पनि तपाईँभित्रै छ। तपाईं दुःखी हुनुभएको समयमा पनि खुसी तपाईँभित्रै हुन्छ। ती सबै अनुभूतिहरू अन्यत्रबाट आउँदैनन्। ती तपाईँकै हिस्सा हुन् यद्यपि अहिले ती कुराहरू तपाईँको नजरबाट हटेका हुन सक्छन्। अन्त्यमा मेरो काम के हो भने म तपाईँलाई एउटा ऐना दिन्छु। त्यसबाट तपाईँले आफूभित्र स्वयम्लाई स्पष्ट रूपमा देख्न सक्नुहुनेछ।

तपाईँको कथा के हो ?

हाम्रो घरमा धेरैपछिसम्म टेलिभिजन थिएन। त्यस बेला रेडियो स्टेसनहरू पनि दिनको केही घण्टा मात्र चल्दथे तर हाम्रो घरमा कथा सुनाउनेहरू चाहिँ धेरै नै हुन्थे। भारतमा मौखिक रूपमा कथा सुनाउने निकै पुरानो परम्परा छ। यस परम्परामा शिक्षकले विद्यार्थीलाई सुनाउँछन् अनि ती विद्यार्थीले अरूलाई सुनाउँछन् र यसरी

नै यो क्रम अगाडि बढ्दै जान्छ। संवादात्मक शैलीमा भनिने कथाहरूले तत्कालीन चासो र घटनाहरूलाई प्रतिविम्बित गर्न सक्छन्। यसकारण ती कथाहरू सधैँ सान्दर्भिक लाग्छन्। प्राचीन समयका प्रसिद्ध ऋषि वेदव्यासले मौखिक परम्पराको प्रशंसा गरे तर उनले कतिपय कथाहरू समयसँगै हराउँदै गएको पनि महसुस गरे। त्यसकारण उनले लेख्न सुरु गरे। उनलाई अहिले संस्कृत महाकाव्य 'महाभारत' का लेखकका रूपमा चिनिन्छ। उनलाई प्रायः वेद, पुराणजस्ता अन्य प्रसिद्ध भारतीय ग्रन्थहरूका लेखक अथवा सङ्कलकको श्रेय प्रदान गरिन्छ। मौखिक र लिखित दुवै खाले कथाहरूबाट हाम्रो घरपरिवारमा सबैले मनोरञ्जन लिन्थ्यौँ अनि हामीले तिनबाट केही सिक्थ्यौँ पनि। संसारभरिका कथाहरूसहित बसौँदेखि मैले सुन्दै आएका कथाहरूमध्ये मलाई घत लागेका कथाहरूलाई एक वक्ताका रूपमा सुनाउने गर्छु। तीमध्ये मलाई मन परेका थुप्रै कथाहरूलाई यस पुस्तकमा समावेश गरेको छु।

पुराना कथाहरू त सामान्यतया 'कुनै जमानाको कुरा हो' भनेर सुरु हुन्छन् तर मैले तपाईँलाई सुनाउन चाहेको एउटा विशेष कथा चाहिँ 'यो अहिलेको समयको कुरा हो जसमा तपाईँ जीवित हुनुहुन्छ' भनेर केही भिन्न तरिकाबाट सुरु हुन्छ। तपाईँको एउटा कथा छ र त्यस कथालाई तपाईँले जन्मिएदेखि नै लेखिरहनुभएको छ। यस कथाको केन्द्रबिन्दुमा तपाईँले स्वयम्लाई राखिराख्नुपर्छ भन्ने कुरा चाहिँ महत्त्वपूर्ण छ। यसमा तपाईँले तपाईँ को हुनुहुन्छ भन्ने कुराको आनन्द लिनु आवश्यक छ। यदि तपाईँले सावधानी अपनाउनुभएन भने अरू कुनै पनि व्यक्ति तपाईँको जीवनरूपी नाटकको मुख्य पात्र बन्न सक्छ– साथी, परिवार, मित्र, सहकर्मी, प्रख्यात मानिस, राजनीतिकर्मी, कुनै अपरिचित व्यक्तिहरूसम्म पनि। तर, तपाईँले आफूलाई यस मञ्चको केन्द्रमा राखिराख्नुपर्छ। तपाईँले भन्नुहोला, "के यो कुरा आफूप्रति एकदमै स्वार्थी भएको जस्तो लाग्दैन?" यसको ठिक विपरीत– यदि तपाईँले आफैँबाट प्रारम्भ गर्नुभयो भने त्यो वास्तवमा अरू व्यक्तिहरूका लागि तपाईँले गर्न सक्नेमध्ये सबैभन्दा उत्कृष्ट कार्य हुनेछ।

आफूले आफूलाई चिन्नुहोस्

मानवइतिहासको एउटा समयमा मानिसहरूले दैनिक रूपमा जीवित रहन आवश्यक पर्ने सोचाइभन्दा माथि पनि कुनै चेतनाको स्तर छ भन्ने कुरालाई महसुस गर्न थाले। हामीमा यो बुझाइ ठ्याक्कै कहिलेदेखि आयो भन्ने कुरा हामीलाई थाहा

छैन। हामीले जानेको कुरा त के हो भने थुप्रै महानतम संस्कृति र सभ्यताहरूलाई उन्ने सुन्दर धागोको रूपमा आत्मज्ञानको सङ्केत भेटिन्छ। यसलाई हरेकले आफूले बुझेअनुसार नै अपनाए।

प्राचीन ग्रिक दार्शनिक सुकरातले प्रायः भन्ने गरेका प्रसिद्ध शब्दहरूका बारेमा सोचौँ, "आफूले आफूलाई चिन्नुहोस्!" यो शब्दावलीलाई डेल्फीस्थित अपोलो मन्दिरको ढुङ्गामा लेखिएको बताइन्छ। केही इतिहासकारहरूका अनुसार ती शब्दलाई ग्रिकहरूले प्राचीन इजिप्टवासीहरूबाट अपनाएको विश्वास गरिन्छ। "हे मनुष्य! आफूले आफूलाई चिन अनि तिमीले ती भगवान्‌लाई चिन्न सक्नेछौ।" इजिप्टको लक्सरको भित्री मन्दिरको शिलालेखमा रहेको यो भनाइ निकै सुप्रसिद्ध थियो। ती भगवान्‌का बारेमा पछि कुरा गर्नेछु। यहाँ मूल कुरा के हो भने "आफ्नो इतिहासलाई चिन्नुहोस्" वा "आफ्नो संस्कृतिलाई चिन्नुहोस्" या "आफ्नो समाजलाई चिन्नुहोस्" भन्ने पदावली नभएर *"आफूले आफूलाई चिन्नुहोस्"* भन्ने स्पष्ट पदावली छ।

के तपाईँ आफूले आफूलाई चिन्नुहुन्छ?

मैले यो प्रश्न सोध्दा धेरैजसो मानिसहरू केवल मुस्कुराउनुहुन्छ अनि "सायद" वा "मलाई थाहा छैन" जस्तै केही भन्नुहुन्छ। तपाईँ को हुनुहुन्छ? यो प्रश्न त सरल छ तर यसको उत्तर दिन निकै गाह्रो हुन सक्छ। त्यसको आंशिक कारण के हुन सक्छ भने हामी प्रायः अनुभूति नगरी शब्दमा उत्तर दिने कोसिस गर्छौँ। केही भन्नका लागि शब्दहरू त राम्रै हुन्छन् तर वास्तवमा आफूले आफूलाई चिन्नु भनेको चाहिँ आफूलाई परिभाषित गर्ने नभएर अनुभव गर्ने कुरा हो। तपाईँलाई सताब्दिऔँदेखि मानिसहरूले अनुभव गर्दै आएको साँचो आत्मज्ञानबाट प्राप्त हुने सन्तुष्टिका बारेमा बताउनका लागि म यहाँ छु र तपाईँले पनि त्यो अनुभव गर्न सक्नुहुन्छ।

'तपाईँ को हुनुहुन्छ' भन्ने कुराबाट तपाईँलाई सजिलै भड्काउने एउटा संसार छ। उक्त संसारका प्रभावहरूबाट जोगाउन मदत गर्नु मेरो कामको एउटा भाग हो। धेरै मानिसले तपाईँलाई तपाईँ के होइन भन्ने कुरा चाहिँ बताउँछन्। म यहाँ तपाईँ के हुनुहुन्छ भन्ने कुरालाई तपाईँले चिन्नुहोस् भनेर मदत गर्न आएको छु। धेरै मानिसहरूले तपाईँमा भएका हरेक कमजोरीलाई खुसीसाथ बताउनेछन्। म यहाँ तपाईँमा भएका हरेक सही कुरालाई तपाईँले प्रशंसा गर्नुहोस् भनेर मदत गर्न आएको छु। धेरै मानिसहरू तपाईँलाई यस्तो या त्यस्तो हुनुपर्छ भन्नका लागि हतारिन्छन्।

म चाहिँ यहाँ तपाईंभित्र पूर्णता छ भन्नका लागि आएको छु। यहाँ अघि बढ्दै जाँदा तपाईंले तपाईं आफूलाई उत्तर दिन सक्नुहुनेछ, "म को हुँ?" सायद अझ "म यहाँ किन छु?" भन्ने प्रश्नको उत्तर दिन पनि सक्नुहुनेछ।

आज पनि कुनै अपवादविना शान्ति हामी हरेकभित्र विद्यमान छ भन्ने आधारभूत सत्यबाट मेरो सन्देश प्रारम्भ हुन्छ। यो कुरा हाम्रो दुनियाँमा भएका यति धेरै भ्रम, सन्देह, भय अनि निराशाको बिचमा एउटा महत्त्वपूर्ण भनाइजस्तो लाग्छ। तपाईंले मेरो तरिकालाई सरल, व्यावहारिक र सहजै प्रयोगयोग्य भएको पाउनुहुनेछ। यो बसौँबिर्स अध्ययन गर्ने विषय होइन। तपाईंलाई चाहिएको कुरा अहिले नै तपाईंभित्र छ तर तपाईंले आफ्नो भलाइको जिम्मेवारी र आफूभित्र गएर खोज्ने कुराको छनोटको जिम्मेवारी लिन सुरु गरेपछि मात्रै साँच्चै आत्मज्ञानको सुरुवात हुन्छ। मेरो अनुभवमा तपाईंले तपाईंभित्रको स्वयम्बाट सुरुवात गरेपछि मात्रै शान्ति सम्भव हुन्छ।

प्राचीन ग्रिसेली दार्शनिक अरस्तुले भनेका छन्, "स्वयम्लाई चिन्नु नै सबै ज्ञानको प्रारम्भ हो।" आत्मज्ञान र शान्तिबाट आनन्द, स्पष्टता, तृप्ति, प्रेम, लचकता अनि अरू धेरै चिजहरूको सुमधुर भावना बहन्छ। यस्ता संवेदनाहरूलाई तिनकै रूपमा मात्रै आनन्द लिन सकिन्छ र ती संवेदनाहरूलाई अरू कुनै व्यक्ति वा चिजसँग जोड्नु आवश्यक छैन। यो विचारलाई एक पलका लागि आफूभित्र बस्न दिनुहोस्– तपाईंभित्र जीवनभरिका लागि आन्तरिक शान्तिको भण्डार छ। यो अन्य मानिस या बाहिरका अरू चिजहरूमाथि निर्भर छैन अथवा तिनीहरूद्वारा परिभाषित पनि हुँदैन। यो तपाईंको अनि केवल तपाईंको हो। यो एकदमै पूर्ण छ र यो तपाईंको हृदयमा नै बस्छ। हामी अब जान लागेको ठाउँ पनि त्यही नै हो।

भित्री ध्वनिलाई सुन्नुहोस्

१५ औँ शताब्दीका सन्त कबिरले भनेका छन्, "यदि तपाईं सत्य चाहनुहुन्छ भने म तपाईंलाई त्यो सत्य बताउनेछु– तपाईंभित्र रहेको त्यो गुप्त ध्वनि, त्यो वास्तविक ध्वनिलाई सुन्नुहोस्।" आत्मज्ञान सङ्गीतजस्तै हुन्छ। स्वयम्लाई बुझ्न सुरु गर्नुभएपछि यस जीवनले तपाईंका लागि सृजना गरेका थुप्रै मधुर ध्वनिहरू तपाईं सुन्न थाल्नुहुनेछ। यो धेरैभन्दा धेरै ध्वनितरङ्गहरूमा तपाईंका कान एकाकार भएको जस्तै हो। अन्त्यमा कोलाहलबाट निस्केर तपाईं स्वयम्लाई

सुन्न थाल्नुहुनेछ। तपाईँ एउटा अद्भुत धुन निर्माण गर्ने सङ्गीतकार पनि बन्नुहुनेछ र त्यो धुन सुन्नेहरू प्रफुल्लित हुनेछन्। फेरि तपाईँले ती धुनहरूलाई मिलाएर अरू धुनको रचना गर्न सक्नुहुनेछ तर कुनै सङ्गीतकारले जसरी नै तपाईँले आफूभित्रको वाद्ययन्त्रलाई बजाउन सिक्नुपर्छ अनि त्यसलाई निरन्तर अभ्यास गरिरहनुपर्छ।

देहरादुनमा मानिसहरूले केवल आनन्दका लागि आफ्नो घरमा गाउनेबजाउने गरेको त्यो समयको कुरा मलाई याद छ। उहाँहरूमध्ये सायद थोरै मात्रै मानिसहरू वास्तविक सङ्गीतकार हुनुहुन्थ्यो तर उहाँहरू प्रायः अरू मानिसहरूसँग र आफ्ना गाईवस्तुहरूको हेरचाह गर्ने क्रममा गाउनेबजाउने काम गरिरहनुहुन्थ्यो। कसैसँग डफला हुन्थ्यो। कसैसँग हारमोनियम हुन्थ्यो। कसैसँग एकतारे भनिने एउटा मात्रै तार भएको बाजा हुन्थ्यो। प्रायः त्यो ध्वनि एकदमै आधारभूत प्रकृतिको हुन्थ्यो तर त्यसलाई बजाउनेहरू बजाउनुको अनुभवमा नै मजाले डुबेका हुन्थे।

मेरा पिताजी कहिलेकाहीँ यस्तो सङ्गीत सुन्नका लागि बाहिर उभिनुहुन्थ्यो। उहाँले "चुप" रहने इसारा गर्दै भन्नुहुन्थ्यो– "उहाँहरूलाई म यहाँ उभिएको छु भन्ने कुरा नभन्नू! नत्र उहाँहरूले गाउनै छोड्नुहुनेछ!" उहाँ के चाहनुहुन्थ्यो भने उहाँहरू त्यस्तै अवस्थामा निरन्तर रहिरहनुहोस्, नसोचीकन यसरी नै गाउनेबजाउने गरिराख्नुहोस्, अरूका लागि बजाउँदै छु र प्राविधिक रूपले ठिकै बजाउने प्रयास गरिरहेको छु भन्ने कुराको पनि चिन्ता नगरीकन। वास्तवमा यो कुरा आत्मज्ञानको अभ्यासजस्तै हो। यो बाजा कति सही तरिकाले बजिरहेको छ या सुन्नेहरूले कस्तो ठानिरहेका छन् भन्ने कुरै होइन। यो त बजाउनेवालाले अनुभूत गरिरहेको भावनाको विषय हो।

यसो सोच्नुहोस् त शान्तिको अनुभवले तपाईँले जिउनुभएको हरेक मूल्यवान् क्षणलाई कसरी बदल्न सक्छ! अझ सोच्नुहोस् त तपाईँको छेउछाउका हरेक व्यक्तिले वास्तवमा 'म को हुँ' भन्ने कुरालाई गहिरिएर महसुस गर्न सकून्। अझ सोच्नुहोस् हरेक व्यक्तिले आत्मज्ञानको सङ्गीतलाई सुन्न र बजाउन सकून्। व्यक्तिहरू, परिवारहरू, समुदायहरू, राजनीति, युद्ध अनि हाम्रो संसारमा यसको प्रभावका बारेमा सोच्नुहोस्।

यो एक पटकमा एक व्यक्तिबाट सुरु हुन्छ। यहाँ त्यो व्यक्ति तपाईँ हुनुहुन्छ।

आउनुहोस्, सुरु गरौँ।

अध्याय १

आफ्ना कानहरूबिचको हल्लाबाट टाढा रहनुहोस्

हाम्रो समय अत्यन्तै बहुमूल्य छ। हामीसँग कति समय छ भनेर कसलाई थाहा छ र? हामी यो जीवनरूपी सुन्दर उपहारलाई हरेक दिन प्राप्त गर्छौँ। हामी हरेक क्षणलाई सकेसम्म राम्रोसँग जिउँछौँ भन्ने कुरालाई सुनिश्चित गर्नु वास्तवमा हाम्रो आफूप्रतिको सबैभन्दा ठुलो जिम्मेवारी हो। यस्तो भएपछि हाम्रा लागि यो जीवन पूर्ण सौन्दर्यका साथ फक्रिएजस्तै हुन्छ। हामी कठिन समयमा समेत आफ्नो जीवनको वास्तविक आनन्दलाई अनुभूत गर्न सक्छौँ तथापि आफ्नो समयको धेरैभन्दा धेरै लाभ प्राप्त गर्नका लागि आफ्नो ध्यान केन्द्रित गर्ने कुरालाई ख्याल गर्नुपर्दछ। हाम्रा लागि साँच्चै महत्त्वपूर्ण, हामीले साँच्चै गर्नैपर्ने र हामीलाई सर्वाधिक सन्तुष्टि दिने कुरामा हाम्रो ध्यान केन्द्रित हुनुपर्छ। बाँकी सबै कुराहरू त होहल्ला मात्र हुन्।

मेरो हरेक दिनको उद्देश्य स्पष्ट हुनुपर्छ। आजको उद्देश्य आनन्द हो। आजको उद्देश्य दया हो। आजको उद्देश्य सन्तुष्टि हो। आजको उद्देश्य प्रेम हो अनि आजको सबैभन्दा महत्त्वपूर्ण उद्देश्य 'मेरो जीवनमा शान्ति होस्' भन्ने नै हो। यसअतिरिक्त अरू क्रियाकलापहरू पनि देखा पर्न सक्छन्। हाम्रो जीवनमा आउन सक्ने ती क्रियाकलापहरू व्यावहारिक या आवश्यक पनि हुन सक्छन् तर ती कुनैले पनि पूर्ण रूपले जीवनको आनन्द लिने प्राथमिकताबाट आफूलाई अन्यत्र मोड्नु हुँदैन।

मानिसहरू प्रायः आफ्नो ध्यानलाई केन्द्रित गर्नुपर्ने आवश्यकताका बारेमा कुरा गर्दछन्। मेरो सुझाव के छ भने हामीले आफूभित्र र बाहिर दुवैतिर हेरेपछि मात्र स्पष्ट रूपले देख्न सक्छौँ। हाम्रो संसारमा आनन्द लिनका लागि अनुपम अवसर छ तथापि हाम्रो ख्याल केवल बाहिरतिर भइरहेको कुरामा मात्र गयो। यसरी आफूभित्र भइरहेको चिजको सम्पर्कबाट हट्यौँ भने हामीले आफ्नो सही दृष्टिकोणलाई गुमाउन पुग्छौँ। परिणामतः हामी असन्तुलित महसुस गर्न थाल्छौँ।

मैले यहाँ 'हामीभित्र' भनेर भन्नुको अर्थ हामी को हौँ भन्ने विषयको भित्री अंशका बारेमा कुरा गर्न खोजेको हो। म यसलाई 'दिमाग' होइन 'हृदय' का रूपमा लिन्छु। हामी कति सहजै आफ्नो पूरा समय 'धारणा, विचार, अपेक्षा, अनुमान, चिन्ता, आलोचना र स्वैरकल्पना' जस्ता दिमागी बेचैनको अवस्थामा बिताउन पुग्छौँ। अन्ततः एक दिन स्वयम्सँग सोध्छौँ– "के यति मात्रै कुरा हो? के म यति मात्रै हुँ? के म निरन्तर आफूभित्र आइरहने विचारहरूको माध्यम मात्र हुँ?" हाम्रो दिमागमा चलिरहेका विचारहरूभन्दा परको व्यक्तिगत मूल्य र पूर्णताको चेतको तिर्खा हाम्रो संस्कृतिभन्दा फरक छ।

के यही नै सबै थोक हो त? के हामी यति मात्रै हौँ? के हामी हाम्रो शरीरभित्र रहेको दिमागबाहेक अरू चिज पनि हौँ? यिनको उत्तर के हो भने हाम्रो दिमागमा आइरहने विचारहरूभन्दा पनि पर यो जीवन र हाम्रा लागि अरू पनि अत्यधिक धेरै विषयहरू छन्। वास्तवमा हाम्रो दिमागले नै हामीलाई प्रायः आफूसँगको गहिरो सम्बन्धबाट टाढा लगिरहन्छ। कतिपय मानिसहरूका लागि चुनौती के भइदियो भने उनीहरू बाह्य रूपले आकर्षण गराउने खालका चिजबिजहरूका बिचमा हुर्किए तथापि विचारहरूभन्दा टाढा स्वयम्भित्र कसरी जोडिने भन्ने कुरा उनीहरूलाई कहिल्यै पनि बताइएन।

स्वयम्भित्रको त्यो गहिरो सम्बन्धविना हाम्रो एउटा भाग हराएको छ भनेर हामीले राम्रैसँग महसुस गर्न सक्छौँ। त्यो भाग सायद सबैभन्दा महत्त्वपूर्ण छ तर हाम्रो कुन भाग हराएको छ अनि त्यसलाई कहाँ खोज्ने भनेर हामीलाई थाहा नै छैन। यहाँ हराएको चिज चाहिँ हामीभित्रको शान्तिको चेतसँगको सम्बन्ध र हामी को हौँ भन्ने मूल कुरासँगको सम्बन्ध हो। शान्तिसँग जोडिएपछि स्पष्टता र हाम्रा लागि के महत्त्वपूर्ण छ भन्ने कुराको चेतले हाम्रो जीवनको अनुभव भरिपूर्ण हुन्छ। हामीले स्वयम्लाई चिनेको शान्त स्थानबाट हरेक दिनको सुरुवात गऱ्यौँ भने हामी बाहिरी संसारमा रहेर पनि सबैभन्दा धेरै गर्न चाहेको, सबैभन्दा धेरै अनुभव गर्न चाहेको र सबैभन्दा धेरै महसुस गर्न चाहेको कुरामा केन्द्रित हुन सक्छौँ।

यसकारण शान्ति, सन्तुष्टि र अन्य अनुपम कुराहरू पनि हाम्रा लागि उपलब्ध छन् तथापि हामीले यी कुराहरूलाई उचित स्थानमा खोजिरहेका छौँ भन्ने कुरालाई सुनिश्चित गर्नु आवश्यक छ। अब अगाडि बढ्नुभन्दा पहिला होहल्लाका बारेमा केही थप कुरा बुझ्नु उत्तम हुन्छ।

जीवनको व्यस्तता

सायद तपाईँले यी कुराहरूलाई सजिलै बुझ्नुहुन्छ होला– तपाईँ निद्राबाट बिउँझनुहुन्छ, बिस्तारैबिस्तारै आफ्नो आँखा खोल्नुहुन्छ, हाइ गर्नुहुन्छ अनि शरीर तन्काउनुहुन्छ। त्यसपछि तुरुन्तै यी कुराहरू तपाईँको दिमागमा आउँछन्– आगामी दिनका बारेमा सोचिने विचारहरू, तपाईँले प्राप्त गर्नुपर्ने लक्ष्यहरू र पूरा गर्नुपर्ने योजनाहरू। परिवार, साथी र सहकर्मीका सारा अपेक्षा तथा विचारहरू। घर र कार्यस्थलका सबै समस्याहरू। हिजो भएका र भोलि हुन सक्ने सबै चिजसँग सम्बन्धित चासो एवम् चिन्ताहरू। यसरी यी अतीत र भविष्यका कुराहरू मिसिएर झर्को लाग्ने होहल्ला बन्न पुग्छन्।

यो कस्तो खालको परिस्थितिजस्तो देखिन्छ भने तपाईँको संसारमा तपाईँको एकाग्रतालाई बिथोल्ने अनेकन् चिजहरू तपाईँ सुतिरहनुभएकै ओछ्यानमा तपाईँको गोडातिर तपाईँ कतिखेर बिउँझनुहुन्छ भनेर प्रतीक्षा गरिरहेका छन्। अहिले तिनीहरू तपाईँको जीवनका अभिन्न अङ्ग बन्न आइपुगेका छन्। कहिलेकाहीँ त हाम्रो एकाग्रतालाई बिथोल्ने चिजहरू कतिसम्म अधैर्य भइदिन्छन् भने तिनीहरूको आगमनले तपाईँलाई एकाबिहानै बिउँझाइदिन्छ। “उठ्ने समय भइसक्यो!” तिनीहरू कराउन थाल्छन्, “हामीलाई खानेकुरा चाहियो!”

म मेरा केही साथीहरूका थुप्रै गुनासाहरू सुन्छु :

“मेरो समय एकदमै बहुमूल्य छ!”

“आफ्ना लागि म एक मिनेट पनि फुर्सद पाउँदिनँ!”

“यो कहिल्यै पनि रोकिँदैन!”

मानिसहरू प्रायः जीवनको व्यवसाय अर्थात् व्यस्तताको दास नै भएजसरी कुरा गर्छन्। कुनै बखत कस्तो हुन्छ भने हामीलाई विचलित तुल्याउने चिजहरूलाई नै हामी सहजै आफ्नो लक्ष्य बनाउन दिन्छौँ अनि हामीलाई आफ्नो समय हावामा हराएको जस्तो लाग्न थाल्छ। त्यसो भएपछि हामी आफ्नो जीवनमा उपलब्ध आनन्द र सन्तुष्टिजस्ता आशीर्वादहरूलाई गुमाउन पुग्छौँ। यसरी होहल्लाले जीवनको हाम्रो अनुभवबाट हामीलाई टाढा लैजान्छ।

प्रविधिका चमत्कार र चुनौतीहरू

प्रविधिले त हाम्रो व्यस्तताको समस्या समाधानमा हामीलाई मदत गर्नुपर्ने थियो। हामीलाई के भनिएको थियो भने यसले दिकदारीलाई हटाउँछ र समयलाई बचाउँछ। त्यसपछि हामी आफूले चाहेका धेरै कार्य गर्न सक्षम हुन्छौँ तर यसले त्यसरी काम गर्न सकेन।

मलाई प्रविधि मन पर्छ। त्यसैले मेरो अभिप्राय चाहिँ हामी प्राविधिक रूपले कम विकसित जीवनतिर फर्कनुपर्छ भन्ने होइन। आविष्कार र नवीनतम खोज तथा अन्वेषणहरूले मेरो जीवनकालमा मलगायत पूरै मानव जातिका लागि उत्तम कार्य गरेका छन्। प्राविधिक प्रगतिले लाखौँ मानिसहरूको समृद्धि, स्वास्थ्य र सुविधाको स्तर वृद्धि गर्न मदत गरेको छ। यसका कारणले पहिलाभन्दा धेरै टाढा, तीव्र गतिमा अनि थप सुरक्षित भएर यात्रा गर्न सक्षम भएका छौँ। यसकै कारणले हामीबाट कोसौँ टाढा भएका हाम्रा प्रियजनसँग सम्पर्कमा रहन सक्षम भएका छौँ। यसले हाम्रो घरमा नयाँ सेवा, सूचना र मनोरञ्जन थपिदिएको छ। विशेषतः विपन्न मानिसहरूका लागि यस पृथ्वीमा अरू थुप्रै कुराहरू आउनेछन् भनेर मैले आशा गरेको छु।

मेरा आमाबुवाले रेफ्रिजरेटर किन्नुभएपछि प्राविधिक परिवर्तनसम्बन्धी मेरो अनुभव प्रारम्भ भयो। त्यस समयमा भारत वास्तवमा प्राविधिक उन्नतिको दृष्टिकोणले निकै पछाडि थियो। यसर्थ यो महङ्गो चिज हाम्रो घरमा आएपछि हामी सबै अलिक आश्चर्यचकित भयौँ। यसलाई भान्सामा नराखीकन छुट्टै कोठामा राखिएको थियो। वास्तवमा यसभित्र के राख्ने भन्ने कुरा हामीलाई थाहा थिएन। त्यसमा केही दिनसम्म चिसो पानीको जग राखियो अनि एक जनाले भने, “यसमा तरकारी र फलफूल पनि राख्न सकिन्छ!” उनले हामीलाई यसले अरू केके गर्न सक्छ भनेर देखाए।

म एक बालक भएका कारण मभित्र जिज्ञासा थियो। म वास्तवमा रेफ्रिजरेटरको ढोका बन्द गरेपछि त्यसभित्रको बत्ती निभ्छ कि निभ्दैन भनेर थाहा पाउन चाहन्थेँ। त्यसकारण मैले त्यसभित्र पसेर त्यसको ढोका लगाएँ। लगभग दुई मिनेटपछि त्यहाँ कोही आएर त्यसको ढोका खोले। रेफ्रिजरेटरभित्र एउटा जिउँदो मान्छे देखेर उनी निकै अचम्मित भए! मैले चाहिँ आफ्नो जवाफ पाइसकेको थिएँ।

त्यसपछि टेलिफोन आयो। त्यसमा नम्बर थिच्नु पर्दैनथ्यो। हामीले यता

फोन उठाएपछि उता फोनका सञ्चालक (अपरेटर) बोल्थे। उनले सम्बन्धित मान्छेसँग सम्पर्क गराइदिन्थे। यदि लोकल कल गर्नुपर्ने भए अपरेटरलाई सम्पर्क गर्नुपर्ने मान्छेको नाम भने पुग्थ्यो। उनले कुरा गराइदिन्थे।

त्यसपश्चात् हामी दिल्ली आयौँ। त्यहाँ हामीले चिनेका एक जना व्यक्तिसँग टेलिभिजन थियो। त्यतिखेर थोरै मानिसहरूसँग मात्रै टेलिभिजन हुन्थ्यो। हामी उहाँलाई आज बेलुका टेलिभिजन खोल्नुहुन्छ कि खोल्नुहुन्न भनेर फोन गरेर सोध्थ्यौँ। हामी सधैँजसो त्यहाँ गएर उहाँसँग टिभी हेर्न चाहन्थ्यौँ। कसैकहाँ गएर टिभी हेर्नुपर्ने समयदेखि नयाँ चलचित्र आफ्नै ट्याब्लेट या मोबाइल फोनमा हेर्न सकिनेसम्मको कस्तो अचम्मको यात्रा !

हामी प्रविधिका फाइदाहरूको तारिफ गर्न सक्छौँ। नवीनतम साधनलाई आत्मसात् गर्न सक्छौँ तथापि चमत्कारका साथमा चुनौतीहरू पनि आउँछन्। प्रविधि हाम्रा लागि फाइदाजनक हुनुपर्छ भन्ने कुरालाई हामीले ख्याल गर्नुपर्छ। जब प्रविधि ममाथि हाबी हुन थाल्छ तब मलाई त्यो कुरा मन पर्दैन। मलाई प्रभाव पार्ने कुरालाई म आफैँ नियन्त्रण गर्न र त्यसको निर्णय लिन चाहन्छु। प्रविधि त मैले नै नियन्त्रण गर्न सक्ने प्रकृतिको हुनुपर्छ। प्रविधिलाई खोल्ने र बन्द गर्ने व्यक्ति म आफैँ हुन चाहन्छु।

यो समय पनि बितेर जानेछ

मानिसहरूले कुनै बेला आफ्ना उपकरणहरूसँग भावनात्मक सम्बन्ध स्थापित गरेको देख्दा मलाई आश्चर्य लाग्छ। म केही वर्षअघि कम्बोडियामा थिएँ। त्यहाँ म विद्यार्थीहरूलाई सम्बोधन गरिरहेको थिएँ। प्रश्न सोध्ने क्रममा एक जना युवती उठिन्। उनी निकै दुःखी देखिन्थिन्। “मैले तपाईँको भिडियो हेरेकी छु।” उनले भनिन्, “तपाईँले हिजोमा जिउनु हुँदैन, आजमा जिउनुपर्छ भनेर भन्नुभएको थियो।” त्यतिखेर म के सोच्दै थिएँ भने सायद उनलाई ठुलै दुःख आइलागेको हुनुपर्छ। सायद उनका अभिभावककै देहान्त भएको हुनुपर्छ। उनले कम्तीमा पनि मेरा सामुन्ने आफ्नो दुःखका बारेमा खुलस्त कुरा गर्दै छिन् भन्ने लागेर म निकै खुसी भएँ। त्यसपछि उनले भनिन्, “हिजो मेरो मोबाइल फोन हरायो। मलाई अहिलेसम्म पनि त्यसको पश्चात्ताप छ र दुःख लागिरहेको छ। मैले आफूलाई फेरि खुसी बनाउन के गर्न सक्छु ?”

मैले यस्तो परिस्थितिको अपेक्षै गरेको थिइनँ। यसमा यति धेरै दुःखी हुनुपर्ने त्यस्तो ठुलो कारणै थिएन तैपनि ती युवती साँच्चै दुःखी देखिन्थिन्। मैले उनलाई जवाफ दिएँ, "के तपाईँको जन्म मोबाइल फोनकै साथमा भएको थियो र? थिएन नि। तपाईँ आफ्नो जीवनका क्षणहरूलाई एउटा मोबाइल फोनसँग तुलना गर्न सक्नुहुन्न। के तपाईँलाई जीवन जिउनका लागि फोन नै चाहिन्छ र? के तपाईँलाई थाहा छ? फोन आउनुभन्दा पहिला कैयौँ पुराना मानवीय सभ्यताहरू थिए! हजारौँहजार वर्षसम्म पनि मानिसहरूसँग टेलिफोन थिएन। के तिनीहरू सबै दुःखी थिए त? थिएनन्! चिजबिजहरू आउँछन् अनि जान्छन्। तपाईँको आनन्द ती वस्तुहरूसँग जोडिएको हुनुपर्छ भन्ने छैन। के तपाईँलाई चिन्ता लाग्नुपर्छ? हो पर्छ। के तपाईँ दुःखी हुनुपर्छ? पर्दैन।"

साँच्चै जोडले हावा चल्दा त्यसको बहाबसँग झुक्न नजान्ने रुखहरू भाँचिन्छन् तर हावाको बहाबसँग झुल्न जान्ने रुखहरू रहिरहन्छन्। यो केवल एउटा आँधीबेरी हो। यो पनि जानेछ। वास्तवमा तपाईँ यसबाट बाहिर निस्कनुपर्छ। त्यसपछि तपाईँ सकुशल रहनुहुनेछ।

प्रविधिको सदुपयोग

प्रविधिको विकासले हाम्रो वरिपरिको संसारलाई धेरै तरिकाले सकारात्मक रूपान्तरण गरेको देख्दा मलाई असाध्यै खुसी लाग्छ। हामीभित्रको संसारको कुरा आएपछि चाहिँ मेरा भावनाहरू अलि बढी जटिलतामा अल्झिन्छन्।

विशेषगरी सञ्चारको क्षेत्रमा प्रविधिले हाम्रो जीवनका होहल्लालाई कैयौँ गुणा बढाइदिन्छ। परिणामतः हाम्रो ध्यान अझ धेरै अन्यत्र भट्किन्छ। धेरै मानिसहरू हरेक दिन धेरै इमेल, टेक्स्ट, नोटिफिकेसन, पोस्ट आदिले हैरान पारेको बताउँछन्। यसका साथै हामीलाई अहिलेसम्म प्राप्त नभएको सन्देश र हामीलाई 'फलो' नै नगरेका मानिसका बारेमा समेत हामी चिन्तित हुन्छौँ।

मानिसले आफूलाई नयाँ परिस्थितिहरूमा एकदमै छिटो घुलमिल गराइहाल्छ तर हामीमध्ये केहीले भने आफ्नो बाटोमा हिँड्नुको साटो प्राविधिक नवीनताको छालमा बगेको अनुभूत गर्छौं। प्रविधिले त हामीलाई परस्पर सम्पर्कमा रहन मदत गरोस् भन्ने हो तर त्यसको साटो हामी स्वयम्सँग नै सम्पर्कविहीन भइरहेका छौँ। कहिलेकाहीँ यी उपकरणहरूले हामीलाई आफ्नो अधीनमा राखेको महसुस हुन्छ।

यो त हामीले एक ठाउँबाट अर्को ठाउँमा जानका लागि घोडा किनेका छौँ तर घोडालाई नै आफ्नो काँधमा बोकेर हिँडिरहेको जस्तो भएको छ !

हामीमा प्रविधिको मागको दबाब बढेको महसुस भएपछि हामीले आफैँसँग सोध्नुपर्छ– के म स्वतन्त्र भएको महसुस गर्छु वा निरन्तर त्यसमा जोडिरहनका लागि आफ्नो कुनै एउटा भागलाई समर्पण गर्छु ? यो 'अल्वेज अन' (सधैँ खुला) हुने संसार हो भनेर हामीलाई भनिएको छ तर यसलाई धेरैजसो रोक्नुमा नै हाम्रा लागि फाइदाजनक हुन्छ होला नि ?

एउटा चुनौती के छ भने सामाजिक सञ्जालका नयाँ रूपहरूले नदीजसरी बगिरहने नवीन सामग्रीहरू पस्किरहन्छन्। तिनीहरू रोचक तथा लाभप्रद हुन सक्छन् तर नयाँ जानकारीहरूलाई बुझ्ने प्रयास नगरीकन हामी सधैँजसो यसपछि नयाँ के आउँछ भनेर सोचिरहन्छौँ। परिणामतः हामी हाम्रो कुनै महत्त्वपूर्ण कुरा गुमाउँछौँ कि भन्ने चिन्तामा डुब्ने गर्छौं। यस भावनाको सङ्क्षिप्त नाम हो : "FOMO" (फोमो) फियर अफ मिसिङ आउट अर्थात् कुनै वस्तु गुमाउँछौँ कि भन्ने डर।

अहिले हाम्रो जिन्दगीमा प्रविधिको एउटा नवीन लहरको आगमन भएको देख्छौँ। नवप्रवर्तनले हाम्रा लागि ठुलाठुला कार्यहरू त गर्छन् तर हामीले यसको परिणामका बारेमा पनि ध्यान दिनु उत्तिकै आवश्यक हुन्छ। आर्टिफिसियल इन्टेलिजेन्स (कृत्रिम बौद्धिकता), अग्मेन्टेड रियालिटी (संवर्धित वास्तविकता), भर्चुअल रियालिटी (भर्चुअल वास्तविकता) जस्ता थुप्रै आकर्षक सम्भावनाहरू छन् तथापि प्रविधिले हाम्रो दैनिक वास्तविकतालाई अझ राम्रो बनाउन मदत गर्छ भन्ने कुरालाई सुनिश्चित गर्नुपर्छ। म यतिखेर अर्थशास्त्री जोन केनेथ गलब्रेथको टिप्पणीलाई सम्झन्छु, "जटिल प्राविधिक उपलब्धितर्फ बढ्ने कार्यले किन संयुक्त राज्य अमेरिका अन्तरिक्षसँग सम्बन्धित सामग्रीमा यति अब्बल छ र विपन्न मानिसहरूका समस्याका लागि यति खराब छ भन्ने कुरालाई सङ्केत गर्छ।"

मलाई कहिलेकाहीँ सोधिन्छ, "कृत्रिम बौद्धिकता (एआई) को आगमनले अब के हुनेछ ?" तपाईँ तपाईँ नै रहनुहुनेछ अनि म पनि म नै रहनेछु। मानव पनि मानव नै रहनेछ। समयका साथमा केही प्रविधिहरू क्षीण हुँदैनन्। यदि ती प्रविधिहरूलाई केही मर्मत गर्न आवश्यक भएमा यी आधुनिक उपकरणको साटो म त्यही २.६ अरब वर्ष पुरानो धारिलो ढुङ्गालाई पनि प्रयोग गर्छु भन्ने कुरा सुन्दा तपाईँलाई अचम्म लाग्न सक्छ। केही प्रविधिहरूले आफ्नो मूल्य कायमै राख्छन्।

महान् विज्ञानकथा लेखक र विचारक आइज्याक अजिमोभले भनेका थिए, "आज जीवनको सबैभन्दा दुःखद पक्ष के हो भने समाजले विवेक एकत्रित गर्ने गतिभन्दा छिटो विज्ञानले ज्ञान आर्जन गर्छ।" तर, हामीसँग यो कुरालाई बदल्ने अवसर सदैव छ। हामीभित्रको गहिराइमा विवेकले भरिएको वास्तविकता छ भन्ने कुरालाई हामीले सदैव हेक्का राख्नुपर्दछ।

आनन्दको अभाव

हामीले महसुस गरेको ठुलो बोझ अवश्य पनि प्रविधिको बोझ मात्रै होइन। कुनै बेला मानिसहरूले हामीसँग गर्ने अपेक्षाका कारणले हामीमा दबाब बढाइदिन सक्छ अनि हाम्रा आफ्ना अपेक्षाहरू हुन्छन् : अपूरा आकाङ्क्षाहरू र तिनलाई पूरा गर्ने हाम्रा प्रयत्नहरू तथा हामीले कहिल्यै पनि छोड्न नसक्ने हाम्रा अटुट चाहनाहरू। महत्त्वाकाङ्क्षा राख्नु राम्रो कुरा हो तर यसले हामीलाई पूर्ण रूपले जीवनको आनन्द लिनबाट वञ्चित गर्नु हुँदैन। हामीमध्ये केही मानिसहरू सफल बन्ने प्रयासमा निकै व्यस्त हुन्छौँ जसका कारणले हामीमा पहिल्यैदेखि भएको आनन्द लिनका लागि हामी समय नै पाउँदैनौँ। हामीमध्ये केही मानिसहरूलाई कुनै ठाउँमा पुग्ने प्रयासमा निकै तल्लीन भएकाले अहिले कहाँ छौँ भन्ने कुरा पत्तै हुँदैन। प्रविधिको संसारझैँ हाम्रो दिमाग पनि यो 'अल्वेज अन' (सधैँ खुला) हुने दुनियाँजस्तै हुन सक्छ।

हरेक पिँढीले कुनै अर्को चिजलाई पाउने अपूरणीय आकाङ्क्षालाई पूरा गर्ने उपाय खोज्छ। रोमन दार्शनिक सेनेकाले "FOMO" (फोमो) 'कुनै वस्तु गुमाउँछौँ कि भन्ने डर' लाई राम्रैसँग बुझेका छन् जस्तो लाग्छ।

उनले आफ्नो निबन्ध 'ON THE SHORTNESS OF LIFE' (जीवनको क्षणिकता) मा लेखेका छन्:

> *मानिसहरू आफूसँग भएको वस्तुको आनन्द लिनुको साटो टाढाटाढासम्म यात्रा गर्छन्। विदेशको सामुद्रिक किनारामा घुमफिर गर्छन्। पृथ्वीको जमिनदेखि समुद्रसम्मको यात्रा गरेर भए पनि आफ्नो व्याकुलतालाई शान्त पार्ने उपायको खोजी गर्छन्। त्यो व्याकुलताले पहिल्यैदेखि मानिससँग भएको चिजलाई सदैव घृणा गर्छ। उनीहरू भन्छन्, "आउनुहोस्, अब क्याम्पानिया जाऔँ।" यी सबै विलासितादेखि दिक्क भएपछि उनीहरू*

भन्छन्– "अब जङ्गलको यात्रामा निस्कौँ। हामी अब ब्रुटियम र ल्युकेनियाको जङ्गलमा घुमौँ।" तर, ती जङ्गलहरूका बिचमा पनिखुसीको अभाव महसुस हुन्छ। उनीहरू एकपछि अर्को यात्रा गर्छन्, एकपछि अर्को दृश्यहरूको अवलोकन गर्छन्। लुक्रेसियस भन्छन्, "यसरी हरेक व्यक्ति सधैँजसो आफू स्वयम्देखि टाढा गइरहन्छ।" तथापि, स्वयम्देखि टाढा गइरहेको ऊ कहाँ गएर रोकिएला?

आधुनिक जीवनरूपी जङ्गलमा पनि आनन्दको अभाव हुन्छ। बाहिरी संसारले मानिसहरूसँग जोडिन र नयाँ चिजहरूको अनुभव गर्न हामीलाई सुन्दर अवसरहरू प्रदान गर्दछ। सञ्चारप्रविधिले यी क्षेत्रहरूमा निकै सकारात्मक कार्यहरू गरिरहेको छ र यो राम्रो कुरा हो तर हामीले वास्तवमा खोजिरहेको चिज हामीभित्रै छ। म मानिसहरूसँग सोध्ने गर्छु, "तपाईँभित्रको सामाजिक सञ्जालको संसार कस्तो छ? के तपाईँ आफैँलाई 'फलो' गर्नुहुन्छ (पछ्याउनुहुन्छ)? के तपाईँ आफैँलाई 'लाइक' गर्नुहुन्छ (मन पराउनुहुन्छ)? के तपाईँलाई आफ्नै 'फ्रेन्ड' (मित्र) बन्न आउँछ? यदि तपाईँ आफ्नै मित्र बन्न सक्नुहुन्न भने के तपाईँ साँच्चै अरूको मित्र बन्न सक्नुहुन्छ र?"

कहिलेकाहीँ हामीले आफ्नो उपकरणलाई थन्क्याएर हाम्रो सबैभन्दा ठुला प्रशंसकका साथमा बस्नु आवश्यक छ। त्यो प्रशंसक स्वयम् म नै हुँ। प्राचीन चिनियाँ दार्शनिक लाओ जुले भनेका पनि छन्, "आफ्नो मित्रलाई चिन्नु उत्तम बुद्धिमानी हो तर स्वयम् आफैँलाई चिन्नु वास्तविक विवेक हो।"

खुसीको समाचार

के तपाईँ बाहिरी र भित्री संसारमा घटित कुराहरूका बिचमा अझ राम्रो सन्तुलन कायम गर्न चाहनुहुन्छ? के तपाईँ आफ्नो जीवनमा तपाईँको एकाग्रता बिथोल्ने कुराहरूलाई कम गर्न र सन्तुष्टि प्राप्त गर्न चाहनुहुन्छ? के तपाईँ यस क्षणमा आनन्दित र पूर्ण भएको मिठो अनुभव गर्न चाहनुहुन्छ? के तपाईँ होहल्लाको मात्रालाई कम गरेर आफैँलाई सुन्न चाहनुहुन्छ? यी सबै कुराहरू एकदमै सम्भव छन् तर यसका लागि पहिला बाहिरी दुनियाँको हल्लाले आफूभित्रको शान्तिलाई अनुभूत गर्ने विषयमा कुनै पनि बाधा पुऱ्याउँदैन भनेर बुझ्नु जरुरी छ। अर्को शब्दमा भन्ने हो भने हामीले केवल आफ्ना कानहरूबिचको हल्लालाई उचित समाधान गर्नुपर्छ।

होहल्लाबाट बच्नका लागि मानिसहरू विभिन्न तरिकाहरू अपनाउँछन्। सिरक ओढ्छन् र सिरानीले कान थुन्छन्। उनीहरू पहाड चढ्छन्, जङ्गलमा घुम्छन्, दौडन्छन्। उनीहरू ३०,००० फिट माथिसम्म पनि उक्लन्छन् अनि सामुद्रिक छालहरूको तलसम्म पनि पुग्छन्। तीर्थयात्रामा निस्कन्छन् अनि दुर्गमका शान्त विश्रामस्थलहरूको भ्रमण गर्छन्। उनीहरू मन्दिर वा गिर्जाघर वा मस्जिद वा सपिङ मल वा मदिरापसल वा धूम्रपान पसलहरूमा जान्छन् तर त्यहाँ पनि हल्ला चाहिँ हुन्छ। यो हल्ला त तिनका कानहरूका बिचमा सीमित हुन्छ। अन्यत्र जानै सक्दैन। यस सम्बन्धमा अमेरिकी लेखक राल्फ वाल्डो इमर्सनले भनेका छन्:

हामी सौन्दर्यको खोजीमा संसारभरको यात्रा गर्छौं,
हामीले त्यसलाई आफैँसँग लिएर हिंड्नुपर्छ अन्यथा
हामी यसलाई पाउँदैनौँ।

यसरी प्रत्येक व्यक्ति सधैँ आफैँबाट टाढा दौडिरहन्छ तर ऊ त्यसबाट उम्किन सक्दैन भने त्यसो गर्नुको अर्थ के भयो र? हामीले आफूभित्र शान्ति प्राप्त नगरेसम्म त्यो हल्लाले हामीलाई सधैँ समातिरहन्छ।

तपाईँका लागि एउटा खुसीको खबर छ!

हामीभित्र हल्ला त्यसै भइरहेको होइन बरु हामीले नै त्यसलाई आफूभित्र हुन दिइरहेका छौँ। आफ्नो यन्त्रलाई कहिले बन्द गर्ने भनेर हामी 'छनोट' गर्न सक्छौँ। आफ्नो दिमागमा के राख्ने र के नराख्ने भन्ने कुरालाई हामी 'छनोट' गर्न सक्छौँ। कसको कुरा सुन्ने, कसलाई ध्यान दिने र कसलाई जवाफ दिने भन्ने विषयलाई हामी नै 'छनोट' गर्न सक्छौँ।

मैले यसअघि भनेको थिएँ मानिसहरू हल्लाबाट बच्ने प्रयासमा ३० हजार फिटको उचाइमा पनि पुग्छन्। म तपाईँलाई यसबारेमा एउटा कुरा भन्छु। एक विमानचालक भएका नाताले थुप्रै हवाईजहाजहरूको ककपिटभित्र रहेर मैले विभिन्न प्रकारका हवाईजहाजहरूको उडान भरेको छु। अहिले धेरै स्वचालित प्रणाली छन् जसमा धेरैजसो निर्णयहरू कम्प्युटरले गर्छन्। प्रविधिमा सुधार भएसँगै विमानचालकहरू पनि विमानतिर ध्यान दिन छोडेर विमानलाई उडाउने प्रविधितिर ध्यान दिन थालेका छन्। विशेष गरी आपत्कालीन स्थितिमा अन्ततः हवाईजहाजलाई उडाउने मान्छेले नै हो, कम्प्युटरले चाहिँ होइन। मेरा प्रशिक्षकले प्रशिक्षण गर्ने क्रममा मलाई प्रायः भन्नुहुन्थ्यो, "यदि प्रविधिमा कुनै समस्या देखा

परेमा ती सबैलाई बन्द गरेर सधैँजसो गर्ने गरेको कार्य नै गर्नुपर्छ अर्थात् तपाईँले विमानलाई उडाउनुपर्छ !"

हाम्रो जीवनमा होहल्ला धेरै बढेका बखत हामीले पनि ठिक यस्तै गर्नुपर्छ। अन्य कुराहरूलाई बन्द गरेर आफूभित्र स्वयम्ले उडान भर्नुपर्छ। हामीले सही छनोट गरेर यसो गर्न सक्छौँ।

सकारात्मक छनोटको एक पल नै आत्मज्ञानका माध्यमबाट आन्तरिक स्थिरता, एकाग्रता, सन्तुष्टि र शान्तिसम्मको जीवन परिवर्तन गर्ने यात्राको प्रारम्भिक विन्दु साबित हुन सक्छ। आफ्नो ध्यानलाई भित्रतिर मोड्ने कुरालाई पनि हामीले छान्यौँ भने, हामीले छनोट गर्‍यौँ भने हामी आन्तरिक शान्तितिर लम्कन्छौँ। हामी एक पटक पूर्ण रूपले आफैँसँग भित्र जोडिएपछि यो 'हल्ला' ले हस्तक्षेप गर्न छोड्छ अनि हाम्रो साथी बन्न थाल्छ। विशेष रूपले व्यस्त, प्रबल, जीवन्त यो साथीलाई हामी मिलनसार हुँदा मात्रै भेट्छौँ।

हामीले 'आफ्नो ध्यानलाई भित्रतिर मोड्ने कुरालाई पनि' भन्ने वाक्यांशमा 'पनि' लाई ख्याल गर्नु महत्त्वपूर्ण हुन्छ। प्रविधि र आन्तरिक शान्तिमध्ये, हल्ला र सन्तुष्टिमध्ये, बाहिरी र भित्री संसारमध्ये यसलाई अथवा त्यसलाई भनेर छान्नु आवश्यक छैन। कहिलेकाहीँ मानिसहरूले के अनुमान गर्छन् भने आधुनिकता अथवा आन्तरिक शान्तिमध्ये कुनै एउटाबाट मात्रै सबै लाभ लिन सकिन्छ। मानौँ यी एकअर्काका विरोधी हुन्। हामीले एउटाका लागि अर्कोलाई छोड्नु आवश्यक नै छैन। हामीले आफ्नो ध्यानलाई कतातिर लैजाने भन्ने कुराको छनोट हामी स्वयम्ले नै गरेका छौँ भनेर सुनिश्चित गर्नुपर्छ।

चोरहरूको गिरोह

आउनुहोस्, सकारात्मक छनोटलाई हामीले आफ्नो जीवनमा कसरी कार्यान्वयन गर्न सक्छौँ भन्ने कुरा बुझौँ। धेरैजसो मानिसहरूले आफूबाट आफ्नो समय चोरी भइरहेको महसुस गर्छन् जस्तो लाग्छ। के यो कुरा साँचो हो ? सायद सामाजिक सञ्जालका केही नयाँ प्रविधिहरूले हाम्रो एकाग्रतालाई चोरी गर्छन्। (केही प्रविधिको डिजाइन त्यसरी नै भएको देखिन्छ।) यथार्थ कुरा त हाम्रा इच्छाहरूले हामीलाई सन्तुष्टिबाट टाढा लैजान सक्छन् भन्ने कुरा हामी सबैलाई थाहा छ।

यी चोरहरूका लागि ढोका कसले खोल्छ? हामीले नै खोल्छौँ! हामी नै बाहिरी संसारलाई आफूभित्र आउन दिन्छौँ। प्रायजसो नयाँ वस्तु, नयाँ मान्छे अनि नवीनतम जानकारीहरू अकस्मात् भेट्दा ती कुराहरू रोचक र लाभदायी हुन्छन्। वास्तवमा यो एउटा सिकाइको भाग हो तर हाम्रो दिमाग र हृदयको प्रवेशद्वारमा हाम्रै नियन्त्रण भइरहनुपर्छ। हामीले जोसुकै व्यक्ति अथवा जुनसुकै कुरालाई भित्र आउन दियौँ भने हाम्रो समयको चोरीको जिम्मेवार हामी आफैँ हुन्छौँ। अरू मानिसहरू त उत्प्रेरक मात्र हुन सक्छन् तर चिढचिढाहटको मुख्य स्रोत हामी नै हौँ। हामी स्वयम् नै आफ्नो द्विविधाको मुख्य स्रोत हौँ। हामी आफैँ आफ्नो असन्तुष्टिको मुख्य स्रोत हौँ। हाम्रो एकाग्रता बिथोल्ने चिजको मुख्य स्रोत हामी नै हौँ। आनन्द, स्पष्टता, तृप्ति, एकाग्रता र आन्तरिक शान्तितर्फ हामीलाई पुनः लैजान सक्ने सबै शक्तिशाली सकारात्मक गुणहरूको मुख्य स्रोत पनि हामी नै हौँ।

अब अगाडि के छ त भनेर हामीले खोजिरहँदा, हामीलाई मानव बनाउने गुण नै हराउन सुरु हुँदा, कुनै चिजमा अति नै भर परेर हामीले स्वयम्सँगको सम्पर्कलाई तोड्न थाल्दा हामीले बाहिरी संसारसँगको ढोकालाई अस्थायी रूपमा बन्द गरेर भित्री संसारसँग पुनः जोडिनुपर्ने समय नै यही हो। हामीले वास्तविक स्वतन्त्रता पाउने ठाउँ नै त्यही हो।

यस प्रकारले हामी पुनः आफ्नो मालिक आफैँ बन्दाखेरि हामीलाई असाध्यै धेरै स्वतन्त्रताको महसुस हुन सक्छ। यसले हामीलाई अहिले र यहीँ नै जीवित रहेको र श्वास लिइरहेको व्यक्ति पत्ता लगाउन, उसको प्रशंसा गर्न र पूर्ण रूपले त्यस्तो व्यक्ति बन्न मदत गर्छ। हामीसँग दुनियाँको हल्लालाई आफ्नो काम गर्न दिने अनि हाम्रो ध्यानलाई भित्रतर्फ नै केन्द्रित गरिरहने विकल्प सधैँ हुन्छ। मेरा लागि यो काम मैले मात्रै गर्न सक्छु, तपाईँका लागि यो काम तपाईँले मात्रै गर्न सक्नुहुन्छ। तपाईँको आन्तरिक आवाजलाई नियन्त्रण गर्ने पहुँच अरू कसैसँग हुँदैन।

हल्लाबाट हल्ला नै उत्पन्न हुन्छ। मानिसहरू थप हल्ला गरेर हल्लालाई ढाक्ने गर्छन्। यो क्रम बढ्दै जाँदा हल्ला अझै चर्किँदै जान्छ तर त्यस हल्लालाई जित्ने एउटै मात्र चिज छ– त्यो हो तपाईँभित्रको मौनता। यहाँ तेह्रौँ शताब्दीका कवि रुमीको भनाइलाई उल्लेख गर्न चाहन्छु:

तपाईँ गीत हुनुहुन्छ,
एउटा मिठो मन पर्ने गीत,

त्यस गीतलाई सुन्नुहोस्।
त्यस गीतले तपाईँलाई,
यस्तो स्थानमा लिएर जानेछ,
जहाँ आकाश–हावा हुन्छ,
जहाँ मौन बुझाइ छ।

दिमागी हल्लालाई शान्त तुल्याएपछि मात्र हृदयलाई सुन्न सकिन्छ। त्यस बेला हामी अत्यन्तै सुमधुर अनि कोमल आवाजलाई सुन्न सुरु गर्छौँ– शब्दमा व्यक्त नभई अनुभूत गरिने पुकारका रूपमा। त्यो अनुभूति के हो? यो 'म नै हुँ, म नै हुँ, म नै हुँ' भन्ने कुराको आन्तरिक अभिव्यक्ति हो। हृदयको यस गीतले हामीलाई त्यो अवसरको पूर्ण रूपले आनन्द लिन निमन्त्रणा गर्छ जुन अवसर अरू केही नभएर जीवन आफैँ हो।

स्पष्टता र कार्यान्वयन

तपाईँ सोच्दै हुनुहुन्छ होला– अरू सबै कुरा त ठिकै हो तर चिजहरूले मेरो ध्यान आकर्षित गरे भने के हुन्छ? जीवनको हल्लालाई कहिल्यै बेवास्ता गर्न सकिँदैन? हो, हामीले साँच्चै नै सुल्झाउनुपर्ने विषयहरू त सदैव हुन्छन् तर थुप्रै दैनिक चिन्ताहरू पनि हुन्छन्। ती चिन्ताहरू हाम्रा नकारात्मक कल्पनाका कारण बन्न पुग्छन् अनि आवश्यकताभन्दा ठुला भइदिन्छन्। एकछिन ती कम्बोडियाकी युवती र उनको मोबाइल फोन हराएका विषयमा सोचौँ। यसैकारण उनी आफ्नो जीवनदेखि नै निराश भइसकेकी थिइन् तर वास्तवमा त्यो एउटा बितेर जाने क्षण मात्र थियो। त्यो त्यत्ति ठुलो कुरो त थिएन तथापि यस्तै ससाना कुराहरू थुप्रिएर नै हाम्रो जीवनमा समस्याहरूको ठुलो कारण बन्न पुग्छ।

हामी दुःख र पीडा महसुस गर्दाखेरि यसको कारणको खोजी गर्छौँ तथापि कारणको खोजी गर्ने कार्य पनि समस्या बन्न सक्छ। मलाई कुनै गम्भीर खालको समस्या परेपछि यसको कारण खोजी गर्नुको साटो सर्वप्रथम स्वयम्भित्र मोडिन्छु अनि 'म जीवित छु, म छु, म जीवित छु' भनेर सबैभन्दा महत्त्वपूर्ण तथ्यलाई बुझ्ने प्रयास गर्छु। जस्तोसुकै समस्या देखा परे पनि यसलाई सुल्झाउनका लागि मलाई यही नै सबैभन्दा उत्तम र सर्वोत्कृष्ट उपाय हो जस्तो लाग्छ। आत्मज्ञान कुन बुझाइबाट सुरु हुन्छ भने तपाईँको जीवनमा सबैभन्दा महत्त्वपूर्ण एकदमै सही एउटा

मात्र कुरा छ– त्यो के हो भने तपाईँ जीवित हुनुहुन्छ। तपाईँ यहाँ हुनुहुन्छ, श्वास लिइरहनुभएको छ। यसले सबै सम्भावनाहरूलाई लिएर आएको छ। तपाईँलाई हार्दिक बधाई छ !

हामीमा समस्याहरू त अवश्य आउँछन्। ती समस्याहरू आउँदाखेरि ती के हुन् भनेर हेर्ने, तिनीहरूलाई सिधै समाधान गर्ने वा तिनीहरूलाई पन्छाएर अगाडि बढ्ने भन्ने कुराहरूमध्येबाट सदैव हामीले छनोट गर्न सक्छौँ। हवाईजहाज आँधीबेरी (टर्बुलेन्स) मा नपरेसम्म एक विमानचालकका रूपमा तपाईँ ककपिटमा आरामसँग बसिरहनुहुन्छ र सबै कुरा ठिकै भइरहेको हुन्छ। तपाईँले यसलाई देख्नुहुन्न, महसुस मात्र गर्नुहुन्छ। यो सामान्यतया बिस्तारैबिस्तारै सुरु हुन्छ अनि प्रायः आफैँ हराउँछ तर कहिलेकाहीँ यो अझै खराब हुन्छ र त्यसको समाधानका लागि तपाईँले केही गर्नुपर्ने हुन्छ। त्यसपछि त्यो उचाइलाई छोडेर सुरक्षित हावा भएको स्थानलाई खोज्नुपर्छ– चाहे माथि जानुहोस्, तल जानुहोस्, दायाँ जानुहोस्, बायाँ जानुहोस् या जतासुकै जानुहोस्। चट्याङ पर्दा पनि यस्तै परिस्थिति सृजना हुन्छ तर यसमा राम्रो पक्ष के छ भने तपाईँले यसलाई अगाडि नै देख्न सक्नुहुन्छ।

हाम्रो दैनिक जीवनमा सधैँजसो आँधीबेरीका क्षणहरू आउँछन्। कहिलेकाहीँ हामीले ती क्षणलाई आउँदै गरेको देख्न सक्छौँ, कहिलेकाहीँ देख्न सक्दैनौँ। हामीले छनोट गर्नुपर्ने समय यही नै हो– कि त म कुनै चिन्ता नगरीकन बस्नेछु कि आफूलाई कुनै सुरक्षित उचाइमा लिएर जानेछु। तीमध्ये कुनै एउटा विकल्पलाई रोज्ने निर्णय नगरी आँधीबेरीका बिचबाट उड्नुभन्दा त एउटा विकल्पलाई रोज्नु नै उत्तम हो किनभने त्यस्तो नगरेमा अप्ठ्यारो परिस्थितिको सामना गर्नुपर्नेछ। यदि त्यो विकल्पलाई रोजेनौँ भने हामी आँधीबेरीबाहेक सबै कुरा बिर्सन्छौँ तर त्यो समयमा हामी यात्राको आनन्द लिइरहन सक्थ्यौँ। झ्यालबाहिरका सुन्दर दृश्यहरूको आनन्द लिन बिर्सन्छौँ अनि हामी आफ्ना सहयात्रीहरूसँग कुराकानी गर्न छोड्छौँ।

समस्याहरूका माझमा हामी कमलको फूलबाट प्रेरणा लिन सक्छौँ। त्यसको जरा फोहोर पानीमा भए पनि कमलको फूल फक्रिन सक्छ। फेद जतिसुकै फोहोरमा भए पनि कमलको फूल सधैँ सुन्दर देखिन्छ। चुनौतीहरूद्वारा घेरिएको महसुस गरेका बेला हामीलाई जीवित हुनुको सरल आनन्द लिनका लागि खराब परिस्थितिरूपी फोहोर पानीले नरोक्ने खालको विकल्पको छनोट गर्न सकिन्छ।

यदि यस्तो भएमा ?

अतीतका बारेमा पश्चात्ताप अनि भविष्यका बारेमा चिन्ता– यदि हामीले यी दुईका बिचमा आफूलाई फस्न दियौँ भने जीवनमा प्रगति गर्न गाह्रो हुन्छ। यादहरूले हामीलाई सताउँछन्। भोलिका चिन्ताले हामीलाई पिरोल्छन्। यदि यस्तो नभएको भए? यदि त्यस्तो भयो भने? हाम्रो नकारात्मक कल्पनाले हामीलाई दुवैतर्फबाट बाँधेर राख्छ। केही मानिसहरू आफ्नो अतीतका बारेमा सोच्न पनि सक्दैनन्। यसर्थ उनीहरू आफ्नो भविष्यलाई सुरक्षित तुल्याउने प्रयासमा लागिरहन्छन्। अन्य मानिसहरू विगतका यादको काल्पनिक संसारमा जिउँछन् किनभने उनीहरू भविष्यसँग डराउँछन्। यदि यस्तो भएमा? यदि यस्तो भए? यदि यस्तो भयो भने?

स्पार्टा प्राचीन ग्रिसको एउटा प्रमुख सहर थियो अनि त्यहाँका मानिसहरू अत्यन्तै बलवान्का रूपमा प्रसिद्ध थिए। दक्षिणी ग्रिसमा हमला गरेर अरू केही महत्त्वपूर्ण सहरहरूलाई कब्जा गरेपछि मेसेडोनियाका राजा फिलिप द्वितीयले आफ्नो नजर स्पार्टातिर लगाए। युनानी लेखक प्लुटार्कको एउटा अभिलेखअनुसार राजा फिलिपले एउटा सन्देश पठाई 'तपाईंहँरूकहाँ हामी मित्रका रूपमा आऔँ कि दुस्मनका रूपमा' भनेर स्पार्टावासीलाई सोधेका थिए।

"न त मित्र न दुस्मनका रूपमा", तिनीहरूले जवाफ फर्काए।

फेरि फिलिपले एउटा अर्को सन्देश पठाए, "म तपाईंलाई के सल्लाह दिन चाहन्छु भने विलम्ब नगरी आत्मसमर्पण गर्नुहोस्। यदि मैले तपाईंको धर्तीमा आफ्नो सेना लिएर आएँ भने म तपाईंको सबै बालीनाली विनाश गरिदिन्छु। तपाईंका जनतालाई मारिदिन्छु अनि तपाईंको सहरलाई ध्वस्त पारिदिन्छु।"

एक पटक फेरि स्पार्टावासीले केवल एउटा शब्दमा उत्तर दिए, "यदि।"

त्यसपश्चात् फिलिपले कहिल्यै पनि स्पार्टालाई कब्जा गर्ने प्रयासै गरेनन्।

यदि यस्तो भएमा? यदि यस्तो भएमा? यदि यस्तो भएमा? हुन सक्छ, यस समयमा स्पार्टावासीको तरिकालाई अपनाएर हामीले पनि आफ्नो डरलाई भगाउनुपर्छ। जुन वास्तविकतालाई हाम्रो नकारात्मक कल्पना र भ्रमको घना जङ्गलले ओझेलमा पारेको हुन्छ त्यस्तो जीवन पनि हामी जिउन सक्छौँ।

यहाँ भ्रम र त्यसले हामीमा पार्न सक्ने प्रभावबारे एउटा कथा छ।

एक जना रानी थिइन्। उनको एउटा बहुमूल्य हार थियो। एक दिन उनी

कौसीमा आफ्नो कपाल सुकाइरहेकी थिइन्। उनले हार फुकालिन् र एउटा किलामा झुन्ड्याइन्। एउटा काग त्यतै उडिरहेको थियो। त्यसले घाममा टल्किरहेको हार देख्यो। काग हार टिपेर त्यहाँबाट उड्यो। धेरै टाढा नपुग्दै उसले त्यो हार एउटा रुखमाथि खसाल्न पुग्यो। त्यसपछि एउटा फोहोर नदीको ठिक माथितिरको उक्त रुखको हाँगामा गएर त्यो हार अड्क्यो।

रानी आफ्नो हार राखेको स्थानमा पुगिन्। त्यहाँबाट आफ्नो हार हराएको थाहा पाएपछि उनी एकदमै आक्रोशित भइन्। "मेरो हार कसले चोऱ्यो?" उनी चिच्याइन्। उनले सबैलाई हार खोज्न लगाइन् तर कसैले पनि फेला पार्न सकेनन्। उनले राजासँग भनिन्, "मेरो हार नपाएसम्म म केही पनि खान्नँ।"

राजा एकदमै गहिरो चिन्तामा डुबे। उनले तत्काले आफ्ना सेना र अन्य सहयोगीहरूलाई हारको खोजीमा खटाए तर त्यो हार भेटिएन। राजाले आखिरमा एउटा घोषणा गरे, "जसले हार भेट्टाउँछ उसले मेरो आधा राज्य पाउँछ।" त्यसपछि त त्यस राज्यका मानिसहरू साँच्चै नै हारको खोजी गर्न थाले।

भोलिपल्ट सेनापति त्यही रुखनजिकै भएर कतै जाँदै थिए। उनलाई नदीमा हार टल्किरहेको जस्तो लाग्यो। उनी तुरुन्तै नदीको फोहोर पानीमा हाम फाले किनभने उनी आधा राज्य पाउन चाहन्थे। मन्त्रीले सेनापतिलाई नदीमा पसेको देखेपछि उनलाई पनि नदीमा हार देखेजस्तो लाग्यो र उनी पनि हाम फाले। राजाले आफ्ना सेनापति र मन्त्रीलाई नदीमा हाम फालेको देखेपछि उनी पनि हाम फाले किनभने राजा आफ्नो आधा राज्य गुमाउन चाहँदैनथे। त्यस बेलासम्ममा अरू सैनिक र गाउँलेहरू पनि त्यहाँ आइसकेका थिए र तिनीहरू पनि सबै जना पानीभित्र पसे।

अन्त्यमा एक जना बुद्धिमान् व्यक्तिले भने, "तपाईँहरू सबै जना यहाँ के गरिरहनुभएको हो? हार तल छैन; त्यो त त्यहाँ रुखमाथि छ। तपाईँहरू त्यसको छाया देखेर हाम फालिरहनुभएको छ।" राजाले भने, "यो हार तपाईँले भेट्टाउनुभयो त्यसैले अब मेरो आधा राज्य तपाईँकै भयो।" बुद्धिमान् व्यक्तिले भने, "यसका लागि धन्यवाद! तथापि, म जे छु त्यसैमा सन्तुष्ट छु।"

हामी आफ्नो भ्रमका पछि दौडन्छौँ। सबैभन्दा ठुलो भ्रम के छ भने हामीलाई हाम्रो जीवनमा जुन कुराले भट्काइरहेको हुन्छ हामी त्यही नै पाउन चाहन्छौँ तर हामीभित्रको वास्तविकता हामीले आशा गरेभन्दा पनि निकै सुखद र आश्चर्यचकित पार्ने प्रकृतिको छ। हामीमा त्यो वास्तविकतासँग जोडिने सम्भावना सदैव हुन्छ।

दर्पण

हामी पूरा जीवन आजमा जिउँछौँ। अहिले नै। यस क्षणमा। अझ यही क्षणमा। हामी हिजोमा जिउनै सक्दैनौँ। हामी भोलिमा जिउन सक्दैनौँ। चमत्कार हुने नै आजमा हो। हामीले आजमा नै वास्तवमा शान्ति, आनन्द र प्रेमलाई अनुभूत गर्न सक्छौँ। आज नै त्यो ठाउँ हो जहाँ हामी वर्तमानमा उपस्थित हुनुपर्छ। आजलाई अनुभव गर्नका निमित्त हामीले हिजो र भोलिलाई हटाउनुपर्छ। त्यसपश्चात् हामीसँग वास्तविकता बाँकी रहनेछ। हामीले चिन्ता गर्नुपर्ने एउटा मात्र "FOMO" (फोमो) चाहिँ हामी जीवितै छँदा वास्तविकतालाई गुमाउँछौँ कि भन्ने हो।

आज एउटा दर्पण हो। यसले पूर्ण रूपले हाम्रो वास्तविक परिचय दिन्छ। यो सत्य र निष्पक्ष हुन्छ। यसले हाम्रो अनुहार, कपाल, लुगाफाटालाई मात्र चित्रण गर्दैन, बरु हाम्रा बारेमा सबै थोक देखाउँछ। यसले हाम्रो स्पष्टता र भ्रमलाई प्रतिविम्बित गर्छ। यसले हाम्रो आत्मविश्वास अथवा अनिश्चिततालाई प्रतिविम्बित गर्छ। यसले हाम्रो दया वा क्रोधलाई प्रतिविम्बित गर्छ।

यदि तपाईँ ऐनाका अघि उभिनुभयो भने तपाईँले के देख्नुहुन्छ? तपाईँले कसलाई देख्नुहुन्छ? तपाईँको प्रतिविम्बले तपाईँका लागि के देखाउँछ? के तपाईँ स्वयम्‌लाई आफ्नै आँखाले हेरिरहनुभएको छ त? तपाईँको अनुहार विगतका वर्षहरूभन्दा फेरिएको देख्नुहुन्छ तथापि के तपाईँले आफूमा कहिल्यै परिवर्तन नभएको कुनै त्यस्तो चिजको अनुभव गर्न सक्नुहुन्छ?

तपाईँको संसारको केन्द्रमा

हामी आफ्नो हृदयमा शान्ति लिएर जन्मिएका हौँ अनि त्यो सदैव हामीभित्रै, हाम्रो संसारको केन्द्रबिन्दुमा हुन्छ। हाम्रा कठिनाइ र भ्रामक चिजहरू भए पनि, हाम्रा समस्या र भ्रम भए पनि हामी सबैभित्र शान्ति सम्भव छ।

हाम्रो जीवनमा चाहे जेसुकै भए पनि हामीलाई पूर्ण बनाउने ती सबै तत्त्वहरूसँग पुनः एकत्रित हुने अवसर सदैव हुन्छ। हाम्रो बाहिरी जीवन थप व्यस्त र चुनौतीपूर्ण भएसँगै सबैभन्दा महत्त्वपूर्ण चिजसँगको हाम्रो नाता टुट्न सक्छ तर हाम्रा बाहिरका सबै चिज आउँछन् र जान्छन्। यो त भइरहने कुरा हो। आफ्नो जीवनमा हल्लालाई टाढै राख्नुहोस्। तब एउटा कुरा मात्रै बाँकी रहन्छ अनि त्यो हो– तपाईँ। तपाईँ आफ्नो हृदयको गहिराइमा सदैव शाश्वत हुनुहुन्छ।

शान्तिसँग जोडिनका लागि विभिन्न मार्गहरू छन् तर यस यात्राको एउटै दिशा हो– आफूभित्रतिर। कतिपयले आफ्नो पूरै जीवन कहिल्यै नटुङ्गिने आध्यात्मिक खोजमा बिताउँछन्। शान्ति पाउने आशा बोकेर उनीहरू विभिन्न ठाउँको भ्रमण गर्छन्। मेरो सल्लाह त के हो भने शान्तिलाई खोज्न छोड्नुहोस्। शान्ति कुनै विचार होइन। यो कुनै सिद्धान्त होइन। यो कुनै सूत्र होइन। यो कुहिरोले ढाकेको पहाडको रहस्यमय ठाउँमा रहेको एउटा अनौठो भवनभित्र गोप्य खोपोमा राखिएको प्राचीन किताबका पन्नाहरूमा लेखिएको अनुच्छेदमा भेट्टाउनुपर्ने कुनै चिज पनि होइन। शान्ति मानिसभित्र छ, वस्तुहरूमा होइन। यो तपाईंभित्र छ। तपाईं यसलाई अनुभूत गर्न सक्नुहुन्छ, महसुस गर्न सक्नुहुन्छ, अनुभव गर्न सक्नुहुन्छ, जतनसाथ राख्न सक्नुहुन्छ अनि यसको आनन्द लिन सक्नुहुन्छ। यसबारेमा कवि कबिरदासले भनेका छन्:

आफ्ना दिमाग, इन्द्रियहरू र शरीरलाई पनि शान्त तुल्याउनुहोस्।
अनि, यी सबै शान्त भएपछि केही पनि नगर्नुहोस्।
त्यस अवस्थामा सत्य आफैँ तपाईंका सामुन्ने प्रकट हुनेछ।

आत्मज्ञान प्राप्त गर्ने र हृदयमा शान्तिको अनुभूति गर्ने प्रक्रिया सरल छ तर यो सजिलो हुनैपर्छ भन्ने छैन। केही मानिसहरूले केही क्षणमै स्पष्टता प्राप्त गर्छन् भने हुन सक्छ अन्य मानिसहरू यसका लागि जीवनभर प्रयास गरिरहन्छन्। यसपछिका पन्नाहरूमा हामी शान्ति पाउन के गर्नु आवश्यक हुन्छ र यसले जीवनमा कस्तो अद्भुत धन लिएर आउँछ भन्ने कुराका बारेमा थप खोजी गर्छौं तथापि पहिला हामीले कुन कुरामा विचार पुऱ्याउनुपर्छ भने यी सबै विषयहरू किन यति धेरै महत्त्वपूर्ण छन्? अनि, त्यो कुन चिज हो जसलाई हामी जीवन भन्छौं?

अध्याय २
आफ्नो भित्री लयलाई चिन्नुहोस्

अरबौँ वर्षदेखि ब्रह्माण्डभरि एउटा शक्ति चलायमान छ। त्यो हामीभन्दा पहिला पनि थियो र हामीपछि पनि रहनेछ। यो शक्ति हरेक परमाणुमा छ र यसले प्रकृतिजस्तो अत्यन्तै सुन्दर चिज प्रदान गरेको छ। यसमा मानिसले सृजना गर्ने सबै चिजहरू समावेश छन्।

हामीले देख्ने, छुने, सुन्ने, सुँघ्ने र स्वाद लिने सबै चिजहरू त्यही शक्तिको अभिव्यक्ति हो। यो पहाड र उपत्यकाहरूमा अनि गुफाहरूको गहिराइमा छ। यो वन र जङ्गलहरूमा छ, मरुभूमिमा स्थित बालुवाको हरेक कणमा छ अनि समुद्रका किनारहरूमा छ। यो अथाह समुद्र, ताल र पोखरीहरूमा अनि गर्जने नदी, झरना र शान्त खोलाहरूमा पनि छ। यो वर्षा, हुस्सु र कुहिरोमा अनि बरफ र हिउँमा, सूर्यको हरेक किरण र हावाको प्रत्येक झोक्कामा छ। यो हरेक सहर, बजार, गाउँ र घरमा छ। यो हामीले श्वास फेर्ने, खाने र पिउने सबै चिजहरूमा छ। यो हामीभित्र छ। हाम्रो वरिपरि छ। यो सर्वत्र छ।

सबै जीवित प्राणीहरूलाई एकसाथ जोडिराख्ने यस जीवनशक्तिलाई म यसरी नै बुझ्छु। केही मानिसहरूले यस शक्तिलाई सृष्टिकर्ता भन्छन्। अन्य मानिसहरूले अर्कै नामले बोलाउन पनि सक्छन्। हामीले यो शक्तिलाई कुन शब्दसँग जोड्छौँ त्यसले मलाई केही फरक पर्दैन। यो त विद्यमान छ।

तपाईँ एक चमत्कार हुनुहुन्छ

यो शक्ति धेरै रूपहरूमा प्रकट हुन्छ– हाम्रो ब्रह्माण्ड निर्माण हुने सूक्ष्म धुलोको कणदेखि लिएर अनगन्ती प्रजातिहरूसम्म। यी प्रजातिहरू विकसित भइरहेका छन्, वंश वृद्धि गरिरहेका छन्, वातावरणअनुकूल भइरहेका छन्। मानिसको विकासक्रमको कल्पना गर्नुहोस्– समुद्रको एक कोषीय जीवदेखि लिएर जमिनमा हिँड्ने अनि चन्द्रमामा पाइला टेक्ने प्राणीहरूसम्म।

एकछिनका लागि यस पृथ्वीमा अस्तित्वमा रहेका हरेक जीवित चिजका बारेमा कल्पना गर्ने प्रयास गर्नुहोस्। लाखौँ वर्षदेखिको तिनीहरूको जीवनकाल र फैलावटको कल्पना गर्नुहोस्। जीवित रहेका ती जीवजन्तु र बोटबिरुवाहरूको अद्भुत विविधताका बारेमा सोच्नुहोस्। 'नेचर' पत्रिकामा प्रकाशित एक अनुसन्धानअनुसार हाम्रो तारापुञ्जमा तिस खर्बभन्दा बढी ताराहरू छन् तर आज यस पृथ्वीमा तीभन्दा पनि धेरै रुखहरू छन्। यो केवल आजको कुरा हो। यो पृथ्वी बनेदेखि नै यस पृथ्वीमा आएका र गएका खरबौँखरब रुखहरूका बारेमा सोच्नुहोस्।

जुन जङ्गली गुलाबहरू आए अनि गए, जुन किराहरू आए अनि गए, जुन पहाडहरू आए अनि गए, जुन छालहरू आए अनि गए, जो मानिसहरू आए अनि गए– ती सबैका बारेमा सोच्नुहोस्। हामीभन्दा पहिला सृजना भएका संरचनाको स्केलका बारेमा सोच्नुहोस् अनि के बुझ्नुहोस् भने यी सबैपछि तपाईँको आगमन भयो– यस क्षणमा जीवित, श्वास लिइरहनुभएको तपाईँ सर्वोच्च शक्तिको अभिव्यक्तिका रूपमा उपस्थित हुनुहुन्छ। ब्रह्माण्डबाट आएको त्यो शक्ति तपाईँलाई जीवित राख्न अहिले श्वासको रूपमा तपाईँभित्र आइरहेको छ। तपाईँ यहाँ हुनुहुन्छ– यो विलक्षण सृजनाका छालहरूमा रमाउँदै। यो क्षण बन्नलाई अरबौँ वर्ष लाग्यो।

के तपाईँ धेरै पहिला सुरु भएको त्यो शक्तिको ठुलो प्रवाहभित्र आफूलाई महसुस गर्न सक्नुहुन्छ? यो कहिलेसम्म चल्नेछ भन्ने कुरा कसलाई थाहा छ? तपाईँ प्रकृतिको धड्कनको लयको अंश हुनुहुन्छ जसले जीवन दिइरहेको छ, जीवन लिइरहेको छ, जीवन दिइरहेको छ, जीवन लिइरहेको छ। एउटा बिउ झर्छ र एउटा रुख उम्रन्छ। अर्को बिउ खस्छ, त्यो भोजन बन्छ। अर्को बिउ झर्छ, त्यो कुहिन्छ। कुनै चिजको सृजना गर्ने र नष्ट गर्ने प्रकृतिको विभेदरहित तर रोक्न नसकिने कार्यलाई एक क्षणका लागि प्रशंसा गर्नुहोस्।

अहिले कुनै ठाउँमा ताराहरू अकल्पनीय शक्तिसहित विस्फोट भइरहेका छन्। यस पृथ्वीमा मानिसहरू जन्मिरहेका छन् अनि यहाँ तपाईँ हुनुहुन्छ– निरन्तर प्रसारित र परिवर्तनशील यस ब्रह्माण्डमा आफू 'हुनु' को पूर्णतालाई अनुभव गरिरहनुभएको छ।

तपाईँ सफलताको गतिशील कथा हुनुहुन्छ

ब्रह्माण्डको शक्तिले 'अहिले' को रचना गर्न केही क्षणका लागि हिजो र भोलिलाई छुट्याएको छ। यो 'अहिले' रूपी प्राप्त भएको समयको पातलो टुक्रामा नै सबै घटनाहरू घट्छन्। यो त्यही समय हो जसमा हामी जीवित छौँ। यो त्यही समय हो जसमा सबै चिजहरू अस्तित्वमा छन्। हाम्रो जीवनमा त्यस्तो महत्त्वपूर्ण कुन समस्या वा अपेक्षा हुन सक्छ जसलाई हामी अहिलेको त्रुटिरहित सुन्दरताको अनुभव गर्नबाट आफूलाई विमुख पार्न दिन्छौँ?

हरेक पटक तपाईँले एउटा रुख, एउटा फूल, एउटा घाँसको टुक्रालाई देख्दाखेरि के बुझ्नुहोस् भने यो सफल भएको छ। त्यो बाँच्यो, हुर्क्यो, फुल्यो, त्यो जीवित छ अनि तपाईँ पनि यस जीवनरूपी चमत्कारको साक्षी हुनुहुन्छ। तपाईँ सफलताको एक गतिशील कथा हुनुहुन्छ। एउटा मान्छे हुनु कति आश्चर्यजनक कुरा हो। हामीले आफू जीवित भएकोमा उत्सव मनाउनुपर्छ!

केही मानिसहरू त के भन्छन् भने हामी केवल विकासक्रमका दुर्घटना वा परिणामहरू हौँ। आखिर हामी ९९ प्रतिशत अक्सिजन, हाइड्रोजन, कार्बन, क्याल्सियम, नाइट्रोजन र फोस्फोरसबाट बनेका छौँ। हामीले यी सबै तत्त्वहरूलाई बोतलमा मिसाएर त्यसमा ०.८५ प्रतिशत पोटासियम, सल्फर, सोडियम, क्लोरिन, म्याग्नेसियम थपेर त्यसपछि बाँकी ०.१५ प्रतिशत अन्य तत्त्वहरू मिसायौँ भने के यसबाट मानिस निर्माण हुन सक्छ त? हो, यो हाम्रो शरीरको संरचनाको वर्णन अवश्य हुन सक्छ तर के हामी यसबाहेक अरू केही होइनौँ र? के तपाईँ त्यो बोतलभित्र भएका तत्त्वहरूसँग प्रेम गर्न सक्नुहुन्छ? के तपाईँ ती तत्त्वहरू भएको त्यो बोतलसँग सौन्दर्य, परिवार र दयाका बारेमा कुरा गर्न सक्नुहुन्छ? के तिनीहरूले आफ्नो अस्तित्वको विलक्षण गुणको कदर गर्न सक्छन्?

हाम्रा भौतिक तत्त्वहरूको योगफलभन्दा हामी निकै बढी मूल्यवान् छौँ, कम छैनौँ किनभने हामी आफूसँग र आफ्ना वरपरका सबै जीवित चिजहरूसँग सचेत भएर जोडिन सक्छौँ। हरेक क्षणले जीवनलाई बुझ्ने र यसप्रतिको हाम्रो कृतज्ञतालाई व्यक्त गर्ने अवसर दिएको छ। हामी त्यस अवसरलाई रोज्छौँ कि रोज्दैनौँ– त्यो अर्कै कुरा हो।

हाम्रो श्वासको अद्भुत लय

आफ्नो जीवनको उद्देश्यलाई बुझ्न चमत्कार खोज्ने मानिसहरूले उनीहरू स्वयम्ले फेर्ने श्वासलाई बिर्सेका छन् र यो चमत्कार उनीहरूको आफ्नो जीवनमा हरेक दिन भइरहेको छ। हामी जन्मन्छौँ अनि त्यस बेलादेखि नै मानिसको नाटक हाम्रो वरिपरि र हामीभित्र सुरु हुन्छ। हामीले लिने हरेक श्वाससँगै हामीले आफ्नो जीवनको कथा लेख्दै आफ्नो भूमिका छान्ने अनि त्यो भूमिका निर्वाह गर्ने अवसर पाउँछौँ।

यो संसारमा धेरै कोलाहल छ तर एउटा गीत पनि गाइरहिएको छ– यो श्वास आउने र जाने जीवनभरिको गीत। यो संसारमा धेरै प्रकारका लयहरू छन्। तिनीहरू प्रायः एकअर्कासँग मेल खाँदैनन् तर तपाईँसँग ठ्याक्कै मेल खाने एउटा लय छ। यो आउनेजाने श्वास नै जीवनभरिको त्यो लय हो। हामीभित्र आउने र जाने हरेक श्वास नै एउटा आशीर्वाद हो।

तपाईँ जन्मनुभएको दिन कोठामा रहेका सबैको ध्यान एउटै चिजमा केन्द्रित थियो। तपाईँ छोरा हो वा छोरी हो भन्ने कुरामा थिएन। केवल एउटै कुरामा ध्यान थियो– के तपाईँले श्वास फेरिरहनुभएको छ? यदि तपाईँले श्वास नफेरेको भए डाक्टरले तपाईँमा श्वास चलाउनका लागि गर्न सक्नेजति सबै कार्य गर्थे। एक जना भर्खरै बनेकी आमाका लागि आफ्नो बच्चाले सास फेरेको सुन्न पाउँदा कति खुसी लाग्छ होला! आफ्नो नवजात शिशुको श्वासको लयले कानमा बारम्बार कानेखुसी गरेर यसो भनेको कति राम्रो लाग्छ, “सबै ठिक छ। सबै ठिक छ। सबै ठिक छ।”

यस यात्राको अन्तिम समयमा तपाईँ फेरि अस्पताल पुग्नुभएपछि उनीहरूले तपाईँ रहनुभएन भन्ने कुरा कसरी थाहा पाउँछन्? उनीहरूले तपाईँले सास फेरिरहनुभएको छ कि छैन भनेर हेर्छन्। उनीहरूसँग तपाईँ जीवित हुनुहुन्छ कि हुनुहुन्न भनेर देखाउने अद्भुत यन्त्र पनि हुन्छ। मेसिनले तपाईँ जीवित हुनुहुन्न भनेर देखाए तापनि तपाईँले अझै श्वास फेरिरहनुभएको छ भन्ने कुरा उनीहरूले देखे भने के हुन्छ? त्यतिखेर डाक्टरले तपाईँलाई थप्पड हान्छन् कि मेसिनलाई? त्यो मेसिन ‘तपाईँ मर्नुभयो’ भनेर तपाईँलाई भन्न आउँदैन! श्वास नै जीवन हो।

१६ औँ शताब्दीका सन्त तथा कवि तुलसीदासले लेखेका छन्:

यो मानव शरीर भवसागरबाट पार हुने साधन हो,
यसमा यो श्वास आउनु र जानु नै परमात्माको कृपा हो।

मेरो कल्पनामा म आफूलाई त्यो भवसागरमा देख्छु अनि त्यसलाई पार गर्न खोजिरहेको छु। म आफ्नो डुङ्गा चलाउने कुरालाई रोज्छु। त्यहाँ असल र खराबका छालहरू छन्, सही र गलतका छालहरू छन्, हामीमा परिवर्तन ल्याउने ती सबै चिजका छालहरू छन्। ती छालहरू प्रेम र घृणा, आशा र निराशा, पश्चात्ताप र चिन्ताका छालहरू हुन्। हामीले यी सबै कुराहरूलाई पार गर्नुपर्छ अनि यस यात्रालाई पूरा गर्न आवश्यक पर्ने चिज पहिलादेखि नै हामीभित्र छ। तपाईँले केवल आफ्नो पाल तयार पार्नु र तपाईँका लागि बहिरहेको त्यो हावाको खोजी गर्नु आवश्यक छ। त्यसले तपाईँलाई अशान्त समुद्रबाट पारि तारेर स्पष्टताको शान्त समुद्रतर्फ लैजानेछ।

हामी आफ्नो जीवनमा 'माया' बाट मोहित भएपछि भ्रमको सागरमा हराउँछौँ। माया– त्यो भ्रम हो जुन बाह्य संसारमा विद्यमान छ र यो हाम्रो दिमागअनुसार बद्लिरहन्छ। यही नै वास्तविकता हो। अन्ततः हाम्रो वास्तविकता हामीभित्रै छ। त्यसलाई जान्नु नै विवेक हो।

'म्यान्टिस' फूलमा बस्ने एउटा किरो हो। यो जुन फूलमा बस्छ यसले त्यही फूलको स्वरूप लिन सक्छ। अर्को किरो त्यो फूलको छेउबाट जाँदा उसले त्यो खतरनाक म्यान्टिसलाई देख्दैन। त्यसले फूललाई मात्र देख्छ। म्यान्टिसले हलचल गरेर आफ्नो वास्तविक स्वरूप देखाउन थालेपछि त्यस क्षणमा त्यसको सिकारले त्यो फूल होइन भन्ने कुरा थाहा पाउँछ तर जीवन वास्तवमा के हो भनेर हामी कहिले बुझ्छौँ? सत्यलाई देख्दादेख्दै पनि त्यो किराले फूललाई मात्र देखेजसरी हामी पनि त्यो किराजस्तै मायातिर सहजै तानिँदैनौँ र? हामीले हाम्रो जीवनको कति समय 'माया' मा विश्वास गरेर बिताउँछौँ? तर, यो श्वास आउनु र जानु नै एक आशीर्वाद हो। भित्र लिने र बाहिर फ्याँक्ने हरेक श्वासको वास्तविकतालाई यसले औँल्याउँछ।

मानिसहरूले धेरै पहिलादेखि नै श्वास र आफूभित्र स्थित चेतबिचको सम्बन्धलाई महसुस गरेका छन् जस्तो लाग्छ। त्यो आन्तरिक चेत हाम्रो शरीरको

भौतिक तत्त्वहरूभन्दा थप विशेष कुरा हो। उदाहरणका लागि हिब्रू भाषामा 'रुह' को अर्थ 'आत्मा', 'श्वास' र 'हावा' भन्ने हुन्छ। यो प्रायजसो बाइबलको प्राचीन ग्रन्थमा पनि भेटिन्छ। तपाईंले यिनै र यस्तै अर्थ दिने थप शब्दहरूलाई अन्य भाषा र धार्मिक ग्रन्थहरूमा पनि फेला पार्न सक्नुहुन्छ। शब्दको अर्थ परिवर्तन हुँदै जाँदा त्यसको सबैभन्दा महत्त्वपूर्ण अर्थलाई हामीले कसरी बेवास्ता गर्छौं भन्ने बारेमा म एउटा विशेष उदाहरण दिन्छु। सुरुमा अङ्ग्रेजी शब्द 'psyche' (साइकी) 'जीवन' र 'श्वास' दुई शब्दहरू मिलेर बनेको थियो तर 'साइकी' को अर्को अर्थ पनि देखा पर्‍यो– 'आत्मा, भावना र स्वयम्'। तर, हिजोआज साइकीलाई दिमागसँग जोड्ने गरिएको छ– जस्तै 'मनोविज्ञान' (साइकोलोजी)। केही मानिसहरूले अचेल यसलाई श्वाससँग जोड्ने गरेका छन्। त्यसै गरी आज हामीहरू सोच्ने कुरामा अलिक बढी नै ध्यान दिन्छौँ र हाम्रो श्वासलाई सजिलै बिर्सन्छौँ। हामी आफ्ना दिमागका जटिलतालाई स्विकार्नतिर लाग्छौँ अनि श्वासको विशेष सरलतालाई बेवास्ता गरिदिन्छौँ।

हरेक श्वासको उत्सव मनाउनुहोस्

हाम्रो जीवनमा श्वासको आगमन कुनै सर्तमा निर्भर छैन। दिनप्रतिदिन यो हामीसँग कुनै पूर्वनिर्धारित समयविना, केही सोचविचार नगरी हामीभित्र आइरहन्छ। हामी असल हुँदा होस् वा खराब हुँदा होस्– यो श्वास आउँछ। हामीले यसका बारेमा सोचे वा नसोचे पनि यो श्वास आउँछ। तपाईं र मेरा लागि योभन्दा बढी मूल्यवान् चिज अरू छैन। जतिसुकै पैसा भए पनि त्यसले हाम्रो श्वास फेर्ने क्षमतालाई किन्न सक्दैन। त्यसो भए सोच्नुहोस् त यसले हामीलाई कति धनी बनाउँछ? हामीसँग यो अमूल्य चिज छ।

श्वासको यो उपहारलाई हामीले स्वीकार गर्नुपर्छ, बुझ्नुपर्छ र संरक्षण गर्नुपर्छ। हामीले के पनि स्वीकार गर्नुपर्छ भने जीवनको त्यो कोलाहलले, विशेष गरी हाम्रो दिमागमा चलिरहेका सबै विचारहरूले– भित्र आउने र बाहिर जाने जीवनको लयको सुन्दरताबाट हामीलाई टाढा लैजान्छन्। उदाहरणका लागि पश्चात्ताप र चिन्ताले हाम्रो स्पष्टतालाई धमिल्याउँछन्। स्पष्टता के हो? हामीले जीवनको उपहार पाएकोमा हामी धन्य छौँ– यो एउटा प्रस्ट प्रशंसा हो।

स्पष्टताको विपरीत भ्रम हो र भ्रम चिन्ताको सबैभन्दा ठुलो स्रोतहरूमध्ये एक हो। आउनुहोस्, एक पटक फेरि भाषाका बारेमा विचार गरौँ। अङ्ग्रेजी शब्द 'worry' (वरी) को ऐतिहासिक मूल स्रोत प्राचीन अङ्ग्रेजी शब्द 'wyrgan' (विर्गन) हो। यसको मूल अर्थ 'घाँटी निमोठ्नु' भन्ने हुन्थ्यो। पछि गएर ब्वाँसाहरूले सिकार गरेझैँ 'घाँटी चिरेर मार्नु' भन्ने अर्थको रूपमा यो विकसित भयो। डरले हाम्रो घाँटी निमोठ्छ। यो घाँटी नै हामीभित्र श्वास आउने शरीरको भाग हो। हामीले प्रत्येक श्वाससँगै जीवनको उत्सव मनाइरहनुपर्नेमा चिन्ता गरेर आफ्नो जीवनको आनन्दलाई गुमाउँछौँ। स्पष्टतालाई आफूभित्र ल्याउनुहोस्। त्यसपछि एक पटक फेरि हाम्रो जीवनले हामीलाई स्वीकार गरेजसरी नै यो जीवनलाई हामी स्वीकार गर्न सुरु गर्नेछौँ।

इच्छा गर्न थाल्नुहोस्

हामीमध्ये केही व्यक्तिहरूले हरेक क्षणलाई महत्त्व त दिन्छौँ तर डरका कारण सजिलै विचलित हुन्छौँ। आफूले श्वास फेरिरहेको छु भन्ने कुरामा साँच्चै कहिल्यै ध्यान नदिने मानिसहरू पनि छन्। यस्ता व्यक्तिहरूका हकमा अस्तित्वका बारेमा स्वतः एउटा धारणा बनिसकेको हुन्छ। जीवनलाई अटोपाइलट (स्वचालित) मोडमा छोडिएको हुन्छ। तपाईँले स्वयम्सँग नाता तोड्नुभयो भने तपाईँको आफ्नो वास्तविकतासँगको नाता पनि तोडिन्छ।

प्रायः मानिसहरूलाई मृत्युको डर नदेखाएसम्म जीवन बहुमूल्य छ भन्ने कुरामा उनीहरूको ध्यानै जाँदैन। तपाईँ अब एक हप्ता मात्र बाँच्नुहुन्छ भनेर तपाईँले कसैलाई भन्नुभयो भने उसले हरेक श्वासलाई दिने महत्त्व अचानक बढेर जान्छ। जीवनको उपहारलाई बुझ्नका लागि सङ्कटलाई पर्खनुभन्दा सायद हामीले रोमन सम्राट् एवम् दार्शनिक मार्कस ओरेलियसको सल्लाहलाई मान्नुपर्छ, "हरेक कार्यलाई आफ्नो जीवनको अन्तिम कार्य हो भनेजसरी गर्नुहोस्।"

अलादिन र उसको चिराकको कथालाई सम्झनुहोस्। उसले चिराकलाई रगड्दा एउटा शक्तिशाली जिन आएर उसको इच्छा पूरा गर्छ। के कल्पना गर्नुहोस् भने म तपाईँलाई अलादिनको चिराक दिएर भन्छु, "दुई घण्टाका लागि यो चिराक तपाईँको हो। यसलाई तपाईँ राख्नुहोस्। दुई घण्टासम्म तपाईँलाई जे मन लाग्छ तपाईँ योसँग त्यो इच्छा व्यक्त गर्न सक्नुहुन्छ। त्यसपछि यो चिराक मेरो हुनेछ।" तपाईँ के गर्नुहुन्छ? के तपाईँ यस्तो सोच्नुहुन्छ, "ओहो! यो चिराकलाई मैले दुई

घण्टासम्म मात्रै राख्न पाउने हो भने त चिन्ताको कुरा भयो। यदि यसलाई मैले साढे दुई घण्टासम्म राख्न पाउने भए म यसबाट अरू धेरै काम गर्न सक्थेँ। अझ तीन घण्टासम्म राख्न पाएको भए! मैले उसलाई मेरा इच्छाहरू बताउन सुरु गर्नुअघि मैले गर्नुपर्ने अरू धेरै कामहरू साँच्चै नै पूरा गरिसक्नुपर्छ। इमानदारीपूर्वक भन्ने हो भने यो चिराक लिनका लागि त्यति उपयुक्त समय होइन। यसको साटो यो चिराकलाई मैले अर्को बुधबार लिए हुँदैन?"

तपाईंको जीवन नै त्यो चिराक हो। आफ्नो बहुमूल्य समयलाई खेर फाल्न छोड्नुहोस् र चिराकलाई रगड्न सुरु गर्नुहोस्! एकपछि अर्को आफ्नो इच्छालाई पूरा गर्नुहोस्। जीवनको यो अवसरलाई सदुपयोग गर्नुहोस् र त्यो जिनलाई जति लामो समयसम्म व्यस्त राख्न सक्नुहुन्छ त्यतिसम्म राख्नुहोस्।

अब म तपाईंलाई मौकाको फाइदा उठाउने विषयमा एउटा कथा सुनाउँछु। कुनै समयमा एक जना व्यक्ति थिए। उनी पुरानो फलाम बेचेर आफ्नो जीविकोपार्जन गर्थे। उनी यो काम निकै राम्रोसँग गर्थे तर उनी कन्जुस थिए। वास्तवमा उनी कतिसम्म कन्जुस थिए भने उनले आफ्नो घरमा भएका सबै फलाम बेचेर त्यसको साटो काठ, ढुङ्गा र कागजका सस्ता चिजहरू राखेका थिए। उनको घरमा फलामको कुनै पनि चिज थिएन।

एक दिन अचानक उनको ढोकामा एक जना मानिस आएर उनलाई भने, "यो ढुङ्गालाई हेर्नुहोस् त! यसले जुनसुकै पुरानो फलामको टुक्रालाई सुनमा परिणत गरिदिन्छ। तपाईंले यसलाई चाहेजसरी प्रयोग गर्न सक्नुहुन्छ तर म एक हप्तापछि आएर यसलाई फिर्ता लैजानेछु।"

ती फलाम व्यापारीले के सम्झिए भने उनले आफ्नो घरका सबै फलाम बेचिसकेका थिए त्यसैले उनले अरू फलाम किन्नुपर्ने थियो। ती व्यक्ति त्यहाँबाट निस्किनेबित्तिकै ती व्यापारीले बजारमा फोन गरेर फलाम र सुनको भाउ सोधे। सुन पक्कै पनि फलामभन्दा धेरै मूल्यवान् थियो तर उनलाई फलामको भाउ पनि धेरै महङ्गो भएको जस्तो लाग्यो। "अँ..." उनले सोचे, "मसँग पूरै एक हप्ता छ, म पर्खन्छु।"

उनले पूरै एक हप्ता पर्खिए। उनले जति पटक फलामको भाउ सोध्दा पनि उनले सोचेको भन्दा निकै महङ्गो हुन्थ्यो। मूल्य घट्न थाले पनि उनलाई चाहिँ धेरै नै भएको महसुस हुन्थ्यो। उनले आफूलाई आवश्यक पर्ने फलाम खरिदको कार्यलाई दिनप्रतिदिन टार्दै गए। उनी कुनै पनि हालतमा पुरानो फलामलाई धेरै

महङ्गो मूल्य तिर्न तयार थिएनन्। ठिक एक हप्तापछि ती मानिस उनको ढोकामा देखा परे। “म आफ्नो ढुङ्गा फिर्ता लिन आएको छु”, उनले भने।

फलामव्यापारी झसङ्ग भए। उनलाई त समय बितेको पत्तै भएन। उनले त त्यो ढुङ्गालाई एक पटक पनि प्रयोग गरेका थिएनन्। त्यसपछि उनी हतास भएर फलाम खोज्न आफ्नो घरमा यताउता दौडन थाले तर घरका जुनसुकै चिज उठाए पनि ती सबै काठ, ढुङ्गा वा कागजका मात्रै थिए। अकस्मात् ती व्यक्ति उनको छेउमा आए र उनको हातबाट त्यो ढुङ्गा लिए।

“समय सकियो”, ती मान्छेले भने।

दुई पर्खालका बिचमा

२५, ५५० भन्ने सङ्ख्याले के जनाउँछ, तपाईँलाई थाहा छ? यसले के देखाउँछ भने हामी ७० वर्षसम्म बाँचेको खण्डमा हामीसँग यति दिन मात्रै हुनेछ। यो धेरै होइन नि, हो त? यदि तपाईँ १०० वर्षसम्म बाँच्नुभयो भने पनि तपाईँसँग ३६, ५०० दिन मात्रै हुनेछ। यो निकै गम्भीर कुरा हो।

अब हामीले एउटा अर्को हिसाब गर्नु आवश्यक छ। तपाईँले अहिलेसम्म बाँचेका दिनहरूको सङ्ख्या घटाउनुहोस्। तपाईँको चालु खाता अहिले कस्तो देखिन्छ? (मैले त मेरो हिसाब गरिसकेको छु र गन्ती गर्न छोड्ने निर्णय गरेको छु!)

यदि सबै कुरा योजनाअनुसार नै चल्यो र तपाईँले आफ्नो पूरा जीवन जिउनुभयो भने पनि समय बहुमूल्य छ। अब हामीले यसमा अनिश्चितताको विषयलाई पनि समावेश गर्नुपर्छ किनभने हाम्रो जीवनरूपी बैंक खातामा बाँकी कति दिन सञ्चित छ भन्ने कुरा वास्तवमा हामी कसैलाई पनि थाहा छैन।

हामीलाई निश्चित रूपमा यो कुरा थाहा छ– हामी एक दिन यो संसारमा आएका थियौँ अनि अर्को एक दिन हामीले यहाँबाट जानुपर्नेछ। तपाईँले यसलाई परिवर्तन गर्न सक्नुहुन्न तर यी दुई विन्दुहरूका बिचमा तपाईँले हरेक दिन यो संसारमा रहेर के महसुस गर्ने र के अनुभव गर्ने भन्ने कुरालाई चाहिँ परिवर्तन गर्न सक्नुहुन्छ। यसलाई नै पूर्ण रूपले जिउनु भनिन्छ। तपाईँसँग भएको समयमा हरेक दिनको आनन्द कसरी लिने भन्ने कुरालाई बुझ्नुहोस्। (करहरूका बारेमा धेरै गुनासो गर्ने प्रयास नगर्नुहोस्।)

आफ्नो जीवनका बारेमा सोच्ने एउटा तरिका के छ भने तपाईँ एउटा पर्खालको ढोकाबाट यस जीवनमा आउनुभएको थियो र अर्को पर्खालको ढोकाबाट तपाईँ जानुहुनेछ। दोस्रो पर्खालको अर्कोपट्टि के छ भन्ने कुरामा केही मानिसहरू आकर्षित हुन्छन् तर म चाहिँ दुई पर्खालहरूका बिचमा के छ भन्ने कुरामा आकर्षित हुन्छु।

तपाईंले अर्कातिर गएका मानिसहरूलाई त्यहाँका बारेमा बताउन अनुरोध गर्न सक्नुहुन्छ तर मेरो अनुभवमा चाहिँ कसैले पनि त्यहाँ पुगेर फोन गरेका छैनन्। हुडिनीले समेत गरेका छैनन्। एक जना प्रसिद्ध चटकेले आफ्नी पत्नीलाई चिहानबाट गोप्य सन्देश पठाउने बाचा गरेका थिए तर मृत्युको अन्तिम परिणतिबाट उनी पनि बच्न सकेको जस्तो देखिएन।

यसै गरी दोस्रो पर्खालको अर्कोतिरबाट केही पनि खबर नआउँदा के हुन्छ? हामी अनुमान गर्छौँ– "मृत्युपछि यस्तो हुन्छ" अथवा "स्वर्ग यस्तो हुन्छ" ...अनि, हामी आफ्नो कल्पनाभन्दा बाहिरको कुनै चिजको तस्बिर बनाउने प्रयास गर्छौँ।

त्यो पर्खालको अर्कोपट्टि हाम्रा लागि जीवन सम्भव छ वा छैन भन्ने कुरा हामीलाई थाहा छैन तर एउटा कुरा चाहिँ पक्का थाहा छ– हामीलाई महत्त्वपूर्ण लागेको जुनसुकै कार्य पूरा गर्ने अवसरसहित अहिले यस क्षणमा हामी यहाँ छौँ। मेरा लागि त्यो कार्य सरल छ। म आफ्नो जीवन आनन्दले भर्न चाहन्छु र शान्ति सम्भव छ भन्ने मेरो सन्देशलाई संसारभर लैजान चाहन्छु।

हाम्रो जीवन एउटा लामो आज हो। यो न त लामो हिजो हो न भोलि। वर्तमान क्षण २५, ५५० दिन लामो छ– अथवा जति दिन हामीलाई आशीर्वादका रूपमा प्राप्त भएको छ। हामीले विगतबाट सिक्न सक्छौँ तर हामी त्यसमा जिउन सक्दैनौँ। हामी भोलिको कल्पना गर्न सक्छौँ तर त्यसमा जिउन सक्दैनौँ। हामीले साँच्चै नै अनुभव गर्न सक्ने एउटै मात्र क्षण छ– त्यो हो अहिले। अहिले एक पटकमा एउटा श्वास आउँछ। हाम्रो जीवनलाई हाम्रा श्वासहरूद्वारा नै मापन गरिन्छ।

पहिलो पर्खालबाट आएर दोस्रो पर्खालसम्म पुग्दा हामी सबैमा धेरै परिवर्तनहरू हुनेछन्। चाहे राम्रो होस् वा नराम्रो होस्– समय अमूल्य छ भन्ने कुरालाई हामीले स्वीकार गरिरह्यौँ भने हामीलाई यसले साँच्चै नै मदत गर्न सक्छ। हामीले जस्तोसुकै समस्यालाई सामना गर्नुपरे पनि सायद हाम्रो सबैभन्दा ठुलो सम्भाव्य सफलता भनेको हामीले प्रत्येक क्षण सकेजति पूर्ण रूपले जिउनु हो। रोमन कवि होरेसले 'कार्पे डियम' पदावलीमा यस भावनालाई व्यक्त गरेका छन्।

यसको शाब्दिक अर्थ "दिनलाई टिप्नुहोस्" भन्ने हुन्छ तर यसलाई प्रायः "यस दिनलाई नछोड्नुहोस्" भन्ने अर्थमा व्यक्त गरिन्छ। मलाई दुवै अभिव्यक्ति मन पर्छ तर "टिप्नुहोस्" भन्ने शब्दले चाहिँ आजको दिनलाई एउटा फक्रिरहेको फूलका रूपमा लिने सुन्दर विचारलाई पनि दर्साउँछ। त्यो फूल हामीलाई आनन्द दिन तयार भएर बसेको छ। यसले मलाई १७ औँ शताब्दीका एक ब्रिटिस कवि रोबर्ट हेरिकका केही प्रसिद्ध हरफहरूलाई स्मरण गराउँछ:

तपाईँ जहिलेसम्म चाहनुहुन्छ,
गुलाबका कोपिला बटुल्न सक्नुहुन्छ,
विगतको समय अझै उडिरहेछ
अनि त्यही फूल आज पनि मुस्कुराइरहेछ,
भोलि त्यो ओइलाउनेछ।

आत्मज्ञानको सुन्दर धागोले इतिहासलाई खुकुलो तरिकाले उनेको छ। बसौँपछि पनि यो हामीसँग लय मिल्ने शब्दहरूमा व्यक्त भएको छ।

आफ्नो जीवनलाई फक्रन दिनुहोस्

कहिलेकाहीँ भोलि र हिजोका बारेमा सोचेर हाम्रो ध्यान अन्यत्र मोडिँदा यस क्षणलाई समात्न असफल हुन्छौँ। अरू समयमा हामीलाई कस्तो अनुभव हुन सक्छ भने आजले हामीलाई दिने कुरा एकदमै थोरै छ– बटुल्नका लागि गुलाबका सुन्दर कोपिलाहरू पनि छैनन्। धेरै मानिसहरू यस्तै निराशाको भावमा जिउँछन्।

जीवन कहिलेकाहीँ बाँझो मरुभूमिजस्तो लागे पनि सुन्दर बगैँचा निर्माण गर्न चाहिने बिउहरू यहीँ उपलब्ध छन्। ती बिउहरू जमिनमा उम्रनका लागि अनुकूल अवस्थाको प्रतीक्षामा छन्। हामी जन्मेदेखि नै तिनीहरू हामीभित्र छन्। हाम्रो काम चाहिँ ती बिउलाई बढ्नका लागि आवश्यक चिजहरू प्रदान गर्न जमिनमा पानी हालिरहनु र स्पष्टताको प्रकाश आउन दिनु हो। हामीले यसो गर्‍यौँ भने मरुभूमिमा फूलहरू फुल्नेछन् र सम्भव हुनेजति सबै रङहरूमा प्रस्फुटन हुनेछन्। शान्ति पनि आफूलाई प्रकट गर्न चाहन्छ। शान्तिले आफू यहाँ भएको कुरा तपाईँलाई बताउन चाहन्छ। शान्ति फुल्न चाहन्छ।

हामीभित्रका बिउहरू कति लचिला र धैर्यवान् छन् भन्ने कुराले म सधैँ छक्क पर्छु। फूल बन्ने सम्भावनालाई सधैँ बोकिरहेका तिनीहरू घाम र पानीलाई जीवनभर प्रतीक्षा गरिरहन्छन्। तिनीहरू भन्छन्, "घाम र पानी जहिले आए पनि म तयार छु।" हामीले यस कुरालाई याद राख्नु आवश्यक छ– हामीले हाम्रो जीवनलाई जति नै लामो समयदेखि एउटा मरुभूमिजस्तो महसुस गरे तापनि हामीमा सदैव फक्रने सम्भावना छ।

रुखहरूबाट सिक्नुहोस्

प्रकृतिका हरेक चिजले आफ्ना लागि एउटा स्थान सृजना गरेको हुन्छ र बाँकी अन्य चिजसँग सम्बन्ध गाँसेको हुन्छ। यसको एउटा उद्देश्य हुन्छ र त्यसलाई पूरा गर्ने प्रयास गर्छ। बरु कहिलेकाहीँ हामी आफ्नो उद्देश्य र फुल्न सक्ने हाम्रो सम्भावनालाई बिर्सन्छौँ।

सायद हामीले रुखबाट केही सिक्न सक्छौँ। हालसालै भएको वैज्ञानिक अनुसन्धानले केही रुखहरूभित्र 'मुटुको धड्कन' हुन्छ भनेर देखाएको कुरा के तपाईँलाई थाहा छ? रुखहरूले आफ्नो शरीरमा पानीको बहाबको मन्द धड्कन सृजना गर्न राति आफ्ना हाँगाहरूलाई तलमाथि चलाउँछन्। तिनीहरू हामीजस्तै अस्तित्वका प्रमुख रणनीतिकार हुन्। तिनीहरू आफ्नो प्रजातिलाई बचाउन के गर्नुपर्छ भन्ने कुरा जान्दछन् र आफ्नो सङ्ख्या राम्रोसँग वृद्धि हुने गरी तिनीहरू आफ्नो बिउलाई सम्हाल्छन्। तिनीहरूले आफ्नो यस दिनचर्यामा बसौँदेखि काम गरिरहेका छन्। त्यसैकारण तिनीहरूको सङ्ख्या तिस अरबभन्दा बढी छ। (बरु हामीमध्ये केहीले आफ्नो स्वार्थका लागि रुखहरूको सङ्ख्या घटाउँदै छौँ।)

सफल रुख बन्न सकियोस् भनेर तिनीहरूले आफू रहेको वातावरणसँग स्वयम्लाई अनुकूल बनाउँछन्। मैले पहाडका कैयौँ स्थानहरूमा चट्टानमा सानो चिरा परेको देखेको छु जहाँ बिरुवा उम्रने कुनै सम्भावना नै हुँदैन तैपनि त्यही दरारभित्र रुखहरू उम्रेका हुन्छन्। यो रुखले आफूले खोजिरहेको चिज भेट्टायो र त्यस अवसरको फाइदा उठायो।

हाम्रो परिस्थिति जस्तोसुकै भए पनि, हाम्रो वातावरण जस्तोसुकै भए पनि हाम्रो आन्तरिक प्रकृति पूर्ण रूपले व्यक्त होओस् भन्नका लागि हामीले कुनै उपायको खोजी गर्नु आवश्यक छ। यसका लागि कुनै पनि अवसरलाई बेवास्ता गर्नु अथवा गुमाउनु हुँदैन र कुनै पनि अवसरलाई भोलिका लागि पन्छाउनु हुँदैन।

हामीवरिपरिको जमिन बाँझोजस्तो देखिए पनि हामीभित्र पूर्ण रूपले उर्वर हुने सम्भावना बोकेको एउटा अद्भुत संसार छ। हामीले हाम्रो जीवनमा स्पष्टताको घाम र बुझाइको पानी हाल्न थाल्यौँ भने हाम्रो मरुभूमि पनि फुल्नेछ।

पूर्ण रूपले बिउँझनु

हाम्रो जीवन फल्ने र फुल्ने कार्यमा समस्याहरू किन आउँछन्? किन यो कोलाहलले जीवनको सङ्गीतलाई प्रायजसो छोपिदिन्छ? किनभने, हामी महत्त्वपूर्ण कुरा के हो भन्ने नै बिर्सन्छौँ। शान्तिको यात्रा हामीसँग भएको सबैभन्दा सरल तर सबैभन्दा महत्त्वपूर्ण चिजको प्रशंसाबाट सुरु हुन्छ– त्यो चिज नै हाम्रो अस्तित्व हो। आत्मज्ञानको सुरुवात यहाँबाट हुन्छ। हाम्रो ध्यानलाई अन्यत्र मोड्नुभन्दा यस जीवनका लागि कृतज्ञता व्यक्त गर्ने र प्रत्येक श्वासका लागि धन्यवाद दिने मौका हामीसँग सधैँ हुन्छ।

जीवित भएकोमा तपाईँ पछिल्लोपल्ट कहिले भित्रैदेखि कृतज्ञ हुनुभयो? घाटमा कुनै शव देख्दा तपाईँको दिमागमा आउने विचारको मात्रै मैले कुरा गरेको होइन– "म त्यो शव नभएर अहिले जीवित भएकोमा खुसी छु।" मेरो अभिप्राय दिन र रातका बारेमा पूर्ण रूपमा सचेत हुनु हो, वास्तवमा आफ्नो अस्तित्वलाई 'अनुभूत' गर्नु हो।

मानिस हुनु भनेको जीवनको एउटा उत्सव हो। हामी जीवित रहेकोमा आभारी हुनु कति राम्रो कुरा हो– हामीलाई प्रेम गर्ने मानिसहरूप्रति आभारी हुनु, सूर्यको प्रकाश र वर्षाको पानीका लागि आभारी हुनु, ऋतुहरूका लागि आभारी हुनु, हाम्रो जीवनको मिठो सङ्गीतका लागि आभारी हुनु अनि श्वासरूपी उपहारका लागि आभारी हुनु। आभारविना जीवन एउटा सामाजिक उपस्थिति मात्र हो र यो हाम्रो चाहना होइन– "नमस्ते, मलाई बोलाउनुभएकोमा धन्यवाद! हवस् त म हिँडेँ।" यदि आभार छ भने हामी यस जीवनरूपी समारोहको शरीर र आत्मा बन्न सक्छौँ।

स्मरण गर्नैपर्ने कुरा

जन्म र मृत्युरूपी दुईओटा पर्खाल छन्। हाम्रो कल्पनाले बनाएको दोस्रो पर्खालको नजिकै पुग्न लाग्दा हाम्रो मनमा डर बस्छ। मृत्युको चिन्ता विशाल, नराम्रो र एकाग्रता बिथोल्ने निकै चर्को कोलाहलपूर्ण हुन सक्छ– सायद अन्य सबै समस्याहरूभन्दा

बढी चर्को। यदि हामी सचेत भएनौँ भने हामीले हाम्रो जन्मदिन त वर्षमा एक पटक मनाउन सक्छौँ तर मृत्युका बारेमा चाहिँ हरेक दिन सोच्न पुग्छौँ। यो सबैभन्दा ठुलो विडम्बना हो, मृत्युको चिन्तामा बिताएको हरेक पल यो अमूल्य जीवनको बरबादी हो। सधैँभरि बाँच्ने हाम्रो चाहना यति प्रबल हुन्छ कि हामी आजमा जिउन नै बिर्सन्छौँ।

हामीले जतिसुकै प्रयास गरे पनि कुनै समयमा त्यो दोस्रो पर्खाल पारि नगई सुखै छैन। हामीमध्ये सबैभन्दा चलाख व्यक्ति अथवा सायद मैले के भन्नुपर्छ भने हामीमध्ये प्रायः सबैभन्दा चलाख व्यक्ति पनि मैले मर्नैपर्छ भन्ने प्राकृतिक सत्यबाट विचलित हुन्छ।

यसबारे मलाई असाध्यै मन पर्ने एउटा पुरानो कथा छ। कुनै समय एक जना डाक्टर थिए। उनी साँच्चै नै बुद्धिमान् थिए। साँच्चै, साँच्चै नै बुद्धिमान्। सबैले उनलाई त्यस्तै ठान्थे। उनले मानिसहरूलाई बचाउन तिनको उपचारमा आफ्नो जीवनका धेरै दशक बिताएका थिए। यत्तिकैमा उनलाई आफ्नो मृत्यु नजिकै आएको महसुस भयो तर उनी मर्न चाहँदैनथे। त्यसकारण उनले एउटा योजना बनाए।

उनलाई के थाहा थियो भने मृत्युले उनी एक जनालाई मात्र लैजान सक्छ, दुई जनालाई होइन। त्यसैले उनले आफूजस्तै अर्को पुतला बनाए। त्यो पुतला ठ्याक्कै उनीजस्तै थियो र त्यसप्रति उनलाई निकै गर्व थियो।

एक दिन सूचनाविना नै काल आइपुग्यो र उसले ओछ्यानमा दुई जना डाक्टर सुतेको देख्यो। ती डाक्टरलाई आफू मर्न लागेको आभास भइसकेको थियो त्यसैले उनी पहिले नै आफूले बनाएको पुतलाको छेउमा गएर सुतेका थिए। यो उनको निकै चलाखीपूर्ण कदम थियो। यो पुतला साँच्चै नै उनको हुबहु प्रतिरूप थियो त्यसैले त्यो काल द्विविधामा पर्‍यो, “मैले त एक जनालाई मात्र लैजान सक्छु तर कुन चाहिँलाई लैजाऊँ?” ऊ अचम्मित भयो।

उसले एक मिनेट सोच्यो अनि भन्यो, “बधाई छ, डाक्टर साब! आफूजस्तै पुतला बनाएर तपाईँले अचम्मै गर्नुभएछ तर तपाईँले एउटा गल्ती गर्नुभएछ।”

डाक्टर त्यहीँ सुतिरहेका थिए। उनको दिमागमा कालले भनेका शब्दहरू बारम्बार गुन्जिरहे। उनले मनमनै सोचे– के गल्ती? म कसरी गल्ती गर्न सक्छु? यस्तो त हुनै सक्दैन।

केहीबेरपछि डाक्टरले त्यो कुरा सहनै सकेनन् अनि भने, “तर, मैले कुनै गल्ती गरेकै छैन!”

त्यसपछि कालले भन्यो, "यही ! यही नै गल्ती गर्नुभयो !"

ती डाक्टर आफ्नै घमण्डका कारण बिते। यसर्थ हामी पूर्ण प्राणी होइनौँ। (यदि यो तपाईँका लागि नयाँ खबर हो भने माफ गर्नुहोला।) हामी आफ्नो मृत्युबाट बच्न सक्दैनौँ। यस कुरालाई स्विकार्नु र आँखा खोलेर हरेक दिन जिउने कुरालाई सुनिश्चित गर्नु नै बुद्धिमानी हो। यो कुरा के हो भने वास्तविकतालाई प्रस्ट रूपमा देख्नु, जे छ त्यसलाई स्विकार्नु अनि हरेक अवसरलाई आनन्द र सन्तुष्टिका रूपमा लिनु हो। यसर्थ दिनलाई टिप्नुहोस्।

नदीसँगै अघि बढ्नु

कबिर एउटा भजनमा भन्छन्, "तपाईँ नदीमा तैरिरहने एउटा सानो कागजको डुङ्गा हुनुहुन्छ।" उनले कति राम्रो कुरा गरेका छन् किनभने जीवनरूपी नदीमा तपाईँ जसै बग्दै जानुहुन्छ, तपाईँको अवस्था के होला ? कागज भिजिरहेको छ, यो घुल्दै छ अर्थात् यसले आफ्नो रूप बदलेर बिस्तारैबिस्तारै पानीमा मिसिँदै छ अनि यसरी नै एक दिन त्यसको अन्त्य हुनेछ।

यसका साथै तपाईँले के बुझ्नुपर्छ भने यो जीवनको आनन्द लिनका लागि तपाईँ स्वतन्त्र हुनुहुन्छ। तपाईँको अस्तित्वको उद्देश्य पूरा गर्न र जीवनको वास्तविक आनन्द लिनका लागि आवश्यक सबै चिजहरू तपाईँसँग उपलब्ध छन्। तपाईँ आफ्नो हृदयमा कृतज्ञताबाट शान्तिसम्म र शान्तिबाट कृतज्ञतासम्मको निरन्तर सम्बन्ध जोड्न सक्ने भएपछि यो सबै कुरा सुरु हुन्छ।

म दोस्रो पर्खालको वास्तविकतालाई यसरी नै हेर्ने प्रयास गर्छु। म त भन्छु, "प्रयास गर्नुहोस्" किनभने हामी कसैसँग पनि हरेक समयमा शतप्रतिशत स्पष्टता हुँदैन। आफूभित्रको शान्तिबाट जुन आनन्द प्राप्त हुन्छ त्यसको हरेक पक्षलाई म पूर्ण रूपले महसुस गरेर जिउन चाहन्छु। म त्यस्तो अवस्थामा हुँदा यदि त्यो दिन सधैँका लागि निरन्तर भएको भए म खुसी हुने थिएँ तर मलाई के पनि थाहा छ भने ढिलोचाँडो रात अवश्य आउनेछ।

म मृत्युसँग डराउँदिनँ। यसले मलाई प्रत्येक क्षणको पूर्ण रूपले अनुभव गर्ने प्रेरणा दिन्छ र यसको विशेष महत्त्व थाहा हुन्छ। मेरा लागि अन्य कुनै तरिकाले बाँच्नु पर्याप्त छैन। यो हामी सबैलाई प्राप्त भएको सामान्य धनको आनन्द लिएजस्तो होइन। मेरा लागि अन्य कुनै तरिकाले बाँच्नु भनेको एउटा सम्झौता हो।

सबै चिजहरू अस्थायी छन्

यो शरीर एक दिन रहनेछैन भन्ने कुरा मलाई थाहा छ। मेरो शरीर रहेन भने मेरा सबै विचार र अनुभवहरू पनि योसँगै जानेछन् अनि के बाँकी रहला ? यो संसारमा मेरो भन्ने कुनै पनि चिज छैन। कहिलेकाहीँ म भनुँला, “ओहो ! त्यो मेरो हो अनि यो मेरो हो।” तर, यी सबै चिज अस्थायी हुन्। मैले मेरो भन्ने गरेको हरेक चिज एक दिन मेरो हुनेछैन।

यस सन्दर्भमा मलाई मन पर्ने एउटा कथा याद आइरहेको छ। यो कथा म्यासेडोनियाका शासक तथा सैनिक कमान्डर अलेक्जेन्डर (सिकन्दर) का बारेमा हो। (यद्यपि यो काल्पनिक हुने सम्भावना धेरै छ।) यस कथाअनुसार अलेक्जेन्डरले आफ्नो मृत्युशय्यामा भने, “मेरा तीनओटा आदेशहरू छन्– मेरा डाक्टरले मात्रै मेरो कफिन (शव राखेको बाकस) लाई उठाउनू। चिहानसम्म पुग्ने बाटाभरि सुन, चाँदी र रत्नहरू छरिदिनू। मेरा हातलाई कफिनबाट बाहिर निकालेर झुन्डिन दिनू।”

त्यहाँ उपस्थित उनका सबै मित्र र सल्लाहकारहरू अन्योलमा परे। उनका प्रिय कमान्डर अगाडि आए अनि सोधे, “यो सबै गर्नु किन जरुरी छ ?” अलेक्जेन्डरले भने, “म मानिसहरूले के थाहा पाऊन् भन्ने चाहन्छु भने डाक्टरहरूले पनि अन्त्यमा केही गर्न सक्दैनन् र उनीहरूले हामीलाई मृत्युबाट बचाउन सक्दैनन्। म मानिसहरूले के पनि थाहा पाऊन् भन्ने चाहन्छु भने यो जीवनलाई धन कमाउनमा खर्च गर्नु भनेको अमूल्य समयको बर्बादी हो। साथै म मानिसहरूले के पनि थाहा पाऊन् भन्ने चाहन्छु भने हामी सबै यस संसारमा खाली हात आउँछौँ र खाली हात नै जान्छौँ।”

हो, हामी सबै खाली हात नै जान्छौँ। यस जीवनमा शान्ति र आत्मज्ञान मात्रै वास्तवमा मेरो हो। यो नै मेरो वास्तविकता हो। यो जीवन सकिएपछि अरू मानिसहरूको हृदयमा मेरा यादहरू मात्र बाँकी रहनेछन्।

स्मरण गर्नुहोस्, तपाईँ कसैको घरमा जानुहुन्छ अनि तपाईँको समय रमाइलोसँग बितेको हुन्छ। सायद त्यहाँको खाना र सजावट निकै राम्रो हुन सक्छ तर केही समयपछि त्यहाँको खाना पचिसक्छ। त्यस कोठाको सजावट कस्तो थियो भन्ने कुरासमेत बिर्सिसक्नुहुन्छ अनि त्यहाँको आनन्दको अनुभूति मात्र बाँकी रहन्छ। तपाईँले त्यही अनुभवलाई त्यहाँबाट लिएर जानुहुन्छ र त्यो नै पर्याप्त हुन्छ।

अनन्तलाई एउटा निम्तो

अरबौँ वर्षसम्म तपाईं र म केही पनि थिएनौँ। भविष्यमा पनि अरबौँ वर्षसम्म हामी केही हुनेछैनौँ। यहाँ भएको हाम्रो समय चाहिँ विशेष छ। यी मिनेट, घण्टा र दिनहरूमा विशेष सफलतापूर्वक जिउनु नै हाम्रो काम हो।

समयातीत आन्तरिक शान्तिको अनुभव गर्ने साहसका लागि म तपाईँलाई आमन्त्रण गर्दछु। तपाईँको जीवन सीमित छ तर तपाईँसँग त्यसभन्दा अघि बढेर केही क्षणका लागि ती अनन्तसँग जोडिने अवसर छ जुन विशुद्ध अस्तित्वको आनन्द हो। सचेत भएर ती सर्वव्यापी शक्तिलाई अनुभव गर्ने यो एउटा तरिका हो। यस विषयमा मैले पहिल्यै वर्णन गरेको छु।

हामी नश्वर प्राणीहरूका लागि अविनाशीसँग भेट्ने यो अवसर हो। अर्को अध्यायमा हामी यो समयातीत संसारको विशुद्ध अनुभवका बारेमा कुरा गर्नेछौँ।

अध्याय 3

अनन्त शान्तिसँग आफूलाई जोड्नुहोस्

बाल्यकालमा म देहरादुनमा बस्दा जाडो सुरु हुनुअघि केही दिन निकै जादुमय हुने गर्दथ्यो। आकाश एकदमै निलो हुन्थ्यो अनि हिमालको हावा निकै सफा हुन्थ्यो। हरेक बिहान घाँस र बोटबिरुवामा शीतका थोपा चम्किन्थे र सूर्यको पहिलो किरण हावामा रहेको पानीमा पर्दा त्यसका थोपाहरू हिराजस्तै चम्किन थाल्थे। ती शीतका थोपाहरू अत्यन्तै मसिना हुन्थे तर तिनीहरू ससाना सूर्यहरूजसरी चम्किन्थे।

जसै घामले हावालाई तताउँथ्यो शीतका थोपाहरू ताजा बिहानीको दृश्यलाई छोडेर सुक्थे। आकाश सफा हुन्थ्यो अनि तपाईँ आकाशमा अनन्तसम्म स्पष्ट देख्न सक्नुहुन्थ्यो। ती दिनहरूमा समय नै रोकिएझैँ लाग्थ्यो। अपराह्नतिर बिस्तारैबिस्तारै चलिरहेका बादल चाँदीका घेरासहित बाहिर निस्किरहेका हुन्थे।

मेरो घरको अघिल्तिरको बगैँचामा दुईओटा म्यागनोलियाका रुख थिए। म प्रायजसो तिनै रुखमुनि बस्थेँ। हाम्रो घरको भित्तामा स्विट पीका लहराहरू थिए। त्यसमा साना राम्रा फूलहरू हुन्थे। ती फूलहरूबाट मिठो बास्ना आउँथ्यो अनि त्यो ल्याभेन्डरजस्तै लाग्थ्यो। त्यहाँ डग फ्लावर्स नाम गरेका फूलहरू पनि थिए। केही मानिसहरूले तिनलाई स्न्याप ड्रागन पनि भन्ने गर्थे। त्यसको टाउकोमा थिच्दा त्यसले कहिले मुख खोल्ने र कहिले बन्द गर्ने गरिरहेको अनि हामीतिर हेरेर आवाज नआए पनि भुकिरहेको जस्तो लाग्थ्यो। मलाई त्यहाँ बस्दा असाध्यै रमाइलो लाग्थ्यो।

एक दिन म बाहिर बगैँचामा गएँ अनि त्यस क्षणलाई समाइरहूँ जस्तो लाग्यो। मलाई के सम्झना छ भने मेरो हृदय त्यस दिनलाई पूर्ण रूपले स्वीकार गर्न तयार थियो अनि म त्यहाँ उम्रेका हरेक बोटविरुवालाई नियाल्दै खुसीसाथ घुमिरहेको थिएँ। केही क्षणपछि म एउटा म्याग्नोलियाको रुखमुनि बसेँ अनि बादल र फूलहरूलाई नियाल्न थालेँ। त्यस बेला मभित्र एउटा गहिरो भावना जागृत भयो। जुन शक्तिले मेरो सृष्टि गरे तिनैले यी म्याग्नोलियाका रुख पनि बनाए। यी सुगन्धित

फूलहरू बनाए। चौरमा शीतका थोपा बिछ्याए। सूर्यलाई क्षितिजदेखि क्षितिजसम्म लिएर गए अनि निलो आकाशमा तैरिरहेका ती घना बादलहरूलाई बनाए। त्यस क्षण त्यो शक्ति जसले मलाई बनायो– त्यो पुरुष होस् वा नारी अथवा अरू जेसुकै होस्, उसले निकै विनम्रतापूर्वक भन्यो, "केवल अनुभव गर!"

त्यो एउटा उत्कृष्ट क्षणका लागि अत्यन्तै सुन्दर भावना थियो– केवल अनुभूति गर।

त्यसपछि म त्यो म्याग्नोलियाको रुखमुनि बसेर त्यस्तो भावनामा डुब्न सक्थेँ। जहाँ मेरा कुनै चाहनाहरू हुँदैनथे, कुनै रहरहरू हुँदैनथे र भित्रैबाट गर्नुपर्ने कुनै आवश्यकता नै हुँदैनथ्यो। आफू केवल त्यहाँ हुनु नै आनन्ददायक लाग्न थाल्यो। त्यस बेलादेखि एउटा आवाजले मलाई भन्दै आइरहेको छ, "यो दिन तिम्रा लागि हो।" यसको अर्थ के हो भने त्यस दिन बगैँचामा मैले जे अनुभूत गरेँ, म जीवित रहेको आजको दिनमा पनि त्यस्तै अनुभूति गरिरहेको छु।

अनुभूतिमा रहिरहनु

मेरो त्यो अनुभूति बदलिएको छैन। यो साँच्चै नै बदलिएको छैन तर मलाई थाहा छ– धेरै पटक मैले त्यो शुद्ध अनुभवलाई अरू थुप्रै चिजहरूको चाङले ढाकेको छु। सायद तपाईँले मैले भन्न खोजेको कुरा थाहा पाउनुभयो होला, "मलाई यो चाहिन्छ, मलाई त्यो चाहिन्छ। यो यस्तो हुनुपर्छ अनि त्यो त्यस्तो हुनुपर्छ। म यो हुँ, म त्यो हुँ अनि त्यसपछि मैले यो गर्नुपर्छ, मैले त्यो गर्नुपर्छ।"

कहिलेकाहीँ बाहिर गएर त्यो ताजा नयाँ बिहानीलाई स्वीकार गर्नुको सट्टा म आफूलाई समस्या र चिन्ताहरूमा अल्झिएको महसुस गर्छु। यसले मलाई मेरो जीवनका समस्याहरू मेरो जीवनमाथि नै हाबी हुने खतरालाई सङ्केत गर्छ। चार वर्षको उमेरदेखि शान्तिको कुरा गर्दै आएको कुनै व्यक्तिले पनि कहिलेकाहीँ आफूभित्रको स्पष्टतासँग जोडिरहने कुरामा चुनौती महसुस गर्छ। कोलाहल र अज्ञानताको अँध्यारो यति धेरै शक्तिशाली हुन सक्छ।

त्यस बगैँचाको त्यो दिन मेरा लागि नै थियो र त्यो अनुभूतिलाई कहिल्यै पनि छोड्नु हुँदैन भन्ने कुरा मैले बुझेको छु। त्यो गहिरो सम्बन्धलाई मैले बारम्बार अनुभव गरेको छु। पूर्ण शान्तिको अनुभूति मेरो वास्तविकता हो र बाँकी सबै चिजहरू कोलाहल हुन्। (कहिलेकाहीँ त्यो कोलाहल आनन्ददायक हुन्छ भने

कहिलेकाहीँ त्यो विचलन ल्याउने खालको हुन्छ।) पूर्णता केवल बाल्यकालको स्मरण मात्र नभएर त्यस भावनालाई अहिले नै आफ्नो जीवनमा जीवन्त अनुभव गर्न सक्नु पनि हो।

सबै आशीर्वाद शान्तिमा समावेश छन्

मैले बगैँचाको मेरो अनुभवका बारेमा धेरै पटक विचार गरेको छु। मैले के बुझेँ भने हामीभित्र रहेको शान्ति अरू कुनै चिजका बारेमा नभएर त्यो केवल शान्ति नै हो। शान्ति त्यहाँ केही गर्ने कार्य नभई त्यो त केवल त्यहाँ हुने चिज हो। शान्ति यसको उद्देश्य र महत्त्वका लागि कुनै बाह्य चिजहरूमा निर्भर रहँदैन। यो सरल रूपमा त्यहाँ छ। यो चिज केवल तपाईँका लागि हो। यो कसैका बारेमा होइन वा कुनै व्यक्ति अथवा कुनै चिजमा निर्भर रहँदैन। जसरी म त्यो पूर्ण क्षणमा रुखमुनि बसिरहेको बालक थिएँ शान्ति पनि त्यस्तै छ।

मैले त्यति बेला जोडिन चाहेको अनुभव त्यही नै हो र मैले मेरो जीवनमा सदैव जान्न चाहेको चिज पनि त्यही हो। त्यो शान्तिको अनुभव मेरो सबैभन्दा गहिरो अनुभूति हो तर यो मभन्दा बढी, हामी सबैभन्दा बढी कुनै अर्कै चिजको अंश पनि हो। मेरो मृत्यु भएपछि, तपाईँको मृत्यु भएपछि पनि शान्तिको सम्भावना ब्रह्माण्डको हरेक कणमा जीवित रहिरहन्छ। यो अनन्त छ। हामीले अनुभूति गरेका बेलामा हामी त्यो अनन्त शान्तिसँग जोडिन्छौँ।

आन्तरिक शान्तिबाट प्रवाह भएका असल भावनाहरू तिनै भावनामा पुगेर अन्त्य हुन्छन्। तपाईंभित्र रहेको आनन्द अरू कुनै चिजसँग जोडिएको छैन, त्यो आफैँमा आनन्द हो। तपाईंभित्र रहेको प्रेम अरू कसैका बारेमा होइन अथवा यो कसैमा निर्भर छैन। यो त शुद्ध प्रेम हो। तपाईंभित्रको शान्तिको संसार र तपाईँवरिपरिको संसारलाई देख्नका लागि तपाईँमा स्पष्टता चाहिन्छ तर एउटा त्यस्तो स्पष्टता पनि छ जुन शुद्ध स्पष्टता हो। यसलाई जस्तो छ त्यस्तै रूपमा अनुभूति गर्नु र आनन्द लिनु आवश्यक छ– यसले के गर्छ भन्ने कुराका आधारमा होइन।

यहाँ एउटा महत्त्वपूर्ण कुरा छ– शान्तिभित्र अरू सबै आशीर्वाद समावेश छन् तर अरू कुनै चिजमा त्यो शान्ति समावेश छैन। शान्तिमा आनन्द छ तर केवल आनन्द शान्ति होइन। शान्तिमा दया छ तर केवल दया शान्ति होइन। शान्तिमा

स्पष्टता छ तर केवल स्पष्टता शान्ति होइन। यी सबै एउटै चिजका विभिन्न पक्षहरूलाई व्यक्त गर्ने फरकफरक शब्दहरू मात्र हुन्। शान्ति एउटा अद्वितीय र पूर्ण अवस्था हो।

नसुतीकन कसरी सुत्ने ?

एक पटक कसैले मेरा बुवासँग सोधे, "आफूभित्रको गहिराइमा गएर शान्तिसँग जोडिँदा कस्तो लाग्छ ?" उहाँले उत्तर दिनुभयो, "यो निदाएर पनि ननिदाएको अवस्थाजस्तो हो।"

मैले पहिलो पटक यो कुरा सुन्दा म गाडी चलाइरहेको थिएँ र मैले गाडीलाई सडकको किनारमा रोक्नुपरेको थियो। मलाई यो कुरा ज्यादै गहिरो लाग्यो। त्यस्तो अवस्थाको कल्पना गर्नुहोस्– ननिदाईकन निदाएको अवस्थामा हुनु। यी दुई अवस्थाहरू एक हुनु। कल्पना गर्नुहोस् त ननिदाईकनको त्यो निद्रा कति प्रबल ताजापन दिने खालको होला !

हामीले आफूभित्रबाट अरू कुनै चिज हुनुपर्छ भन्ने कुरालाई हटायौँ भने हामीले स्वतन्त्रताको अत्यन्तै गहिरो अनुभव गर्न सक्छौँ। हाम्रो काँधबाट लगावको बोझ उत्रन्छ। के हामी मानिसहरूमा कुनै चिजलाई जस्तो छ त्यस्तै रूपमा अनुभव गर्न सक्ने क्षमता छ ? त्यस चिजले हामी अगाडि अरू के गर्न सक्छौँ भन्ने रूपमा होइन। यो हाम्रो कामकाजी दुनियाँभन्दा विपरीत हुन सक्छ तर मलाई हामी सक्षम छौँ भन्ने लाग्छ। शान्ति हामी सबैका लागि सम्भव छ तर हामीले यसलाई अनुभव गर्ने विकल्पको छनोट गर्नुपर्छ। त्यो शान्तिलाई निर्माण गर्ने कोसिस गर्नु चाहिँ होइन।

स्पष्टतालाई नदेखेझैँ गर्नु

शान्ति हामीभित्रै छ तर धेरै मानिसहरूले यसको कहिल्यै अनुभूति गर्न पाउँदैनन्। यो सबै ठाउँमा छ तैपनि देखिँदैन। त्यसरी हेर्ने हो भने यो प्रकाशजस्तै हो। झ्यालबाहिर हेर्नुभयो भने एउटा पर्खाल देख्न सक्नुहुन्छ। यदि नजिकैबाट हेर्नुभयो भने त्यो पर्खालमा इँटाहरूलाई देख्न सक्नुहुन्छ अनि इँटाहरूको बिचको सिमेन्ट मसलालाई समेत देख्न सक्नुहुन्छ। अझ तपाईँमा गहिरिएर हेर्ने आँखा छ भने

इँटाहरूमा मौसमको असर पनि देख्न सक्नुहुन्छ र छायाको आकारलाई पनि देख्न सक्नुहुन्छ। साथै सूर्यको प्रकाश, चन्द्रमाको प्रकाश वा सडकबत्तीको प्रकाशले बनाएका विभिन्न रङहरूलाई पनि देख्न सक्नुहुन्छ। अरू भित्ताहरूले परावर्तन गरेको प्रकाश त्यस पर्खालमा ठोकिएर त्यसले पारेको छायालाई देख्न सक्नुहुन्छ। हामी पर्खाल त देख्छौँ तर प्रकाशलाई चाहिँ देख्दैनौँ किनकि प्रकाश सबैतिर छ।

प्राकृतिक प्रकाश हाम्रो तर्फबाट संसारलाई उज्यालो पार्ने चिज होइन– उज्यालो हुने त प्रकाशको आफ्नै एउटा अद्भुत र जीवनदायी गुण हो। आन्तरिक शान्तिजस्तै हाम्रो वरिपरिको संसारमा प्रकाशको प्रभावलाई हामीले प्रशंसा गर्न सक्छौँ तर प्रकाश आफैँमा कुनै चिज हो भन्ने मूल कुरालाई पनि हामीले प्रशंसा गर्नुपर्छ।

कहिलेकाहीँ हामीले गर्न सक्ने सबैभन्दा राम्रो चिज हो– केवल हुनु। दैनिक जीवनका झन्झटहरूले हाम्रो भित्री ब्रह्माण्डलाई अनुभव गर्न नदिएर हाम्रो ध्यानलाई धेरैजसो अन्यत्र मोड्छ। आफूभित्रको वास्तविकताको पूर्ण विवरणलाई नजानीकन हामी बाहिरी संसारका रङहरूबाट प्रभावित भएर जिउँछौँ। हामी यो प्रकाशमय अस्तित्वको एउटा हिस्सा हौँ र हामी त्यसैमा जिउँछौँ भन्ने कुरालाई स्वीकार गर्‍यौँ भने यसले हाम्रो जीवनको अनुभवलाई नै रूपान्तरण गरिदिन्छ।

समयातीत आज

हामी आफ्नो बाल्यकालको वा हाम्रा बच्चाहरूको फोटो हेर्छौँ अनि बितेका वर्षहरूका बारेमा सोच्दछौँ। हामी हाम्रा पुराना साथीहरूलाई भेट्दा प्रायः भन्ने गर्छौँ, “कति लामो समय भइसकेछ है?” त्यस बेलामा हामी के महसुस गर्छौँ भने समयको नदी अनन्त समुद्रतिर गड्गडाएर अघि बढिरहेको छ। ती भ्रमित पार्ने चिजहरूलाई हामीले आफ्नो समय बर्बाद पार्न दिएका छौँ र तिनका बारेमा सोच्दा हामी चकित पर्न सक्छौँ। यसले हामीमा प्रायः पश्चात्ताप वा चिन्ताको भावना ल्याउँछ। त्यसपछि हामी हाम्रो दैनिक जीवनको व्यस्ततामा फर्कन्छौँ।

हाम्रा कार्यतालिकाका चाङ, हाम्रा समस्याहरू र हाम्रा चिन्ताहरू फेरि हामीमाथि हाबी हुनुभन्दा पहिला हामीले आफैँसँग सोध्नुपर्छ। यदि हामीले हरेक श्वासको मूल्यलाई बुझ्दैनौँ भने हाम्रा लागि समयको के मूल्य हुन्छ र? यदि मेरा लागि ‘अहिले’ कै महत्त्व छैन भने ‘हिजो’ को महत्त्व कसरी हुन सक्छ? यदि मेरा लागि ‘अहिले’ महत्त्वपूर्ण छैन भने ‘भोलि’ कसरी महत्त्वपूर्ण हुन सक्छ?

हामीले के योजना बनाउँछौँ भन्ने कुराले केही फरक पर्दैन। हामी के गर्छौं भन्ने कुराले पनि केही फरक पर्दैन। के हुन्छ भन्ने कुराले केही फरक पर्दैन। हामी 'अहिले' भनिने समयमा मात्र जिउन सक्छौँ। हामी यही क्षणमा छौँ। चाहे हामी छ महिनाको होऔँ वा सय वर्षको– यो जीवनयात्रामा हामी सबै यही क्षणमा बाँचिरहेका छौँ। हामीमध्ये कतिपयले के मान्छौँ भने हामीले यहीँ नै र अहिले नै जिउनु जरुरी छ तर के हामी यो सत्यलाई जान्दछौँ? के हामी अहिलेको क्षणलाई गहिरोसँग प्रशंसा गर्छौं? के हामी अहिलेको क्षणप्रति आभार प्रकट गर्छौं?

हामीलाई त सोझो तरिकाले सोच्ने बानी परेको छ तर योभन्दा निकै फरक समयका बारेमा सोच्ने एउटा अर्को तरिका पनि छ। सुरुसुरुमा यसलाई बुझ्न गाह्रो हुन सक्छ तर तपाईँका लागि म यसलाई बुझाउने कोसिस गर्छु। आउनुहोस्, सामान्य समयबाट सुरु गरौँ। हामीमा समयलाई सानासाना खण्डहरूमा विभाजन गर्ने परम्परा छ– वर्ष, महिना, हप्ता, दिन, घण्टा, सेकेन्ड। व्यापारव्यवसाय समयअनुसार चल्छन्। कर्मचारीहरूले ठ्याक्कै कति समय काम गर्दछन् भन्ने कुरा जान्नका लागि तिनीहरूलाई नजिकैबाट अनुगमन गर्ने गरिन्छ। कहिलेकाहीँ त सेकेन्डमा पनि नापिन्छ। कुनै कानुनी मामिला सुल्झाउनका लागि यदि तपाईँले कहिल्यै वकिलसँग काम लिनुपरेको भए उनको कार्यसमयको आधारमा तिर्नुपरेको पारिश्रमिकको पीडालाई पनि अनुभव गर्नुभएको होला !

यसरी हाम्रो समयलाई विभाजन गर्नुमा पनि तर्कसङ्गत कारणहरू छन्। यसले यस्ता अवस्थाहरूमा समयको महत्त्वलाई सबैले एकनासले बुझ्न मदत गर्छ– तपाईँ बेलुकाको खानासँगै साथीहरूलाई भेट्ने व्यवस्था मिलाउँदै हुनुहुन्छ वा हवाईजहाज चढ्न जाँदै हुनुहुन्छ वा कुनै साङ्गीतिक कार्यक्रम हेर्न जाँदै हुनुहुन्छ तर हामीले समयका बारेमा अझ बृहत् अर्थमा कसरी सोच्ने भन्ने विषयमा फरक दृष्टिकोणहरू छन्। समय के हो र यसलाई हामीले कसरी बुझ्नुपर्छ भन्ने बारेमा विज्ञान, दर्शनशास्त्र र धर्मका बिचमा ठुलो बहस हुन्छ। अनुभवका आधारमा भनौँ या स्थानीय बोलीचालीको भाषामा भनौँ– समय निरन्तर अघि बढिरहन्छ। म आत्मविश्वासका साथ के भन्न सक्छु भने यदि आज मेरो खुट्टा भाँचियो भने भोलि नै त जोडिँदैन तर छ हप्तामा त जोडिन्छ होला।

यहाँ यो कुरा साँच्चै चाखलाग्दो हुन्छ– हामीसँग उपलब्ध भएको समयका सन्दर्भमा अर्को दृष्टिकोण छ। हामी कुनै गहिरो चिजसँग जोडिन चाह्यौँ भने त्यसलाई प्रयोग गर्न सक्छौँ। त्यहाँ कसरी पुग्ने भन्ने कुरा हामीलाई थाहा छ भने समयको

यो ढाँचाभित्र वा बाहिर हामीले चाहेका बेलामा आउनेजाने गर्न सक्छौँ। तपाईँ यसलाई यसरी बुझ्न सक्नुहुन्छ– बाहिरी संसारमा हामी हरेक क्षणलाई बितेको समयको एउटा एकाइको रूपमा हेर्छौँ। मानौँ एउटा लामो मालबाहक रेलगाडी लिकमा गइरहेको छ। भित्री संसारमा त्यस क्षणलाई हामी एउटा निरपेक्ष चिजको रूपमा अनुभूत गर्छौँ– एउटा समयातीत आज। आफूभित्रको समय आफैँमा एउटा सुरुवात र एउटा अन्त्य हो– शान्ति, शक्ति र प्रकाशजस्तै। यो केवल त्यहाँ छ।

यसलाई यसरी सोच्नुहोस्– आफूभित्रको हरेक क्षणमा अघि बढिरहेको समयको परेडलाई समयकै नृत्यले प्रतिस्थापन गर्छ। मैले म्याग्नोलियाको रुखमुनि बसेर अनुभव गरेजसरी नै तपाईँ पनि समयातीत आजमा अनुभव गर्न स्वतन्त्र हुनुहुन्छ। यहाँ तपाईँले आफूलाई थप सुधार गर्नुपर्ने वा सत्यको खोजी गर्नुपर्ने आवश्यकतै छैन। तपाईँले खोजिरहनुभएको त्यो अनन्त शान्तिलाई त पाइसक्नुभएको छ। प्रसिद्ध अङ्ग्रेजी कवि विलियम ब्लेकका यी शब्दहरू यो विचारसँग मेल खान्छन्:

संसारलाई बालुवाको एउटा कणका रूपमा देख्नु
स्वर्गलाई एउटा फूलमा अनुभूत गर्नु
त्यस अनन्तलाई आफ्नो मुट्ठीमा समात्नु
अनि अनन्त काललाई एक घण्टामा।

हामीले अनन्तका बारेमा सोचिरहँदा के जान्नु जरुरी छ भने त्यस क्षणमा हामी कति खुसी र तृप्त हुन सक्छौँ भन्ने कुराको कुनै सीमा नै हुँदैन। धेरै दुःख भएका कारणले मानिसहरूको मृत्यु भएको छ तर धेरै सुखका कारणले कसैको पनि मृत्यु भएको छैन। आउनुहोस्, हामी आफ्नो हृदयलाई आनन्दले भरिरहौँ।

नेतिनेति

मलाई के थाहा छ भने अनन्तसम्बन्धी धारणा अलमल्याउने वा निराश पार्ने खालको हुन सक्छ। यसलाई बुझ्नका लागि हामी आफ्नो दिमागलाई प्रयोग गर्ने कोसिस त गर्छौँ तर हाम्रो कल्पनामा नै नअटाउने चिजका बारेमा विचार गर्न गाह्रो हुन्छ। मेरो सुझाव त के छ भने त्यो अनन्त समयसम्बन्धी विचारलाई आफ्नो बुद्धिले मात्र सम्बोधन नगर्नुहोस्। आफ्नो हृदयलाई पनि कोसिस गर्न दिनुहोस् र यसको अनुभूति गर्नुहोस्।

अनन्त समयलाई अझ राम्रोसँग व्याख्या गर्न सहज होस् भनेर यहाँ केही कुरालाई प्रस्तुत गरिएको छ। संस्कृतमा भएको एउटा शब्दावलीले के कुरालाई व्यक्त गर्छ भने अनुभव सामान्य व्याख्या वा परिभाषाभन्दा परको चिज हो– 'नेतिनेति'। यसको शाब्दिक अर्थ हुन्छ– 'यो होइन, यो होइन' र यो दुईओटा शब्दहरू मिलेर बनेको छ– 'न इति' अर्थात् 'यस्तो होइन'। कुनै व्यक्तिले आफ्नै विभिन्न रूपका तहहरूलाई हटाएर आफूलाई खोल्ने कोसिस गर्दा यो शब्दावलीको प्रयोग गरिन्छ, 'म यो होइन, न त म यो हुँ, न त्यो हुँ'– वास्तविक 'म' नभेटिएसम्म। हामीले चाहेका बेलामा सामान्य समय र व्यस्त दिमागलाई छोड्ने क्षमता विकास गर्दै हामी यस किताबमा त्यही यात्राको सुरुवात गर्दै छौँ। त्यस क्षमताले गर्दा हामी त्यो अनन्तभित्र प्रवाहित हुन सक्छौँ र आफूलाई सबैभन्दा शुद्ध रूपमा अनुभव गर्न सक्छौँ।

प्रायजसो कुनै व्यक्तिलाई निकै गहिरो अनुभव भयो भने उसले त्यसलाई शब्दमा वर्णन गर्न सक्दैन। वास्तवमा उसको के चिजसँग प्रत्यक्षीकरण भयो भन्ने कुरा नै उसले ठम्याउन सक्दैन होला। सायद तपाईँलाई यसको अनुभूति कस्तो हुन्छ भन्ने कुरा थाहा छ होला। कहिलेकाहीँ अनुभवको सार त्यसको वर्णन गर्न प्रयोग गरिएका शब्दहरूमा हुँदैन। भाषा उपयोगी र सुन्दर अभिव्यक्तिको माध्यम दुवै हुन सक्छ तर यसले मानिसको हृदयको अनुभवलाई सधैँ व्यक्त गर्न सक्दैन।

एउटा आवाजले सोध्छ, "तपाईंले अनुभव गर्नुभएको चिज के थियो ? के यो थियो ? के त्यो थियो ?"

तपाईँ केवल यति भन्न सक्नुहुन्छ, "होइन यो ठ्याक्कै यस्तो थिएन। त्यस्तो पनि थिएन।"

"तर, तपाईँ त्यस क्षणमा के गरिरहनुभएको थियो ?"

"केही पनि गरिरहेको थिइनँ।"

"तपाईँ के सोचिरहनुभएको थियो ?"

"केही पनि सोचिरहेको थिइनँ।"

"त्यसो भए तपाईंले केको अनुभूति गर्नुभयो ?"

"सबै थोकको !"

यदि अनुभवलाई सजिलै बुझाउन सकिएन भने मानिसहरूले यो जटिल प्रकृतिको हुनुपर्छ भन्ने ठान्दछन् तर प्रायजसो अनुभवलाई बुझाउन हामीले गर्ने प्रयास चाहिँ जटिल हुन्छ, अनुभव आफैँमा जटिल हुँदैन। जे भयो त्यसको स्पष्ट

र पूरा चित्र प्रस्तुत गर्नुको सट्टा कहिलेकाहीँ हामीले त्यसको झलक मात्र पेस गर्न सक्छौँ। कहिलेकाहीँ अनुभव बुझ्न सकिने खालको त हुन्छ तर व्यक्त गर्न सकिने खालको हुँदैन। यसबारेमा यहाँ कवि रुमीका केही हरफहरू छन्:

कुनै त्यस्तो स्पर्श छ,
जसलाई हामी आफ्नो जीवनभरि चाहन्छौँ।
आत्माको यस शरीरमा स्पर्श।
समुद्रको पानी,
सिपीबाट मोतीलाई बाहिर निस्कन बिन्ती गर्छ।
कुमुदको फूल,
पूरै उत्साहित भएर,
कुनै पागल प्रेमीलाई पाउने,
चाहना राख्छ।
म राति झ्याल खोलेर,
चन्द्रमालाई आउनका लागि,
आमन्त्रण गर्छु।
अनि उसलाई आफ्नो अनुहारले,
मेरो अनुहारमा स्पर्श गर्न,
अनुरोध गर्छु।
मभित्र श्वास लेऊ,
भाषाको ढोका बन्द गरिदेऊ,
र प्रेमको झ्याल खोलिदेऊ।
चन्द्रमाले ढोका प्रयोग गर्दैन,
ऊ त झ्यालबाट आउँछ।

म देहरादुनको घरबाट बगैँचामा निस्कँदा मैले यस्तो सोचिरहेको थिइनँ, "अब मलाई एउटा अद्भुत अनुभव हुनेछ।" किन हो थाहै नपाई म हरेक क्षणको अझ धेरै आनन्द लिन लागेँ अनि मभित्र एउटा अनौठो अनुभूति भयो। यो निकै सरल थियो र यसलाई मैले हुन दिएँ। मेरो झ्याल खुला थियो।

यस्तो समय पनि हुन्छ– मानिसहरू बगैँचामा जाँदा त्यहाँको दृश्य र सुवासले मोहित हुन्छन्। उनीहरूले आफूसँग लगेको कैँचीले घरका लागि फूल काट्छन्। मैले पनि यस्तै गरेको छु। आफ्नो घरभित्र त्यस बगैँचाको अलिकति रङ र बास्ना ल्याउँदा मजा आउँछ तर कहिलेकाहीँ हाम्रा लागि त्यो सौन्दर्यलाई केही परिवर्तन नगरीकन त्यो जस्तो छ त्यही रूपमा प्रशंसा गर्ने अवसर हुन्छ। प्रकृति एउटा फूलदानीमा हुँदा रमाइलो लाग्न सक्छ तर प्रकृतिलाई जस्तो छ त्यही रूपमा पाउनु एउटा गजबको शुद्ध र गहिरो अनुभव हुन सक्छ।

सत्यको उजागर

आन्तरिक शान्तिलाई बुझ्नका लागि हामीले आफ्नो बौद्धिक धारणारूपी इँटाहरूलाई हटाएर स्वयम्को प्राकृतिक रूप र सौन्दर्यलाई उजागर गर्नुपर्छ। तपाईंले शान्तिलाई सृजना गर्नुहुन्न बरु तपाईंभित्र रहेको त्यस शान्तिमाथिको पर्दालाई हटाउनुहुन्छ। यो त जुन चिजको आवश्यकतै छैन त्यसलाई हटाउने कुरा हो।

मानिसहरूले कुनै रहस्य जान्न चाहेको कुरा गर्छन् तर हामीले खोजेको रहस्य चाहिँ चिजहरूलाई हटाएर आफ्नो साँचो स्वरूपलाई यसको पूर्ण सरलतामा देख्न, बुझ्न र अनुभव गर्न सक्नु हो। फ्रान्सेली लेखक एन्टोन दि सेन्ट एक्सपेरीले सरलताको सौन्दर्यका बारेमा यसरी व्यक्त गरेका छन्, "अरू थप्नु नपर्ने अवस्था पूर्णता होइन, त्यसबाट केही निकाल्नु नपर्ने अवस्था चाहिँ पूर्णता हो।"

एकछिनका लागि तपाईँलाई सबैभन्दा मन पर्ने सर्ट वा पोसाकका बारेमा सोच्नुहोस्। आफ्नो कल्पनामा नै आफ्नो दराज वा घर्रासम्म पुग्नुहोस्, त्यसलाई निकालेर ओछ्यानमा फिँजाउनुहोस्। त्यसको स्पष्ट तस्बिर आफ्नो दिमागमा राख्नुहोस्। तपाईँले त्यो सर्ट वा ड्रेस लगाएको केही समयपछि त्यो मैलो हुन्छ। तपाईँ काम गरिरहनुहुन्छ वा खेलिरहनुहुन्छ, यात्रा गरिरहनुहुन्छ, यताउता दौडिरहनुहुन्छ अथवा केही चिज खाइरहनुहुन्छ। अन्ततः त्यो फोहोर हुनेछ अनि तपाईँ त्यसलाई धुनुहुन्छ। धुने प्रक्रिया के हो? निकै सरल छ– तपाईँ मैलोलाई हटाउनुहुन्छ। तपाईँले कतै बाहिरबाट सफाइ ल्याएर त्यस सर्टमा हाल्नुहुन्न। नचाहिने चिजलाई हटाउनुहुन्छ र चाहिने चिजलाई राख्नुहुन्छ– त्यो हो सफा कपडा। आफूभित्र शान्ति पाउने कुरा पनि यस्तै हो। तपाईँ आफूभित्र शान्तिलाई

थप्नुहुन्न, त्यो शान्तिबाहेक अरू सबै चिजलाई हटाइदिनुहुन्छ। आत्मज्ञान यस क्षणमा आफ्नो साँचो स्वरूपलाई चम्कन दिने विषय हो।

यसले मलाई माइकलएन्जेलो र एउटा प्रसिद्ध मूर्तिको रहस्यसम्बन्धी कथाको स्मरण गराउँछ, "तपाईँले डेबिडको यो सुन्दर मूर्ति कसरी बनाउनुभयो?" मूर्तिकारलाई सोधियो। उनले उत्तर दिए, "मैले केवल डेबिडजस्तो नदेखिने चिजहरूलाई ताछेर हटाउँदै गएँ।"

आत्मज्ञानको मार्गलाई अपनाउनुहोस् अनि मात्र तपाईँ अरू बाँकी चिजहरूलाई पर हटाएर आफूमा ध्यान दिन सुरु गर्नुहुन्छ। त्यसपछि तपाईँ स्थिर हुनुहुन्छ। हाम्रो जीवनमा अरू व्यक्तिहरू महत्त्वपूर्ण भएपछि आफ्नो झलकलाई हामी बिरलै देख्न सक्छौँ। यस्तो त्यति बेला हुन्छ जब हाम्रो जीवनमा कोलाहल हाबी हुन्छ। त्यो कोलाहललाई हट्न दिनुपर्छ।

के तपाईँ आफूलाई विचलित तुल्याउने सबै चिजहरूबाट स्वतन्त्र भएको अवस्थाको कल्पना गर्न सक्नुहुन्छ? बाहिर तपाईँको यो शरीर छ र अवश्य पनि यो बद्लिन्छ। बाहिर जेसुकै घटना घटेको भए पनि, अरू व्यक्ति जस्तोसुकै भए पनि तपाईँभित्र कुनै त्यस्तो चिज छ जुन जस्ताको तस्तै रहन्छ। त्यो हो समयातीत तपाईँ।

अनुपस्थितिबाट उपस्थितितर्फ

हामीले नचाहिने चिजहरूलाई कसरी हट्न दिने? त्यो कोलाहललाई कसरी हट्न दिने? मेरो एउटा सुझाव छ– तपाईँभित्रको नकारात्मक भावनामा ध्यान नदिनुहोस्, त्यसको साटो सकारात्मक कुराहरूलाई बलियो बनाउनुहोस्।

उपस्थिति र अनुपस्थिति पूरै ब्रह्माण्डभरि नै हुन्छ। हामी दुवैलाई चिन्न सक्छौँ तर हाम्रो जीवनको कुरा आउँदाखेरि कसलाई सबैभन्दा बढी शक्तिशाली बनाउन र उपस्थित गराउन चाहन्छौँ, हामीले त्यसैलाई रोज्नुपर्छ। मेरो अनुभवमा अनुपस्थितिलाई फेरबदल गर्नुको सट्टा उपस्थितिलाई प्रोत्साहित गर्नु धेरै राम्रो हो। यदि हामीमा साहसको कमी भयो भने डर अगाडि आउँछ। डरसँग जुध्ने सबैभन्दा राम्रो तरिका के हो? आफ्नो साहसलाई बाहिर ल्याउनु र त्यसलाई फेरि एकपल्ट उपस्थित गराउनु। यदि तपाईँ आफ्नो स्पष्टताको सम्पर्कमा हुनुहुन्न भने द्विविधा उत्पन्न हुन्छ। तपाईँले आफ्नो स्पष्टतालाई अघि ल्याएर द्विविधालाई हटाउन

सक्नुहुन्छ। तपाईँ गलत कुरालाई कसरी हटाउनुहुन्छ? तपाईँ आफैँबाट सुरु गरेर मानिसहरूलाई सचेत जीवन जिउन मदत गर्नुहोस्। अन्धकारलाई हटाउन प्रकाशलाई ल्याउनुहोस्।

तपाईँलाई याद छ, स्कुलमा हुँदा शिक्षकले सोध्नुहुन्थ्यो, "के सबै जना यहाँ छन्?" यो सुनेर मलाई सधैँ हाँसो उठ्थ्यो। त्यहाँ नभएकाहरूले त भन्न सक्दैनथे, "अहँ, म यहाँ छैन।" हामी उपस्थित भएकाहरूसँग मात्र काम गर्न सक्छौँ। त्यसैले हामीले घृणाबाट सहजै छुट्कारा पाउन सक्दैनौँ। यदि घृणालाई हटाइयो भने त्यसले एउटा खाली ठाउँ बनाउँछ। प्रकृतिमा कुनै ठाउँ खाली छ भने त्यहाँ कुनै चिजले भरिन्छ। त्यसको सट्टा हामीले प्रेमलाई रोज्नुपर्छ। यदि प्रेमको अनुपस्थिति भएमा त्यसले खाली ठाउँ सृजना गर्छ र त्यो तुरुन्तै घृणाले भरिन्छ। प्रेमलाई अगाडि ल्याउनुहोस्, घृणा आफैँ समाप्त हुन्छ।

तपाईँले जमिनमा रहेको कुनै एउटा खाल्डोका बारेमा सोच्नुहुँदा त्यहाँ कुनै चिज छ भनेर सोच्नुहुन्छ कि कुनै चिज छैन भनेर सोच्नुहुन्छ? के यो आफ्नै आकार भएको कुनै एउटा चिज हो या अर्को कुनै चिजको अनुपस्थिति मात्रै हो? त्यहाँ भएको कुनै अर्को चिज नभएका कारणले नै खाल्डो भएको हो। तपाईँले खाल्डोलाई एक ठाउँबाट अर्को ठाउँमा सार्न सक्नुहुन्न। होइन त? मैले तपाईँसँग यो खाल्डोका बारेमा किन कुरा गर्दै छु भने यसले हामीभित्र कुनै चिज हुनु र नहुनुको सन्दर्भलाई बुझ्न मदत गर्न सक्छ।

दुःख के हो? सुख नहुनु।
भ्रम के हो? स्पष्टता नहुनु।
अँध्यारो के हो? प्रकाश नहुनु।
युद्ध के हो? शान्ति नहुनु।

युद्ध एउटा खाल्डो हो, खालीपन हो, इन्कार गर्नु हो। त्यसो भए हामीले युद्धलाई कसरी रोक्न सक्छौँ? यो खाल्डोलाई अरू कुनै चिजले भरेर। यसलाई भर्न सकिने सबैभन्दा उत्तम चिज हो– शान्ति। हामी शान्ति कहाँ पाउन सक्छौँ? हरेक मानिसभित्र। अनि, हामी युद्धरूपी खाल्डो कहाँ पाउन सक्छौँ? हरेक मानिसभित्र।

यसरी नै हामी मानिसहरूमाझ शान्तितर्फका सुरुका पाइलाहरू चाल्न सक्छौँ– हामीभित्र रहेका घृणा, दुःख, भ्रम, अन्धकार र युद्धरूपी खाडलहरूलाई हामीभित्रै रहेका प्रेम, खुसी, स्पष्टता, प्रकाश र शान्तिले भरेर।

सरलताको सुमधुर सङ्गीत

म एक पटक भियनामा एउटा शास्त्रीय सङ्गीत कार्यक्रममा गएको थिएँ। हल पूरा भरिएको थियो र त्यहाँ उपस्थित मानिसहरूबिचको उत्साहित कुराकानीले गर्दा ठुलो हल्ला भइरहेको थियो। सङ्गीतकारहरू स्टेजमा आए र तयारी गर्न लागे अनि कुराकानीको आवाज झन् चर्को भयो। अन्तिम समयमा आइपुगेका केही व्यक्तिहरू आफ्नो सिटमा बस्नका लागि जाँदै थिए। उनीहरूलाई जान दिनका लागि अरू व्यक्तिहरूले उठ्नुपर्थ्यो अनि फेरि बस्नुपर्थ्यो। सबै गज्याङमज्याङ भइरहेको थियो। मलाई साँच्चै नै यो मन परिरहेको थिएन। वास्तवमा मैले मेरो दिमाग कति अस्थिर भइरहेको छ भन्ने कुरा महसुस गरिरहेको थिएँ। म सजिलै उठेर बाहिर जान सक्थेँ तर टिकट ज्यादै मुस्किलले पाइएको थियो!

अचानक सङ्गीतकारको तयारी रोकियो, सङ्गीतका सञ्चालक आए, सबैले ताली बजाए... अनि सन्नाटा छायो। त्यो एउटा सुखद शान्त क्षण थियो– सङ्गीत सञ्चालकले आफ्नो लट्ठी उठाए र हावाको बिचमा अड्याइराखे अनि सङ्गीत सुरु भयो। सुरुसुरुमा एकदमै शान्त थियो। तपाईं औँलाहरूको चालसँगै तारको हरेक झङ्कारलाई सुन्न सक्नुहुन्थ्यो। एउटा विलक्षण संवेनदशील अनुभव भयो।

कहिलेकाहीँ हामीभित्र पनि यस्तै हुन्छ। हाम्रो हृदयमा एउटा साङ्गीतिक कार्यक्रम भइरहेको छ। केही व्यक्तिहरूका लागि तयारी र हल्लाखल्ला बसौँसम्म चलिरहन्छ। अन्य व्यक्तिहरूका लागि चाहिँ लट्ठी माथि जान्छ र शान्ति आउँछ। त्यसपछि सङ्गीत सुरु हुन्छ। हल्ला, शान्ति र सङ्गीत सबै चिज हामीभित्र छ।

कतिपय अवसरमा एउटा ताल पनि हुन सक्छ जसले हामीलाई नाच्न प्रेरित गर्छ– एउटा त्यस्तो ताल जुन हाम्रो वरिपरि बजिरहेको जीवनको अरू तालहरूभन्दा धेरै शक्तिशाली छ। हामी आफूभित्र आत्मज्ञानका माध्यमबाट वास्तविक धुनको अनुभव गर्छौं र हामी त्यो समयलाई अपनाउँछौँ। वास्तवमा ध्यान एकाग्र हुँदा यस्तै अनुभूति हुन्छ। अरू बाँकी चिजहरू छुटेर जान्छन्। त्यहाँ सबै चिज शान्त हुन्छ अनि हाम्रो हृदयमा एउटा सुमधुर सङ्गीत बज्न थाल्छ। त्यस अवस्थामा तपाईं आफूले आफैँलाई सुन्नुहुन्छ।

लगावहीनता, महत्त्वाकाङ्क्षा र रोजाइ

के हामीले हाम्रो वरिपरिको संसारबाट पूरै अलग्गिने इच्छा राख्नुपर्छ ? यो प्रश्न प्रायः मलाई सोध्ने गरिन्छ। यसमा मेरो दृष्टिकोण एकदमै सरल छ– तपाईँ शतप्रतिशत अलग्गिन सक्नुहुन्न। कुनै व्यक्तिले यी दैनिक बाधाव्यवधानहरूको उतारचढावबाट मुक्त भएर जिउने दाबी गर्छ भने सायद ऊ भ्रममा छ।

केही व्यक्तिहरू आत्मज्ञानले हाम्रो अस्तित्वलाई सुस्त, काल्पनिक र वास्तविकताभन्दा परको बनाइदिन्छ भन्ने चिन्ता गर्छन्। यो कुरा सत्य होइन। हामीले सन्तुष्टि पायौँ भने के हामी एकै ठाउँमा जरा गाडेर बसिरहने तरकारी (सायद आलु वा सलगम) बन्छौँ र ? के आलु वा सलगमजस्तो हाम्रो दिमागमा कुनै चाखलाग्दो कुरा हुँदैन अथवा कुनै जिज्ञासा नै हुँदैन ? पटक्कै हुँदैन ! मैले महात्मा बुद्धको जीवनीसम्बन्धी केही कथाहरू पढेको छु। त्यसबाट मैले के जानेँ भने उनले बुद्धत्व प्राप्त गरे अनि गम्भीर रूपमा महत्त्वाकाङ्क्षी भए। आफ्नो जीवनमा पूर्णता प्राप्त गर्नेबित्तिकै उनले शान्ति सन्देशलाई हरेक ठाउँमा पुऱ्याउन चाहे।

म यो कुरालाई साँच्चै स्पष्ट पार्न चाहन्छु– आत्मज्ञानले हाम्रो बाहिरी व्यक्तित्वलाई रूपान्तरण गरेर हामीलाई प्रश्न तथा समस्यारहित पूर्ण मानव बनाउँदैन। यसले हामीसँग विकल्प छ भन्ने कुरालाई पहिचान गर्न चाहिने स्पष्टता मात्रै दिन्छ। हामी कहिले जन्मन्छौँ र कहिले मर्छौँ भन्ने कुरालाई हामीले रोज्न पाउँदैनौँ। त्यसबाहेक हरेक कुरा हाम्रो अधीनमा हुन्छ।

सचेत भएर जिउनु भनेको प्रतिकूल परिस्थितिमा समेत तपाईँसँग सधैँ रोज्ने मौका हुन्छ भन्ने कुराको चेत हुनु र त्यसपछि होसियारीपूर्वक रोज्नु हो। रोज्न पाउँछौँ भन्ने कुरा नै थाहा नहुँदा अथवा रोज्ने विकल्पलाई नै नछान्दा हामी अचेत भएर जिउँछौँ। एक जना व्यक्तिको अचेतनाले अर्को व्यक्तिलाई पनि अचेतनातिरै लैजान्छ। यसरी नै अज्ञानताको चक्र चलिरहन्छ अनि यसका परिणामहरू पनि देखा पर्छन्। अर्कातिर आफ्ना विकल्पहरूका बारेमा सचेत हुनुले निकै सशक्त बनाउन र तृप्त पार्न सक्छ। अध्याय ५ मा यस विचारका बारेमा फेरि कुरा गर्नेछु।

आफ्ना चिन्ताहरूबाट माथि उठ्नु

यदि हामीले आफ्ना सबै चिन्ताहरूबाट छुट्कारा पायौँ भने हामी शान्ति पाउँछौँ भन्ने सोचाइ लोभलाग्दो हुन सक्छ। म केवल आफ्नो अनुभवबाट भन्न सक्छु– के मैले खानाका बारेमा सोच्न छाडेँ भने मेरो भोक मेटिन्छ र? मेटिँदैन। कसैले मलाई भनोस्, “खानाका बारेमा सोच्न छाडिदिनुस्!” के त्यस बेलामा मेरो भोक मेटिन्छ? मेटिँदैन। जीवित छँदै तपाईँले सायद त्यस्तो समयलाई व्यतीत गर्नुहुनेछ जसमा तपाईँ कुनै चिजका बारेमा चिन्तित हुनुहुनेछ– कहिले थोरै, कहिले धेरै। यदि सक्नुहुन्छ भने यस्तो समयमा अस्थिर दिमागबाट शान्त हृदयतिर जाने कुरालाई रोज्नु निकै लाभदायक हुन्छ।

म त्यस्ता मानिसहरूलाई चिन्छु जो आफूले चाहेको चिन्तामुक्त स्थानको खोजीमा संसारको कुनाकुनासम्म पुगेका छन्। के हुन्छ? अन्ततः उनीहरू त्यहाँ पुग्छन्, एउटा कुर्सीमा बस्छन् अनि आफ्नो आँखा बन्द गर्छन् र सोच्छन्– “आखिर म यहाँ आइपुगेँ! अब म साँच्चै शान्तिको अनुभव गर्न सक्छु।” एक क्षण वा दुई क्षणका लागि सबै कुरा शान्त हुन्छ अनि उनीहरूले झ्याउँकिरी कराएको सुन्छन्। रुखहरूमा ठोक्किएको हावाको सुस्केरालाई सुन्छन् वा किनारामा ठोक्किएका पानीका छाल अथवा पर जङ्गलमा कुनै एक्लो चराले गाएको गीतलाई सुन्छन् अनि त्यसपछि विमानस्थलमा रोकिएको सामान भर्खरै प्राप्त भएजसरी उनीहरूको दिमाग घरको सम्झनाले फेरि भरिन थाल्छ।

यसरी हरेक व्यक्ति निरन्तर आफैँबाट टाढा भागिरहेको हुन्छ तर आफूबाट नै भाग्न सक्दैन भने ऊ कहाँसम्म भाग्न सक्छ र? हामी आफूभित्रै अशान्त छौँ भने प्राकृतिक सौन्दर्य पनि हाम्रा लागि कर्कश आवाजजस्तै लाग्छ। हामी आफैँभित्रको घरमा छौँ भने प्रायः सबै चिज सङ्गीत बन्न सक्छ। हाम्रो चिन्तारूपी कर्कश आवाजको समाधान नपाएसम्म यो चिन्ताले हामीसँगै यात्रा गरिरहन्छ। हामीले सँगै लिएर हिँड्ने सबैभन्दा ठुलो सुरक्षाको उपाय नै हामीले आन्तरिक शान्तितर्फ जाने आत्मज्ञानको बाटोलाई सदैव रोज्न सक्छौँ भन्ने कुरा जान्नु हो।

कबिरदास भन्छन्, “यदि तपाईँले चिन्ता नै गर्नुपर्ने हो भने सत्यको चिन्ता गर्नुहोस्। यदि तपाईँले चिन्ता नै गर्नुपर्ने हो भने आनन्दको चिन्ता गर्नुहोस्। यदि चिन्ता गर्नैपर्ने हो भने आफ्नो जीवनमा असल कुराका बारेमा चिन्ता गर्नुहोस्।” यसरी नै हो– सकारात्मक गुणहरूलाई रोजेर जीवनमा चिन्तालाई हटाउने।

आफ्नो हृदयलाई सुन्नुहोस्

मेरा लागि आत्मज्ञानको प्रक्रिया भनेको दिमागको सजगतादेखि हृदयको पूर्तिसम्म अनि हृदयको पूर्तिबाट शान्तिको अनुभवसम्मको हो। यो अन्तरिक्षमा रकेट उडाउने प्रक्रियाजस्तै हो। दिमागको सजगता भनेको दिमागलाई शान्त पारेर ध्यान एकाग्र तुल्याउनु हो– रकेटलाई प्रक्षेपण प्याडमा राखेजस्तै। उडानका लागि नचाहिने अरू सबै कुरा हामी त्यहीँ छोडिदिन्छौँ र आफ्नो ध्यानलाई एकाग्र तुल्याउँछौँ जसले गर्दा हामी उड्न तयार हुन्छौँ। हृदयको पूर्ति भनेको पूर्ण रूपले भित्र जोडिनु हो। यसबाट हामीले पूर्णताको सशक्त भावनालाई पैदा गर्न सक्छौँ। त्यसले हामीलाई जमिनबाट माथि उठाउन सुरु गर्छ। त्यसपछि हामी शान्तिको अनुभव गर्छौँ जसरी हामी माथि, अझैमाथि, अझैमाथि गइरहेका हुन्छौँ– तलको गुरुत्वाकर्षण शक्तिभन्दा टाढा। त्यसपछि माथितिर धकेल्ने पुछारको ट्याङ्की तल खस्छ अनि अन्तरिक्ष र समयको सामान्य आयामभन्दा पर हामी आन्तरिक ब्रह्माण्डको अथाह गहिराइमा उडिरहेका हुन्छौँ।

मेरो हृदय भनेको म प्रगाढ रूपले खुसी हुने मभित्रको स्थान हो। त्यो खुसी कुनै अरू चिजका कारणले नभएर त्यही खुसीका कारणले हुने हो। मेरो हृदयभित्र समुद्र छ। म त्यसमा यात्रा गर्छु– कतै जानका लागि नभएर त्यो यात्रा विलक्षण भएकाले। भ्रमहरूका बिचमा स्पष्टता खोज्नलाई साहस गर्ने स्थान हृदय हो अनि त्यहाँ स्पष्टताकै आनन्द लिन सक्छौँ। मेरो हृदय तृप्त भएका बेलामा, यसले अस्तित्वका लागि आभार व्यक्त गरेका बेलामा म स्वर्गमा हुन्छु। यस बेलामा वास्तवमा म जीवित भएको महसुस गर्छु। यही अनुभूतिलाई मैले देहरादुनको त्यो जादुमय बिहानीमा पाएँ।

मेरो हृदयले यस्तो चाहन्थ्यो भनेर दिमागले कल्पना गरेजस्तो नभएर हामी साँच्चै नै हृदयसँग जोडिएका छौँ भन्ने कुरालाई सुनिश्चित गर्नुपर्छ। हाम्रो व्यस्त दिमाग हरेक चिजमा घुस्न र आफ्नै तरिकाले व्याख्या गर्नका लागि सधैँ तयार हुन्छ। यसपछि के हुनेछ भनेर बाहिरी संसारलाई नियाल्ने कामबाट दिमागलाई रोक्न एकदमै गाह्रो छ। यदि हृदयका बारेमा तपाईँको विचार यस्तै छ भने यो त थप कोलाहल मात्र हो। हाम्रो हृदय यस्तो खालको अनुभूति गर्नुपर्छ भनेर निर्देशित हुन वा सुन्नका लागि होइन। हाम्रो हृदयले जे महसुस गर्छ सिधा त्यही व्यक्त गर्छ।

शान्तिमा रहेर नै हाम्रा प्राथमिकताहरूलाई सबैभन्दा स्पष्टताका साथ पहिचान गर्न सकिन्छ, हाम्रो ध्यानलाई सबैभन्दा उत्तम तरिकाले निर्देशित गर्न सकिन्छ। आफ्नो हृदयमा शान्तिको अनुभव गरेर नै हामीले आफूलाई सबैभन्दा राम्रोसँग चिन्न सक्छौँ। यसैले मान्नु र जान्नुबिचको फरकमा ध्यान केन्द्रित गर्नका लागि यो क्षण नै उत्तम हो जस्तो लाग्छ।

अध्याय ४

जान्नु र विश्वास गर्नुका बिचमा फरक छुट्याउन सिक्नुहोस्

'हामी कस्तो जीवन जिउँछौँ' भन्ने विषयका सम्बन्धमा 'हाम्रो सोचाइ के छ' भन्ने कुराले गहिरो प्रभाव पार्छ। हामीले आफ्नो बुद्धिविवेकलाई प्रयोग गरेर हाम्रा अघि आएका चुनौती र अवसरहरूका बारेमा बुझ्न सक्छौँ। यसले हामीलाई अझ राम्रा निर्णयहरू गर्न मदत गर्छ। यसका साथै सबै मानिसहरूमा निहित विवेकका कारणले यो संसारको अनि सबैको हित भइरहेको छ। हाम्रो औसत जीवनस्तर उकासिएको छ। हाम्रो जीवनमा असल सोचको प्रभाव देखिएको यो एउटा राम्रो उदाहरण पनि हो।

हामीले आफ्नो दिमागको शक्तिलाई कदर गर्नुपर्छ तर सोचाइको सीमाका बारेमा बुझ्नु पनि उत्तिकै आवश्यक हुन्छ। हामी यो दुनियाँसँग धेरै माध्यमबाट कुरा गर्छौँ तैपनि आजको आधुनिक समाजमा मानिसहरूले आफ्नो जीवन कसरी जिउने भन्ने विषयमा त्यही समाजको सोचाइ बढी हाबी हुन्छ। धेरै मानिसहरूले आफ्नो विश्वासको एउटा निश्चित सीमा निर्धारण गरेका हुन्छन् अनि तिनका अगाडि आएका कुराहरूलाई तिनले त्यही सीमाभित्र बाँध्ने प्रयास गर्छन्। तर, 'जीवनको समृद्धि र अस्तित्वको सरल प्रवाह, जीवनको एकदमै जटिल र झन्झटिलो व्यस्तता' यी विषयहरूका बारेमा प्रतिक्रिया जनाउने यो तरिका त्यति सहज देखिँदैन।

मलाई के लाग्छ भने आफूभित्र र बाहिरको संसारसँग सम्बन्ध बनाउनका लागि एउटा अर्को उत्तम तरिका पनि छ। मेरा निम्ति मानिसको अनुभवको सबैभन्दा मिठो पक्ष नै नयाँ विषयहरूका सम्बन्धमा हामी दिमागदेखि सचेत भएर पूर्ण रूपले स्वयम्ँमै केन्द्रित भएको अवस्था हो। त्यसरी नै हाम्रो दिमाग जस्तोसुकै परिवर्तनका लागि तत्पर भइरहन्छ। अर्कातर्फ हाम्रो हृदयले हाम्रो वास्तविकतासँग सम्बन्ध बनाइरहन्छ। हामी आत्मज्ञानका माध्यमबाट यही संसारमा रहेर हामीभित्र भइरहेको चिजमा आफ्नो ध्यानलाई केन्द्रित गर्न सक्षम हुन्छौँ। त्यस चिजलाई विश्वास मात्रै नगरीकन त्यसलाई जानेर अघि बढ्न सक्छौँ। वास्तवमा त्यस

चिजलाई जान्नुको सार्थकता रहन्छ। अरू चिजलाई भन्दा सोचाइलाई बढी महत्त्व दिइरहेका बेलामा स्वयम्‌का बारेमा सचेत भएर सन्तुलन कायम राख्नु ठुलो कुरा हो।

विचारहरूको सीमा खोज्नु

हाम्रो दिमागलाई जीवनको अनुभवमाथि हाबी हुन दियौँ भने कस्तो समस्या उत्पन्न हुन्छ? किनभने, विचार र विश्वासहरूद्वारा 'हामी को हौँ' भन्ने महत्त्वपूर्ण पक्षका बारेमा व्याख्या गर्न र व्यक्त गर्न प्रायः कठिन हुन्छ।

तपाईँले यस्तो दृश्यको कल्पना गर्नुहोस्– तपाईँ आफूले सबैभन्दा धेरै माया गर्ने व्यक्तिका साथमा बसिरहनुभएको छ अनि तपाईँ उनीसँग सोध्नुहुन्छ– "के तिमी मलाई माया गर्छौ?" त्यसपछि उनले जवाफ दिन्छन्, "गर्छु जस्तो लाग्छ।" के उनले तपाईँलाई माया गर्छु भनेर 'सोचे' जस्तो लाग्छ? अथवा यसरी उत्तर दिएका भए के हुन्थ्यो होला, "म तपाईँलाई माया गर्छु भन्ने मलाई विश्वास छ।" के उनले तपाईँलाई माया गर्छु भनेर 'विश्वास' गरेजस्तो लाग्छ? उनले यस्तो जवाफ दिन पनि त सक्थे, "तपाईँलाई माया गर्ने त कुरै आउँदैन!" तपाईँले कसैलाई माया गर्नुहुन्छ या गर्नुहुन्न भन्ने कुरा तपाईँलाई थाहा छ।

एउटा अर्को पनि सरल प्रश्न छ। यसले हाम्रो सोचाइको सीमा हुन्छ भन्ने सन्दर्भलाई स्पष्ट पार्न सक्छ। 'तपाईँ को हुनुहुन्छ?' धेरैजसो मानिसहरूलाई यो प्रश्नको उत्तर दिन गाह्रो हुन्छ किनभने यसका लागि विश्वासभन्दा माथि उठेर अनुभव गर्नुपर्ने हुन्छ। हामी केवल नाम, उमेर, लिङ्ग, पेसा, वैवाहिक स्थिति अनि मन पर्ने रङका बारेमा बताएर यसको सार्थक तरिकाले उत्तर दिन सक्दैनौँ। हामी तार्किक अथवा सैद्धान्तिक तरिकाले यसको अर्थपूर्ण उत्तर दिन सक्दैनौँ। यो स्वयम्सँग सम्बन्ध राख्नेबारेमा हो। यो सम्बन्ध यति गहिरो र स्पष्ट छ, तपाईँले शब्दहरूमार्फत जवाफ दिनु आवश्यक नै छैन। तपाईँले केवल यसलाई चिन्नुहुन्छ।

स्वामी विवेकानन्द एक महान् विचारक, सन्त र वेदान्त दर्शनका अन्तर्राष्ट्रिय वक्ता थिए। उनले एक पटक भनेका थिए, "आँखा बन्द गरेर विश्वास गर्नु भनेको मानिसको आत्मालाई गिराउनु हो। तपाईँ चाहनुहुन्छ भने नास्तिक पनि बन्न सक्नुहुन्छ तर प्रश्नै नगरीकन कुनै पनि कुरालाई विश्वास नगर्नुहोस्।" धेरैजसो मानिसहरूले विश्वास गर्न रुचाउनुको आंशिक कारण के हो भने यससम्बन्धी कोही

अरूले नै हाम्रा लागि गृहकार्य गरिसकेका हुन्छन्। हामीलाई आँखा बन्द गरेर विश्वास गर्नुको परिणामका बारेमा थाहा नै छैन भन्ने पनि होइन। कुरा त के मात्र हो भने त्यसलाई चिन्नुभन्दा विश्वास गर्नुमा नै हामीलाई निकै सहज लाग्छ। वास्तवमा स्वयम्‌लाई चिन्नु त्यति कठिन पनि छैन। यो त तपाईं स्वयम्‌लाई चिन्ने विषय हो। कुनै चिज वा कोही अर्को व्यक्तिलाई चिन्ने कुरा होइन।

एउटा आन्तरिक ब्रह्माण्ड

सुकरातले "स्वयम् आफूलाई चिन्नुहोस्" भनेका थिए। यस भनाइमा तपाईंलाई आफूभित्रको ब्रह्माण्डको अनुभव गर्ने एउटा निमन्त्रणा थियो। तपाईंले चिन्नुपर्ने आफूभित्रको स्थानमा पुग्दा त्यहाँ तपाईंले के पाउनुहुन्छ? तपाईंका विश्वासहरूको सूची होइन। यो तपाईंको चरित्रको गुण, व्यक्तित्वको प्रकार या मनोवैज्ञानिक सूचक प्रकट गर्ने कुरा होइन। तपाईंको हुनुहुन्छ भन्ने विषयको सिद्धान्त होइन। तपाईंले पाउने कुरा चाहिँ असीमित शान्तिको अनुभूति र आफू यस क्षणमा जीवित भएकोमा हृदयदेखिको प्रशंसा हो। यो त त्यो परमसत्ता र तपाईंबिचको पूर्ण सम्बन्धको विषय हो। होहल्ला र व्यस्तताको संसारमा यो सबैभन्दा दुर्लभ अनुभव हो– केवल यहाँ हुनुको आनन्द।

दिमागको तर्कले आफूलाई प्रश्नहरूको पङ्क्तिको रूपमा प्रस्तुत गर्छ। को? के? कहाँ? कहिले? कसरी? किन? अनि यस्तै अरू पनि। यो प्रश्न हाम्रो दैनिक जीवनका लागि निकै सहयोगी साबित हुन सक्छ तर यसले हामीलाई त्यस अनन्तसम्म पुऱ्याउन सक्दैन। त्यो विद्यमान चिजको गहन रूपमा अनुभूति गर्न हामीले दिमागको सीमाभन्दा बाहिर निस्कनुपर्छ। हामीले प्रश्नहरूलाई टाढा जान दिएपछि जान्न सुरु गर्छौं।

त्यसकारण भारतमा आत्मज्ञानलाई 'राजयोग' भनिन्छ। योगको अर्थ आफूलाई सबै प्रकारका आसनहरूमा मोड्नु होइन। यसको अर्थ 'जोड्नु' हो। राजको अर्थ 'राजा' हो। यसर्थ राजयोग भनेको सबै योगहरूको राजा हो। यसले तपाईंलाई त्यो परमसत्तासँग जोडिदिन्छ– सबैभन्दा ठुलो योग। त्यो परमसत्ता पहाडमाथि लुकेर बसेको कुनै रहस्यमय चिज होइन। त्यो त तपाईंभित्रको शान्ति हो।

मेरो शरीरले आफूलाई व्यक्त गरेजसरी नै मेरो हृदयले मसँग सिधा कुरा गर्छ। तपाईँको शरीरलाई भोक लागेपछि यसले तपाईँलाई भोक लाग्यो भन्छ। तपाईँको शरीरलाई निद्रा लागेपछि यसले तपाईँलाई निद्रा लाग्यो भन्छ। तपाईँको शरीरलाई पीडा भएपछि यसले तपाईँलाई दुख्यो भन्छ। 'कृपया' भनेर अनुरोधसम्म पनि गर्दैन वा यसको अपेक्षा पनि गर्दैन। यसको कुनै शिष्टाचार अथवा असल व्यवहार हुँदैन। यसले त 'भोक लागेको छ भने तपाईँले खानेकुरा खानुपर्छ' भन्छ। आत्मज्ञानले तपाईँलाई स्वयम्‌भित्रको आवाजलाई स्पष्ट रूपले सुन्न सक्षम बनाउँछ। परिणामतः यदि तपाईँको हृदय तृप्त छ भने तपाईँले थाहा पाउनुहुन्छ। यदि तपाईँको हृदय आनन्दले भरिएको छ भने तपाईँले थाहा पाउनुहुन्छ। तपाईँको हृदय प्रेमले भरिपूर्ण छ भने तपाईँले थाहा पाउनुहुन्छ। आन्तरिक शान्तिको भाषा स्पष्ट, शक्तिशाली अनि तुरुन्तै व्यक्त हुने भाषा हो। यसमा सुन्दै एकदम आनन्द आउने एउटा सरल कविता हुन्छ।

आफ्नो मार्ग पहिल्याउनु

विमानचालकहरूले हवाईजहाज उडाउनुभन्दा पहिला पालना गर्नुपर्ने पहिलो नियम के हो? तपाईँ कहाँ हुनुहुन्छ भनेर थाहा पाउनुहोस्! यदि तपाईँलाई तपाईँ भएको स्थान नै थाहा छैन भने तपाईँसँग नक्सा हुनुको कुनै अर्थ नै हुँदैन– चाहे त्यो नक्सा जतिसुकै सही र विस्तृत होस्। स्वयम्‌लाई नचिनेर विश्वास मात्र गर्नु भनेको नक्सा आफैँसँग भएर पनि तपाईँ त्यो नक्सामा कहाँ हुनुहुन्छ भन्ने कुरा नबुझेजस्तै हो। यदि तपाईँलाई नै आफू कहाँ छु भन्ने कुरा थाहा छैन भने तपाईँ जान चाहनुभएको ठाउँमा कसरी पुग्नुहुन्छ?

विमानचालकहरूले कहिलेकाहीँ 'लस अफ ओरिएन्टेसन' (विमान कता फर्केको छ भन्ने कुरा नै थाहा नपाउने) भनिने अवस्थाको अनुभव गर्छन्। यस्तो अवस्थामा तिनलाई आफ्नो एटिच्युड (हवाईजहाजको अक्षले जमिनसँग बनाएको कोण), उचाइ या हावाको गतिका बारेमा थाहा नै हुँदैन। उनीहरूले आफू जहाँ छु भन्ने सोचेका हुन्छन् त्यहाँ हुँदैनन्। वास्तवमा उनीहरू हराएका अनि भ्रमित भएका हुन्छन्। हामीले आफ्नो दैनिक जीवनमा पनि केही यस्तै खालको अनुभव गर्न सक्छौँ। आफूले आफूलाई नचिनेसम्म हामीसँग थुप्रै विचार र योजनाहरू त हुन सक्लान् तर यसले हाम्रा लागि के अर्थ राख्छ भन्ने कुराको चेत चाहिँ हामीमा कम हुन्छ। स्वयम् आफूलाई चिनेनौँ भने हामीमा कहिल्यै पनि नसकिने प्रश्नहरू हुन

सक्छन्। यिनले सन्तुष्ट पार्ने उत्तरहरूबाट हामीलाई अझ टाढाटाढा लैजान्छन्। स्वयम् आफूलाई चिनेनौँ भने पहिल्यैदेखि आफूभित्र विद्यमान शान्तिको अनुभव नभईकन हामीमा निरन्तर शान्तिलाई खोज्ने आवश्यकता महसुस भइरहनेछ।

तपाईँले आफूभित्र पनि हेर्दै अनि यहाँ र अहिलेको आफ्नो अस्तित्वलाई पनि प्रशंसा गर्दै यस क्षणमा तपाईँ कहाँ हुनुहुन्छ भन्ने कुरा जान्नका लागि म तपाईँलाई आमन्त्रण गर्दै छु। यसरी आत्मज्ञान भनेकै वर्तमानमा हामी कहाँ छौँ भन्ने कुरा थाहा पाउनु हो। हामीले बुझ्न सक्ने सबैभन्दा महत्त्वपूर्ण कुरा के हो? सबैभन्दा महत्त्वपूर्ण कुरा त हामीमध्ये प्रत्येकले हरेक दिन, हरेक घण्टा, हरेक मिनेटमा तृप्त हुनका लागि आशीर्वादका रूपमा यो जीवन र यो अवसर पाएका छौँ। भोलिरूपी तपाईँको काल्पनिक गन्तव्यमा पुग्ने प्रतीक्षा गर्नुको साटो अहिले नै आनन्द र सन्तुष्टिको अनुभव गर्दै तपाईँ आफूभित्रको शान्तिसँग जोडिएपछि तपाईँले साँच्चै नै जीवनयात्राको आनन्द लिनुहुन्छ।

अर्थ भित्रैबाट आउँछ

हामीभित्र भएको चिज सम्पूर्ण भावहरूको प्रारम्भिक विन्दु हो। सौन्दर्य हामीबाटै सुरु हुन्छ भन्ने कुरा महसुस नगरीकन हामी झ्यालबाट बाहिरतिर हेरेर के सोच्छौँ भने 'यो संसार सुन्दर छैन र!' यदि मानवजाति नै लोप भयो भने सुन्दरता पनि हामीसँगै हराउनेछ किनभने सौन्दर्य हामीभित्रैबाट आउँछ। अहिले पनि सुन्दरताको अनन्त ब्रह्माण्ड तपाईँभित्र तपाईँसँगै छ। आत्मज्ञान हामीभित्र विद्यमान सबै चमत्कारहरूतर्फ लैजाने बाटो हो। उक्त चमत्कारमा हाम्रो ध्यान कहिले केन्द्रित हुन्छ भनेर त्यसले प्रतीक्षा गरिरहेको हुन्छ।

एउटा आँपको मिठासका बारेमा सोच्नुहोस्। मिठो स्वादको उत्पत्तिका लागि आवश्यक पर्ने सम्पूर्ण सामग्रीहरू त्यही फलमा हुन्छ तथापि हामीले आँप खाएर त्यसको आनन्द लिएपछि मात्रै त्यसको स्वादले सार्थकता पाउँछ। हामीभित्र आँपको स्वाद र त्यसको रस लिने इच्छा नभएसम्म आँप त केवल केही रासायनिक तत्त्वहरूको गुण भएको एउटा वस्तु मात्र हो। हामीमा खाने चाहना र तिर्खा भएपछि मात्रै आँप खानुको अनुभव मिठो बन्न पुग्छ। अन्ततः स्वाद चाख्नका लागि जीवनको सर्वोत्कृष्ट मिठास तपाईँभित्रै छ।

तपाईँलाई एकदमै तिर्खा लागेको छ। कसैले तपाईँलाई एक गिलास चिसो पानी अथवा एक गिलास चिसो पानीका विशेषताहरूका बारेमा तिस मिनेटको भाषणमध्ये कुनै एकलाई रोज्नुहोस् भन्यो। यति बेला तपाईँ कुन चाहिँलाई रोज्नुहुन्छ? कुरा स्पष्टै छ! हामी को हौँ भन्ने सिद्धान्तको विकास गरेर आत्मज्ञानको तिर्खा मेटाउने प्रयास गर्नुको साटो हामीले हामी को हौँ भनेर 'अनुभव' गर्ने विकल्पलाई सदैव रोज्न सक्छौँ।

अनुभवको अभावमा हाम्रा सबै सोचाइ र विश्वास सिद्धान्त मात्रै हुन्। सिद्धान्तहरूले हरेक चिजको चामत्कारिक व्याख्या गर्छन् भन्ने आशा गर्दागर्दै हामीमा सिद्धान्तहरूको लत बस्न सक्छ। हामीले वास्तविकतालाई बङ्ग्याएर हाम्रा विचारअनुकूल बनाउन सुरु गर्छौँ। म एक जना अर्थशास्त्रीबाट सुनेको एउटा ठट्यौलीलाई सम्झन चाहन्छु, "कुनै विचारलाई व्यावहारिक रूपमा कार्यान्वयन गर्दा त यसले राम्रोसँग काम गर्छ तर के यसले सिद्धान्तमा पनि काम गर्छ त?"

सिद्धान्तका अनेकन् उपयोगहरू छन्। कहिलेकाहीँ ती उपयोगहरू अति नै महत्त्वपूर्ण हुन सक्छन् तर यसका आफ्नै सीमा हुन्छन्। कल्पना गर्नुहोस्, एक जना मानिस छन्। उनले आफ्नी जीवनसँगिनीसँग विवाह वर्षगाँठ मनाउनका लागि स्वादिष्ट परिकार बनाउँछु भनेर बाचा गरेका छन्।

"प्रिय! तिमीले आज साँझका लागि के परिकार बनायौ?"

श्रीमान्‌ले जवाफ दिन्छन्, "प्रियसी! म तिमीलाई असाध्यै माया गर्छु। म त तिम्रा लागि के परिकार बनाऊँ भनेर दिनभरि सोचाइमा डुबेँ।"

"कुरा सुन्दा त रमाइलो नै भइरहेको छ।"

"तर, यथार्थ कुरा मैले तिम्रा लागि केही पनि पकाएको छैन।"

"हो र!"

यो कुरा अलिकति दार्शनिक बहसजस्तो लाग्छ। मानिसहरूमा भएका उत्कृष्ट बौद्धिक चिजहरूलाई एकत्रित गर्ने कार्य रोचक हुन सक्छ तर यदि त्यसलाई अनुभवमा रूपान्तरण गरियो भने झन् कति उत्साहप्रद होला। यो दार्शनिक अनुसन्धानविरुद्धको तर्क चाहिँ होइन। म त के मात्र भनिरहेको छु भने 'हामी को हौँ' भन्ने हाम्रा विचार र सिद्धान्तहरूले हामीलाई केही परसम्म मात्र लैजान्छन्। जीवन सैद्धान्तिक मात्र हुँदैन।

जान्न सकिने कुरा के छ ?

आफ्नै बारेमा सिद्धान्त बनाउन खोज्दा हामी विचलित हुन सक्छौँ र आफैँलाई जान्ने अवसरलाई गुमाउन सक्छौँ। जान्न सकिने कुरा के छ ? हामी जीवित छौँ र हामी बाँचिरहेको क्षण वास्तविक हो भन्ने कुरालाई जान्न सक्छौँ। हरेक क्षणको पूर्ण आनन्द लिन सकिन्छ भन्ने कुरालाई जान्न सक्छौँ। आन्तरिक शान्तिले हामीले खोजिरहेको समुद्रजस्तै गहिरो तृप्तिको अनुभूति ल्याउन सक्छ भन्ने कुरालाई जान्न सक्छौँ। हामीलाई शान्ति प्राप्त भएका बेलामा हाम्रो आन्तरिक र बाह्य संसार दुवै हाम्रा लागि अझ धेरै चमक अनि सौन्दर्यका साथ प्रज्वलित हुन सक्छन् भन्ने कुरालाई जान्न सक्छौँ। ज्ञान कुनै कुराको व्याख्या होइन। यो त तपाईंभित्रको दिव्यशक्तिलाई अनुभव गर्ने कुरा हो।

यसको सरल सत्य ठिक तपाईंकै अघि छ तथापि हाम्रो आवश्यकताभन्दा अधिक सोचाइले हामीलाई सरल सत्यहरूबाट विचलित तुल्याउँछ। यसै सन्दर्भमा प्राचीन ग्रिसका नाटककार युरिपेडिसले एउटा कुरा भनेका थिए, "चतुऱ्याइँ विवेक होइन।" कहिलेकाहीँ कस्तो लाग्छ भने मानिसहरू एक पन्नाको किताबका लागि दुई हजार पन्नाको गाइड (सहयोगी पुस्तक) पढिरहेका छन्। उनीहरू जति धेरै पढ्छन्, उति नै धेरै कम बुझ्छन्।

यसै प्रसङ्गमा मलाई मन पर्ने एउटा पुरानो कथा छ। सूर्य र चन्द्रमामध्ये कुन चाहिँ बढी महत्त्वपूर्ण छ भन्ने कुरा पत्ता लगाउन एक पटक एउटा क्षेत्रका सबैभन्दा बुद्धिमान् मानिसहरू भेला भए। उनीहरूले यसबारेमा सोचिरहे, सोचिरहे, पटकपटक सोचिरहे। अन्ततः उनीहरू एउटा निष्कर्षमा पुगे– चन्द्रमा नै बढी महत्त्वपूर्ण छ अनि चन्द्रमा किन बढी महत्त्वपूर्ण छ ? उनीहरूले भने, "हेर्नुस्, दिउँसो त धेरै नै उज्यालो हुन्छ। त्यतिखेर सूर्य चम्कन्छ तर राति त अँध्यारो भएका बेलामा चन्द्रमा उदाउँछ। यसर्थ के स्पष्ट हुन्छ भने चन्द्रमा नै बढी महत्त्वपूर्ण छ।"

मैले पहिलो पटक यो कथा सुन्दा मलाई हाँसो उठ्यो। मैले सोचेँ, "यो त एकदमै हास्यास्पद छ।" त्यसपश्चात् मैले के विचार गरेँ भने वास्तवमा कहिलेकाहीँ हामी पनि यस्तै सोच्छौँ। हामी आफ्नो जीवनका अत्यावश्यक चिजलाई कदर गर्न बिर्सन्छौँ– हाम्रै आँखा अगाडिका सबैभन्दा महत्त्वपूर्ण तत्त्वहरू। साँच्चै नै महत्त्वपूर्ण चिजलाई हामीले चिनेपछि र त्यसको प्रशंसा गर्न सुरु गरेपछि हामीलाई प्राप्त भएको अद्भुत उपहारलाई प्रज्वलित बनाउँदै हामीमा प्रकाश चम्किएको जस्तो लाग्छ।

आफ्ना लागि स्पष्ट बाटो खोज्नु

एक पटक म लन्डनमा एकदमै धेरै ट्राफिक जाम भएका समयमा कारमा यात्रा गरिरहेको थिएँ। त्यतिखेर मैले के देखेँ भने एक जना मान्छे सडकको छेउबाट फरक किसिमले हिँडिरहेका थिए। उनी सामान्य गतिमा हिँडिरहेका थिए तर परैबाट हेर्दा पनि छेउछाउका अरू मानिसहरूभन्दा उनको शरीरको हाउभाउ अलिक फरक देख्न सकिन्थ्यो। म उनको नजिकै पुग्दा उनी दृष्टिविहीन रहेछन् भन्ने कुरा प्रस्ट भयो र उनी छडीका सहाराले आफ्नो बाटोको अनुभव गर्दै हिँडिरहेका थिए।

यसअघि पनि थुप्रै दृष्टिविहीन मानिसहरू छडीको सहाराले हिँडिरहेको मैले देखेको थिएँ। यसर्थ मेरा लागि यो कुनै नौलो कुरा थिएन। फरक के थियो भने ती मानिसले उनको बाटोभन्दा बाहिरतिर कुनै पनि चिजबिजमा ध्यान दिइरहेका थिएनन्। न त आफूभन्दा दायाँतर्फको पर्खालमा न आफूभन्दा बायाँतर्फको सडकमा वा आफूवरिपरिको अरू कुनै सम्भावित अवरोधतर्फ नै। उनी नरोकीकन सुरक्षितसाथ आफूलाई चाहिनेजति मात्रै सफा ठाउँमा लट्ठीको सहाराले छामछुम गर्दै हिँडिरहेका थिए। ती मानिस एउटै उद्देश्यका साथ हिँडिरहेका थिए। यसर्थ उनका आरापारागा चलिरहेका अरू गाडीहरू, परालबाहिर कुराकानी गरिरहेका महिला र पुरुष, उनका अगाडि रोकिराखेको गाडीमा घन्किरहेको सङ्गीत, सडकको अर्कातर्फ भुकिरहेको ठुलो कुकुर आदिबाट उनी मानसिक रूपमा कत्ति पनि विचलित नभईकन हिँडिरहेका थिए। उनलाई आफू कहाँ छु भनेर थाहा थियो र उनी त्यो समयमा आफूसँग एउटा प्रस्ट प्रश्न सोधिरहेका थिए– के मेरा अगाडि म निरन्तर हिँड्न सक्ने स्पष्ट बाटो छ?

मैले के विचार गरेँ भने हामीले आफ्नो जीवनमा मानसिक रूपमा अपनाएको तरिकाका तुलनामा ती व्यक्तिले अपनाएको तरिका कत्तिको प्रभावकारी छ त! कहिलेकाहीँ हामी हरेक ठाउँमा सम्भावित अवरोध र समस्याहरूको कल्पना गर्छौं। हामी हुँदै नभएको खतरालाई देख्छौँ अनि त्यहाँ भएको चिजलाई चाहिँ छुटाउँछौँ। हामी अहिले कहाँ छौँ र अब कहाँ जान चाहन्छौँ भन्ने कुरामा ध्यान दिन छोडेर आफ्नो वरिपरि भइरहेको कुरामा ध्यान दिन्छौँ। हाम्रा अघि पहाड ठडिएको देखेर हामीमा भय उत्पन्न हुन सक्छ तर पहाडको छेउबाट घुमेर पनि त बाटो जान सक्छ नि! हाम्रा सामुन्ने आएका सबै बाधाहरूका बारेमा सोचेर हामी त्यसमै अल्झन्छौँ अनि आफ्नै अगाडिको स्पष्ट बाटोको सरलतालाई देख्दैनौँ।

दृष्टिविहीन मानिस कुनै अवरोधका अघि पुगे भने उनले के गर्छन्? उनी त्यो अवरोधको छेउमा भएको सफा बाटोतिर छामछुम गरेर अघि बढ्छन् अनि हामीले आफ्नो दिमागमा कुनै अवरोधलाई सामना गर्दा हामी के गर्छौं? त्यो समस्या आफैँ टर्नेछ भन्ने आशा गरेर हामी प्रायजसो त्यही बाधाअड्चनमै फसिरहन्छौँ।

म एउटा कुरामा जोड दिन चाहन्छु– मेरो अनुभवअनुसार आत्मज्ञानले चामत्कारिक ढङ्गले तपाईँको बाटोमा भएका बाधाहरूलाई हटाउँदैन। बरु यसले हामीलाई स्पष्ट बाटो देखाउन मदत गर्न सक्छ। त्यसपछि त्यहाँको परिस्थितिअनुसार हामीले के गर्ने भन्ने कुरालाई रोज्न सक्छौँ। हाम्रा लागि जे महत्त्वपूर्ण छ त्यसमा मात्रै केन्द्रित भएर स्पष्ट मार्गलाई महसुस गरिरह्यौँ भने हामी अगाडि बढिरहन सक्छौँ।

मलाई राम्रैसँग थाहा छ कतिपय समयमा हाम्रो जीवनमाथि बाधाहरू हाबी भएको जस्तो देखिन सक्छन् र त्यो अनुभूतिले हामीलाई चिन्तित तुल्याउन सक्छ। मलाई के पनि थाहा छ भने मानिसहरूले आत्मज्ञान लिने, आनन्दको अनुभव गर्ने, हृदयमा शान्तिलाई फल्नफुल्न दिने, स्पष्टता प्राप्त गर्ने अनि उत्तम कुरालाई रोज्ने सन्दर्भमा प्रायः ठुला बाधाहरू देख्छन् तर यी सबै हाम्रा धारणा मात्र हुन्। मलाई थाहा छ– हामीले आन्तरिक शान्तिसँग जोडिने कुरालाई रोज्यौँ र त्यहीँबाट सुरु गर्‍यौँ भने हाम्रा लागि साँच्चै नै स्पष्ट बाटो त्यही हो।

हृदय र दिमागका बिचमा कुराकानी

यदि हामीले आन्तरिक अनुभवमा बढी जोड दियौँ भने के हाम्रो बाह्य संसारप्रतिको भावनात्मक जिम्मेवारीहरूमा कुनै अवरोध आउन सक्छ? सायद आउन सक्छ! हाम्रा विचारहरू वास्तविकतासँग सधैँ मिल्दैनन् भन्ने कुरा हामीलाई थाहा छ। हामी कतिपय समयमा तर्कहीन पनि हुन सक्छौँ। हाम्रो दिमागले हाम्रा भावनाहरूलाई यताउता घुमाउन पनि सक्छ। यदि हामीले स्वयम्‌लाई नै चिन्दैनौँ भने हाम्रो भावनालगायत जुनसुकै कुराले हामीलाई मूर्ख बनाउन सक्छ तर हामी आत्मज्ञानका माध्यमबाट हामीभित्रको गहिरो अनुभवसँग जोडिने प्रयास गरिरहेका हुन्छौँ।

मलाई एउटा कुरा के उपयोगी लागेको छ भने हामीले आफ्नो विचार र आन्तरिक अनुभूति दुवैलाई ध्यानपूर्वक सुन्यौँ भने ती दुवै सन्तुलित हुन्छन्। यदि

यी दुवैका बिचमा असहमति देखियो भने दिमाग र हृदय दुवैलाई आमुन्नेसामुन्ने बसाएर कुराकानी गर्न लगाउने सायद यो उपयुक्त समय हो। यदि हामी यो कार्य गर्न लागिरहेका छौँ भने यस संवादमा हाम्रो एउटा अर्को भागलाई पनि सहभागी गराउनुपर्छ– हाम्रो स्वाभाविक विवेक अथवा अन्तर्दृष्टि। यो हाम्रा सबै अनुभवहरूको योगफल हो।

हाम्रो आन्तरिक वार्तालापमा धेरैजसो हाम्रो दिमागको आवाज नै ठुलो हुन्छ। हामी सधैँजसो 'को? के? कता? कहिले? कसरी? र किन?' को कोरस (सामूहिक आवाज) सुन्न सक्छौँ। त्यसकारण हृदयको आवाजलाई बढी ध्यान दिएर सुन्नु उपयोगी साबित हुन सक्छ। हाम्रो दिमाग हामीसँग अपेक्षा, योजना, आकाङ्क्षा र चिन्ताहरूका विषयमा बताउन व्यस्त भइरहँदा हाम्रो हृदयले चाहिँ सरल रूपले एउटै कुरालाई विभिन्न तरिकाले भनिरहन्छ, "तृप्त होऊ।" यसर्थ मेरा लागि 'तपाईँ को हुनुहुन्छ?' भन्ने प्रश्नको सबैभन्दा सार्थक जवाफ हृदयमै प्राप्त हुनेछ।

हाम्रो दिमागले सदैव अर्थ खोज्ने कोसिस गरिरहन्छ। अर्कातिर हाम्रो हृदय चाहिँ सुन्दर रूपमा अर्थले भरिपूर्ण छ। म माथि उल्लिखित प्रेमको दृष्टान्ततर्फ तपाईँको ध्यानलाई आकृष्ट गर्न चाहन्छु। 'प्रेमका लागि कुनै व्याख्याको आवश्यकता हुँदैन।' हाम्रो दिमागले हामीलाई यसका कारणहरू दिने प्रयास गर्न सक्छ तर यसलाई हामीले आफ्नो हृदयमा कि त अनुभूत गर्छौँ कि त गर्दैनौँ। हामीमा किन प्रेमको अनुभूति हुन्छ भनेर हामीले साँच्चै व्याख्या गर्नै सक्दैनौँ– प्रेम त केवल हुन्छ। यो कति सुन्दर कुरा हो!

शान्तिका विषयमा यस्तै हुन्छ– यो हाम्रो हृदयमा मात्र हुन्छ। शान्तिका लागि तिर्खा र शान्तिको स्रोत दुवै हाम्रै हृदयमा छन्। त्यसकारण कसैसँग पहिलो पटक शान्तिका बारेमा कुरा गर्ने कार्य सधैँजसो रोचक नै हुन्छ किनभने हामीले आफ्नो दिमागमा कुराकानी गर्न सुरु गर्नुपर्छ– पहिला एकअर्कालाई शब्दमार्फत बुझेर आन्तरिक शान्तिको निराकार सुन्दरताको झलकलाई नियाल्ने प्रयत्न गर्नुपर्छ। अन्ततः शान्तिलाई एउटा अनुभूतिका रूपमा बुझ्न सकिन्छ। म यस किताबमार्फत हाम्रो जीवनमा शान्ति के हुन सक्छ भन्ने विषयमा मेरो अनुभूतिलाई बताउँदै छु तर शान्ति केवल तपाईँले मात्रै स्वयम्का लागि अनुभूत गर्न र बुझ्न सक्नुहुन्छ।

हरेक कुरामा प्रश्न गर्नुको महत्त्व

हाम्रो दिमाग बसौँदेखि यसलाई सुनाइएका कुराहरूले भरिएको छ। यी कुराहरूलाई हामीले स्वीकार गर्ने तथा विश्वास गर्ने विकल्पलाई रोजेका छौँ। हामी ती विश्वासहरूलाई आफूसँगै लिएर हिँडिरहेका छौँ अनि कहिलेकाहीँ तिनीहरू हामीलाई थिचिरहेका गह्रौँ भारीजस्तो लाग्न सक्छन्। एकछिनका लागि तपाईँले ती विश्वासहरूको बोझलाई बिसाएको कल्पना गर्नुहोस्। त्यसपश्चात् तपाईँले कति हलुको महसुस गर्नुहोला अनि नयाँ विचार र अनुभवहरूलाई स्विकार्न तपाईँ कति स्वतन्त्र हुनुहोला, सोच्नुहोस् त !

विचारणीय कुरा के हो भने हामीले के विश्वास गर्छौँ र के जान्दछौँ भन्ने कुरालाई कसरी सिक्छौँ। उदाहरणका लागि रटेर सिक्नु– बारम्बार दोहोऱ्याएर याद गर्नु। यो हामीले आफ्ना आमाबुवाबाट जानकारीहरू सङ्कलन गर्ने एउटा तरिका हो। हाम्रो उमेर बढेपछि पनि यही विधिको प्रयोग गर्छौँ। म पहिलो पटक जापान जाँदा 'तपाईँलाई धन्यवाद' कसरी भनिन्छ भनेर म साँच्चै सिक्न चाहन्थेँ। यसर्थ मैले केही साथीहरूलाई सोधेँ।

"आरिगातो गोजाइमासु" उनीहरूले जवाफ फर्काए।

"के ?" मैले सोधेँ।

"आरिगातो गोजाइमासु !"

"के... ?" त्यो मेरा कानका लागि निकै अप्ठ्यारो सुनियो।

"आरिगातो गोजाइमासु !"

"उम्..."

उनीहरूले बिस्तारैबिस्तारै मेरा लागि त्यसलाई सजिलो बनाउने, बुझ्ने अनि यसको अभ्यास गर्ने कार्यमा त्यसको अर्थ मैले नबुझेसम्म मलाई सिकाएर मदत गरे। त्यसपछि म पनि कुराकानीका क्रममा यसलाई प्रयोग गर्न सक्ने भएँ। उनीहरूले मलाई यसरी नै केही अन्य उपयोगी शब्दावलीहरू पनि सिकाउँदै गए। यो सिक्ने प्रक्रियामा मैले ती शब्दहरूलाई आफ्नै बनाइरहेको जस्तो लाग्थ्यो।

यसर्थ कण्ठ गरेर सिक्ने प्रक्रिया पनि उपयोगी हुन सक्छ तर हामीलाई भनिएका सबै शब्दहरूमा हामी अल्झिरहनु हुँदैन भन्ने कुरामा चाहिँ सचेत हुनुपर्छ। हाम्रो उमेर बढ्दै जाँदा हाम्रा आमाबुवा र शिक्षकहरूले संसारबारे आफ्नो बुझाइका आधारमा हामीलाई सिकाउनुभयो। आत्मनिर्भरता प्राप्त गर्नुको एउटा भाग चाहिँ

हामीलाई सिकाइएका कुराहरूका विषयमा पुनर्विचार गर्न तयार हुनु हो। के जीवनसम्बन्धी हाम्रा धारणा तथा प्रश्नहरू हाम्रा आफ्नै धारणा र प्रश्नहरू हुन् त? हाम्रो कानका बिचमा रहेको धेरैजसो होहल्ला वास्तवमा अरू कसैको होहल्ला हो तर त्यो आवाजलाई कम गरेर स्वयम् आफूलाई सुन्ने विकल्प हामीसँग सदैव हुन्छ।

हुन सक्छ तपाईंका मातापिताले तपाईंलाई भनेका कुराहरू राम्रै नियतले भन्नुभएको होला तर ती सबै कुराहरू सही नै हुनुपर्छ भन्ने चाहिँ हुँदैन। एउटा पिँढीदेखि अर्को पिँढी हुँदै पुस्तौँपुस्तासम्ममा अनेकन् गलत विचारहरू बिग्रिएका पैतृक सम्पत्तिजस्तै हस्तान्तरण हुँदै गए अनि हामी हस्तान्तरण हुँदै आएका ती गलत विचारहरूलाई आफ्नो गह्रौँ झोलामा बोकिरहन्छौँ। हाम्रा आमाबुवा र शिक्षकहरूले जे कुरालाई 'सत्य' मानेर जिन्दगी बिताउनुभयो ती कुरा अहिले आएर एकदमै गलत साबित भएका विषयमा सायद हामी सबैले विचार गर्न सक्छौँ। हामीले सिकेका विषयहरूका सम्बन्धमा हामीले प्रश्न गरिरहनुपर्छ– फलतः हामीले यो संसारलाई अरूको दृष्टिले नभई आफ्नै दृष्टिले स्पष्ट रूपमा देखिरहन सकौँ।

एक दिन हाम्रो स्कुलको विज्ञानकक्षामा शिक्षकले भन्नुभयो, "भौतिकविज्ञान किताबको पृष्ठ १३२ पल्टाउनुहोस्।" हामीले त्यो पृष्ठ पल्टायौँ। शिक्षकले केही मिनेट पढाएपछि के भन्नुभयो भने यहाँ परमाणुलाई विभाजन गर्न सकिँदैन भनेर लेखिएको परिभाषा गलत छ। उहाँले ठुलो स्वरमा भन्नुभयो, "यसलाई काटिदिनुहोस्।" यो कुरा सुनेर मलाई एकदमै अचम्म लाग्यो– यो किताब यसअघिका वर्षहरूमा जसले पढे उनीहरूको दिमागमा त अझै पनि परमाणुलाई विभाजन गर्न सकिँदैन भन्ने छ होला! त्यस्तो विश्वास गरेर उहाँहरूलाई के फरक परेको थियो भन्ने कुरा चाहिँ मलाई थाहा छैन तर उक्त घटनाबाट मैले के सिकँ भने कुनै एउटै सिद्धान्तमा सधैँ सीमित रहनु उचित होइन।

मैले बसौँदेखि के देखेँ भने अघिल्लो पुस्ताबाट प्राप्त भएका विचारहरू कुनै बेला नवीन विषयको ज्ञान हासिल गर्ने क्रममा बाधक बन्न सक्छन्। अर्कातर्फ हामीले अनुभवको माध्यमबाट सिकेको कुराले सम्भावनाको संसारलाई स्वीकार गर्न प्रोत्साहित गर्छ। सायद हामी विचारहरूबाट भन्दा अनुभवबाट अधिक आत्मविश्वास प्राप्त गर्न सक्छौँ।

यो जीवनलाई सचेत भएर जिउनका लागि हामीसँग उत्कृष्ट अवसर छ। हाम्रा मातापिता र शिक्षकहरूका मान्यतालाई सोचविचार नगरीकनै अनुसरण गर्नु उचित

होइन। (वास्तवमा ती मान्यताहरू बौद्धिकताको नयाँ रूपमा देखिएका मात्रै हुन्।) यही कारणले म तपाईँलाई के आग्रह गर्न चाहन्छु भने मेरा शब्दहरूले तपाईँको भावनामा कस्तो प्रभाव पार्छन् भन्ने विषयप्रति सदा सचेत हुनुहोस्। मेरो कुरामा तपाईँ केवल विश्वास मात्र नगर्नुहोस्। सैद्धान्तिक रूपले मात्र होइन बरु आफ्नो अनुभवका आधारमा यसलाई जाँच्नुहोस्।

केवल शान्त हुनुहोस्

यदि कसैले हाम्रो आस्थामाथि प्रश्न उठायो भने यसले हामीमा एकखालको डर उत्पन्न गराउन सक्छ। दुई किसिमका काँडेदार झाडीहरू एकआपसमा बेरिएजसरी आस्था र डर बेरिएर बस्छन्। वास्तवमा तिनीहरूलाई छुट्याएर राख्न गाह्रो हुन्छ। यदि तपाईँ भयका साथमा जिउनुहुन्छ भने तपाईँलाई आस्थाको सहारा लिन मन पर्छ तर आस्थाले कुनै बेला अझै भय उत्पन्न गराउन सक्छ।

यसभन्दा पहिला नै भनेजसरी मैले दिमाग र हृदयबिचको सन्तुलनलाई याद गरेर सिक्ने विधि लाभप्रद भएको महसुस गरेको छु– मेरो दिमाग सधैँभरि परिवर्तनका लागि उदार हुनुपर्छ तर मेरो हृदय कहिल्यै पनि बदलिँदैन। यसले मलाई आन्तरिक रूपले सक्षम बनाउँछ तर अन्य दृष्टिकोणलाई सुन्ने इच्छा पनि जागृत गराउँछ। नयाँ विचारहरूप्रति उदार हुने र अरूबाट सिक्नेबारेमा मलाई एउटा पुरानो कथा याद आयो।

एक पटक एक जना युवक ज्ञान हासिल गर्न चाहन्थे। यसर्थ उनी बुद्धिमान् व्यक्तिको खोजीमा निस्किए। उनले सोचेका जस्ता बुद्धिमान् व्यक्तिलाई नभेटेसम्म खोज्ने क्रम जारी नै रह्यो। उनले ती बुद्धिमान् मानिसकहाँ गएर भने, "हजुरले मलाई ज्ञान दिनुहुन्थ्यो कि?"

सुरुमा उनी सिकाउन तयार थिएनन्।

"के तपाईँ साँच्चै नै ज्ञान लिन तयार हुनुहुन्छ?" उनले सोधे।

"हजुर म अवश्य तयार छु," ती युवकले जवाफ दिए, "बसौँ भइसक्यो मैले खोजेको। मैले संसारको कुनाकाप्चामा सबैतिर खोजेँ त्यसैले म तयार छु।"

ती बुद्धिमान् मानिसले एकछिन सोचेर भने, "ल ठिक छ। म तपाईँलाई सिकाउँछु। त्यसभन्दा पहिला मैले आफ्नो बालीमा पानी हाल्नुपर्नेछ। तपाईँ त्यहाँ इनारसम्म मसँगै आउनुहोस् र मैले पानी निकालुन्जेलसम्म पर्खनुहोस्। मेरो एउटा

सर्त पनि छ– चाहे जेसुकै भए पनि तपाईँ चुप लागेर बस्नुहोस् र केही पनि नबोल्नुहोस्! मैले बिरुवाहरूमा पानी हालिसकेपछि मात्रै तपाईँलाई ज्ञान दिनेछु।"

ती शिष्यले मनमनै सोचे, "यो त सजिलै कुरा हो। मैले त केवल चुप लागेर बस्ने र उहाँले बिरुवाहरूमा पानी हालिरहेको हेर्ने त हो नि। त्यसपछि त उहाँले मलाई ज्ञान दिइहाल्नुहुनेछ!"

उनीहरू इनारतिर गए। बुद्धिमान् मानिसले इनारभित्र बाल्टिन हाले। एकछिनपछि उनले बाल्टिनलाई माथि ताने तर त्यसमा पूरै प्वालैप्वाल थियो। त्यसकारण पानी सबै चुहियो र यो तुरुन्तै रित्तियो। तत्कालै ती बुद्धिमान् मानिसले रित्तो बाल्टिनलाई माथि ताने र त्यसलाई फेरि इनारमा तल खसाले।

ती शिष्य सोच्न थाले, "उम्....यो कस्तो अचम्म! के यिनी साँचै बुद्धिमान् हुन् त? के यिनलाई बाल्टिनमा प्वालैप्वाल छ भन्ने कुरा थाहा छैन र? कसरी यिनले आफ्नो बालीबिरुवामा पानी हाल्न सक्लान्? किनभने, हरेक पटक बाल्टिन माथि ल्याउँदासम्ममा त यो रित्तो भइसक्छ।" तर, फेरि उनले सोचे, "मैले त चुप लागेर बस्नुपर्ने मात्रै हो अनि उनले मलाई ज्ञान दिइहाल्नेछन्।"

ती मानिसले बाल्टिनलाई इनारबाट माथि ताने। बाल्टिनको प्वालबाट पानी फेरि बाहिर निस्किएर तुरुन्तै रित्तियो। शिष्यमा शङ्का बढ्यो तर उनले फेरि आफूले आफैँलाई भने, "चुप लागेर बस। तिमीले ज्ञान पाइहाल्नेछौ।"

तेस्रो पटक पनि प्वालबाट पानी चुहाउँदै बाल्टिन माथिसम्म आयो। त्यो एकैछिनमा रित्तियो फेरि पनि ती बुद्धिमान् मानिसले त्यसलाई इनारमा खसाले। अब भने शिष्यमा साँच्चै शङ्का बढ्यो। "बाल्टिनभरि प्वाल छ र चुहिरहेको छ भन्ने कुरा यिनले किन नदेखेका? के यी व्यक्ति साँच्चै नै गुरु हुन सक्छन् त?"

एवम् क्रमले चौथो पटक पनि प्वालबाट पानी पोखिँदै बाल्टिन माथिसम्म आयो र ती बुद्धिमान् मानिसले पुनः एक पटक बाल्टिनलाई इनारमा खसाले। शिष्यले सोचिरहेका थिए, "होइन, यी व्यक्तिमा के समस्या छ? के यिनले मलाई साँच्चै केही सिकाउन सक्छन् त?"

पाँचौँ पटक पनि ती बुद्धिमान् मानिसले बाल्टिनलाई माथि ताने। पानी चुहिएर इनारको वरिपरि जमिनमा ठुलो पोखरीजस्तै भइसकेको थियो। यस पटक चाहिँ शिष्यले आफूलाई सम्हाल्नै सकेनन्। उनले ती मानिसलाई भने, "माफ गर्नुहोस्! यो बाल्टिनमा प्वालैप्वाल छ अनि यसमा पानी अडिनै सक्दैन भन्ने कुरा के तपाईँलाई थाहा छैन?"

बुद्धिमान् मानिसले बाल्टिनलाई भुइँमा राखे। मुस्कुराउँदै शिष्यका छेउमा गएर बसे। "यो कुरा साँचो हो। बाल्टिनमा प्वालैप्वाल छ र यसमा पानी अडिन सक्दैन। अनि, तपाईंले के देखाउनुभयो भने तपाईंको बाल्टिनमा पनि थुप्रै छिद्रहरू छन् र यसमा केही पनि अडिन सक्दैन। यो बाल्टिनमा प्वालैप्वाल परेजस्तै तपाईंको दिमाग पनि विभिन्न मान्यतारूपी प्वालहरूले भरिएको छ।"

सबै पुराना कथाहरूजस्तै यसको सार पनि सरल छ– यदि तपाईंको दिमाग पहिलेदेखि नै अनेकौँ मान्यताहरूले भरिएको छ भने तपाईंलाई अरू व्यक्तिबाट केही कुरा सिक्न गाह्रो हुन्छ तर पोखरी अथवा इनारमा ढुङ्गा फ्याँक्दा त्यसबाट उत्पन्न भएका तरङ्गहरू बाहिरतिर बगेजस्तै विवेक पनि बाहिरतिर बग्छ।

एक पटक एक जना शङ्कालु व्यक्ति मेरा बुवाको सन्देश सुन्न भनेर आए। कार्यक्रमको पछाडि बसेर प्रश्न सोध्दै अवरोध गर्ने उनको योजना थियो। अवरोध गर्ने कुनै सन्देश, कथा अथवा अरू कुनै कुरा भेटिन्छ कि भनेर उनी उचित समयको प्रतीक्षामा थिए। यही कारणले उनी मेरा बुवाका हरेक शब्दलाई ध्यानपूर्वक सुन्न बाध्य भए। उनले बिचमा अवरोध गर्नै सकेनन्। यथार्थ त के भइदियो भने उक्त कार्यक्रमपश्चात् उनी मेरा बुवासँग ज्ञान माग्न तयार भए। उनी पूर्वधारणाहरू र एउटा योजनाका साथ त्यहाँ आएका थिए तर हृदय र दिमाग दुवैलाई खोलेर उहाँको कुरा सुन्न पुगे।

जान्नुपर्ने आवश्यकता

मानिसहरू कहिलेकाहीँ मसँग भन्ने गर्छन्, "व्यावहारिक हुनुहोस्। आन्तरिक शान्तिका बारेमा यी सबै कुराहरू केवल काल्पनिक हुन् !" वास्तवमा धेरै मानिसहरू 'शान्ति सम्भव छ' भन्ने विषयमा शङ्का गर्छन्। केही मानिसहरू निकै सोचविचार गरेर 'शान्ति सम्भव छ' भन्ने निष्कर्षमा पुग्छन् र म त्यो कुरालाई सम्मान गर्छु। अन्य मानिसहरू केवल आफ्नो मुटुको धड्कनमा 'शान्ति' भनेर लेख्छन्। यदि तपाईंको जीवनमा आत्मज्ञान छैन भने 'शान्ति सम्भव छ' भन्नेजस्ता ठुला सिद्धान्तहरू त्रसित तुल्याउने खालका हुन सक्छन्। केही मानिसहरू कुनै पनि प्रकारको शङ्कालाई बलियो विश्वासरूपी आफ्नो घरभित्र प्रवेश गराउन डराउँछन्।

संशयले हामीलाई दुःख दिन सक्छ। आफूले माया गरेको मानिसले तपाईँलाई साँच्चै माया गरेको हो कि होइन भन्ने शङ्का उब्जियो भने त्यसबाट उत्पन्न हुने डरलाई सैद्धान्तिक रूपमा मात्रै समाधान गर्न सकिँदैन। तपाईँले चिन्नु आवश्यक छ।

म यो प्रसङ्गलाई एउटा कथाका रूपमा राख्न चाहन्छु। (यहाँ अकबर सोह्रौँ शताब्दीका एक जना भारतीय शासक थिए अनि वीरबल उनका सल्लाहकार थिए भन्ने कुरा जान्नु उपयोगी हुन्छ।)

एक पटकको कुरा हो। सम्राट् अकबरकी श्रीमतीले उनीकहाँ आएर भनिन्, “तपाईँले मेरो भाइलाई भन्दा आफ्नो सल्लाहकारलाई बढी मन पराउनुहुन्छ। ऊ तपाईँको नातेदार हो त्यसैले उसलाई तपाईँले प्राथमिकता दिनुपर्छ। वीरबल त तपाईँको कोही पनि होइन!”

अकबरले जवाफ दिए, “हो, वीरबल मलाई मन पर्छ। ऊ निकै बुद्धिमान् र चलाख छ।”

उनकी श्रीमतीले फेरि भनिन्, “मेरो भाइ पनि त यस्तै छ नि। म के चाहन्छु भने तपाईँले उसलाई वीरबलको पदमा नियुक्ति गर्नुहोस्।”

अकबरले सोधे, “यो कसरी गर्न सकिन्छ त?”

उनले भनिन्, “यो त निकै सजिलो कुरा हो। तपाईँ बगैँचामा घुमफिर गर्दै जानुहोस्। तपाईँले वीरबललाई बोलाएर ‘मलाई डाकेर ल्याऊ’ भनेर आदेश दिनुहोस्। अनि, म आउँदै आउँदिनँ। त्यसपछि तपाईँले उसलाई यो असक्षमताको कारण देखाएर पदबाट हटाइदिनुहोस्।”

केहीबेरपछि अकबर बगैँचामा घुमिरहेका थिए। उनले एक जनालाई भने, “वीरबललाई बोलाएर लिएर आऊ।” वीरबल तुरुन्तै आइपुगे।

“हजुर महाराज! म हजुरका लागि के सेवा गरूँ?”

“यसो गर, मेरी श्रीमतीलाई अहिले नै बोलाएर लिएर आऊ। म यहाँ हिँडिरहेका बेलामा उनी मसँगै यहीँ होऊन् भन्ने चाहन्छु।”

वीरबलले अकबरतिर हेरे अनि भने, “होइन महाराज, हजुरसँग त धेरै सेवकहरू छन्। हजुरले किन मलाई नै यो सम्मान दिन चाहनुभएको?”

राजाको अनुहारमा बनावटी मुस्कान देखियो, “यसको कुनै खास कारण छैन।” उनले भने, “मैले तिमीलाई नै रोजेको हुँ।”

वीरबललाई के महसुस भयो भने यसमा अवश्य पनि केही गडबडी भएको

हुनुपर्छ। उनले यसको रहस्य के हो भनेर पत्ता लगाउने कोसिस गरे। निश्चय पनि राजाकी श्रीमतीले नै जानीबुझी यो कार्य गर्न लगाएको हुनुपर्छ। अनि, उनले के निष्कर्ष निकाले भने म रानीलाई बोलाउन गए पनि उनी राजाकहाँ आउन मान्दिनन्।

रानीकहाँ जाने बेलामा उनले एक जना चौकीदारलाई भने, "म महारानीसँग कुरा गर्न जाँदै छु। मैले उनीसँग कुरा गरिरहेका समयमा तपाईँ मकहाँ आएर कानेखुसी गर्नुहोस् है। रानीले सुन्ने गरी केही शब्दहरू भन्नुहोस्। 'उनी असाध्यै राम्री छिन्' भनेर भन्नुहोस् है।"

वीरबल रानीकहाँ गएर उनीसँग कुरा गर्न थाले।

"महारानीज्यू, महाराजको आदेश छ– हजुर बगैँचामा उहाँलाई साथ दिन जानुहोस् रे...।" तर, रानीले उनको कुरा नसुनेझैँ गरिरहेकी थिइन्। केही बेरमै एक जना चौकीदार त्यहाँ आइपुग्छन् अनि उनलाई बताएअनुसार उनी वीरबलसँग कानेखुसी गर्न थाल्छन्, "अनि, उनी असाध्यै राम्री छिन्।" त्यसपश्चात् उनी त्यहाँबाट गए।

वीरबलले रानीतिर फर्किएर भने, "महारानीज्यू, अब हजुर आउनु आवश्यक परेन। बरु मेरो विचारमा म चाहिँ त्यहाँ हुनु आवश्यक छ।" अनि, उनी हिँडे।

दुई मिनेटपछि रानी बगैँचामा राजासँगै थिइन्। राजा रानीतर्फ फर्केर भन्छन्, "देख्यौ तिमीले! मैले पहिल्यै भनेको थिएँ नि, वीरबल एकदमै बाठो छ। तिमीले यो कसरी गर्‍यौ, वीरबल?"

वीरबलले भने, "महाराज! मैले शङ्काको सानो बिउ मात्रै रोप्नुपर्‍यो अनि उहाँलाई कुरो के हो भनेर थाहा पाउन आउनैपर्ने भयो।"

सिकाउनेबारे

मेरा बुवाले धेरै पटक म र मेरा दाइहरूसँग भन्ने गर्नुहुन्थ्यो, "मेरा गुरुले सबै प्रश्नहरूको जवाफ दिनुभयो। मैले नसोधेका प्रश्नको पनि उत्तर दिनुभयो तर यो कसरी भयो भन्ने चाहिँ कहिल्यै बुझिनँ।" कसरी सुन्ने अनि हामीलाई सिकाइएका कुराहरूलाई कसरी मनन गर्ने भन्ने विषय हामीले आफ्ना पिताबाट सिकेकामध्येको एउटा कुरा हो। प्रायजसो मैले उहाँबाट राम्रोसँग उत्तर सुनेपछि प्रश्नहरू स्पष्ट हुन्थे।

मेरा बुवाले मलाई प्रदान गर्नुभएको चिजप्रति म निकै आभारी छु। विशेष गरी म उहाँप्रति कुन कुराका लागि कृतज्ञ छु भने उहाँले दिनुभएको उपहारका कारण म आफूभित्र गएर तृप्तिको अनुभूति गर्न सक्छु। उहाँ र मेरो बाबुछोराको नाता उहाँको निधनपश्चात् धेरै पहिला नै समाप्त भयो तथापि उहाँले प्रदान गर्नुभएको उपहारले मलाई फल दिइरहेकै छ। मेरो अभिलाषा के छ भने म उहाँले सुम्पनुभएको फलको बिउलाई सकेसम्म धेरै मानिसहरूलाई बाँड्न चाहन्छु।

मैले आफू सानो छँदा स्वयम्ालाई मार्गदर्शकका रूपमा सोच्नु त्यति सहज थिएन। मलाई स्मरण छ– बाहिरपट्टिको ठुलो कोठामा डाक्टर, वकिललगायत परिपक्व र शिक्षित धेरै मानिसहरू म कतिखेर बोल्न सुरु गर्छु भनेर प्रतीक्षा गरिरहनुभएको हुन्थ्यो। म त्यतिखेर नौदश वर्षको थिएँ अनि उहाँहरू तिस, चालिस, पचास वर्ष कटेका मानिसहरू– मैले उत्तर दिनेछु भनेर उहाँहरू मसँग प्रश्न सोध्नका लागि पर्खिरहनुभएको हुन्थ्यो।

मैले शान्ति सन्देश सुनाउँदा मानिसहरूले मलाई प्रायजसो सोध्ने गर्थे, “तर तपाईँलाई यो कसरी थाहा भयो ?” अनि, मेरो जवाफ सधैँ यस्तो हुन्थ्यो, “किनभने मैले यसको अनुभव गरेको छु।” त्यसपछि मानिसहरूले भन्थे, “के तपाईँले मलाई यसको अनुभव गराउन सक्नुहुन्छ ?” अनि, मैले भन्थेँ, “सक्छु तर पहिला तपाईँले आफ्नो शान्तिको तिर्खालाई महसुस गर्नुपर्छ।” किनभने, आफूलाई चिन्ने इच्छालाई तपाईँले स्वीकार गरेपश्चात् आत्मज्ञानको प्राप्तिको तयारी तपाईँबाटै सुरु हुन्छ।

यदि तपाईँ केवल आफूमा रहेको विश्वासलाई प्रमाणित गर्न मात्र चाहनुहुन्छ भने यस यात्रामा जानुको कुनै तुक नै छैन। यो त वास्तवमा तपाईँ को हुनुहुन्छ भनेर अनुभव गर्नुपर्ने आवश्यकतालाई महसुस गर्ने विषय हो। यो त तपाईँले कुनै बच्चालाई केहीले बेरेर उपहार दिएजस्तै हो। त्यसपछि उसले सोध्न सुरु गर्छ, “यो के हो ? के यो ‘यो’ हो ? के यो ‘त्यो’ हो ? मेरो विचारमा यो के हो भन्ने कुरा मलाई थाहा छ !” उनीहरू आफूले प्राप्त गर्न चाहेको चिजसँग त्यस उपहारको आकारलाई दाँज्न कोसिस गरिरहेका छन् तथापि त्यसभित्र के छ भन्ने कुरा थाहा पाउने एउटै उपाय भनेको त्यसमा बेरिएको कागजको पत्रहरूलाई हटाउनु हो। स्वयम्ालाई चिन्ने प्रक्रिया पनि यस्तै हो।

भारतमा शान्ति सन्देश सुनाउने मेरा भ्रमण कार्यक्रमहरू सकिएपछि म पुनः स्कुल जान्थेँ। अनि, म फेरि विद्यार्थीका रूपमा नै हुन्थेँ। कहिलेकाहीँ मलाई

यस्तो परिस्थितिमा स्वयम् आफूलाई घुलमिल गराउन निकै अप्ठ्यारो पर्थ्यो। केही समयअघि मलाई मानिसहरूले निकै ध्यानपूर्वक सुनिरहेका हुन्थे अनि अर्को दिन शिक्षकहरूले मलाई कराइरहनुभएको हुन्थ्यो, "तिमी ढिला भयौ!" (सायद म ढिलै भएको हुन्थेँ।)

मैले आफैँसँग सोधेँ, "म को हुँ?" मेरो उत्तर एउटा सरल विचारबाट सुरु भयो, "मेरो जीवन सदैव परिवर्तन भइरहनेछ तर म आत्मज्ञानका माध्यमबाट सधैँ स्वयम्सँग जोडिइरहनेछु।" मैले स्पष्ट रूपले के पनि देखेको छु भने यहाँ कुनै पनि वस्तु सधैँका लागि रहँदैन। यसर्थ मैले आफ्नो जीवनमा मेरा विभिन्न भूमिकाहरू बदलिरहेकोमा चिन्ता गर्नु आवश्यक छैन। मैले सोचेँ, "म सधैँभरि विद्यार्थीका रूपमा रहँदिनँ तर स्कुलमा रहँदासम्म म विद्यार्थी नै भएर बस्न सक्छु।" यसरी नै, "म आफ्नो जीवनमा सदाका लागि बालक नै त रहँदिनँ तर बालक हुँदासम्म म त्यही छोराका रूपमा रहन सक्छु।" अनि, "म मेरो जीवनभरि भारतमा शान्ति सन्देशको वक्ताका रूपमा नै रहनुपर्छ भन्ने छैन तर म यहाँ रहुन्जेलसम्म म त्यही रूपमा रहन सक्छु।"

जीवनमा केही पनि स्थायी छैन भन्ने बुझाइले स्वतन्त्रताको अनुभूत गराउँथ्यो। यसले मेरो आफ्नो दृष्टिकोणलाई अझै लचिलो तुल्याइदियो र मलाई केही अप्ठ्यारा शिक्षकहरूको व्यवहारलाई सहन निकै सहज बनाइदियो।

विश्वासलाई स्थगन गर्नु

"ज्ञानको शुभारम्भ आश्चर्यबाटै हुन्छ," सुकरातले भनेका थिए। एक पटक फेरि उनले एउटा गहन सत्यलाई केही शब्दहरूमार्फत व्यक्त गरे। यस्तै विचार एक जना अङ्ग्रेजी कवि कलरिजले पनि अभिव्यक्त गरे। यसमा उनले "काव्यात्मक आस्थासमेत समाहित भएको स्वैच्छिक रूपमा गरिने अविश्वासको क्षणिक स्थगन" को कल्पना गर्न पाठकहरूलाई प्रेरित गरेका छन्।

सन् १७७२ मा जन्मेका सेमुयल टेलर कलरिजले के चाहन्थे भने मानिसहरू अध्ययनका समयमा आफ्नो तार्किक दिमागबाट बाहिर निस्कनुपर्छ। फलतः उनीहरूले पहिला सोचेभन्दा पर अरू केही कुराको अनुभव गर्न सकून्। यही भावका साथ कलरिजले आफ्ना मित्र कवि विलियम वर्डस्वर्थसँग 'लिरिकल

ब्यालेड्स' नामक एकदमै काल्पनिक कविताहरूको एउटा सङ्ग्रह सृजना गर्ने एउटा परियोजना प्रारम्भ गरेका थिए। वर्डस्वर्थले राखेका उद्देश्यका बारेमा कलरिजले यसरी व्याख्या गरेका थिए:

> *"रीतिरिवाजको आलस्यबाट दिमागको ध्यानलाई हटाएर हाम्रा अघिको संसारको सौन्दर्य र आश्चर्यहरूतर्फ लैजानु– यो एउटा असीमित धन हो तर यसमा हाम्रो पालनपोषण भएअनुसार र हाम्रो स्वार्थी स्वभावका कारणले हामी आँखा भएर पनि देख्दैनौँ, कान भएर पनि सुन्दैनौँ, हृदय भएर पनि न त अनुभूत गर्छौं न बुझ्छौँ।"*

यस्तै भावका साथ म तपाईँलाई यहाँ 'स्वैच्छिक रूपमा आस्थालाई स्थगन गर्ने' तर्फ लैजाँदै छु। निश्चय पनि हामी संसारलाई कुन रूपमा बुझ्छौँ भन्ने कुराको जानकारी दिनका लागि हामीभित्र सदैव चुस्त सोच र सही विचारको आवश्यकता पर्नेछ। विज्ञान हामी सबैका लागि अत्यन्तै लाभदायक छ तथापि आत्मज्ञानका सन्दर्भमा हामीले आफ्नो सोचाइलाई शान्त तुल्याएर आफूभित्रको सबैभन्दा गहन आवाजलाई सुन्नुपर्छ। हामीलाई वास्तविक रूपले देख्ने आँखाहरू, वास्तविक रूपले सुन्ने कानहरू अनि वास्तविक रूपले अनुभूत गर्ने र बुझ्ने हृदयहरू चाहिन्छ जसले साँच्चै नै जान्दछ।

हाम्रो दिमागलाई विकसित तुल्याएसँगै स्वैच्छिक रूपमा विश्वासलाई स्थगन गर्नुमा के खराबी छ र? त्यसले घोकेर जिउने आलस्यबाट हाम्रो ध्यानलाई हटाउँछ अनि त्यसलाई हामीसामु र हामीभित्रको संसारको आश्चर्यतर्फ लैजान्छ।

अध्याय ५
आफैँबाट सुरु गरौँ

एक जना जवान व्यक्ति सडकमा हिँड्दै थिए। उनले दाउराको गह्रौँ भारी आफ्नो पिठ्युँमा बोकेर जाँदै गरेका एक जना निकै वृद्ध मानिसलाई देखे। उनी दाउराको भारीले गर्दा कुप्रिएका थिए। ती नवयुवकले मनमनै सोचे, “यी वृद्धले संसारमा लामो जीवन बिताएका छन्। म भने भरखर जीवनको सुरुवात गर्दै छु। मैले उनीसँग केही ज्ञानगुनका कुरा किन नसोध्ने?” त्यसपछि ती वृद्धको नजिकै गएर उनले भने, “हजुरबुवा, कृपया जीवनका बारेमा मलाई केही सल्लाह दिनुहुन्छ कि।” उनले ती युवकतिर हेरे, आफ्नो काँधको गह्रौँ भारीलाई उचालेर तल राखे अनि सिधा भएर उभिए। उनले फेरि ती युवकतिर हेरे, तल निहुरिए, दाउराको भारीलाई पुनः काँधमा बोके, उभिए अनि हिँडे।

यस कथाको तात्पर्य के हो? सायद यसको तात्पर्य के हो भने हामीले बोकेको बोझलाई सीमित बनाउनुपर्छ। अथवा, यसले हामीलाई के भनेको हुन सक्छ भने हामीलाई विचलित तुल्याउने कुराहरूमा समय खर्चिन छोडेर हाम्रो जीवनको अधिकांश समय आवश्यक कुराहरूमा मात्रै खर्चिनुपर्छ। अथवा, कहिलेकाहीँ हामीले बोलेरभन्दा देखाएर धेरै कुरा बताउन सक्छौँ तर हामी आफ्नै खुट्टामा उभिनु जीवनका लागि जरुरी छ भन्ने कुराको स्मरण नै मैले यस कथाबाट सदैव सिकेको कुरा हो। हामीलाई कहिलेकाहीँ अरूको सहयोगको आवश्यकता पर्न सक्छ तर आखिरमा आफ्ना लागि हामी आफैँले जिम्मेवारी लिनुपर्छ। यो अध्याय यसै विषयका बारेमा हो।

आफ्नो जहाज आफैँले चलाउनु

अलिकति विगततिर फर्कौँ। जब हामी जन्मियौँ, हामी आफ्नै संसारको केन्द्रबिन्दुमा थियौँ। जीवनका कुनै पनि जटिलता र द्विविधाहरूले हामीलाई प्रभावित पारेका

थिएनन् अनि म जीवित छु र मेरा आवश्यकताहरू छन् भन्ने कुरा व्यक्त गर्न हामी सक्षम थियौँ। सानो बच्चाले स्वाभाविक रूपमा कसरी हाँस्छ वा रुन्छ भन्नेबारेमा सोचौँ। शिशु आफैँ रमाइरहेको समयमा उसको सुन्दर मुस्कानका बारेमा सोचौँ। हामी यी भावनाहरू किन छोडिदिन्छौँ? प्रौढ भएसँगै हामी अरू व्यक्तिहरूलाई खुसी पार्ने प्रयासमा अभिनय गर्ने पात्रहरूजस्तै बन्न पुग्छौँ तर हाम्रो खुसी कहाँ छ? हाम्रो प्रेम कहाँ छ? हाम्रो शान्ति कहाँ छ? तिनीहरू सदैव हामीभित्रको गहिराइमा छन् तर हामी कहिलेकाहीँ तिनीहरू त्यहाँ छन् भन्ने कुरा नै बिर्सन्छौँ।

हाम्रो आफूसँगको नाता टुटेपछि उत्तरका लागि हामी बाहिरी संसारतिर हेर्न सक्छौँ। अन्य व्यक्तिहरूले हामीलाई मदत गर्न सक्छन्– दयापूर्वक सुन्नेदेखि लिएर विज्ञको परामर्शसम्मको कुनै पनि कुराबाट। तर, अन्ततः हामी वास्तवमा को हौँ भन्ने सम्बन्धलाई नै खोज्नतिर फर्कनुपर्छ। आखिरमा मेरो खुसीका लागि म मात्रै जिम्मेवार छु अनि तपाईँको खुसीका लागि तपाईँ मात्रै जिम्मेवार हुनुहुन्छ।

के तपाईँ आफूलाई स्वीकार गर्नुहुन्छ?

हाम्रा परिवार, मित्र र सहकर्मीहरू 'हामी जे हौँ' भनेर सोच्दछन्, हामी पनि आफूलाई 'त्यही हौँ' भनेर कहिलेकाहीँ गलत विश्वास गर्छौँ। उनीहरूले सोचेअनुसार हामी पनि हाम्रा विचारहरूलाई त्यसैअनुरूप ढाल्न पुग्छौँ अथवा हामी जे सोच्छौँ अरू पनि त्यही सोच्छन् भन्ने ठान्छौँ। हामी पनि ती नेताहरूजस्तै बन्न पुग्छौँ। तिनले जनताले आफूलाई स्वीकार गरेको दरलाई मापन गर्नका लागि निरन्तर रूपमा सर्वेक्षण गर्छन् अनि उनीहरूलाई जनताले जे सुन्न चाहेका रहेछन् भन्ने लाग्छ उनीहरूले त्यही मात्रै बोल्छन्। तर, अन्य मानिसहरूको विचार र तपाईँका आफ्ना आवश्यकताहरू फरकफरक कुरा हुन्। रोमन सम्राट् एवम् दार्शनिक मार्कस अरिलियसले यसलाई यसरी प्रस्तुत गरेका छन्:

> *हरेक व्यक्तिको खुसी ऊ स्वयम्ुमा निर्भर रहन्छ तैपनि यसो हेर्नुहोस् त अरूले तपाईँका बारेमा सोचेजसरी नै तपाईँ पनि आफ्नो खुसीका लागि उनीहरूमै भर पर्नुहुन्छ।*

जसले आफैँलाई आदर गर्दैन उसलाई अरूले आदर गर्न गाह्रो हुन्छ। वास्तवमा हामी हरेक ठाउँमा स्वीकृतिको आवश्यकतालाई देख्छौँ। आफ्नो रूपरङलाई

अपरिचित व्यक्तिहरूले कस्तो ठान्छन् भनेर मानिसहरू चिन्ता गर्छन्। मानिसहरू बैठकमा आफूले प्रभावकारी कुरा गरेँ कि गरिनँ भनेर चिन्ता गर्छन्। उनीहरू आफूलाई रुचाए कि रुचाएनन् भनेर चिन्तित हुन्छन्। यी सबैभन्दा महत्त्वपूर्ण कुरा चाहिँ यस्ता छन्– के तपाईँ आफूले आफूलाई स्वीकृत गर्नुहुन्छ? के तपाईँ आफैँसँग समय बिताउन मन पराउनुहुन्छ? के तपाईँ आफूलाई बुझ्नुहुन्छ अनि आफैँलाई कदर गर्नुहुन्छ? यो आफ्नो स्वार्थमा केन्द्रित हुने कुरा होइन। यो त तपाईँ आफैँमा केन्द्रित हुने कुरा हो।

अपमानित महसुस नगर्नुहोस्, अपमान नगर्नुहोस्

घरमा, कार्यस्थलमा, विद्यालयमा, सार्वजनिक स्थलमा– निरन्तर रूपमा हाम्रा बारेमा मूल्याङ्कन गरिरहेको कुरालाई हामी महसुस गर्न सक्छौँ अनि हामी पनि त्यसरी नै हरेक चिजका बारेमा मूल्याङ्कन गर्छौँ। अरूले हाम्रा बारेमा मूल्याङ्कन गरेबापत हामी पनि उनीहरूका बारेमा मूल्याङ्कन गर्छौँ! यसरी नै नकारात्मक वातावरण बन्न सक्छ अनि मौसम प्रणालीजस्तै तपाईँले थाहा पाउनुभन्दा अगाडि नै हावाहुरी आउँछ।

छुट्टाछुट्टै हुँदा कुनै परिवर्तन नहुने तर आपसमा मेल हुँदा विस्फोट हुने दुईओटा रासायनिक पदार्थहरूको कल्पना गर्नुहोस्। तपाईँ र अर्को व्यक्तिले एकअर्कालाई मूल्याङ्कन गर्नुपर्नेछ। तपाईँहरू दुई जनाका इच्छाहरूलाई ती दुई पदार्थका रूपमा कल्पना गर्नुहोस्। यदि ती दुई पदार्थहरूलाई आपसमा मिसाउनुभयो भने तपाईँले भावनाहरूलाई बाल्ने प्रक्रिया सुरु गर्नुहुनेछ।

यसका लागि एउटा अर्को उपाय छ। सदैव यस्तो गर्न सजिलो छैन। अरू व्यक्तिहरूलाई मूल्याङ्कन गर्न छोडेर आफैँलाई कति स्वीकार गर्छौँ भन्ने कुरामा हामी केन्द्रित भयौँ भने यसले सबै कुरालाई रूपान्तरण गर्छ। हामीले आफैँमा केन्द्रित भएको महसुस गर्दाखेरि अरू व्यक्तिका विचारहरू सुनेर हामीलाई केही असर पर्दैन। चाहे उनीहरूले जेसुकै भनिरहून्।

एउटा कुरा मलाई उपयोगी लाग्छ– "अपमानित महसुस नगर्नुहोस्, अपमान नगर्नुहोस्।" अर्को शब्दमा भन्दा यदि जहाजमा नकारात्मक टिप्पणीहरूको भारी राख्नुभएन भने अर्को बन्दरगाहमा पुगेर त्यसलाई झार्नुपर्ने आवश्यकता महसुस गर्नुहुन्न।

हामीले अरू कसैको चरित्रमा ध्यान दिनुको साटो आफैँमा ध्यान दिनु उचित हुन्छ। म कस्तो छु? के म आफूलाई बुझ्छु? के म अरूप्रति दयालु र अरूलाई प्रेम गर्ने व्यक्ति हुन्छु? के म आफूभित्र शान्ति महसुस गरिरहेको छु? म आफैँलाई भन्छु– तपाईँ आफैँमा दया नभएसम्म अरूबाट दयाको आशा नगर्नुहोस्। तपाईँले आफैँभित्र प्रेम नपाएसम्म अरूबाट प्रेमको आशा नगर्नुहोस्। तपाईँले आफैँभित्र शान्ति नपाएसम्म अरूमा शान्ति नखोज्नुहोस्।

कवि रुमीले यसलाई अत्यन्त सुन्दर ढङ्गले व्यक्त गरेका छन्:

हिजो म चलाख थिएँ त्यसैले म संसारलाई परिवर्तन गर्न चाहन्थेँ।
आज म बुद्धिमान् छु त्यसैले आफैँलाई परिवर्तन गर्दै छु।

त्यस्तै विवेक करिब छ सय वर्षपछि रुसका लेखक लियो टोल्स्टोयद्वारा पुनः व्यक्त गरियो:

...हाम्रो संसारमा हरेक व्यक्तिले मानवतालाई परिवर्तन गर्ने सोच राख्छ तर आफैँलाई परिवर्तन गर्नेबारेमा कसैले सोच्दैन।

यी सबैलाई अर्को तरिकाले भन्दा आफैँबाट सुरु गर्नुहोस्।

अरूलाई होइन, आफूलाई सुन्नुहोस्

मैले एउटा चाखलाग्दो भनाइ फेला पारेँ। त्यसले हामीलाई के स्मरण गराउँछ भने कुनै नकारात्मक टिप्पणीलाई प्रतिक्रिया जनाउन सक्ने अर्को पनि तरिका छ– "अरूले तपाईँका बारेमा के सोच्छन् भनेर वास्तै नगर्नुहोस्। हो! यदि तपाईँले आदर गर्ने व्यक्तिले तपाईँका बारेमा राम्रो कुरा गरेका छन् भने ठिक छ– यसबाट सिक्नुहोस्। अन्यथा आफ्नै हिसाबले अगाडि बढ्नुहोस्।"

पतिपत्नी आफ्नो घोडासहित लामो यात्राका लागि पैदल हिँड्दै घरबाट निस्किए। केही गाउँलेहरूले तिनलाई देखेर भने, "यो जोडी त अचम्मको रहेछ। यिनीहरू घोडा भएर पनि त्यसमा चढिरहेका छैनन्।"

ती दम्पतीले त्यो कुरा सुने र एकअर्कालाई भने, "ठिक छ, घोडामै चढौँ।" त्यसैले तिनीहरू दुवै घोडामा चढे।

अर्को गाउँमा केही मानिसहरू ती अपरिचित व्यक्तिहरूलाई हेर्न भनेर आफ्नो घरबाट निस्किए र भने, "यी कति निर्दयी मानिसहरू रहेछन्– बिचरा! घोडामाथि दुवै जना चढिरहेका छन्।"

फेरि ती दुवैले यो कुरा सुने। श्रीमान्ले मनमनै सोचे, "मैले घोडा र मेरी श्रीमती दुवैप्रति सहानुभूति देखाउनुपर्छ।" यसर्थ उनले हिँड्दाहिँड्दै आफ्नी श्रीमतीलाई घोडामाथि चढ्न आग्रह गरे अनि उनी चढिन्। श्रीमान् चाहिँ हिँड्न लागे।

केही पर जाँदा अरू घरहरूबाट मानिसहरूले बाहिर निस्केर भने, "यी महिलालाई हेर्नुहोस् त यिनको मनमा आफ्ना श्रीमान्‌प्रति अलिकति पनि सहानुभूति रहेनछ।"

त्यसपछि आफ्नी श्रीमतीलाई आलोचनाबाट जोगाउनका लागि श्रीमान्ले उनकी श्रीमतीलाई भने, "तिमी तल ओर्ल, म घोडामा चढ्छु।"

अर्को ठाउँमा पुगेपछि फेरि गाउँलेहरूले भने, "के तपाईंमा आफ्नी श्रीमतीप्रति कुनै सहानुभूति छैन, अलिकति पनि छैन? तपाईं घोडा चढिरहनुभएको छ अनि उनी चाहिँ पैदल हिँड्दै छिन्!"

त्यसपछि ती मानिस तल ओर्लिए र आफ्नी श्रीमतीलाई भने, "हेर प्रेयसी! यदि यी मानिसहरूको भनाइमा हामीले विश्वास गर्दै गयौँ भने हामी कहिल्यै पनि आफ्नो गन्तव्यमा पुग्दैनौँ। हामी जसरी गइरहेका थियौँ त्यसरी नै जाऔँ।" अन्त्यमा उनीहरूले आफ्नो घोडासँगै पैदल हिँडेर आफ्नो यात्रा जारी राखे।

कसले वास्ता गर्छ?

भारतमा धेरैजसो परिवारहरूले निकै ध्यानपूर्वक आफ्नो खर्चको व्यवस्थापन गर्छन्– उनीहरूले गर्नु पनि आवश्यक छ तर उनीहरूले आफ्ना छोराछोरीको विवाह गर्नुपर्ने कुरामा चाहिँ प्रायः अनावश्यक रूपमा निकै धेरै खर्च गर्छन्। मानिसहरूले कहिलेकाहीँ आफ्नो वार्षिक आयभन्दा पनि धेरै गुणा बढी ऋण लिन्छन्। उनीहरू अरूलाई राम्रो प्रभाव पार्नका लागि ऋण लिन्छन्। यस्तो त संसारभरि नै हुन्छ तर भारतीयहरूमा चाहिँ यो एउटा खुबीकै रूपमा विकास भएको छ। त्यसैले तिनीहरूले त्यहीअनुसारको त्यसको भुक्तानी पनि गर्नुपर्छ।

मेरो एउटा सुझाव छ। यसले तपाईंको लाखौँ रुपैयाँ जोगाउन सक्छ– तपाईंको विवाहमा तिनै मानिसहरूलाई मात्रै निमन्त्रणा गर्नुहोस् जसले तपाईंलाई

पहिलादेखि नै प्रेम र आदर गर्छन्! यो उपायले जन्मदिन, वार्षिक उत्सव र अन्य ठुला सामाजिक समारोहका लागि पनि राम्रो काम गर्छ। तर, वास्तविकता यस्तो छ– यदि तपाईँले बाहिरी रूपबाट अर्थात् अरू व्यक्तिहरूको नजरमा पूर्णता हासिल गर्न खोज्दै हुनुहुन्छ भने सायद तपाईँले गलत बाटो अपनाउँदै हुनुहुन्छ। अरू मानिसहरूको तपाईँप्रतिको धारणालाई नियन्त्रण गर्न सकिँदैन। उनीहरूका भावनाहरू परिवर्तन भइरहन्छन् र नयाँ भावनाहरू विकसित हुँदै जान्छन्। जब हामीले आफैँलाई विश्वास र कदर गर्छौँ तब हाम्रा बारेमा अरू विचारहरू क्षणिक कुरा मात्र हुन्। यी कुराहरू कहिलेकाहीँ अनुचित, कहिलेकाहीँ सही, कहिलेकाहीँ सुखदायी पनि हुन सक्छन् तर स्थायी रूपमा महत्त्व राख्ने खालका कहिल्यै हुँदैनन्। म आफ्ना बारेमा के महसुस गर्छु र तपाईँ तपाईँका बारेमा के महसुस गर्नुहुन्छ भन्ने कुरा चाहिँ रहिरहन्छ।

धेरैजसो अवस्थामा हाम्रा बारेमा निर्णय सुनाउनेहरूले वास्तवमा हाम्रा बारेमा सोचेकै हुँदैनन्– हामीले उनीहरूका बारेमा के सोच्छौँ भन्ने कुरा चाहिँ उनीहरूले बढी सोचेका हुन सक्छन्! अथवा, हुन सक्छ, अमेरिकी पत्रिकाका सल्लाहस्तम्भकार एन ल्यान्डर्सले एक पटक भनेजस्तै, "बिस वर्ष हुँदा अरूले हाम्रा बारेमा के सोच्छन् भनेर चिन्ता गर्छौँ। चालिस वर्षको हुँदा अरूले हाम्रा बारेमा के सोच्छन् भन्ने कुरालाई बेवास्ता गर्छौँ। साठी वर्षको हुँदा तिनीहरूले हाम्रा बारेमा त केही पनि सोचेका रहेनछन् भन्ने कुरा पत्ता लगाउँछौँ।"

एक पटक म भारतको पुणेस्थित एउटा कारागारमा कैदीबन्दीहरूसित कुराकानी गर्दै थिएँ। एक जना कैदीबन्दी मसँग एउटा प्रश्न सोध्नका लागि उभिए, "गलत कारणहरूले म यहाँ छु।" उनले भने, "मेरो भनाइको अर्थ, म यहाँ नहुनुपर्ने थियो तर म छिट्टै नै यहाँबाट छुट्दै छु र घर फर्कँदै छु। त्यहाँ मानिसहरूले मेरा बारेमा के सोच्छन् होला ?"

यो कुरा धेरै कैदीबन्दीहरूका लागि निकै महत्त्वपूर्ण छ भन्ने कुरा मैले तुरुन्तै महसुस गरेँ किनभने त्यहाँका हरेक व्यक्तिले उनीतिर फर्केर हेर्न थाले। उनको प्रश्नले सबैको मस्तिष्कलाई हल्लाइदिएको थियो। त्यो कोठामा सयौँ मानिसहरू थिए। वास्तवमा यो एउटा अनौठो क्षण थियो। त्यहाँ एकदमै सन्नाटा छायो। त्यतिखेर सबै जना फर्किएर मतिर हेर्न लागे– मैले के भन्छु होला भन्ने सोचेर।

मैले जवाफ दिएँ, "के तपाईँ साँच्चै नै जान्न चाहनुहुन्छ ?"

उनले म जान्न चाहन्छु भने।

"तपाईँलाई यो कुरा भन्दा मलाई दुःख लाग्छ।" मैले भनैँ, "तर, तिनीहरू तपाईँका बारेमा सोचिरहेका छैनन्। उनीहरूका आफ्नै समस्याहरू छन्! उनीहरूले तपाईँका बारेमा के सोचिरहेका छन् भनेर तपाईँ सोच्दै हुनुहुन्छ होला तर धेरैजसो मानिसहरू अरू नै चिजका बारेमा सोच्न व्यस्त हुन्छन्। तपाईँलाई उनीहरू त्यहाँ बसेर तपाईँका बारेमा मात्रै सोचिरहेका छन् भन्ने लाग्छ? तपाईँ महत्त्वपूर्ण त हुन सक्नुहोला तर त्यति महत्त्वपूर्ण चाहिँ होइन। मानिसहरू त अगाडि बढिरहन्छन्!"

कैदीबन्दीहरूले यो दृष्टिकोणलाई उपयोगी ठानेजस्तो लाग्यो। यसको कारण सायद यस्तो हुन सक्छ– हामी सबैलाई के थाहा छ भने अरूले हाम्रा बारेमा मूल्याङ्कन गर्ने अवस्था आउँदा जहिले पनि 'दुई खाले विचारहरू' देखिन्छन्। यो लगभग निरर्थक कुरा हो– उनीहरूको दिमागमा के चलिरहेको छ भन्ने कुरा हाम्रो दिमागमा कल्पना गरिरहेका छौँ। यद्यपि हामी के महसुस गर्छौँ भने यो त्यति महत्त्वपूर्ण छैन र उनीहरू आफ्नो दिमागमा सायद अरू नै चिजका बारेमा सोचिरहेका छन्! यही कुरा पटकपटक दोहोरिरहन्छ। यसमा समय र मिहिनेत लाग्न सक्छ तर तपाईँको हो भन्ने कुरा तपाईँले आफ्नो हृदयमा जान्न सक्नुहुन्छ– त्यसमा आफ्नो शक्ति खर्च गर्नु नै यसको समाधान हो। अरू सबै कुरा होहल्ला हुन्।

बुद्धको कचौरा

कसैले अरू व्यक्तिबाट कहिल्यै निरुत्साहित भएको महसुस गर्नुभएको छ भने यी शब्दहरूलाई राम्ररी सुन्नुहोस् भन्ने म चाहन्छु– तपाईँका लागि के ठिक हो भन्ने कुराको निर्णय गर्ने क्षमता तपाईँसँग छ। म यहाँ तपाईँलाई त्यस क्षमताको स्मरण गराउँदै छु। त्यो जीवित छ र तपाईँभित्रै छ भन्ने कुरा बताउँदै छु। तपाईँभित्रको त्यस क्षमतासँग नजिकैबाट जोडिने कोसिस गर्न सल्लाह दिँदै छु अनि तपाईँलाई फेरि एक पटक आफ्नै पक्षमा उभिन आमन्त्रण गर्दै छु। निरुत्साहित हुनु भनेको तपाईँबाट आफ्नो साहस हराउनु हो तर यो साहस तपाईँको हो अनि त्यो साहसलाई आफूभित्र पाउने र महसुस गर्ने सम्भावना तपाईँमा सदैव छ।

एक पटक बुद्ध एक जना शिष्यसँग हिँड्दै थिए। सहरका सबैले उनको आलोचना गर्दै भनिरहेका थिए, "तपाईँ काम लाग्ने मान्छे होइन। तपाईँले यसो गर्नुहुन्न, तपाईँले त्यसो गर्नुहुन्न...।"

शिष्यले भने, "हे बुद्ध, यी सबै मानिसहरूले हजुरको आलोचना गरिरहँदा के हजुरलाई दुःख लाग्दैन?"

घर नपुगेसम्म बुद्धले उत्तर दिएनन्। त्यसपछि उनले आफ्नो कचौरा लिए र त्यसलाई शिष्यतिर सारे।

उनले सोधे, "यो कसको कचौरा हो?"

शिष्यले जवाफ दिए, "यो हजुरको कचौरा हो।"

उनले त्यो कचौरालाई शिष्यतिर अझै नजिकै सारिदिए।

"यो कसको कचौरा हो?"

"यो अझै पनि हजुरकै हो।"

बुद्धले यस्तै गरिरहे अनि शिष्यले पनि बारम्बार भनिरहे, "यो हजुरकै कचौरा हो, यो हजुरकै कचौरा हो।"

त्यसपछि बुद्धले कचौरा लिएर शिष्यको काखमा राखिदिए अनि सोधे, "अब यो कचौरा कसको हो?"

शिष्यले भने, "अझै पनि यो हजुरकै कचौरा हो।"

"ठिक भन्यौ!" बुद्धले भने, "तिमीले यो कचौरालाई स्वीकार नगरेसम्म यो तिम्रो हुँदैन। मैले आलोचनालाई स्वीकार नगरेसम्म त्यो मेरो हुँदैन।"

गुनासो नगरौँ

यदि हामी सावधान भएनौँ भने कुनै एक जना व्यक्तिको नकारात्मक कुराले अरू सबैलाई बादलले जसरी ढाक्न सक्छ। त्यसैले छैटौँ शताब्दीका बेनेडिक्टिन होली अर्डरका संस्थापक सन्त बेनेडिक्ट सायद गुनासोको एकदमै विपक्षमा थिए। (आश्रममा बस्ने व्यक्तिहरूका लागि बनेको सन्त बेनेडिक्टको नियमपुस्तिकामा यो कुरा बारम्बार आउँछ।) तपाईँ कल्पना गर्न सक्नुहुन्छ– यदि तपाईँ चौबिसै घण्टा आश्रममा एक जना गुनासो गरिरहने व्यक्तिसँग बस्नुभयो भने तपाईँलाई कति दिक्क लाग्थ्यो होला।

यसबाट मलाई एउटा चुट्किला याद आयो। एक जना युवक आश्रममा जान्छन् अनि पहिलो दिनको बिहान उनलाई बताइन्छ, "यहाँ एउटा हाम्रो विशेष नियम छ– बोल्न पाइँदैन तर वर्षमा एक पटक हामी तपाईँलाई कस्तो लागिरहेको छ भनेर सोध्नेछौँ। तपाईँले दुई शब्द मात्रै बोल्न पाउनुहुनेछ।"

पहिलो वर्ष सकिन्छ अनि उनलाई सोध्छन्, "कस्तो लाग्दै छ?"

उनी भन्छन्, "एकदमै जाडो।"

अर्को वर्ष पनि बित्छ।

"कस्तो लाग्दै छ?"

"कडा ओछ्यान।"

फेरि अर्को वर्ष सकिन्छ।

"कस्तो लाग्दै छ?"

"एकदमै शान्त।"

अन्तमा आश्रमका प्रमुख उनलाई भेट्न आउँछन् र भन्छन्, "तपाईँ यहाँ तीन वर्षदेखि हुनुहुन्छ र तपाईँले अरू केही गर्नुभएन। गुनासो, गुनासो र गुनासो मात्रै गर्नुभएको छ।"

तपाईँलाई चाहिने प्रत्येक चिज तपाईँभित्रै छ

कहिलेकाहीँ हामीभित्रको खालीपनलाई भर्नका लागि हामी अरूको स्वीकृति र एकाग्रता बिथोल्ने अन्य चिजहरू खोज्न पुग्छौँ तर त्यो खालीपनलाई हामीबाहेक अरू कसैले पनि भर्न सक्दैन। यो एउटा चुहिने कचौरामा पानी हाल्नुसरह हुन्छ। हामीले आफैँलाई स्वीकार गर्नुपर्छ। यसको तात्पर्य हामीभित्रका अद्भुत क्षमता र स्रोतसाधनहरूलाई स्विकार्नु हो। अन्तमा अरू मानिसहरूले हाम्रा बारे गर्ने मूल्याङ्कनका विषयमा हामीले चिन्ता गर्नुपर्दैन किनभने हामीलाई आवश्यक हरेक चिज हामीभित्रै छ।

यो अति महत्त्वपूर्ण भएकाले यसलाई म फेरि भन्न चाहन्छु– हामीलाई चाहिने हरेक चिज हामीभित्रै छ! स्पष्टता, आनन्द, शान्ति, प्रेम– यी कुरा र अरू थुप्रै सकारात्मक अनुभूतिहरू सबै तपाईँभित्रै छन्, फक्रिनका लागि प्रतीक्षारत छन् अनि निश्चय नै सबै नकारात्मक गुणहरू पनि तपाईँभित्रै छन्। स्पष्टता तपाईँभित्र छ तर भ्रम पनि तपाईँभित्रै छ। आनन्द तपाईँभित्र छ तर निराशा पनि तपाईँभित्रै छ। शान्ति तपाईँभित्र छ तर अशान्ति पनि तपाईँभित्रै छ। प्रेम तपाईँभित्र छ तर घृणा पनि तपाईँभित्रै छ।

तपाईँका नकारात्मक गुणहरू तुरुन्तै देखिन खोज्छन् तर तपाईँभित्र सकारात्मक कुरा भेट्टाउनलाई तपाईँले अलिक बढी मिहिनेत गर्नुपर्ने हुन सक्छ। सकारात्मक

गुणहरू तपाईँको आन्तरिक शान्तिबाट उत्पन्न हुन्छन्। तिनले तपाईँलाई तपाईँको अस्तित्वको केन्द्रमा चट्टानजस्तै मजबुत र अपरिवर्तनीय आधार प्रदान गर्छन् तर यो सम्पत्तिलाई कहाँ खोज्नुपर्छ भन्ने कुरा तपाईँले जान्नुपर्छ। यसले मलाई एउटा कथातिर डोऱ्याउँछ।

एक जना मान्छे आफ्नो गाउँ छोडेर धन कमाउन सहरतिर जान्छन्। उनले त्यहाँ धेरै सम्पत्ति आर्जन गर्छन्। केही वर्षपछि आफ्नो परिवारलाई भेट्नका लागि उनले घर फर्कने निर्णय गर्छन्। यसकारण उनी आफ्ना सुटकेस र उपहारहरूले भरिएका झोलाहरू लिएर घरतिरको लामो यात्राका लागि प्रस्थान गर्छन्। करिब त्यसै बेला एउटा चोरले उनलाई देख्छ र विचार गर्छ, "यो मान्छेसँग पैसा छ। म यसका सानातिना उपहारहरूलाई चाहिँ वास्ता गर्दिनँ। मलाई त यसको पैसाको थैली चाहिएको छ।" त्यो चोर ती मानिस भएको ठाउँमा जान्छ र उनीसँग कुराकानी गर्न थाल्छ। उसले उनलाई तपाईँ कहाँ जाँदै हुनुहुन्छ भनेर सोध्छ र भन्छ, "हो, ठ्याक्कै म पनि त्यतै जाँदै छु त्यसैले सँगै यात्रा गरौँ।"

त्यस रात उनीहरू एउटा होटेलमा बास बस्छन्। रातको खाना खाने समयमा ती मानिसले सहरमा आफूले निकै राम्रो पैसा कमाएको कुरा गर्छन् अनि अहिले एउटा ठुलो घर बनाउन र आफ्नो परिवारलाई राम्रोसँग हेरविचार गर्न घर फर्कँदै गरेको कुरा पनि बताउँछन्। यो कुरा सुनेपछि चोर एकदमै खुसी हुन्छ। ऊ चाँडै सुत्न जाने बहाना बनाउँछ तर ऊ सुत्न नगएर ती मानिसको कोठामा जान्छ। ऊ तिनको प्रत्येक झोलामा हेर्छ तर पैसा भेट्टाउँदैन। ऊ हरेक घर्रामा हेर्छ तर त्यहाँ पनि भेट्टाउँदैन अनि उनको ओछ्यानलाई ओल्टाइपल्टाइ गर्छ तर त्यहाँ पनि एउटा सिक्कोसमेत भेट्टाउँदैन।

दोस्रो रात उनीहरू एउटा अर्को होटेलमा बस्न पुग्छन्। "तपाईँले साँच्चै नै पैसा कमाउनुभएको छ", चोरले भन्छ, "अनि, तपाईँ सबै पैसा लिएर घर बनाउन र परिवारको हेरचाह गर्नका लागि घर जाँदै हुनुहुन्छ, होइन त?"

"अँ हो।" ती मानिस भन्छन्, "मैले आफूले सोचेको भन्दा पनि धेरै पैसा कमाएँ। यो सबै घर लिएर आउन पाएँ र यसबाट म कुनै राम्रो काम गर्न सक्छु भन्ने कुराले मलाई असाध्यै खुसी लागेको छ।"

पुनः एक पटक चोर सुटुक्क ती मानिसको कोठामा पुगेर खोजतलास गर्न थाल्छ। उसले सोचेजति सबै ठाउँमा हेर्छ। केही पनि भेट्दैन।

त्यसपछिको अर्को रात उनीहरू अर्को होटलमा पुग्छन् र ती मानिस फेरि त्यो चोरसँग रातिको खाना खान सँगै जान्छन्। खाना खाइसक्नै लागेपछि चोरले भन्छ, “तपाईँ त चाँडै घर पुग्दै हुनुहुन्छ र त्यो पैसा लगानी गर्दै हुनुहुन्छ।” “ठिक हो।” ती मानिस भन्छन्, “त्यसपछि त निकै राम्रो हुनेछ।” यसपश्चात्, चोरले शुभरात्रि भन्छ अनि अधैर्य हुँदै ती मानिसको कोठामा पसेर हरेक कुनाकाप्चामा पैसाको थैलीको खोजतलास गर्छ तर उसले केही पनि भेट्दैन।

अर्को दिन बिहान उनीहरू ती मानिसको गाउँनजिकै पुग्छन्। अब चोरलाई सहिनसक्नु भयो। “मैले तपाईँसमक्ष केही स्वीकार गर्नुपर्नेछ।” उसले भन्छ, “म एक चोर हुँ र तपाईँले आफूसँग धेरै पैसा छ भनेपछि म साँच्चै नै त्यो पैसा चोर्न चाहन्थेँ। हरेक रात मैले तपाईँको पूरै कोठामा खोजतलास गरेँ, तपाईँको जुत्ताभित्र र सिरानीमुनि पनि हेरेँ। मैले केही पनि भेट्टाइनँ। के तपाईँले साँच्चै पैसा कमाउनुभएको छ?”

“हो, कमाएको छु।” ती मानिसले खुसी हुँदै आफ्नो खल्तीबाट दुईओटा पैसाले भरिएका थैलीहरू निकाल्दै भने, “मैले तपाईँ चोर हो भनेर तुरुन्तै महसुस गरिसकेको थिएँ। त्यसैले हरेक रात खाना खान जाने बेलामा म तपाईँको कोठामा पसेर मेरो पैसा तपाईँको सिरानीमुनि लुकाउँथेँ। मलाई थाहा थियो, तपाईँले मेरो सिरानीमुनि त खोज्नुहुनेछ तर कहिल्यै पनि आफ्नो सिरानीमुनि खोज्नुहुनेछैन।”

आन्तरिक शान्तिको अमूल्य धनलाई पाउनका लागि आफूभित्र हेर्नुहोस्। कुनै पनि बजारले यसलाई बेच्दैन। कुनै जमिनदारले यसलाई नियन्त्रण गर्दैन। कुनै सरकारले यसलाई नियमन गर्दैन अनि कसैले तपाईँबाट यसलाई चोर्न सक्दैन। तपाईँ आत्मज्ञान र सबै धनहरूले सम्पन्न हुनुहुन्छ। ती चिजहरूले तपाईँलाई आफैँभित्र शान्ति खोज्न सक्षम तुल्याउँछन्।

बाहिरी संसारलाई अनुभूत गर्न हामी निपुण हुन्छौँ– हेर्न, महसुस गर्न, चाख्न, सुँघ्न र सुन्न। तर, के तपाईँले हाम्रा इन्द्रियहरूलाई भित्रतिर मोड्न पनि सकिन्छ भन्ने कुरा जान्नुभएको छ? तपाईँको आन्तरिक संसारको स्वरूप र आकार कस्तो छ? तपाईँले आफैँभित्र हेर्ने कोसिस गर्दा कस्तो चित्र देख्नुहुन्छ? तपाईँका आवश्यकता र चाहनाहरूको स्वाद कस्तो छ? तपाईँका भावनाहरूको सुगन्ध कस्तो छ? तपाईँभित्र रहेको तपाईँ स्वयम्‌को गोप्य आवाज कस्तो छ? के तपाईँ आफैँलाई स्पष्टसँग सुन्न सक्नुहुन्छ?

म सानो छँदा मसँग त्यस्ता किताबहरू थिए जसमा सङ्ख्या प्रयोग गरेर रङ लगाउन सकिन्थ्यो– १ को अर्थ रातो, २ को पहेँलो, ३ को निलो अनि त्यस्तै प्रकारले अरू पनि। त्यो रमाइलो लाग्थ्यो। त्यसपछि नयाँ पुस्तकहरू आए। तिनको पन्नामा पहिलादेखि नै रङ हुन्थ्यो। तपाईंले केवल त्यसमा पानी हाल्नुपर्थ्यो अनि चित्र देखिन थाल्थ्यो। यो अलिक सरल थियो। एक दिन मैले विचार गरेँ– यो सबै प्रक्रिया किन पार गर्ने? त्यसैले मैले सिङ्गै किताबलाई नै पानीमा डुबाइदिएँ, त्यसलाई सुक्न दिएँ, त्यसलाई खोलेँ अनि सबै चिज रङ्गिएको पाएँ तर यसले कुनै अर्थ दिँदैनथ्यो। सबै लतपतिएको थियो। यसकारण मैले फेरि सुरुदेखि चित्र कोर्न र रङ लगाउन थालेँ।

कहाँ रङ्गाउने भनेर भनिनेछ भन्ने आशामा यस संसारमा थुप्रै मानिसहरू आफ्नो जीवन जिउने गर्छन्। उनीहरू भन्दै छन्, "मलाई वर्गाकार चित्र दिनुहोस्, त्यसमा मैले रङ लगाउन सक्नेछु अथवा पानी हाल्न सक्नेछु। मलाई आफैँले चित्र बनाउनू भनेर चाहिँ नभन्नुहोस्।" तर, हामीलाई आफूले आफैँलाई व्यक्त गर्ने अवसर दिइएको छ– हामीभित्रका क्षमताहरूद्वारा सुन्दर चित्रहरूमा रङ लगाउने। हरेक दिनको नयाँ बिहानीसँगै हामीले आफ्नो सबैभन्दा विलक्षण स्वरूपमा रहने कुरालाई रोज्न सक्छौँ। सङ्ख्याहरूलाई वास्ता नगर्नुहोस्। बाकसहरूबाहिर रङ लगाउनुहोस्। तपाईंको हृदयमा भएको चिजलाई रङ्गाउनुहोस्। तपाईं को हुनुहुन्छ, त्यसको सबैभन्दा चम्किलो स्वरूपलाई रङ्गाउनुहोस्।

एक र शून्य

धेरै समयअगाडि सान्ता क्रुज क्यालिफोर्नियामा म एउटा कार्यक्रममा बोल्दै थिएँ अनि यसको अन्त्यमा प्रश्नोत्तर सत्र थियो। मलाई के सम्झना छ भने सभाकक्ष भरिएको थियो। मानिसहरू बाहिर उभिरहेका थिए, झ्यालढोकाहरूबाट भित्र हेरिरहेका थिए। त्यसै क्रममा एक जना योगशिक्षिकाले एउटा प्रश्न सोध्नु छ भनेर हात उठाइन् अनि सभाकक्षमा भएका सबैको ध्यान उनीमा केन्द्रित भयो।

"योगका बारेमा तपाईंको विचार के छ?" उनले सोधिन्।

मैले त्यो परिस्थितिलाई गलत रूपमा लिएको पनि हुन सक्छु तर मैले यसो भनिदिएहुन्थ्यो भनेर उनले अपेक्षा गरेको जस्तो लाग्यो– "योग भनेको हामी सबैले गर्नुपर्ने कुरा हो।" त्यसले गर्दा उनले अरू धेरै ग्राहक अथवा प्रशंसा पाउन

सक्थिन्। त्यस बेलाको अवस्थालाई सम्झँदा मलाई के लाग्छ भने उनलाई मेरो उत्तर निरर्थक लागेको हुनुपर्छ। मैले उत्तर दिएँ :

"ए, योग? यो शून्यजस्तै हो।"

शून्य!

उनी निकै रिसाइन्। उनले यस्तो उत्तरको अलिकति पनि अपेक्षा गरेकी थिइनन्। त्यसैले उनी त्यहाँबाट हिँडिन्। उनी गएपछि सभाकक्षमा रहेका मानिसहरूसमक्ष मैले भन्न खोजेको कुरालाई व्याख्या गरेँ।

"यसलाई यसरी सोच्नुहोस्– तपाईँ एक हुनुहुन्छ र योग शून्य हो। शून्यलाई एकको अगाडि राख्नुभयो भने के हुन्छ? एक एक नै रहन्छ, शून्य शून्य नै। शून्यलाई एकको पछाडि राख्नुभयो भने दश बन्छ। अर्को शून्य थप्नुभयो भने एक सय बन्छ।"

मेरो विचारमा यो जवाफ चाहिँ राम्रो थियो तर मैले ती योगशिक्षिकालाई आफ्नो कुरा बुझाउन पाइनँ!

यहाँ एउटा गहन कुरा छ– हामीले आफूभन्दा अगाडि राखेका कुराहरू हामीसँग जोडिँदैनन्। जागिर, पैसा, मान्यता, अरूका आवश्यकताहरू, योग– यी कुराहरू हामीभन्दा अगाडि आउनु हुँदैन। अर्कातिर हामीले जेजति कुराहरू हामीभन्दा पछाडि राख्छौँ तिनले हाम्रो अस्तित्वलाई कैयौँ गुणा बढाइदिन्छन्। हामीले एकलाई स्थापित गर्नु सबैभन्दा जरुरी र प्रथम कुरा हो किनभने त्यो नभएसम्म केही पनि हुँदैन। त्यसपछि एकको पछाडि थुप्रै शून्यहरूलाई राख्न सक्छौँ।

यो विश्वमा सात अरब मानिसहरू छन्। तीमध्ये म एक हुँ। तपाईँ पनि एक हुनुहुन्छ। तपाईँको जीवनमा हरेक कुराको सुरुवात तपाईँबाटै हुनुपर्छ– केवल तपाईँबाट।

तपाईँ के रोज्नुहुन्छ?

हामी वास्तवमा को हौँ भन्ने कुरालाई हामीले बुझेपछि त्यसले हामीलाई एउटा अत्यन्त शक्तिशाली औजार दिन्छ। त्यो औजारले हाम्रो जीवन र हामीवरिपरिको संसारलाई आकार प्रदान गर्छ। म छनोट गर्नेबारेमा कुरा गर्दै छु। आत्मज्ञानले तपाईँलाई शान्ति र द्वन्द्वमध्ये, प्रेम र घृणामध्ये, आनन्द र गुनासोमध्येबाट छनोट गर्नुपर्ने कुरा देख्न सक्षम बनाउँछ। त्यसो त छनोट नगर्नु पनि एउटा विकल्प हो।

यदि तपाईँले जीवनरूपी नदीमा बग्ने विकल्पलाई नै रोज्नुभयो भने यसले तपाईँले नचाहेको कुनै ठाउँमा लगेको खण्डमा पनि गुनासो गर्न सक्नुहुन्न।

हाम्रो जीवनमा के भइरहेको छ भन्ने कुराप्रति हामी सचेत हुनु आवश्यक छ। हामी कार वा साइकलमा घरतिर जाँदै गर्दा सही दिशातिरै गइरहेका छौँ र हराएका छैनौँ भन्ने कुरा हामीलाई कसरी थाहा हुन्छ? किनकि, हामीले देख्ने हरेक कुराले हामी कहाँ छौँ र कता गइरहेका छौँ भन्ने कुरालाई निर्क्योल गरिरहेको हुन्छ। जीवनको मार्गका सङ्केतहरू केके हुन् त? के हामीले तिनलाई स्पष्टसँग देखिरहेका छौँ? यो संसारमा म आज कहाँ छु र के अनुभव गर्न चाहन्छु भन्नेबारेमा के म सचेत छु?

के सधैँभरि सचेत रहन सम्भव छ? छैन किनभने हामीमा अचेत भएर जिउने कुरा करिब प्राकृतिक रूपमै आउँछ– हामी यसमा साँच्चै नै अभ्यस्त छौँ तर हामीले सचेत हुने कार्यलाई रोज्दा के हुन्छ? यसले हामी र अरूमा गहिरो प्रभाव पार्न सक्छ तर हामीले सदैव आफैँबाट सुरुवात गर्नुपर्छ। तपाईँ नै तपाईँको ब्रह्माण्डको केन्द्र हुनुहुन्छ तर तपाईँले यसलाई बुझ्ने र पूर्ण रूपले अनुभव गर्ने अनि जान्ने कुरालाई रोज्नु आवश्यक छ।

हाम्रो जीवनमा हामीले रोज्ने कुराले हामीमा ठुलो फरक पार्छ र हामीवरिपरि रहेका अरू व्यक्तिको जीवनमा समेत प्रभाव पार्छ। धेरै मानिसहरूलाई उनीहरूसँग कुनै विकल्प छैन भन्ने लाग्छ तर हामीसँग सदैव विकल्प हुन्छ। सधैँभरि। तपाईँ एउटा डरलाग्दो परिस्थितिमा हुन सक्नुहुन्छ र तपाईँसँग निकै थोरै स्वतन्त्रता, सुरक्षा अथवा अवसर छ भनेर महसुस गर्न सक्नुहुन्छ। मानिसहरू यस्तो परिस्थितिमा पर्छन् पनि। यो भयभीत तुल्याउने खालको हुन्छ तैपनि तपाईँ आफूभित्र रहेको शान्तिसँग जोडिने विकल्पलाई रोज्न सक्नुहुन्छ तर यसलाई केवल हामीले मात्र रोज्न सक्छौँ। हाम्रा लागि अरू कसैले पनि रोज्न सक्दैन।

जीवनमा अगाडि बढ्नु कार हाँक्नुजस्तै हुन सक्छ। गाडी हाँक्नु भनेको विकल्पहरूलाई रोज्नुजस्तै हो– तपाईँले कहाँ मोड्नुहुन्छ, तपाईँ कुन गियरमा हुनुहुन्छ, तपाईँ कति छिटो जानुहुन्छ, तपाईँ कहाँ रोकिनुहुन्छ, तपाईँले रेडियोमा के बजाउनुहुन्छ। तपाईँ आफ्नो जीवनरूपी गाडीको चालकसिटमा हुँदाखेरि तपाईँ नै निर्णयकर्ता हुनुहुन्छ र तपाईँले गरेका निर्णयअनुसार नतिजा निस्कन्छन्। यदि तपाईँले सही विकल्पलाई रोज्न छोड्नुभयो भने तपाईँ हराउन सक्नुहुन्छ, इन्धन सकिन सक्छ, बिचैमा अड्किन सक्नुहुन्छ अथवा दुर्घटना पनि हुन सक्छ! सही

विकल्पहरूलाई रोज्नुभयो भने तपाईँले चाहेको ठाउँमा जान सक्नुहुन्छ र यात्राको आनन्द पनि लिन सक्नुहुन्छ।

यस उदाहरणबारे केही थप कुरा गरौँ। तपाईँले गाडी चलाइरहेका बेलामा यदि तपाईँले पछाडि हेर्ने ऐनामा हेरिरहनुभयो भने अगाडि आइरहेको चिजलाई देख्नुहुन्न। यदि तपाईँले आउने घुम्तीमा के होला भनेर सोचिरहनुभयो भने तपाईँको ठिक अगाडि के भइरहेको छ भन्ने कुरालाई देख्न सक्नुहुन्न। त्यसै क्षणमा रहनु निकै सन्तोषजनक हुन्छ– अगाडिको बाटोलाई प्रस्टसँग देख्नु, सही विकल्पलाई रोजेर प्रतिक्रिया जनाउनु अनि तपाईँको यात्राको हरेक खण्डको प्रशंसा गर्नु। के तपाईँ आफ्नो जीवनरूपी गाडीको चालकको सिटमा हुनुहुन्छ?

आफैँबाट सुरु गरौँ

हामीलाई हरेक क्षणमा दिइएको जीवनरूपी उपहारलाई स्वीकार गर्ने विकल्पलाई रोज्दा आफैँबाट सुरु गर्छौँ। त्यो विकल्प छान्दा यो उपहार हाम्रै लागि हो र यसलाई स्वीकार गर्नकै लागि हो भन्ने कुरालाई पनि बुझ्छौँ। अरू मानिसका विचार, आवश्यकता र चाहनाहरूको कोलाहलभन्दा माथि हाम्रो हृदयलाई सुन्ने विकल्पको छनोट गर्दा हामीले आफूबाटै सुरु गर्छौँ। हामीभित्र शान्ति र शक्तिको संसार छ भन्ने कुरालाई हामीले स्वीकार गर्दा आफैँबाट सुरु गर्छौँ। हामीले अन्तर्मुख हुने विकल्पलाई छान्दा त्यहाँ हाम्रा लागि कसैले चोर्न नसक्ने स्वयम्‌रूपी धन हुन्छ। हामी को हौँ भनेर जान्ने तिर्खालाई महसुस गर्दा हामी आफैँबाट सुरु गर्छौँ।

आफ्नो हृदयलाई सुन्नेबारेमा र आफैँलाई पहिलोपल्ट भेट्‌दाको आश्चर्यका बारेमा मेरा केही पङ्‌क्तिहरू यहाँ प्रस्तुत छन्:

अँध्यारोमा, तिमीले भन्यौ हेर्न सिक
सुरुमा म द्विविधामा थिएँ
तर अहिले म देख्छु।

तिमीले भन्यौ, कुनै प्यालाविना स्वाद लिन सिक
सुरुमा म तिर्खाएको थिएँ

तर अहिले मैले पिइसकेको छु।
तिमीले भन्यौ, नचलीकन स्पर्श गर्न सिक
म सुरुमा चेतनाशून्य थिएँ
तर अहिले म महसुस गर्छु।

तिमीले भन्यौ, मौनतामा सुन्न सिक
म सुरुमा बहिरो थिएँ
तर अहिले म सुन्छु।

हामीले यस अध्यायमा पृष्ठभूमिका लागि आवश्यक धेरै कुराहरूलाई समेटेका छौँ। यसकारण हामी आफैँसँग जोडिन सक्ने तीनओटा सरल तरिकाहरू म तपाईँलाई स्मरण गराउँदै छु:

- हामीलाई आवश्यक पर्ने हरेक कुरा हामीभित्रै छ भनेर जान्नुहोस्– तपाईंभित्र भएको पङ्क्तिबद्ध स्रोतसाधनहरूको अद्भुत भण्डारलाई महसुस गर्नुहोस्।
- हामीसँग अथाह सम्भावना छ तर हामीले जिउँदा यसलाई आफ्नो जीवनमा व्यक्त गर्नुपर्छ– तपाईँजस्तो अर्को कोही पनि छैन, यसकारण तपाईँ हुन सक्नेजति आफ्नो सबैभन्दा उत्तम स्वरूपमा हुनुहोस्।
- याद गर्नुहोस्, हामीसँग सदैव विकल्प हुन्छ– तपाईँ जुनसुकै परिस्थितिमा भए पनि तपाईंसँग एकभन्दा बढी विकल्प हुन्छन्।

मूर्ख को हो?

यस अध्यायको पुछारमा यो कथालाई नजोडीकन मैले आफूलाई रोक्नै सकिनँ। अकबर र वीरबलको पुरानो कथाको मैले परिवर्तन गरेको यो अर्को रूप हो। यो हामीले आफैँलाई प्रस्टसँग हेर्नुको साटो अरू मानिसहरूको मूल्याङ्कन गरेर आफ्नो समयलाई कसरी खेर फाल्न सक्छौँ भन्नेबारेमा छ।

भारतमा एक जना अकबर नाम गरेका सम्राट् थिए। उनलाई सहयोग चाहिएको थियो अनि उनले आफ्ना मन परेका मन्त्री वीरबललाई बोलाए।

"वीरबल, जाऊ मेरा लागि पाँच जना मूर्खहरू खोज।"

"हजुर महाराज" वीरबलले उत्तर दिए र कोठाबाट निस्के। उनी त्यहाँबाट निस्कँदै गर्दा उनले सोचिरहेका पनि थिए, "मैले उहाँको अनुरोधमा हुन्छ त भनिहालेँ तर पाँच जना मूर्खहरू कसरी खोजूँ? म यसका लागि किन राजी भएँ? यो त्यति सजिलो त छैन!"

वीरबल दरबारमा सबैभन्दा बाठा थिए तर उनलाई यो समस्याको समाधान पाउन सक्दिनँ कि भन्ने चिन्ता थियो। यसकारण उनी आफ्ना अरू सबै जिम्मेवारीहरूलाई छोडेर मूर्खहरूको खोजीमा बाटातिर निस्के। उनी यो काम कसरी सुरु गर्ने भनेर सोचिरहेका थिए। त्यत्तिकैमा उनले भुइँमा लम्पसार परेका एक जना मानिसलाई देखे। ती मानिसले आफ्ना हातहरू फिँजाएर गोडाहरूलाई यताउता चलाइरहेका थिए।

"तपाईं के गर्दै हुनुहुन्छ?" वीरबलले सोधे।

"मेरी श्रीमतीले हाम्रो घरलाई फेरि सजाउँदै छिन् अनि झ्यालको पर्दाको नाप लिएर मलाई ठिक यति नै कपडा किनेर ल्याउनू भनिन् र बजार पठाइन्।" उनले आफ्ना दुई हातबिचको दूरीतिर टाउको हल्लाएर इसारा गर्दै भने, "अनि, म जमिनमा लडेँ र म जमिनबाट उठ्नका लागि सङ्घर्ष गर्दै छु किनभने म आफ्ना हातलाई उठ्नका लागि प्रयोग गर्न सक्दिनँ।"

"ल ठिक छ, मेरो विचारमा मैले पहिलो मूर्ख भेट्टाएँ।" वीरबलले सोचे।

करिब एक घण्टापछि उनले गधामा चढेर आफ्नो टाउकामा एउटा ठुलो टोकरीलाई सन्तुलन कायम गरिरहेका एक जना मानिसलाई देखे।

"तपाईं के गर्दै हुनुहुन्छ?" वीरबलले सोधे।

"मलाई मेरो गधाको माया लाग्छ। म यसमाथि यो गह्रौँ भारी राख्न चाहन्न त्यसैले मैले यो भारीलाई आफ्नो टाउकामा बोकिरहेको छु।"

वीरबल खुसी भए। एउटा अर्को मूर्ख पाइयो।

अँध्यारो हुन थालिसकेको थियो। त्यसैले वीरबल एउटा सडकबत्ती नजिकै उभिए। त्यहाँ उनले हात र घुँडा टेकेर भुइँमा केही खोजिरहेका एक जना मानिसलाई देखे।

"तपाईं के गर्दै हुनुहुन्छ?" वीरबलले सोधे।

"आज दिउँसो यहाँबाट एक माइल पर जङ्गलमा म मेरा साथीहरूसँग थिएँ।" ती मानिसले भने, "हामी त्यहाँ पिकनिक गएका थियौँ। मैले आफ्नो औँठी लगाएको थिएँ तर त्यो औँठी त्यहाँ खस्यो।"

"ए हो र, के तपाईंले त्यो औँठीलाई जङ्गलमा खोज्नुपर्ने होइन र?" वीरबलले भने।

"तपाईंको दिमाग त ठिक छ?" ती मानिसले भने, "यस बेला जङ्गलमा कहाँ बत्ती हुन्छ त, त्यहाँ त अँध्यारो छ!"

वीरबलले खुसी भएर आफ्नो हात मोले।

अर्को दिन वीरबल ती तीन जना मानिसहरूलाई लिएर सम्राट्लाई भेट्न गए।

"महाराज! मैले हजुरले भन्नुभएका मूर्खहरू भेट्टाएँ।" उनले भने। अनि, उनले सम्राट्समक्ष ती हरेक मानिसलाई भेट्दा उनीहरू के गरिरहेका थिए भन्ने कुराको वर्णन गरे।

"तर वीरबल, मैले त तिमीसँग पाँच जना मूर्खहरू ल्याउन भनेको थिएँ नि।" सम्राट्ले भने।

"महाराज, हिजो दिनभरि मूर्खहरू खोज्न समय खेर फाल्ने चौथो मूर्ख त मै हुँ।" वीरबलले भने।

"अनि पाँचौँ मूर्ख नि?" सम्राट्ले सोधे।

वीरबल केवल मुसुमुसु हाँसे।

अध्याय ८

कृतज्ञतालाई रोज्नुहोस्

"तपाईँ आफ्नो जीवनमा के कुराका लागि कृतज्ञ हुनुहुन्छ ?" मैले मानिसहरूलाई यो प्रश्न सोध्दा प्रायः उनीहरू यस्तो खालको जवाफ दिन्छन्, "अँ.. ! मेरो परिवार, मेरा साथीहरू, मेरो घर, मेरो जागिर।"

यसलाई सजिलै बुझ्न सकिन्छ– यी सबै चिजहरू अवश्य पनि सुन्दर आशीर्वाद हुन् तर कहिलेकाहीँ मलाई कस्तो लाग्छ भने मानिसहरूले आफू जुन कुराप्रति कृतज्ञ हुनुपर्छ भनेर सोच्छन् वास्तवमा त्यहीअनुसार मात्रै भनिरहेका हुन्छन्। म के कुराका लागि निरन्तर प्रतीक्षा गरिरहेको हुन्छु भने हामीलाई प्राप्त भएको सबैभन्दा महत्त्वपूर्ण उपहार 'जीवन' लाई पनि मानिसहरूले स्वीकार गरून् ! यस्तो भएन भने अरू सबै कुरा असम्भव छ तर पनि यो कुरा हाम्रो दिमागबाट फुत्कन्छ।

उपहारलाई खोल्नु

म प्रायः मानिसहरूले ठोकुवा गरेर भनेको सुन्छु, "हामीले आजका लागि जिउनु आवश्यक छ !" तर, हामीमध्ये कतिले यो सत्यलाई हाम्रो हृदयमा साँच्चै महसुस गर्छौं? हामी दिनमा कति पटक यसरी सोच्छौँ, "म जीवित छु, धन्यवाद !" हाम्रो दिमागमा बिहान सबैभन्दा पहिला आउने कुरा यही हो ? वा हाम्रो दिमाग सिधै यस्ता कुराहरूमा जान्छ– "कति बज्यो ? आज मैले केके गर्नुपर्छ ? दन्तमन्जन कहाँ छ ? मलाई कफी चाहिन्छ !" कोलाहल ! कोलाहल ! कोलाहल ! कोलाहललाई सुन्ने बानी परेपछि हामीले अरू सबै कुरालाई सुन्न छाड्छौँ अनि हामी आफैँलाई समेत सुन्न छाड्छौँ।

जीवनको उपहारलाई खोल्नु र सुरक्षित गरेर राख्नु आवश्यक छ। (अनि, यो उपहारमा 'प्रयोग गर्न सकिने अन्तिम मिति' समेत अवश्य पनि राखिएको हुन्छ। त्यसैले यसमा बेरिएको कागजलाई खोल्न सुरु गरिहाल्नुहोस्!) हामीले हरेक क्षणमा दिइएको अवसरलाई पूर्ण स्पष्टताका साथ हेर्‍यौँ भने हाम्रो हृदय प्रशंसाले भरिन्छ अनि म त्यही कृतज्ञताका बारेमा यहाँ कुरा गर्न चाहन्छु– हरेक श्वासले जीवनरूपी आशीर्वाद ल्याउँछ भन्ने कुरालाई भित्रैबाट स्वीकार गर्नेबारे। अनि, त्यस स्पष्टतासँग एउटा सुन्दर तृप्तिको भावना आउँछ।

मभित्र रहेको कृतज्ञताको भावनाले आफैँलाई व्यक्त गर्दा यसले भन्छ, "म जीवित छु अनि मलाई साँच्चै नै 'थाहा छ' म जीवित छु।" त्यसपछि यो प्राणतत्त्व मभित्र धड्किरहेको मलाई महसुस हुन्छ। यस क्षणमा सम्पूर्ण ब्रह्माण्डलाई चलाउने ती अद्भुत शक्तिले मलाई पनि चलाइरहेका छन्। मेरा रक्तकोषिकाहरूले मेरो फोक्सोबाट अक्सिजनलाई आवश्यक पर्ने ठाउँमा लगिरहेका छन्। यी सबै इलेक्ट्रोन, प्रोटोन र न्युट्रोनहरू मभित्र र मेरा वरिपरि छन् अनि हरेक नयाँ श्वासले मेरो अस्तित्वलाई सबै सम्भावनाहरूसहित यस अद्भुत ग्रहमा शक्ति दिइरहेको छ। मानिस जटिल पुर्जा र प्रक्रियाहरूद्वारा कुशलतापूर्वक रचना गरिएको एक सङ्ग्रह हो। एउटा पूर्ण जीवित आश्चर्य हो। त्यसैले हामीले आफ्नो डिजाइनको सराहना गर्नु र प्रत्येक क्षणको पूर्ण रूपमा अनुभव गर्नुभन्दा राम्रो उपहार अरू के दिन सक्छौँ र आफूलाई?

सबैभन्दा शुद्ध र शक्तिशाली रूपमा यो जीवनप्रति मेरो आभार यस उपहारकै लागि हो, यसले मलाई के गर्न सक्षम बनाउँछ भन्ने कुराका लागि होइन। बरु यस संसारमा अहिले नै अस्तित्वमा रहँदाको अनुभव गर्न मात्र हो। मैले बाहिरबाट भित्रतिरको यात्रा गर्दा मेरा लागि यो कृतज्ञताको गीत बज्छ।

यस पृथ्वीमा हामीजस्ता अरबौँ मानिसहरू छन् अनि हरेक व्यक्तिलाई जे दिइएको छ त्यसलाई उसले कसरी महसुस गर्छ भन्ने कुराका आधारमा ऊ अनुपम छ। हामी हरेकले फरकफरक गीत गाउन सक्छौँ– म जीवित हुँदा कस्तो महसुस गर्छु, म सन्तुष्ट हुँदा कस्तो महसुस गर्छु, म आनन्दित हुँदा कस्तो महसुस गर्छु भन्नेबारेको एउटा गीत। कतिपय मानिसहरूलाई आफूले पाएको उपहारका बारेमा थाहा नै हुँदैन तर अरूले प्रायः यसको उत्सव मनाउँछन्। तपाईँ जो हुनुभए पनि तपाईँले पाउनुभएको यो बहुमूल्य सम्पत्तिका लागि कृतज्ञता महसुस गर्ने अवसर सदैव छ।

कृतज्ञतालाई महसुस गर्नु

कृतज्ञता हामीले सोच्ने खालको कुनै कुरा नभएर यो त महसुस गर्ने विषय हो। हामी तृप्त भएको महसुस गर्न सक्छौँ तर तृप्तिलाई सोचाइमा पाउन सक्दैनौँ। हामी आभारी भएको महसुस गर्न सक्छौँ तर हामी आभारलाई सोचाइमा पाउन सक्दैनौँ। यो हामी भाग्यमानी छौँ भनेर सोच्ने विषय होइन। यो त अनुभूत गरेर जीवनका लागि धन्यवाद दिने विषय हो।

कृतज्ञता असल व्यवहारको विषय पनि होइन। यो त मैले अनुभूति गरेका आधारमा आफ्नो अस्तित्वलाई कदर गर्न मैले नै रोज्ने विषय हो। हामीलाई दिइएको कुराका लागि प्रायः 'धन्यवाद' भन्न लगाइन्छ (यो कुरालाई बच्चाहरूले धेरैजसो अनुभव गर्छन्) तर जीवनका लागि कृतज्ञता भित्रैबाट आउँछ।

आफ्नो जीवनका लागि कृतज्ञता महसुस गर्ने सही समय कहिले हो ? अहिले। कुनै समारोह वा ग्रहहरू एउटै रेखामा परेको अवस्थालाई अथवा कुनै व्यक्तिगत सङ्कटलाई हामीले प्रतीक्षा गर्नु आवश्यक छैन। हामी त केवल आफ्नो ध्यानलाई भित्र लैजान्छौँ र हामीलाई प्राप्त भएको चिजको सराहना गर्छौँ। कृतज्ञताको त्यस उत्तम क्षणमा ध्यान भट्काउने सबै चिजहरू हटेर जान्छन्। यो हाम्रो यात्रा अन्ततः गन्तव्यमा पुगेजस्तो हो तर एउटा नयाँ रोमाञ्चक यात्रा पनि सुरु भइरहेको छ। कृतज्ञता विगत र वर्तमानको उत्तम मिलनबिन्दु हो– वर्तमानको एउटा उत्सव।

हामी पूर्ण छौँ

कृतज्ञता यस्तो हुन सक्थ्यो भन्ने कुराबाट नभएर जे छ त्यसैबाट आउँछ। यसको अर्थ हामीले हाम्रा आवश्यकता र चाहना, हाम्रा इच्छा, हाम्रा आशा अनि हाम्रा सपनाहरूलाई त्याग्नुपर्छ भन्ने होइन। हामीसँग पहिले नै प्राप्त भएका चिजहरूका लागि कृतज्ञ हुन बाह्य सफलतालाई पर्खनु आवश्यक छैन। हाम्रा कल्पना र उत्साहले बाहिरी संसारमा हाम्रा लागि र अरूका लागि ठुला उपलब्धिहरू हासिल गर्न सक्छन् तर हामीलाई पूर्ण बनाउनका लागि उपलब्धिहरूको आवश्यकता पर्दैन। हामी पूर्ण छौँ।

हामी चिजहरूलाई जस्ता छन् त्यही अवस्थामा सधैँ स्वीकार गर्न सक्छौँ, जस्ता छन् त्यही अवस्थामा अनुभव गर्न सक्छौँ अनि जस्ता छन् त्यही अवस्थामा

प्रशंसा गर्न सक्छौँ। हामीले जे छ त्यसको साँच्चै कदर गर्न थालेपछि हाम्रो कृतज्ञता अनन्त हुन्छ। हाम्रो सन्तुष्टिलाई मापन गर्न सकिँदैन। हाम्रो आनन्दलाई मापन गर्न सकिँदैन। हाम्रो प्रेमलाई मापन गर्न सकिँदैन। हाम्रो बुझाइलाई मापन गर्न सकिँदैन। हाम्रो खुसीलाई मापन गर्न सकिँदैन। हाम्रो आन्तरिक शान्तिलाई मापन गर्न सकिँदैन। सूचीकारले टेपको प्रयोग गरेर यसको लम्बाइ नापेजसरी हामी यसको आकारलाई नाप्न सक्दैनौँ। हामी तिनलाई तराजुले जसरी जोखेर नाप्न सक्दैनौँ। तिनीहरू अनन्त र निराकार छन् तर हाम्रा लागि पूर्ण रूपमा यथार्थ छन्।

जब हामी प्रत्येक श्वासलाई महत्त्व दिन्छौँ तब यो वास्तविकता बन्छ। जब आफूभित्र भएको शान्तिसँग हामी पूर्ण रूपले जोडिन्छौँ तब यो वास्तविकता बन्छ। यी सबै कुराहरू यहाँ र अहिले मात्रै हुन सक्छन्। 'अहिले' का लागि असल कर्म के हो? अहिलेका लागि असल कर्म चेतना हो। अहिलेका लागि असल कर्म आनन्द हो। अहिलेका लागि असल कर्म कृतज्ञता हो।

कष्ट अनि सफलताभन्दा पर

प्रायजसो मलाई सोधिन्छ, "मेरो जीवनमा हुने गरेका नराम्रा कुराहरूबारे के भन्नुहुन्छ? के ती कुराहरूप्रति म कृतज्ञ हुनुपर्छ?" अथवा, कसैले मलाई एक पटक अलिकति रिसाएर सोधे, "के हामी भ्रमका लागि आभारी हुनुपर्छ? के हामी दुःखका लागि आभारी हुनुपर्छ? के हामी पीडाका लागि आभारी हुनुपर्छ?" पर्दैन तर ती भावनाहरूमा पनि एउटा राम्रो चिजप्रतिको सङ्केत छ– जीवन आफैँप्रतिको। जीवनविना तपाईँ न त नराम्रो कुरालाई महसुस गर्न सक्नुहुन्छ न त राम्रो कुरालाई नै। जीवनविना तपाईँ रिसाउन सक्नुहुन्न, तपाईँ पीडामा हुन सक्नुहुन्न। जीवन नभएमा तपाईँले खराब समय राम्रो समयमा परिणत भएको हेर्ने अवसर पाउनुहुन्न। यसबारेमा एउटा कथा छ।

एक जना राजा उनका मन्त्री र सेनापतिसहित एउटा गोप्य कार्यका लागि अर्को राज्यको भ्रमणमा निस्किए। यात्राका क्रममा एउटा स्याउ काट्न खोज्दा राजाको बुढीऔँलो काटिन पुग्यो। औँलाबाट अत्यधिक मात्रामा रगत बग्न थालेकाले सेनापतिले काटिएको औँलामा पट्टी लगाइदिए र उनीहरू अगाडि बढे। राजा आफू घाइते भएकामा दुःखी भए अनि बारम्बार आफैँलाई मनमनै सोध्न थाले, "यस्तो किन भयो?" केही माइल पर पुगेपछि उनले आफ्ना मन्त्रीतर्फ फर्केर भने, "मलाई आज यस्तो किन भयो?"

"महाराज! जे हुन्छ, राम्रैका लागि हुन्छ।" मन्त्रीले भने।

राजालाई यो कुरा पटक्कै मन परेन किनभने उनको औँला असाध्यै दुखिरहेको थियो। उनले सोचे, "यसलाई पाठ सिकाउनुपर्छ।" त्यसैले उनले आफ्नो सेनापतिलाई बोलाए अनि एउटा गहिरो खाडल खोजेर बाहिर आउन नसक्ने गरी ती मन्त्रीलाई त्यस खाडलमा फ्याँकिदिने आदेश दिए।

सेनापतिले पनि ठ्याक्कै भनेजस्तै गरे। मन्त्रीले निकै नै प्रतिरोध गरे। यस क्रममा उनले रगतै आउने गरी सेनापतिको कानसमेत टोकिदिए। मन्त्री चिच्याउन थाले, "तिमीले मलाई यस्तो किन गर्दै छौ?"

राजाले भने, "जे हुन्छ, त्यो राम्रैका लागि हुन्छ।"

राजा र सेनापतिले मन्त्रीलाई खाडलमा छाडेर एउटा जङ्गल नपुगुन्जेलसम्म हिँडिरहे। घण्टौँसम्म हिँडेपछि उनीहरू एउटा अनौठो गाउँमा पुगे। केही कुरा बुझ्न नपाउँदै गाउँलेहरूले उनीहरूलाई घेरे। अनुमतिविना गाउँमा पस्ने ती अपरिचित व्यक्तिहरूसँग त्यहाँका स्थानीयहरू निकै रिसाए। त्यो गाउँमा अनुमतिविना आउनेहरूलाई बलि चढाएर मृत्युदण्डको सजाय दिइन्थ्यो। गाउँलेहरूले सबैभन्दा पहिला राजालाई देखे अनि पहिला उनैलाई मार्ने निर्णय गरे। त्यसैले उनीहरूले राजालाई बाँधे अनि आगो बाल्ने तयारी गर्न थाले।

राजा चिच्याए, "यो त साह्रै नै भयानक भयो! यिनीहरूले यस्तो किन गरिरहेका छन्? मलाई बचाऊ! रोक!"

मृत्युदण्ड दिने व्यक्तिले अन्तिम तयारी थालिसकेको थियो अनि अचानक उसले गाउँका मुखियातर्फ फर्केर भन्यो, "हामी यो मानिसलाई बलि दिन सक्दैनौँ!"

"किन सक्दैनौँ?" मुखियाले सोधे।

"हामी जसलाई बलि दिन्छौँ ऊ सग्लो हुनुपर्छ तर यसलाई हेर्नुहोस् त!" अनि, उसले राजाको पट्टी लगाएको बुढीऔँलोलाई माथि उचालेर देखायो।

गाउँलेहरूले लामो सास फेरे अनि उनीहरूको ध्यान तुरुन्तै सेनापतितर्फ गयो र उनलाई बाँधे। एक पटक फेरि मृत्युदण्ड दिने व्यक्तिले त्यसको अन्तिम तयारी थाले तर यस पटक रगतले लतपतिएको सेनापतिको कानमा उसको नजर पर्‍यो।

"हामीले यो मानिसलाई पनि बलि दिन सक्दैनौँ!" ऊ चिच्यायो अनि उसको पनि डोरी खोलिदियो।

मुखिया र गाउँलेहरू रिसले चुर भए। सबै मानिसहरू कराउन र एकअर्कासँग बहस गर्न थाले। यो अलमलमा राजा र उनका सेनापति सुटुक्क भाग्न सफल भए। तिनीहरू फेरि त्यही जङ्गलकै बाटो हुँदै मन्त्री भएको खाल्डोमा पुगे।

"यिनलाई बाहिर निकाल!" राजा कराए, "तिमीलाई त्यहाँ तल फ्याँकेकोमा म माफी चाहन्छु। त्यो काटिएको औँलाले मेरो ज्यान बचायो।" अनि, राजाले ती जङ्गली गाउँलेहरूका बारेमा र आफूहरू मृत्युबाट फुत्कन सफल भएको कथा सुनाए।

"अनि, तपाईँले मलाई खाडलमा फालिदिनुभएकोमा म धेरै खुसी छु।" मन्त्रीले भने, "किनभने मलाई त कुनै चोट लागेको छैन। यदि म त्यहाँ पुगेको भए तपाईँहरूको सट्टा मेरो चाहिँ बलि चढ्ने थियो!"

यस कथाले हाम्रो जीवनमा कालो बादलमा चाँदीको घेरा हुन्छ भन्ने भनाइलाई स्मरण गराउँछ। चाँदीको घेराले हामीलाई के बताउँछ? कालो बादलको ठिक पछाडि एउटा शक्तिशाली सूर्य छ जसले हामीलाई न्यानो पार्न र हाम्रो बाटो उज्यालो पार्न प्रतीक्षारत छ भन्ने कुरा बताउँछ।

त्यसो त यहाँ हामीमा घटित हुन सक्ने एकदमै नराम्रा चिजहरूको प्रभावलाई कम महत्त्व दिन खोजेको चाहिँ होइन। हामीले अनुभव गर्न सक्ने पीडाका अतिरिक्त सधैँ अरू राम्रा कुरा पनि हुन्छन् भनेर मैले औँल्याउन मात्रै खोजेको हुँ। अझ भन्ने हो भने आनन्दका विषयमा पनि यही कुरा लागु हुन्छ। सबै चिज परिवर्तनशील हुन्छन्। हामीमा पीडा हुन सक्छ तर पीडा नै हाम्रो परिचय होइन। हामीलाई ठुलो सफलता प्राप्त हुन सक्छ तर सफलता नै हाम्रो परिचय होइन। हाम्रो जीवनमा सफलता र पीडा आउनजान सक्छन् तर शान्ति चाहिँ स्थिर रहिरहन्छ।

शारीरिक, मानसिक र भावनात्मक पीडाले हाम्रो दिमाग वशीभूत हुन सक्छ तर हाम्रो हृदयमा सधैँ केही न केही राम्रो भइरहेको हुन्छ। तपाईँ भयावह परिस्थितिमा हुँदा आन्तरिक शान्तिको अनुभूति गर्न गाह्रो हुन सक्छ तर आफैँभित्र हेर्नुहोस् अनि त्यहाँ दुःखभन्दा पर अरू पनि केही कुरा देखिन्छ। त्यसले पीडाको अर्कातिर आनन्दले तपाईँलाई पर्खिरहेको छ भन्ने कुराको स्मरण गराउँछ।

यस विषयमा सुकरातका केही शब्दहरू यहाँ प्रस्तुत छन्:

"तपाईँले चाहेको कुरा नपाउँदा तपाईँ दुःखी हुनुहुन्छ।
तपाईँले नचाहेको कुरा पाउँदा पनि तपाईँ दुःखी हुनुहुन्छ।
यदि तपाईँले चाहेकै कुरा ठ्याक्कै पाउनुभयो भने पनि तपाईँ
दुःखी हुनुहुन्छ किनभने तपाईँले त्यसलाई सधैँका लागि
राखिरहन सक्नुहुन्न।

*तपाईँको आफ्नो दिमाग नै तपाईँको समस्या हो।
यो परिवर्तनबाट मुक्त, पीडाबाट मुक्त, जीवन र मृत्युको
दायित्वबाट मुक्त हुन चाहन्छ तर परिवर्तन एउटा नियम हो
र कुनै पनि बहानाले त्यो वास्तविकतालाई बदल्न सक्दैन...
जीवन दुःख होइन, तपाईँ नै यसको आनन्द लिनुको साटो
पीडा मात्र लिनुहुन्छ। चाहे जेसुकै भए पनि तपाईँले आफ्नो
दिमागको आसक्तिलाई नछोडेसम्म र स्वतन्त्र भएर यात्राको
आनन्द नलिएसम्म यस्तै हुन्छ।"*

सबैभन्दा कालो बादल

अरूका जस्तै मेरा राम्रा दिनहरू पनि हुन्छन्, नराम्रा दिनहरू पनि हुन्छन् तर मेरा दिनहरू जति नै खराब भए पनि म आफूभित्र मोडिएर यो कुरा भन्नका लागि सक्षम हुन चाहन्छु, "म जीवित भएकोमा धन्यवाद छ।" अनि, मेरो दिन साँच्चै धेरै राम्रो हुँदा र सबै कुरा मेरो अनुकूल भइरहँदा म आफूभित्र मोडिएर यो कुरा भन्नका लागि सक्षम हुन चाहन्छु, "म जीवित भएकोमा धन्यवाद छ।" न त समस्याहरूले, न आनन्दले नै हामीलाई हाम्रो हृदयमा प्राप्त हुने शान्तिबाट विचलित तुल्याउन सक्छन्।

म अर्जेन्टिनामा भएका बेला त्यहाँ एउटा कार्यक्रममा बोल्ने तयारी गरिरहँदा मेरो जीवनकै एउटा सबैभन्दा कालो बादल देखा पर्‍यो। मलाई एउटा फोन आयो अनि मेरी श्रीमती मेरोलिनलाई आकस्मिक रूपमा अस्पताल लगिएको कुरा सुनाइयो। उनी हाम्रो कान्छो छोरासँग स्यानडियागोको एउटा होटेलमा थिइन् र कोठामा उनीहरूले केही पिज्जा मगाएका थिए। कोठामा सामान ल्याउने ट्रलीको ढोका खोल्न भनेर उनी निहुरिंदा एक्कासि बेहोस भएर भुइँमा लडिन्। अर्को दिन अस्पतालमा उनको मेरुदण्डबाट तरल पदार्थको नमुना निकालियो र त्यसमा रगत देखियो। त्यो नमुनाको परीक्षण गर्दा त्यसले उनको टाउकोमा केही समस्या भएको सङ्केत गर्‍यो। उनीहरूले उनको मस्तिष्कमा एनियुरिजम (रक्तनलीमा हुने एक प्रकारको गम्भीर समस्या) भएको कुरा पत्ता लगाए। उनको ज्यानलाई ठुलो खतरा छ र उनको मृत्यु पनि हुन सक्छ भनेर मलाई बताइयो।

मैले फोन राखेँ र आफ्नो वरिपरि हेरेँ। म हजारौँ माइल टाढा एउटा पूरै फरक टाइम जोन (फरक समय भएको भौगोलिक क्षेत्र) मा थिएँ। त्यस दिन साँझ मैले मानिसहरूको ठुलो जमघटलाई सम्बोधन गर्नुपर्ने थियो। तीमध्ये धेरै मानिसहरूले आफ्नो गृहनगरमा बसौँदेखि मेरो प्रतीक्षा गरिरहेका थिए। मेरो दिमागमा ती सबै जानकारी र भावनाहरू चलिरहेका थिए। तिनलाई आफ्नो नियन्त्रणमा राख्न मलाई निकै कठिन भइरहेको थियो।

त्यस क्षणमा मैले मौन रहेर आफैँसँग जोडिने निर्णय गरेँ। यसो गर्दा मैले हजारौँ माइल टाढा भइरहेका भयानक घटनाहरूको वास्तविक भारलाई महसुस गरेँ तर मैले आन्तरिक शान्तिलाई पनि अनुभूत गरेँ। मभित्र शान्ति र स्पष्टताको गहिरो चेत प्रवाह भयो। मैले हाम्रो हवाईजहाजलाई तयारी अवस्थामा राख्ने प्रबन्ध मिलाएँ। हवाईजहाजलाई तयार पार्दै गर्दा विशेष श्रोताहरूलाई सम्बोधन गर्न मैले आफूलाई तयार पारेँ।

त्यस दिन राम्रो र नराम्रोबिचमा सन्तुलन कायम गर्न खोज्दा म सही बाटोमा रहन सक्षम भएँ। म कार्यक्रममा गएँ र त्यहाँ सहभागीहरूलाई सम्बोधन गरेँ अनि सिधै विमानस्थलतिर लागेँ। मैले रातभर हवाईजहाज उडाएँ र सम्पूर्ण उडान नै मलाई त सपनाजस्तै लागिरहेको थियो। मेरोलिनको अवस्थाका सबै सम्भावित परिणामहरू मेरो दिमागमा घुमिरहेका थिए तर मभित्रको अर्को भाग मैले के गर्नुपर्छ भन्ने कुरामा स्पष्ट थियो।

हामीले हवाईजहाज अवतरण गऱ्यौँ। भन्सारका प्रक्रियाहरू पूरा गऱ्यौँ त्यसपछि म सिधै अस्पताल गएँ। मेरोलिन होसमा आइसकेकी थिइन् तर डाक्टरहरूले अत्यावश्यक भएकाले शल्यक्रिया गरेको कुरा बताए। यो धेरै नै जटिल शल्यक्रिया थियो। म अस्पतालको नजिकै रहन चाहन्थेँ त्यसैले म एउटा होटेलमा बसेँ। होटेल र अस्पतालबिचमा आउनेजाने गर्दै म त्यहाँ एक महिनाभन्दा बढी बसेँ। हरेक दिन हाम्रो परिवार र हाम्रा साथीहरूले सुधारको आशा राखिरहेका थिए। विचार गर्नुपर्ने खबरहरू त सधैँ आइरहन्थे तर मैले आत्मज्ञानबाट प्राप्त हुने शक्ति र सरलतालाई पनि महसुस गरिरहेको हुन्थेँ। यसको अर्थ मैले मेरोलिन र परिवारलाई मदत गर्न सकेँ।

त्यो समयावधिमा हाम्रो सम्पूर्ण परिवार गहिरो पीडामा थियो तर जीवनप्रतिको त्यो कृतज्ञता त्यतिखेर पनि थियो। हामी समस्याका लागि आभारी थिएनौँ तर हामीभित्र अझै पनि कृतज्ञता थियो– अन्धकारमा एउटा ज्योति, त्यो प्रकाश जसले

हामीलाई जे भइरहेको थियो त्यसको पूर्ण तस्बिर देखिरहन हामीलाई सक्षम बनायो। अनि, मेरोलिनको अवस्थामा बिस्तारैबिस्तारै सुधार हुन थाल्यो। त्यसपछि उनी घर आइन् र हामीले घरमा उनको राम्रो हेरविचार गऱ्यौँ। वास्तवमा अहिले हेर्दा उनी त्यस्तो भयानक अनुभवबाट गुज्रेकी थिइन् भनेजस्तो लाग्दैन। शारीरिक, मानसिक, भावनात्मक रूपमा निको हुने हाम्रो क्षमता साँच्चै असाधारण छ ! (अर्को अध्यायमा हामीले जीवनको सबैभन्दा कठिन समयलाई कसरी सामना गर्न सक्छौँ भन्नेबारे म थप कुरा गर्नेछु।)

शान्तिको नदी

आन्तरिक शान्तिलाई म हामीभित्र बग्ने एउटा नदीको रूपमा लिन्छु। कहिलेकाहीँ हामीलाई हामी सुक्खा जमिनमा छौँ र त्यसमा केही पनि उम्रिरहेको छैन भनेजस्तो लाग्छ। यसको कुनै स्वरूप छैन, रङ छैन, कुनै आश्रय छैन। त्यसपछि त्यो कडा जमिनबाट शान्तिरूपी सानो मूल फुट्छ, त्यो प्रकाशमा चम्कन्छ अनि नदीले बनाएको पुरानो बाटो खोज्दै चिरा परेको जमिनबाट बग्न थाल्छ।

जसै जमिनमुनिबाट पानी बाहिर निस्किएर उपत्यकातिर बग्न थाल्छ अनि धेरै कुराहरू हुन थाल्छन्। खोलाको किनारमा घाँसहरू उम्रन थाल्छन्। सुक्खा जमिनमा रहेका बिउहरू अङ्कुरित भएर फुल्न थाल्छन्। किराहरू ती घाँस र पातहरू खान आउँछन्। ठुला किराहरूले साना किराहरूलाई खान चाहन्छन्। खानाको खोजीमा रहेका चराहरू ती ठुला किराहरूका कारणले आकर्षित हुन्छन्। यी पक्षीले अरू धेरै प्रकारका बिउहरू ल्याउँछन् र ती बिउहरू त्यस उर्वर भूमिमा झर्छन्।

यसरी नै त्यहाँ रूखहरू उम्रन्छन्। तिनका हाँगाहरू पाकेका फलहरूले लटरम्म हुन्छन्। ती हाँगाहरूमा कल्पना गर्न सकिने सबै रङ र आकार भएका पातहरू पलाउँछन्। यिनले क्षितिजको एक छेउदेखि अर्को छेउसम्म ढाकेको दृश्य एउटा सुन्दर चित्रजस्तै देखिन्छ। किराको आवाज र चराहरूको चिरबिरले त्यहाँको हावालाई सङ्गीतमय बनाइदिन्छ। त्यस विशाल वनमा एउटा मिठो सुगन्ध फैलिन्छ– सबै प्राणीहरूलाई त्यो आनन्दमय सृष्टिको भोजमा सामेल हुन आमन्त्रण गरिरहेझैँ।

प्रत्येक बिरुवा र जीवको विकासका लागि आआफ्नै निश्चित तत्त्वहरू आवश्यक हुन्छन् तर हुर्किनका लागि पानी चाहिँ ती सबैलाई आवश्यक हुन्छ। शान्ति त्यो पानी हो जसले जीवनलाई फक्रन सक्षम बनाउँछ। म आफैँसँग जोडिँदा मेरो जीवनमा बग्ने शान्तिका लागि म कृतज्ञ हुन्छु। मैले आशीर्वादस्वरूप पाएको अस्तित्वका लागि म कृतज्ञ हुन्छु अनि मेरो जीवनमा फुल्ने सबै रङ र रूपहरूका लागि म कृतज्ञ हुन्छु।

लोभ

मलाई अरू मानिसहरूलाई जसरी नै मिठो खाना, सुन्दर स्थानहरू, नयाँनयाँ प्रविधि अनि अरू सबै कुराहरू मन पर्छ। भाग्यले तपाईँ अरू मानिसहरूभन्दा तुलनात्मक रूपमा बढी समृद्ध हुनुहुन्छ भने यस संसारले तपाईँलाई केही अद्भुत चिज प्रदान गर्छ। हामीले ती चिजहरूको कदर नगरी तिनलाई जम्मा गरेर आफ्नो स्वामित्वमा राख्दै गयौँ भने समस्या आउँछ।

एक पटक म एउटा टिभी स्टेसनमा विश्वव्यापी समस्याहरूबारेको छलफलमा थिएँ। त्यहाँका सहभागीहरूले लोभका बारेमा कुरा गर्न थाले र उनीहरूले लोभ कसरी सर्वत्र देखिएको छ भन्ने कुरा बताए। कारमा बसेर घर फर्कँदै गर्दा बाटोमा मैले लोभको औषधीका बारेमा सोच्न थालेँ। त्यसपछि हामी ट्राफिक बत्तीमा रोकिँदा हाम्रो छेउमा एउटा कार आइपुग्यो। त्यहाँ ड्राइभरले ठुलो आवाजमा सङ्गीत घन्काइरहेको थियो। वास्तवमा त्यो निकै चर्को थियो। डुङ, डुङ, डुङ, डुङ, डुङ। मेरो दिमागमा पहिलो कुरो यस्तो आयो, “यो त अत्यन्तै नराम्रो कुरो हो। उनीहरूले त्यसो गर्नु हुँदैन।” त्यसपछि मैले फेरि सोचेँ, “वास्तवमा, यो गीत सायद उनीहरूलाई धेरै मन परेकाले सबैलाई सुनाउन चाहन्छन्!” हुन सक्छ, त्यस व्यक्तिले त्यो गीतको प्रशंसा मात्र गरिरहेको थियो। त्यसपछि मलाई के विचार आयो भने प्रशंसा नै लोभको औषधी हो अनि हामी कुनै चिजलाई साँच्चै प्रशंसा गर्दा त्यसलाई सबैसँग बाँड्न चाहन्छौँ। यसको ठिक विपरीत हामीले कुनै चिजको लोभ गर्दा त्यसलाई आफूसँग मात्रै राख्न चाहन्छौँ।

यसर्थ अझ बढी नपाएसम्म हामी खुसी हुन सक्दैनौँ भन्ने भावना नै लोभ हो तर यसको प्रशंसा गर्न थालेपछि हामी त्यस तृप्तिको भावनाको नजिक पुग्छौँ। हामी त्यस कृतज्ञताको भावनासँग पूर्ण रूपले जोडिनेबित्तिकै लोभको अस्तित्व समाप्त हुन्छ।

हामी आफैँसँग इमानदार हुने र हरेक दिन कुन चिजलाई हामीले साँच्चै प्राथमिकता दिने हो भन्ने कुरालाई पहिचान गर्नु आवश्यक छ। के जीवनको प्रशंसा गर्ने कुरा हाम्रो सबैभन्दा महत्त्वपूर्ण चिजहरूको सूचीको शीर्षस्थानमा छ? अथवा, यसलाई अन्य प्राथमिकताहरूले धकेलेर तल, तल, अझ तल झारेर राख्नै नसकिने ठाउँमा पुऱ्याएका त छैनौँ? सम्बन्ध, घर, पेसा, बिदा, कार्यक्रम, सोख, प्रविधि र अन्य बाँकी सबै चिजहरू के जीवनको अनुभव गर्ने कुराभन्दा पनि माथि रहन साँच्चै योग्य छन्? मलाई के लाग्छ भने हामीले यस आशीर्वादको अनुभवलाई प्राथमिकता दिनुपर्छ। यसलाई अरू सबै चिजहरूबाट तल थिचिन दिनु हुँदैन। हामीले यस आशीर्वादप्रतिको प्रशंसालाई हरेक दिन सबैभन्दा माथि राख्यौँ भने हाम्रो जीवन कस्तो देखिन्थ्यो होला? संसारलाई हेर्ने हाम्रो दृष्टिकोणलाई यसले कसरी परिवर्तन गर्थ्यो होला? यसले तपाईँको जीवनका लागि तपाईँलाई के गर्ला भन्ने लाग्छ?

आफ्नो जीवनको अन्तिम समयतिर आइपुगेका मानिसहरूलाई मैले देखेको छु र उनीहरूलाई यो कुरा थाहा पनि हुन्छ तैपनि उनीहरूको दिमागले अन्य सबै कुराहरूलाई प्राथमिकतासूचीको शीर्षस्थानमा राख्छ। हाम्रो जीवनलाई सुन्दर बनाउने यी बहुमूल्य दिनहरूको साँचो र गहन आनन्द कहाँ छ? के हाम्रा प्राथमिकताहरू साँच्चै यीभन्दा पनि ठुला छन्? हाम्रो दिमागले तृप्तिलाई जति धेरै बाहिरी संसारमा खोज्छ, भित्रको साँचो तृप्तिको चेतबाट हामी त्यति नै टाढा हुन्छौँ। यस विषयमा सन्त कबिरका केही ज्ञानका कुराहरू यहाँ प्रस्तुत छन्:

पानीमा छ प्यासी माछो, यो सुनेर मलाई उठ्छ हाँसो।

हामी लोभी हुँदा पानीमा बसेर पनि तिर्खाएको त्यो माछोजस्तै हुन्छौँ। जताततै पानी नै पानी छ तर पिउनका लागि एक थोपो पनि छैन। हामीलाई चाहिने सबै कुरा हामीसँगै छ तर हामी यसको कदर नै गर्दैनौँ। हामीसँग जे छ त्यसप्रतिको कृतज्ञताले हाम्रो तिर्खा मेट्छ।

के तपाईँ सफल भएको महसुस गर्नुहुन्छ ?

बाहिरी संसारका सबै चिजहरू अस्थायी छन् र यिनीहरूले तपाईँलाई जुनसुकै बेला छोड्न सक्छन्। तपाईँले अहिले आफू जे हुँ भनेर महसुस गर्नुहुन्छ त्यसले साँच्चै अर्थ राख्छ। के तपाईँ सफल भएको महसुस गर्नुहुन्छ? यसलाई तपाईँले मात्र निर्णय गर्न सक्नुहुन्छ। के तपाईँ सफल भएको महसुस गर्नुहुन्छ? तपाईँले चाहनुभएको सफलतालाई तपाईँले मात्र सृजना गर्न सक्नुहुन्छ। के तपाईँ सफल भएको महसुस गर्नुहुन्छ? तपाईँको उत्तरले तपाईँ आफैँसँगको सम्बन्धका बारेमा के भन्छ?

अन्य व्यक्तिको मुखबाट "तपाईँ सफल हुनुहुन्छ" भनेर सुन्नका लागि कति अरब मानिसहरूले आफ्नो जीवनमा एकदमै कडा परिश्रम गर्छन् भन्ने कुरा तपाईँलाई थाहा छ? "यही नै सफलता हो" भनेर अरू कसैले घोषणा गरेको आधारहीन कुराका लागि कति अरब मानिसहरूले सपना देख्छन्– तपाईँलाई थाहा छ?

के यही नै जीवन हो या यसभन्दा पनि थप अरू केही छ? एउटा भित्री संसार छ र त्यस संसारमा अरूले भनेको जस्तो सफलताका लागि तपाईँले मरिमेट्नु आवश्यक छैन। तपाईँले त्यसलाई सहजै आफूभित्र पाउन सक्नुहुन्छ। त्यहाँ तपाईँले प्रसिद्धिका लागि मरिमेट्नु आवश्यक छैन। तपाईँ जे हुनुहुन्छ त्यसका लागि सहजै आफूलाई प्रेम गरिएको महसुस गर्न सक्नुहुन्छ। तपाईँले अरू मानिसहरूबाट आदर प्राप्त गर्नका लागि मरिमेट्नु आवश्यक छैन। तपाईँ जे हुनुहुन्छ त्यसैको कदर गर्न सक्नुहुन्छ। तपाईँले आफूसँग भएका चिजहरूलाई तौलन र नाप्न आवश्यक छैन। यसको साटो तपाईँले आफ्नो जीवनरूपी उपहारलाई खोलिरहन सक्नुहुन्छ।

चाहना र आवश्यकताहरू

हामीले हाम्रा आवश्यकता र हाम्रा चाहनाहरूबिचको भिन्नतालाई सधैँ बुझ्दैनौँ। तृप्तिका सम्बन्धमा हाम्रो भ्रमको एउटा कारण यही नै हो।

हावा– यसविना सायद हामी तीन मिनेटभन्दा बढी बाँच्न सक्दैनौँ।

न्यानोपन– यसविना सायद हामी तीन घण्टाभन्दा बढी बाँच्न सक्दैनौँ।

पानी, खाना, निद्रा– हामीलाई यी कुराहरू पनि चाहिन्छन्।

फ्रेन्चफ्राइज (तारेको आलु)– यो एउटा चाहना हो।

छुटाउनै नहुने त्यही चलचित्र हेर्न जानु– यो एउटा चाहना हो।

नयाँ चम्किलो त्यही कार किन्नु– यो एउटा चाहना हो।

चाहना राख्नु कुनै गलत कुरो होइन। तिनीहरूले हाम्रो जीवनमा आनन्द थप्छन् अनि तिनले पैसाको कारोबार गराइरहन्छन् र मानिसहरूलाई रोजगारी दिइरहन्छन्। तपाईँलाई आज मन परेको कुरा भोलि मन नपर्न सक्छ। चाहनाको प्रकृति नै यस्तै हो। चाहना परिवर्तन भएन भने त्यो निरर्थक हुन्छ। यो निरन्तर परिवर्तन भइरहन्छ। तपाईँ एउटा नयाँ टिभी किन्नुहुन्छ। त्यसलाई घरमा ल्याएपछि जोडेर खोल्दा त्यसमा अर्को नयाँ टिभीको विज्ञापन आइरहेको हुन्छ अनि फेरि तपाईँ त्यही चाहनुहुन्छ। तपाईँ साथीसँग रेस्टुरेन्टमा जानुहुन्छ, खाने कुराको सूची हेर्नुहुन्छ, सचेत भएर विचार गरेपछि तपाईँ आफ्नो खाना मगाउनुहन्छ। खाना आइपुगेपछि तपाईँ आफूसँगैको साथीको खाना हेर्नुहुन्छ अनि तपाईँ पनि त्यही खानाको इच्छा राख्नुहुन्छ। चाहना भनेकै यही हो जुन कहिल्यै पूरा हुँदैन।

हामी आवश्यकताहरूलाई बिर्सेर हाम्रा चाहनाहरूतर्फ धेरै ध्यान दिन पुग्छौँ। यो कुनै अचम्मको कुरा होइन। अरबौँ डलरको हल्ला गरिरहने चाहनारूपी एउटा उद्योग छ। यसले तपाईँले राख्ने अर्को चाहनाको निरन्तर विज्ञापन गरिरहन्छ।

के तपाईँले सम्बन्धका बारेमा यो भनाइ सुन्नुभएको छ– "नजिकको तीर्थ हेला।" यसले के इङ्गित गर्छ भने हामीले कुनै व्यक्तिसँग निकै धेरै समय बिताएपछि हामी उसलाई कम महत्त्व दिन थाल्छौँ। हाम्रो जीवनमा अत्यावश्यक चिजहरूको विषयमा पनि यस्तै हुन्छ। हामीमध्ये कति जनाले आज बिहान उठेर हावा, पानी, खाना र न्यानोपनका लागि धन्यवाद दियौँ? अनि, निद्राका लागि धन्यवाद दियौँ?

मेरो विचारमा कुनै चिजको अझ बढी चाहना राख्नु पनि ठिकै हो तर त्यही चिजमा मात्र बढी चाहना राख्दा हाम्रो जीवनमा अरू चिजहरू कम प्राथमिकतामा पर्नु हुँदैन भन्ने कुरा सुनिश्चित गर्नुपर्छ। के यो चिजलाई चाहँदा हामीले कुनै मूल्य चुकाउनुपर्छ वा कुनै रमाइलो चिज त्यत्तिकै थपिँदै छ? यसले कुनै राम्रो चिजलाई नघटाईकन अर्को राम्रो चिज थपिरहेको छ भने त्यो त अत्यन्तै उत्तम कुरा हो!

आफू र आफ्नो परिवारको भौतिक जीवन उकास्नका लागि आवश्यक दृढता र एकाग्रता कायम गर्ने मानिसहरूसँग म सधैँ प्रभावित हुन्छु– यदि विशेष गरी उनीहरूको आर्थिक अवस्था निकै दयनीय छ भने। तर, तपाईँ जहाँ हुनुभए पनि सन्तुलन कायम राख्नु राम्रो कुरा हो। मेरो विचारमा जीवनको सुन्दर आश्चर्यसँग

सम्पर्क नटुटाईकन आफ्नो अवस्था सुधार गरिरहनु नै उत्तम उपाय हो। संसारको धनले कहिलेकाहीँ हाम्रा चाहनाहरूलाई त पूरा गर्न सक्ला तर हाम्रो हृदयको धनले नै हाम्रा वास्तविक आवश्यकताहरूलाई पूरा गर्छ।

म के कुरा गर्न खोज्दै छु भनेर तपाईंले अनुमान लगाइसक्नुभयो होला... त्यसो हो भने आन्तरिक शान्ति चाहना हो वा आवश्यकता? एक पटक मैले यो प्रश्न श्रोताहरूलाई सोधेँ अनि उहाँहरू निकै अलमलमा पर्नुभयो किनभने उहाँहरूले साँच्चै नै धेरै विचार गर्नुपरेको थियो। आन्तरिक शान्तिसँग जोडिएको अनुभूत गर्नु चाहना हो वा आवश्यकता भन्ने कुरा हामी हरेकले निर्णय गर्ने विषय हो तर मेरा लागि आन्तरिक शान्ति के हो भन्ने कुरा मलाई थाहा छ– एउटा गहन आवश्यकता। यो एयर कन्डिसनजस्तो खोल्ने र बन्द गर्ने चिज नभएर वास्तवमा यो त हावा नै जस्तो हो। हामीमध्ये कसैले पनि आफ्ना बारेमा यसरी सोच्दैनौँ होला, “मलाई रातको नौ बजेदेखि बिहानको छ बजेसम्म श्वास फेर्नु आवश्यक छैन।”

शान्तिले हामीभित्र हरेक समय नृत्य गरिरहनु आवश्यक छ– हामीले बसेर त्यसमा ध्यान केन्द्रित गरेका बेलामा मात्र होइन। शान्तिविना हामीले आफूलाई सन्तुष्ट पार्न जस्तोसुकै प्रयास गरे पनि केही काम लाग्दैन तर शान्ति छ भने हामीसँग हाम्रो कल्याणका लागि अत्यावश्यक चिज छ। यहाँ कुरो बाँच्नु मात्र होइन, जीवनलाई उत्कृष्ट रूपमा जिउनु हो।

कतिपय मानिसले शान्ति आवश्यकता हो भन्ने अवधारणालाई बुझ्न वास्तवमा धेरै नै सङ्घर्ष गर्छन्। आन्तरिक शान्ति तपाईंको जीवनमा एउटा बौद्धिक विचार मात्र हो भने, तपाईंको परिस्थितिअनुसार आफूखुसी खोल्ने र बन्द गर्ने कुनै चिज हो भने मेरो बुझाइमा सायद तपाईँ मान्नुमा अल्झिरहनुभएको छ, जान्नुमा होइन। तर, हामीभित्रको सम्पत्तिलाई चिन्न एक क्षण मात्र लाग्छ। कृतज्ञताको त्यो अनुभूति हृदयको एक धड्कन मात्र टाढा छ।

को सन्तुष्ट छ?

हामी आफ्नो आन्तरिक शान्तिको सम्पर्कमा नहुँदा हाम्रो दिमागले हामीलाई व्याकुलताको लामो यात्रातर्फ लैजान सक्छ। हामी कति अशान्त हुन सक्छौँ भने हाम्रो जीवनमा केही पनि ठिक नभएजस्तो लाग्छ। हामी अरू मानिसहरूको जीवनमा आफ्नो सपना देख्न थाल्छौँ र आफ्नै जीवनको आशीर्वादलाई चाहिं देख्न छोड्छौँ।

यस्तो भएपछि हामी अपेक्षाहरूको सागरमा डुब्न थाल्छौँ अनि हरेक अपेक्षाले थप निराशा ल्याउँछ र हरेक निराशाले हामीलाई अझ बढी अपेक्षाहरूतर्फ लैजान्छ। यो क्रम यसरी नै चल्छ। कबिरको भनाइ छ, “बाँझी गाईले दूध दिँदैन, घिउ कहाँबाट आउँछ !” पूरा गर्ने क्षमता नभएका वस्तुबाट आशा गर्नुको कुनै अर्थ छैन।

बहुआयामिक व्यक्तित्व बेन्जामिन फ्र्याङ्कलिनले एक पटक लेखेका थिए, “बुद्धिमान् को हो ? जसले हरेक व्यक्तिबाट सिक्छ। शक्तिशाली को हो ? जसले आफ्नो आवेगलाई नियन्त्रण गर्दछ। धनी को हो ? जो सन्तुष्ट छ। त्यस्तो को छ ? कोही पनि छैन।”

‘कोही पनि छैन।’ यो कुराले मलाई हँसाउँछ। यो मानव अवस्थाप्रतिको व्यङ्ग्य हो तर यहाँ म फ्र्याङ्कलिनसँग असहमत छु। हामीले आफ्नो जीवनको केन्द्रबिन्दु आफैँलाई बनाएपछि– साँचो सफलताको अनुभव गर्न सक्छौँ, हामी तृप्तिको अनुभूति गर्न सक्छौँ, हामी गहिरो सन्तुष्टिको अनुभव गर्न सक्छौँ। हामी सबैले। अनि, यो हामीसँग भएकै चिजप्रतिको कृतज्ञताबाट सुरु हुन्छ।

यस कुराले मलाई एक पटक सुनेको एउटा कथाको स्मरण गरायो। म यस अध्यायलाई एउटा ढुङ्गा काट्ने मानिस र उसको तृप्तिको खोजीका बारेमा एउटा कथा सुनाएर अन्त्य गर्दै छु।

एक जना मानिस थिए। उनी पेसाले ढुङ्गा काट्ने काम गर्थे। उनी हरेक दिन पहाडमा जान्थे। ढुङ्गा फोरेर घर लैजान्थे। आफ्नो कारखानामा उनले ससाना मूर्ति, कचौरा आदि बनाउँथे। यसरी नै उनी आफ्नो जीविकोपार्जन गर्थे।

पहाडमा जाने र चट्टान काटेर घरमा ल्याउने कार्य निकै गाह्रो भएकाले उनी खुसी थिएनन्। उनले काम गर्दा जताततै धुलो हुन्थ्यो। उनले आफ्ना सामानहरू बेच्नका लागि धनी मानिसहरूमा भर पर्नुपर्थ्यो। उनलाई आफू शक्तिहीन भएको महसुस हुन्थ्यो त्यसैले उनी असन्तुष्ट थिए।

एक दिन उनी एक जना धनाढ्य मानिसको घरको छेउबाट गइरहेका थिए। त्यहाँ एउटा भोज चलिरहेको थियो र मानिसहरू खानपिन गरिरहेका थिए। उनले मनमनै सोचे, “मलाई एउटा राम्रो र सहज जीवनको चाहना छ, यो हरेक दिन ढुङ्गा काट्ने काम चाहिँ होइन !” उनले माथितिर हेरेर भने, “हे प्रभु ! मलाई पनि त्यो धनाढ्य मानिसजस्तै बनाइदिनुहोस्।”

त्यस दिन भगवान्ले सुनिरहेका थिए। (तपाईँले ख्याल गर्नुभएको होला भगवान्ले सधैँ सुन्दैनन् तर त्यो दिन ढुङ्गा काट्ने व्यक्तिको भाग्य राम्रो थियो।)

तत्कालै ती ढुङ्गा काट्ने व्यक्ति एक जना धनी मानिसमा परिणत भए। ठुलो घर अनि एक जना धनी मानिसको जीवनशैलीका लागि चाहिने सबै चिजहरू उनलाई प्राप्त भयो।

"हो, मैले खोजेको जीवन यस्तै हो!" उनी मनमनै सोच्न थाले। "मानिसहरू मेरा अघि झुक्छन्, मलाई सम्मान गर्छन्, मेरो आदेशको पर्खाइमा बस्छन्।" उनी असाध्यै खुसी भए।

एक दिन उनले नजिकैबाट राजाको सवारी भइरहेको देखे। धनी मानिसहरूसमेत सडकको छेउमा उभिएर राजालाई प्रणाम गरिरहेका थिए अनि राजाको नाम सुन्दा सबै काँप्थे। उनले सोचे, "ओहो! यो पो शक्ति हो त!" त्यतिखेरसम्म उनी खुसी थिए तर अब उनलाई अझ धेरै चाहियो। त्यसैले उनले भने, "हे भगवान्! म राजा बन्न चाहन्छु।" त्यस दिन पनि भगवान्ले सुनिरहेका थिए। त्यतिखेर धनी व्यक्ति बनेका ती ढुङ्गा काट्ने मानिस अब राजा भए।

ती राजा बनेका मानिस गर्मी महिनाको एकाबिहानै आफ्नो बरन्डामा निस्के। घाम चर्किरहेको थियो। उनले देख्न सक्नेजति टाढासम्मका मानिसहरू चर्को घामको किरणबाट बच्ने कोसिस गरिरहेका थिए। 'ए त्यसो हो भने त!' उनले विचार गरे, "सूर्य त मभन्दा पनि शक्तिशाली रहेछ! सबैले त्यही सूर्यलाई पो महत्त्व दिइरहेका छन्।" उनले भने, "हे प्रभु, म सूर्य बन्न चाहन्छु।" त्यस दिन पनि भगवान्ले सुनिरहेका थिए।

एकैछिनमा उनी आकाशमा चम्किरहेका थिए। "यो सूर्य हुनु पो अझ राम्रो रहेछ," उनले सोचे। "सबै जना मभन्दा मुनि छन्, मभन्दा माथि कोही पनि छैन। मैले सबैको जीवनलाई नियन्त्रण गर्छु। मविना कसैले देख्न सक्दैन। म उठेपछि सबै उठ्छन् र म सुतेपछि सबै सुत्छन्। यो जीवन पो गजब छ त।"

अहिले सूर्य बनिसकेका ती मानिस हरेक दिन आफ्नो शक्तिको अनुभूति गर्दै चम्कन्थे। एक दिन एउटा विशाल बादलले उनको पहिलाको राज्यलाई ढाक्यो। उनी बादलको बिचबाट चम्कन खोजिरहेका थिए तर सकेनन्। "उम्! के यो बादल मभन्दा पनि शक्तिशाली हुन सक्छ? हे भगवान्! म बादल बन्न चाहन्छु।"

उनी अब आकाशमा एउटा ठुलो बादल बने। उनले सोचे, "अब मसँग वास्तविक शक्ति छ, म सूर्यलाई रोक्न सक्छु।" तर, एक दिन उनी धेरै आश्चर्यचकित भए किनभने उनी हल्लिन थाले। "मलाई कुन चिजले हल्लाइरहेको छ?" उनलाई अचम्म लाग्यो। उनले के थाहा पाए भने त्यो त हावा पो रहेछ। "हावा मभन्दा पनि

शक्तिशाली छ? यसलाई छेक्न सकिँदैन रहेछ!" उनले सोचे। "भगवान्! म हावा बन्न चाहन्छु।"

अब उनी हावा बने। उनी बहिरहे, बहिरहे। उनले आफ्नो शक्तिको मजा लिन थाले। उनी बहिरहेकै थिए तर एक दिन एक्कासि उनले कुनै पनि चिजलाई हल्लाउन सकेनन्। "हावाभन्दा पनि शक्तिशाली के रहेछ?" उनले सोचे। उनले अहिलेसम्म देखेकामध्ये त्यो सबैभन्दा ठुलो पहाड थियो। त्यसैका कारणले हावाले कुनै पनि चिजलाई पटक्कै हल्लाउन सकिरहेको थिएन।

"हे भगवान्! मलाई पहाड बनाइदिनुहोस्।" उनले प्रार्थना गरे। उनी तत्कालै पहाड बने। "अब चाहिँ म साँच्चै सबैभन्दा शक्तिशाली चिज भएँ।" उनले सोचे। "हावाले बादललाई हल्लाउन सक्छ, बादलले सूर्यलाई छेक्न सक्छ, सूर्य राजाभन्दा शक्तिशाली छ, राजा धनी मानिसभन्दा शक्तिशाली छन्, ती धनी मानिस ढुङ्गा काट्ने मानिसभन्दा शक्तिशाली छन् तर हावाले पहाडलाई हल्लाउन सक्दैन र अब म सबैभन्दा ठुलो पहाड भएको छु। यो पो हो त मैले खोजेको जीवन!"

उनी केहीबेर खुसी भए। फेरि एक दिन उनले ट्वाक ट्वाक ट्वाक गरेको आवाज सुने। कसैले उनको एउटा भागमा काटिरहेको महसुस गरे। "पहाड काट्न सक्ने यति शक्तिशाली को हुन सक्छ?" उनले सोचे। "ऊ पृथ्वीकै सबैभन्दा शक्तिशाली व्यक्ति हुनुपर्छ।" उनले तल हेरे अनि के देखे भने त्यो त एक जना ढुङ्गा काट्ने मान्छे पो रहेछ।

अध्याय ७

कठिन समयका लागि आफ्नो बोझ घटाउनुहोस्

एक जना बिरामी व्यक्तिले डाक्टरकहाँ गएर भने, "डाक्टरसाहेब, मेरो शरीरभरि दुखिरहेको छ।"

डाक्टरले भने, "तपाईँले के भन्न खोज्नुभएको ? 'शरीरभरि दुखिरहेको छ' ?"

"मैले यता छुँदा दुख्छ। यतातिर छुँदा पनि दुख्छ। अलि यतातिर छुँदा पनि दुखेकै छ। मेरो पूरै जिउभरि दुख्छ।"

"मैले पत्ता लगाएँ तपाईँको रोग के हो !" डाक्टरले जवाफ दिए, "तपाईँको हातको एउटा औँला नै भाँचिएको छ।"

तपाईँको जीवनमा पीडाको अनुभव भइरहेको समयमा सबै कुरा दुःखको स्रोत हो जस्तो महसुस हुन्छ। अप्ठ्यारो समयमा तपाईँको वरिपरिको संसार नै खराबजस्तो लाग्छ। एउटा सुन्दर सूर्यास्त, पुराना साथीहरूसँगको खानपान, तपाईँलाई मन पर्ने रेस्टुरेन्टमा साँझको खाना– सामान्यतया तपाईँका खुसीका स्रोतहरू तपाईँको जीवनका सबै खराब अनुभूतिलाई स्मरण गराउने कारक बन्न सक्छन्। हरेक चिजले पीडा दिन्छ।

मलाई त्यस्तो खालको पीडाका बारेमा थाहा छ। मलाई थाहा छ– जीवनको कठिन समयमा सहजै समाधान भेटिँदैन। कहिलेकाहीँ अघि बढिरहेको भान हुन्छ भने कहिलेकाहीँ पछिल्तिर गइरहेको जस्तो लाग्छ। केही दिनहरू सहज हुन्छन् र केही दिनहरू अप्ठ्यारा हुन्छन्। केही दिनहरू निकै अप्ठ्यारा हुन्छन्। एउटा पुरानो भनाइ पनि छ, "पीडालाई टार्न सकिँदैन तर त्यसलाई महसुस गर्नैपर्छ भन्ने छैन।"

मेरो बुझाइ के छ भने चुनौतीपूर्ण समय र कठिन समयका बिचमा रहेको भिन्नता छुट्याउनु सहयोगी हुन सक्छ। हाम्रो जीवनमा सबै खालका चुनौतीपूर्ण समयहरू आउन सक्छन्। समस्याहरूलाई समाधान गर्न सधैँ सजिलो हुँदैन तर गहन रूपले विचार गर्ने हो भने त्यसका लागि हामीले केही गर्न सक्छौँ– हामीले

आफ्नो परिस्थितिलाई बदल्न सक्छौँ। कठिन समयमा हामीले निराशालाई महसुस गर्न सक्छौँ। यसबाट पार पाउन हामीले गर्न सक्ने चिज निकै थोरै अथवा केही पनि नहुन सक्छ। यस्तो बेलामा हाम्रो साहस पनि डगमगाउन सक्छ अनि हाम्रो जीवनमा भय, निराशा, पश्चात्ताप र दुःखजस्ता कुराहरू हाबी भएको महसुस हुन सक्छ।

कहिलेकाहीँ हामीले आफ्नो परिस्थितिलाई परिवर्तन गर्न सक्ने अवस्था नै हुँदैन। जीवनका केही पक्षहरू हाम्रो नियन्त्रणभन्दा बाहिर हुन्छन्। हामी यस्ता कुरामा व्यावहारिक हुनु आवश्यक छ तथापि हामीले आफैँभित्र कसरी प्रतिक्रिया जनाउने भन्नेबारेमा हामीसँग सदैव विकल्प हुन्छन्। कठिन समयले हामीलाई आफ्नो स्पष्टता र विवेकबाट टाढा लैजान सक्छन् तर यी क्षमताहरू सदैव हामीभित्र नै हुन्छन्। हाम्रो आन्तरिक क्षमतासँग जोडिने विकल्प हामीसँगै छ भनेर स्वीकार गर्नु पनि हामीले कस्तो महसुस गर्छौं भन्ने कुराको निर्णायक विन्दु हुन सक्छ।

जीवनका अप्ठ्याराहरूका बिचमा हाम्रो जीवन अघि बढिरहँदा दुईओटा वास्तविकताहरू सँगसँगै हुन्छन्– हाम्रो दिमागभित्र भइरहेको खराब कुरा र हाम्रो हृदयमा सदैव विद्यमान राम्रो कुरा। सबैभन्दा अप्ठ्यारो समयमा पनि हामीसँग आफूभित्रको राम्रो चिजसँग जोडिने सम्भावना सदैव रहन्छ– यदि हामीले यो विकल्पलाई रोज्यौँ भने।

यहाँ म थप केही विचारहरू राख्न चाहन्छु– तिनले तपाईंको जीवनमा कठिन समयका साथमा आउने भावनात्मक अँध्यारोलाई घटाउन सक्छन्। म मानिसको भलाइका लागि एउटा सकारात्मक कुराबाट प्रारम्भ गर्न चाहन्छु किनभने यो संसारको खराब चिज म आफैँ हो भन्ने कुरामा विश्वास गर्नुभन्दा बढी अँध्यारो अरू केही हुन सक्दैन।

के तपाईँले समाचार सुन्नुभयो?

टेलिभिजन र अन्य माध्यमबाट हामीले हिजोआज प्रचुर मात्रामा जानकारीहरू प्राप्त गर्न सक्छौँ। यो अद्भुत कुरा हो। हामीसँग एकदमै धेरै राम्रोसँग जानकारी प्राप्त गर्न सक्ने सम्भावना छ। हामीलाई यी समाचारहरूले हाम्रो आसपास र त्योभन्दा परका हामीलाई व्याकुल तुल्याउने चिजहरूलाई पनि देखाइदिन्छन्। सामान्यभन्दा फरक भएका कारणले कुनै एउटा घटना समाचार बन्न पुग्छ। हामीले

धेरैभन्दा धेरै नकारात्मक समाचारहरूलाई ग्रहण गर्‍यौँ भने हाम्रो वास्तविकताको चेत विकृत हुन्छ। त्यसपछि यो संसार नै एउटा भयावह ठाउँजस्तो लाग्न थाल्छ अनि मानिसहरू प्रायः खराबजस्ता देखिन सक्छन्।

हिजोआज यो संसारमा भयानक घटनाहरू घटित हुने गर्छन् तर हरेक खराब समाचार सुनेर अनि हामीले पाखुरा सुर्केर कसैलाई पनि लाभ हुँदैन। बरु यसले हामीलाई नै दुःखी बनाउँछ। यसको साटो हामीले आफ्नो ऊर्जालाई भयानक घटनाबाट प्रभावित मानिसहरूप्रति सहानुभूति प्रकट गर्न अनि सम्भव भएमा उनीहरूलाई प्रत्यक्ष मदत पुग्ने खालका कार्यहरूमा प्रयोग गर्न सक्छौँ। यस्तो परिस्थितिमा 'मैले तपाईँलाई कसरी सहयोग गर्न सक्छु' भनेर प्रश्न सोध्न पनि सक्छौँ। के हामी पनि त्यो समस्याको समाधानका लागि कुनै किसिमले सहभागी हुन सक्छौँ? अनि, हामीले सदैव के पनि हेक्का राख्नुपर्छ भने यो संसारमा घृणाभन्दा प्रेम, करुणा र उदारता बढी छ। यी शुभ खबरहरूलाई कहिल्यै पनि प्रोत्साहन दिएर समाचार बनाइँदैन।

यदि यो मानवजातिमा असल क्षमता छ भन्ने कुरामा तपाईँलाई अझै पनि शङ्का लाग्छ भने तपाईँ वास्तवमै एउटा कठिन समयको अनुभव गरिरहनुभएको छ। एउटा सुझाव के छ भने अरूको राम्रो र नराम्रो पक्षमा ध्यान दिनुभन्दा पहिले आफूभित्र गहिरिएर हेर्नुहोस् अनि राम्रोपन आफैँमा खोज्नुहोस्। आफूभित्रको क्षमतालाई खोज्नुहोस्। स्वयम् आफैँमा त्यो प्रेमलाई खोज्नुहोस्। कोही शान्तिको प्रारम्भिक विन्दुबाट जति नै टाढा गएको भए पनि फर्किएर आउने सम्भावना सधैँ भइरहन्छ। यो हाम्रा लागि अवश्य पनि सत्य साबित हुन्छ। एउटा बाँझो खेतमा एउटा सुन्दर बगैँचा बन्ने क्षमता हुन्छ। यसरी नै शान्ति पनि सम्भव छ।

आफ्ना प्रियजनको निधन हुँदा

हाम्रो कोही प्रियजनको निधन भएको समय हामीले व्यतीत गर्ने सबैभन्दा कठिनमध्येको एउटा समय हो। यसले हामीभित्र गहिरो खालीपन, अचेतन, क्रोध र द्विविधासहित अनेकन् अनुत्तरित प्रश्नहरूलाई तेर्स्याइदिन सक्छ।

हरेक व्यक्तिले आफ्नो पीडालाई आफ्नै ढङ्गले महसुस गर्छ। हामी दुःखका थुप्रै चरणहरूलाई पार गर्छौँ। कहिलेकाहीँ त हाम्रो दिमाग र हृदयले आफ्नो रूप परिवर्तन गर्दा हामी ती हरेक चरणको अनुभूतिमा फर्कन पुग्छौँ। मैले के पनि देखेको

छु भने मानिसहरू कसैको देहान्त भएपछि शोकमा डुब्छन् अनि कोही सिधै आफ्नो पूर्व अवस्थामा फर्कन्छन् भने कोही चाहिँ आफ्नो जीवनमा आमूल परिवर्तनसहित बाहिर निस्कन्छन्। मैले कतिपय मानिसहरू धेरै वर्षसम्म भावनात्मक रूपले विक्षिप्त भएको पनि देखेको छु।

क्षति र शोकको सबैभन्दा कष्टकर क्षणका लागि मसँग कुनै सहज समाधान छैन। मेरा केही अनुभवहरूबाट सायद तपाईँलाई मदत पुग्न सक्छ। मेरो आफ्नै अनुभवअनुसार मेरा सुरुवाती क्षणका पीडाहरू केही मत्थर भएपछि निधन भएको व्यक्तिसँग मेरो सम्बन्ध कसरी बदलिएको छ भनेर बुझ्ने प्रयास गर्छु– सम्बन्ध समाप्त भएको चाहिँ होइन, परिवर्तन मात्रै भएको हो। तपाईँको प्रियजनले आफ्नो शरीर छोडेर गएको यथार्थलाई महसुस गर्न केही समय लाग्न सक्छ। वास्तविकता त के हो भने यदि उनी यस संसारमा भौतिक रूपमा उपस्थित नभए पनि उनी अन्त कतै अवश्य हुनुपर्छ। तपाईँका साथमा उनी सदैव रहिरहने एउटै मात्र स्थान छ– तपाईँको हृदय।

यादहरूले ती व्यक्ति जीवित हुँदाको स्थानलाई कदापि ओगट्न सक्दैन। उनको शरीरको सुगन्ध, बोलीको माधुर्य, हर्षित मुद्रामा उनको नयन, चिसो रातमा उनको न्यानोपन– उनी जीवित हुँदाका उनका यस्ता धेरै गुणहरूलाई यादहरूले मात्र विस्थापित गर्न सक्दैनन्। तपाईँको प्रियजनको सबैभन्दा राम्रो पक्ष तपाईँको स्मृतिमा जीवित रहिरहन्छ। तपाईँले उनको यो नयाँ रूपलाई तपाईँ जहाँ जानुभए पनि आफूसँगै लैजान सक्नुहुन्छ। मेरो चाहना के हो भने मैले गुमाएको व्यक्तिको मिठो सम्झनाले मेरो हृदयमा सदैव नृत्य गरिरहोस्।

मेरा बुवाको देहान्त हुँदा म साढे आठ वर्षको थिएँ। उहाँसँगको मेरो सम्बन्ध एकदमै कसिलो थियो। उहाँले हामीलाई असाध्यै माया गर्नुहुन्थ्यो तर उहाँ निकै कडा प्रवृत्तिको हुनुहुन्थ्यो। उहाँप्रति मानिसहरूको निकै श्रद्धा थियो। बालापनमा कुनै पनि चिज जस्तो छ त्यही अवस्थामा स्वीकार गरिन्छ। त्यसकारण मेरा लागि त यो सबै सामान्य नै थियो– उहाँ मेरा लागि केवल पिता हुनुहुन्थ्यो। उहाँलाई सुन्नका लागि हजारौँ मानिसहरू भेला हुन्थे र उहाँका ती कार्यक्रमहरू चामत्कारिक हुन्थे। हरेक व्यक्ति आफ्ना बारेमा थप केही जान्ने एउटै उद्देश्यका साथ कार्यक्रममा आउँथे। उहाँले बसेर आफ्नो सन्देश सुनाउन प्रारम्भ गरेपछि त्यही क्षणबाट कार्यक्रमस्थल सुनसान हुन्थ्यो। म उहाँको कार्यक्रमको एउटा अंश बन्न पाउँदा आफूलाई निकै भाग्यशाली ठान्थेँ। जिन्दगीमा एक दिनका लागि मात्र

यस्तो अनुभव गर्न पाए पनि त्यो अत्यन्तै विशेष हुन्थ्यो तर मैले त कैयन् वर्षसम्म यसको अनुभव गर्न पाएँ।

मेरा बुवाको निधनपश्चात् सुरुका केही दिनमा त के भएको थियो भन्ने कुरा मैले साँच्चै केही पनि बुझिनँ। मलाई त आफू रोइरहेको कुरा मात्र सम्झना छ। केही समयपश्चात् मैले केही अनुभूत गरेँ– आफ्नो हृदयमा अझै पनि म उहाँलाई देख्न सक्थेँ, उहाँलाई सुन्न सक्थेँ, उहाँलाई महसुस गर्न सक्थेँ। त्यस बेलादेखि अहिलेसम्ममा त धेरै वर्ष भइसक्यो तर अझै पनि म उहाँलाई आफूभित्र देख्छु। अझै पनि म उहाँलाई आफूभित्र सुन्छु। अझै पनि म उहाँलाई आफूभित्र महसुस गर्छु। कसैको देहान्त भएपछि यसमा तपाईँले केही पनि गर्न सक्नुहुन्न। तपाईँले गर्न सक्ने भनेको यसलाई स्वीकार गर्न थाल्ने मात्र हो। त्यसपछि उनी तपाईँका साथमा एउटा नयाँ रूपमा छन् भन्ने कुरा सायद तपाईँ बिस्तारै बुझ्न थाल्नुहुन्छ। तपाईँबाट यस्तो सम्बन्धको अनुभूतिलाई कसैले पनि खोस्न सक्दैन।

मेरा पिताको निधन भएपछि धेरै मानिसहरू निकै मर्माहत हुनुभयो। त्यसको केही दिनपश्चात् थुप्रै मानिसहरू भेला हुनुभयो। मैले उहाँहरूलाई अत्यन्तै निराश भएको देखेँ। उहाँहरू यसरी दुःखित भइरहनुहोस् भन्ने मेरो चाहना थिएन अनि म अनायासै मञ्चमा उक्लिएर माइक्रोफोन भएको ठाउँमा पुगेँ। मैले ती अनुहारलाई नियालेँ अनि भनेँ, “रुनुपर्ने कुनै आवश्यकता नै छैन। तपाईँ जसका लागि रोइरहनुभएको छ, उहाँ त अहिले पनि हामीसँगै हाम्रै हृदयमा हुनुहुन्छ। तपाईँको जिन्दगीमा हुनुहुन्छ र सदैव रहनुहुनेछ।” मेरो यस्तो भावनात्मक कुरा सुनेपछि उहाँहरूमा निकै उत्साह जाग्यो अनि जयजयकार गर्न थाल्नुभयो। सायद उहाँहरूले ममा मेरा बुवाको विम्ब देखिरहनुभएको थियो अनि आफूभित्र उहाँको ऊर्जालाई महसुस गरिरहनुभएको थियो।

कुनै पनि ऊर्जालाई नष्ट गर्नै सकिँदैन। केवल त्यसको स्वरूपलाई परिवर्तन गर्न सकिन्छ वा एक ठाउँबाट अर्को ठाउँमा लैजान सकिन्छ। यसरी नै हाम्रा ती प्रियजन अन्त कतै, केही अरू थोक नै बन्छन्। प्रकृतिले यसरी नै आफ्नो काम गर्छ। ब्रह्माण्डको शक्ति यसरी नै परिचालित हुन्छ। निरन्तर रूपमा भइरहने क्रमविकास। एउटा बिउ रुखमा परिणत हुन्छ। त्यो रुखमा फल फल्छ। हरेक फलभित्र एउटा बिउ हुन्छ अनि हरेक बिउमा अर्को रुख बन्ने क्षमता हुन्छ। एउटा बिउलाई आफ्नो हातमा राख्दा तपाईँको हातमा के हुन्छ? एउटा सानो चिज तर पूरै एउटा जङ्गलको सम्भावना बोकेको। त्यो बिउमा त्यो जङ्गललाई नै महसुस गर्नुहोस्।

तपाईंका प्रिय व्यक्तिहरू सदैव तपाईंभित्रै रहनेछन्। तिनको ऊर्जा तपाईंका माध्यमबाट प्रवाहित हुन्छ। उनीहरू ती अनन्त सार्वभौम शक्तिको सदैव एउटा अंश हुन्छन्। त्यो नै चेतना हो। आफ्नो हृदयलाई खोल्नुहोस् त्यसपछि तपाईंले तिनको उपस्थितिलाई महसुस गर्न सक्नुहुन्छ।

चन्द्रमालाई हेर्नुहोस्

चन्द्रमा पृथ्वीबाट अलग्गिएर निर्माण भएको भन्ने धेरै वैज्ञानिकहरूको विश्वास रहेको छ। यस सिद्धान्तअनुसार (कहिलेकाहीँ यसलाई विशाल ठक्करको सिद्धान्त पनि भनिन्छ) एउटा अत्यन्तै ठुलो पिण्ड पृथ्वीमा ठोकियो अनि त्यसबाट निस्केका टुक्राहरूबाट एउटा सुन्दर नयाँ उपग्रहको जन्म भयो। केही मानिसहरू यसलाई 'थेइया' भन्ने संज्ञा दिन्छन्। यो नाम ग्रिक मिथकअनुसार सेलेन (चन्द्रमा देवी) की आमाको नामबाट राखिएको हो। त्यसकारण चन्द्रमा पृथ्वीको एउटा अंश अनि 'थेइया' को एउटा अंश हुन सक्छ।

चन्द्रमाले हामीलाई छोडेर जाँदा पनि त्यति मात्रै टाढा गयो। अहिले यसले आफ्नो पुरानै घरको परिक्रमा गरिरहन्छ। यसले अघि बढ्ने क्रममा यहाँ हामीलाई पनि प्रभाव पार्छ। हामी के सोच्न सक्छौँ भने सायद हाम्रा बितेका प्रियजन हाम्रो चन्द्रमा बनेका छन्। उनीहरू सधैँ हाम्रै अंश हुन्। उनीहरू हाम्रो जीवनवरिपरि घुम्छन्। हाम्रो रातलाई उज्यालो बनाइदिन्छन्। हाम्रो भावनारूपी ज्वारभाटालाई आफूतिर तान्छन् अनि हामीलाई अगाडि बढाउँछन्। माथितिर हेर्नुहोस् अनि उनीहरूको मुहारमा सूर्यको प्रकाश प्रतिविम्बित भएको देख्नुहोस्।

बितेर गएका मानिसहरूलाई हामी सम्मान गर्न सक्छौँ। नयाँ रूपमा हामीसँगै रहेका उनीहरूलाई हामी स्वीकार गर्न सक्छौँ। पहिला जे थियो त्यसैमा अल्झिरहनु आवश्यक छैन। रातमा आकाशतिर हेर्दै गर्दा जीवनरूपी पानीको छालमा आफूलाई समर्पित गरेर हामी त्यसमा तैरिन सक्छौँ र त्यो चन्द्रमासँगको सम्बन्धलाई महसुस गर्न सक्छौँ। हामी आफ्नो पीडालाई अनुभूत गर्न सक्छौँ। त्यसो हुँदाहुँदै पनि आफ्नो हृदयमा उनीहरूसँगको सामीप्यको जीवनभरिको अनुभूतिलाई जान्दछौँ। हाम्रा प्रियजनलाई आफ्नो प्रेमको साथमा जीवनभरि सँगै लिएर अहिले जे 'छ' त्यसको उत्सव मनाउँदै जे 'थियो' त्यसलाई जतन गरेर राख्न सक्छौँ।

हामी आफ्ना प्रियजनलाई आफूसँग कसरी राख्न सक्छौँ र तिनले हामीमा कस्तो शक्ति प्रदान गर्छन् भन्ने विषयमा यहाँ मेरो एउटा कविता प्रस्तुत छः

जसै रातको निस्पट्ट अन्धकारमा
चन्द्रमा उदाएर चम्कन थाल्छ
तपाईँका लागि अलि उज्यालो हुन्छ
त्यो कदर गर्नका लागि मात्र होइन
देख्नका लागि पनि हो।

कठिन परिस्थितिमा पनि शान्तिको अनुभूति

हाम्रो प्रिय व्यक्तिलाई गुमाउनुभन्दा पनि ठुलो अरू कुनै चुनौती हुन्छ र? एक दिन हाम्रो मृत्यु हुनेछ भन्ने कुरा केही मानिसहरूका निमित्त भय उत्पन्न गर्ने विषय हुन सक्छ। जीवनको विभिन्न चरणमा मानिसहरूले आफ्नो मृत्युको डरको सामना गरेका हुन सक्छन्। यस्तो प्रकृतिको डरले विशेष गरी सिकिस्त बिरामी परेका बेलामा वा कुनै डरलाग्दो परिस्थितिमा धेरै नै प्रभाव पार्न सक्छ तर यसले हामी सुरक्षित र स्वस्थ भएको अवस्थामा समेत दुःख दिन सक्छ।

प्रायजसो मृत्युसँग जुधिरहेका मानिसहरूसँग कुरा गर्न मलाई अनुरोध गरिन्छ। यो मेरा लागि असहज भए पनि यसले सबैभन्दा पहिला मलाई मृत्युको सत्यलाई स्वीकार गर्न मदत गर्दछ। अन्ततोगत्वा हामी सबैले यहाँबाट जानैपर्छ भन्ने कुरालाई बुझ्नुपर्छ। तपाईँको जीवन सधैँभरि रहन्छ भन्ने सोच एउटा कल्पना मात्रै हो तर तपाईँ यहाँबाट ठ्याक्कै कहिले जानुहुन्छ? यो प्रश्नको जवाफ तपाईँलाई कसैले पनि दिन सक्दैन। तपाईँलाई वास्तवमा आफ्नो जीवन र मृत्युका बारेमा के थाहा छ? तपाईँलाई निश्चित रूपमा एउटै मात्र कुरा थाहा छ– एक दिन तपाईँको जन्म भएको थियो अनि यस क्षणमा, अहिले तपाईँ जीवित हुनुहुन्छ।

हामीभित्र एउटा विलक्षण शक्ति विद्यमान छ भनेर हामीले स्मरण गर्दा हाम्रो अस्वस्थताको समयमा यसले साँच्चै नै मदत गर्छ। यदि हामीले सक्यौँ भने हामीभित्रका ती मित्रहरूलाई खोज्नु र उपयोग गर्नु आवश्यक छ। फलतः हामीभित्रको सबै सकारात्मक ऊर्जालाई हामीले प्रयोगमा ल्याउन सकौँ। जटिल प्रकृतिका रोग (अनि पीडा, निराशा, चिन्ता र अन्य सबै प्रकारका नकारात्मक

अनुभव र अनुभूतिहरू) ले हामीलाई हाम्रो साहसबाट अनि हाम्रो स्पष्टता, हाम्रो तृप्ति, हाम्रो आनन्द र हाम्रो शान्तिबाट टाढा लैजान सक्छन्। तथापि, हाम्रो साहस अझै पनि हामीभित्रै छ। हाम्रो स्पष्टता अझै पनि हामीभित्रै छ। हाम्रो तृप्ति अझै पनि हामीभित्रै छ। हाम्रो आनन्द अझै पनि हामीभित्रै छ। हाम्रो शान्ति अझै पनि हामीभित्रै छ। कठिन समयमा हाम्रो हृदयमा भएका स्रोतसाधनहरूसँग सदैव हाम्रो पहुँच हुन्छ।

शान्तिको एउटा गुण छ। त्यसबारेमा म साँच्चै नै केही कुरा राख्न चाहन्छु– यसले तपाईँलाई आफैँभित्र विश्राम गर्न सक्षम तुल्याउँछ। बाहिरको दुनियाँले तपाईँलाई तिरस्कार गरेका समयमा तपाईँ सदैव आफूभित्रको अपरिवर्तनीय र शाश्वत चिजको सम्पर्कमा रहन सक्नुहुन्छ भन्ने कुरालाई बुझ्नुहोस्। तपाईँ जिन्दगीको लडाइँबाट थकित भएका समयमा पनि आफूभित्र विश्राम गर्न सक्नुहुन्छ भन्ने कुरा तपाईँलाई ज्ञात होस्। मेरा पिताले स्वयम्‌भित्र गहिराइमा पुग्ने र आफूले आफैँलाई अनुभव गर्ने चेतका बारेमा भन्नुभएको छ, “यो ननिदाईकन पनि निदाएजस्तै हो।” हामीलाई आवश्यक परेका बखतमा हामी कोलाहलबाट हटेर आन्तरिक शान्तिको लाभदायक अनुभूतितिर जान सक्छौँ।

ठुला अपेक्षाहरू

एक किसिमले भन्ने हो भने कठिन समयमा, वास्तवमा राम्रो या नराम्रो जुनसुकै समयमा– आफ्नै अपेक्षाले हाम्रो अनुभवलाई कसरी प्रभावित तुल्याउँछ भन्ने कुरालाई ख्याल गरेमा हामीले आफैँलाई मदत गर्न सक्छौँ। हरेक दिन मेरा केही अपेक्षाहरू हुन्छन्। मैले आफ्नो अलार्म घडीबाट अपेक्षा राखेको हुन्छु। आफ्नो नुनदानीलाई उचाल्दा त्यसमा नुन हुनेछ भन्ने मेरो अपेक्षा हुन्छ। हाम्रो अपेक्षा सधैँजसो वास्तविकतासँग मेल खाँदैन भन्ने यथार्थलाई बुझुन्जेलसम्म अपेक्षाहरू राख्नु राम्रै कुरा हो। बक्सिङका प्रसिद्ध खेलाडी माइक टाइसनले स्पष्ट रूपमा भनेका छन्, “आफ्नो मुखमा मुक्का नखाएसम्म हामी सबैसित एउटा योजना हुन्छ।”

डर र कल्पनाबाट विचलित हुनुको साटो जीवन जस्तो छ त्यसलाई त्यही रूपमा स्वीकार गर्न हिम्मत चाहिन्छ। जे छ त्यसबारेको स्पष्टताले हामीलाई ठुलो मानसिक तनावबाट बचाउन सक्छ। यसै सन्दर्भमा सेनेकाले भनेका पनि छन्, “हामी वास्तविकतामा भन्दा पनि कल्पनामा डुबेर धेरै दुःखी हुन्छौँ।”

तपाईँका अपेक्षाले तपाईँलाई नै डोऱ्याउन थालेमा के हुन्छ? तपाईँ सायद एउटा रित्तो नुनदानीले दिने निराशाबाट उम्कन सक्नुहुन्छ। म केही यस्ता मानिसहरूलाई चिन्छु जो आफ्ना विद्युतीय उपकरणहरू बिग्रिए भने तिनको होस हवासै उड्छ तर त्यति हुँदा पनि उनीहरू आफूलाई सम्हाल्छन्। यदि हामीले एकअर्कासँग धेरै नै अपेक्षा राख्यौँ भने यसबाट वास्तविक समस्या सुरु हुन्छ। अपूरा इच्छाहरूका कारण धेरै मात्रामा क्रोध र उदासीनता उत्पन्न हुन सक्छन्। सम्बन्धहरू टुट्छन्। यसबाट भद्रगोल हुन सक्छ।

एक जना जवान किसान थिए। उनले हरेक हप्ता आफूले फलाएका अन्नपातको गह्रौँ भारीलाई हातैमा बोकेर बजारसम्म लैजानुपर्थ्यो। यो साह्रै नै कठिन काम थियो। उनी आफू एक्लैले कति बोक्न सक्ने भन्ने कुराको पनि एउटा सीमा थियो। त्यसकारण उनले निकै मिहिनेतका साथ बचत गरेर एउटा गधा किन्ने निधो गरे। उनकी श्रीमतीले मानिनन्। गाईले दूध र घिउ दिने हुनाले उनले हामीलाई त गाई पो चाहिएको छ भनिन्। उनीहरूले गाईको बाच्छी ल्याए। गह्रौँ भारी बोकेर बजारसम्म पुऱ्याउनुपर्ने उनको दुःख चाहिँ घटेन तर उनले गधा किन्ने पैसा नपुगेसम्म कडा परिश्रम गरिरहे। गधा किनेपछि उनको जीवन नै फेरियो तर समस्या के भयो भने उनीहरूको आँगन निकै साँघुरो थियो। गाई पनि चाँडै नै ठुलो भयो। अब भने गधाले अप्ठ्यारो महसुस गरिरहेको थियो। वास्तवमा ऊ गाईले कुल्चन्छ कि भनेर त्रसित भइरहन्थ्यो।

यो दयनीय अवस्थाका कारण ती मानिस निराश भए अनि उनले भगवान्‌सँग प्रार्थना गरे, "हे भगवान्! अब यसरी कहिलेसम्म चल्छ र? भगवान्! कृपया गाईलाई नै मारिदिनुहोस्। त्यसपछि त मेरो गधालाई चाहिनेजति ठाउँ पुग्थ्यो होला!" भोलिपल्ट बिहान उठेर यसो हेर्दा त गधा पो मरेको रहेछ। "हे भगवान्!" उनले भने, "मेरो विचारमा तपाईँलाई अब त गाई र गधाबिचको फरक थाहा भयो होला नि!"

अपेक्षाहरू!

तपाईँ सहभागी हुनुभएको वा तपाईँले सुन्नुभएको केही विवाहहरूका बारेमा सोच्नुहोस्। तपाईँलाई थाहै छ, प्रसन्न दम्पती वा परिवारहरूले 'आदर्श विवाह' को आशा गरेका छन् भनेर तपाईँले महसुस गर्नेबित्तिकै समस्या त्यहीँबाट सुरु हुन्छ। जसले विवाहको योजना बनाउँदै छ उसलाई उसका मित्रहरूले अथवा विवाहको आयोजना गर्ने व्यक्तिले सबैभन्दा पहिला यस्तो भन्नुपर्छ– "कुनै पनि कुरा पूर्ण रूपले योजनाअनुसार कहिल्यै पनि हुँदैन!"

हाम्रो जीवनका महत्त्वपूर्ण क्षेत्रहरू– सम्बन्ध, घर, जागिर, विवाहहरूका बारेमा उत्साहजनक अपेक्षा राख्नु अवश्य पनि राम्रो कुरा हो तर हामी त्यसैमा मात्रै अल्झिरहनु हुँदैन। निराशाले अद्भुत क्षणलाई हरण गर्छ। आजको वास्तविकता हाम्रो कल्पनाअनुरूप भएन भनेर पश्चात्ताप गर्दै हामी आफ्नो अमूल्य जीवनको अत्यन्तै धेरै समयलाई खेर फाल्छौँ। त्यसो भए त्रुटि कुन चाहिँमा छ– वास्तविकतामा वा हाम्रो कल्पनामा? हामी आफ्नो तरिकामा अडिग रह्यौँ भने हामी अनपेक्षित घटना तथा निराशाहरूको प्रभावलाई अझ बढी महसुस गर्छौँ। जे छ त्यसैसँग लचिलो हुन सिक्यौँ भने हामी अझ बढी बलिया हुन्छौँ। हावासँगसँगै एउटा रुख कसरी झुल्छ भन्ने तरिकाका बारेमा सोच्नुहोस्। एउटा चरा आँधीबेरीमा कसरी उड्छ भन्ने तरिकाका बारेमा सोच्नुहोस्। एउटा माछा छालसँगै कसरी अगाडि बढ्छ भन्ने तरिकाका बारेमा सोच्नुहोस्।

हाम्रा अपेक्षाहरूलाई कसले निर्धारण गर्छ? हामीले नै गर्छौँ! हाम्रा अपेक्षाहरू सृजना गर्ने हामी नै हौँ। अरू मानिसका अपेक्षाहरूलाई स्वीकार गर्ने व्यक्ति पनि हामी नै हौँ। कहिलेकाहीँ अपेक्षा पूरा हुन्छ, कहिलेकाहीँ हुँदैन। मुख्य कुरा यस्तो हो– अरू मानिसले हामीसँग अपेक्षा राख्न सक्छन् तर त्यो अपेक्षालाई हामीले आफ्नो बनाउनुपर्छ भन्ने छैन। हामीले निराशालाई महसुस गरेका बेलामा हामी प्रायः आफैँसँग निराश हुन्छौँ अनि यसले मलाई हाम्रो अमूल्य समय खेर गएको अनुभूत गराउँछ।

तपाईँ किन आफूजस्तो देखिनुहुन्न?

आफ्ना विचारहरूबाट पछाडि हट्न र कुनै विशेष परिणामप्रति तपाईँको लगाव कति छ भन्ने कुरा देख्न निकै मिहिनेत चाहिन्छ। यो एक जना हराएको जिद्दी मान्छेजस्तै हो– ऊ आफूवरिपरिको संसारलाई हेर्नुको सट्टा नक्सालाई आफ्नै तरिकाले व्याख्या गरेर त्यसैमा विश्वास गर्न रुचाउँछ। केही कुरा साँच्चै नै गडबड भएको छ भनेर थाहा नपाएसम्म ऊ यस्तो गरिरहन्छ। त्यसपछि उसले नक्सालाई दोष दिन्छ। हाम्रो हृदयले केही कुरालाई एकदमै बेठिक छ भनिरहँदासमेत हामी आफ्नो दिमागको पछि लागेर त्यसको जालमा फस्छौँ।

एक पटक म आफूले सम्बोधन गर्नुपर्ने एउटा ठुलो कार्यक्रममा पुगेँ। आयोजकमध्येका केही मानिसहरू मलाई कारबाट भित्र लैजान मञ्चको

ढोकानजिकै प्रतीक्षा गरिरहेका थिए। उनीहरूले मलाई पहिला पनि धेरै पटक कार्यक्रममा बोलेको देखेका थिए। यसरी स्वागत गर्न चाहेको देख्दा मलाई पनि खुसी नै लाग्यो।

त्यस दिन मैले टाइसुट लगाएको थिइनँ। म कार्यक्रममा जाँदा सामान्यतया यस्तो पहिरनमा हुन्नँ। कारमा लामो यात्रा गर्नुपर्ने थियो। सायद त्यसैले मैले आरामदायी लुगा लगाउने निधो गरेको थिएँ। मेरो कार रोकिएपछि मलाई स्वागत गर्ने मानिसहरूले उभिएर मलाई हेरिरहे तर उनीहरू अलिकति पनि अघि बढेनन्। म कारको ढोका खोलेर बाहिर निस्कन खोज्दै थिएँ। "यहाँ रोक्ने होइन, होइन!" उनीहरू कराउन थाले। "कारलाई यहाँबाट लैजानुहोस्! कारलाई त्यतातिर लैजानुहोस्! हामी कसैको प्रतीक्षामा छौँ, उहाँ आइपुग्नै लाग्नुभयो! कार अगाडि लैजानुहोस्!"

उनीहरू मलाई घुरेर हेरिरहेका थिए। मैले के महसुस गरेँ भने त्यहाँ भएका हरेक व्यक्तिले मलाई टाइसुटमा खोजिरहेका थिए। त्यसबाहेकका मेरा अरू कुराले उनीहरूको अपेक्षा पूरा गर्न सकेन। उनीहरूमध्ये एक जनाले मलाई चिने त्यसपछि उनी निकै लज्जित भए। "हामीलाई माफ गर्नुहोस्! हामीले हजुरलाई चिन्नै सकेनौँ!" अरू मानिसहरू मतिर हेरिरहेका थिए। मानौँ उनीहरू मसँग भनिरहेका थिए, "तपाईँ किन तपाईँजस्तो देखिनुहुन्न?"

बुढ्यौलीको असर दिमागमा मात्रै

ग्रिसका दार्शनिक प्लेटो (असीभन्दा अलि बढी उमेरसम्म बाँचेका) ले भनेका थिए, "प्रसन्न र शान्त मानिसले उमेरको प्रभावलाई अलि कम महसुस गर्छ तर योभन्दा विपरीत स्वभावका मानिसका लागि युवा र वृद्धावस्था दुवै समान रूपले बोझ नै हुन्छ।" मेरो उमेर बढेसँगै म यो भनाइलाई जति पटक पढ्छु त्यति नै धेरै यसलाई प्रशंसा गर्छु। वृद्ध हुनु एउटा जटिल प्रक्रिया हो। यो तपाईँको व्यक्तित्वको कठोर परीक्षा हुन सक्छ।

हाम्रो अहङ्कारले हामीलाई जीवनको बाटोमा अवश्य पनि हानि पुऱ्याउँछ। उमेर बढेसँगै हाम्रो दिमागमा भयबाट उत्पन्न हुने कोलाहलले ठाउँ ओगट्न सुरु गर्छ। "म यस्तो गर्न सक्दिनँ। म साठी वर्षको भइसकेँ, तपाईँलाई थाहा छ!" ठिकै छ, सायद तपाईँ अहिले म्याराथुन (लामो दूरीको दौड) मा दौडन सक्नुहुन्न अथवा

तपाईँको म्याराथुन दौड पूरा गर्नुपर्ने समय अहिले पाँच घण्टाभन्दा बढी भएको पनि हुन सक्छ। जे भए पनि यो के नै ठुलो कुरा भयो र!

तपाईँको उमेर जति भए पनि पहिला गरिरहेको काम गर्न अहिले असमर्थ हुनुहुन्छ। कतिपय कार्य त तपाईँले गर्नै सक्नुहुन्न अनि धेरै नयाँ कार्यहरू तपाईँ अहिले गर्न सक्नुहुन्छ। जे छ त्यसलाई आत्मसात् गर्नुहोस् अनि हुन नसक्ने कुरालाई छोडिदिनुहोस्। बुढेसकाल लाग्यो भन्नु पनि धेरैजसो हाम्रो दिमागभित्र सोचिने कुरा हो। युवावस्थामा हामी आफ्नो जीवनलाई माया गर्छौँ र मृत्युलाई वास्तै गर्दैनौँ। जब हामी जिउने र मर्ने दुवै कुरासँग डराउँछौँ तब हामी वृद्ध हुन्छौँ।

यथार्थमा रहनुहोस्

तपाईँ साँझपखको खाना पकाइरहनुभएको थियो। यसैबिचमा तपाईँ अरू केही काम गर्न थाल्नुभयो अनि पूरै खाना डढ्यो। घरमा खाने कुरा त्यति मात्रै थियो। खानेकुरा किन्न जानलाई पनि धेरै अबेर भइसकेको थियो। मलाई लाग्छ, तपाईँलाई पनि यही अथवा यस्तै खालको समस्या परेको होला। यो के भइरहेको होला भनेर तपाईँले सोचिरहनुभएका बेला एक जना व्यक्ति टुप्लुक्क आइपुगेर भन्छ, "सकारात्मक हुनुहोस्!"

सत्य कुरा यो हो– मैले सकारात्मक महसुस गरिरहेको छैन। खानेकुरा केही पनि छैन! म सकारात्मक होइन, यथार्थवादी हुनुपर्छ। यो प्रसङ्गले मलाई के निष्कर्षमा पुऱ्याउँछ भने आन्तरिक शान्तिबाट प्राप्त हुने आनन्द र यस दिनको लाभ प्राप्त गर्ने आवश्यकताका बारेमा मेरो सन्देश 'सकारात्मक हुनुहोस्' भन्ने आह्वान मात्र होइन। मैले मुस्कुराउँदै आशावादी भएर हरेक खराब परिस्थितिलाई ढाकछोप गर्नुहोस् भनेको चाहिँ होइन। बरु हामीले यो संसारलाई हेऱ्यौँ अनि आफूलाई स्पष्ट रूपले बुझ्यौँ भने यो जीवनप्रति अलि बढी आभारी हुन र आनन्द लिन सक्छौँ। तपाईँले अनुभव गर्नुभएको कठिन समय वास्तविक हो भने तपाईँभित्रको आनन्द पनि वास्तविक नै हो। तपाईँद्वारा अनुभव गरिएको कठिन समय यथार्थ हो भने तपाईँभित्रको शान्ति पनि यथार्थ नै हो। सचेत भएर जीवन जिउनु भनेको तपाईँवरिपरिको संसार र तपाईँभित्रको संसारमा जुनसुकै परिस्थितिका बारेमा सम्भव भएसम्म यथार्थ हुनु हो। निराशा महसुस गर्नु, पीडा महसुस गर्नु, क्रोध महसुस गर्नु, एक्लोपन महसुस गर्नु, डिप्रेसन (मानसिक चिन्ता) महसुस गर्नु– यी

दुःख छन् भनेर स्वीकार गर्नुहोस् तर तपाईंले आफूभित्रको शान्तिसँग जोडिने विकल्पलाई सधैँ रोज्न सक्नुहुन्छ भन्ने कुरा पनि थाहा पाउनुहोस्।

एउटा चिनियाँ उखान छ, "बाघलाई सृष्टि गरे भनेर भगवान्‌लाई दोष नदिनुहोस्। उसलाई पखेटा नहालिदिएकोमा चाहिँ उनलाई धन्यवाद दिनुहोस्।" कल्पना गर्नुहोस् त एउटा पखेटा भएको बाघले कति धेरै विनाश गर्न सक्थ्यो! सौभाग्यवश हामीले यस्ता काल्पनिक जीवजन्तु र कल्पित परिस्थितिको सामना गर्नु आवश्यक छैन। मेरो बुझाइमा जे छ त्यसको व्यवस्थापनमा ध्यान केन्द्रित गर्‍यौँ भने जीवन बढी सहज हुन्छ। यथार्थमा रहनु नै जीवन जिउने सबैभन्दा उत्तम उपाय हो।

हामीले यथार्थलाई अनुसरण गरेपछि आफ्नो जीवनमा आउन सक्ने परिस्थितिको तयारीमा मदत पुग्न सक्छ। यदि तपाईँको समय राम्रोसँग बितिरहेको छ भने याद गर्नुहोस्, कुनै बेला खराब समय पनि आउँदै छ। चिन्ता गर्नुपर्दैन, थाहा चाहिँ पाउनुहोस्। यदि तपाईँको समय राम्रोसँग बितिरहेको छैन भने याद गर्नुहोस्, कुनै बेला राम्रो समय पनि आउँदै छ। भविष्यको सम्भावित हरेक परिदृश्यलाई आफ्नो दिमागमा ल्याउनु आवश्यक छैन। परिवर्तन हुँदै छ भनेर थाहा चाहिँ पाउनुहोस् तर त्यसलाई सामना गर्ने तपाईँको क्षमतालाई पनि महसुस गर्नुहोस्।

हाम्रो जिन्दगीको सबैभन्दा भयङ्कर तुफानमा पनि एउटा एकदमै शान्त स्थान छ र त्यो हामीभित्रै छ भन्ने कुरा जान्न सक्नु यथार्थमा हुनुको एउटा हिस्सा हो। यो विषयमा मलाई थाहा भएको कुरा यस्तो छ– म राम्रो र खराब दुवै क्षणमा आफूभित्र शान्तिसँग रहन सक्छु। म सधैँभरि जीवनको आँधीबेरीबाट बच्न सक्दिनँ, न त त्यसलाई छिचोलेर अगाडि बढ्न सक्छु तथापि स्वयम्‌भित्र एउटा शान्त स्थानमा जान सक्छु।

मसँग सकारात्मक सोच छ तर म यथार्थवादी हुँ। म हवाईजहाज चलाउँदा सधैँ अतिरिक्त इन्धन राख्छु। यदि तपाईँ विमानचालकको तालिम लिइरहनुभएको छ भने तपाईंले यो सल्लाह पाउनुहुन्छ, "आपत्‌कालीन अवस्थामा तपाईंका लागि तीनओटा कुरा काम लाग्दैनन्– तपाईँभन्दा पछाडिको धावनमार्ग, तपाईँभन्दा माथिको आकाश अनि ट्रकमा भएको इन्धन।" यदि तपाईंले हवाईजहाजलाई धावनमार्गको धेरैजसो भागमा गुडाइसक्नुभएको छ तर हवाईजहाज अहिलेसम्म उड्न सकेको छैन भने तपाईँपछाडि जति लामो धावनमार्ग भए तापनि त्यसको कुनै अर्थ हुँदैन। यदि हवाईजहाजमा पावर (विद्युत्) छैन र तपाईँ आपत्‌कालीन

अवतरणका लागि तलतिर आइरहनुभएको छ भने 'तपाईँमाथि कति फराकिलो आकाश छ' भन्ने विषयभन्दा 'तपाईँभन्दा तल कति हावा छ' भन्ने विषय नै महत्त्वपूर्ण हुन्छ। हवाईजहाज हावामा उडिरहेको समयमा विमानस्थलमा रहेको ट्रकमा राखिएको इन्धनको कुनै अर्थ हुँदैन। यथार्थवादी हुनु भनेको यही हो।

आफ्नै जीवनको पाइलट बन्नु

फ्लोरिडामा हेलिकप्टर उडाउन सिकिरहेको समयमा मैले एउटा कथा सुनेँ। त्यो कथा सम्झँदा मलाई सधैँ हाँसो उठ्छ। कहिलेकाहीँ आफ्ना समस्याहरू अनि कठिन समय सृजना गर्ने हामी नै हुन सक्छौँ भनेर यसले राम्रोसँग याद दिलाउँछ। यस कथाको भूमिकामा म के भन्न चाहन्छु भने विमानचालकहरू लम्बेतानका कथाहरू भन्न अथवा कुनै कथालाई एकदमै बढाइचढाइ गर्न माहिर हुन्छन्। यो कथा सत्य घटनामा आधारित कथा हो तथापि यसको बिचबिचमा बढाइचढाइ गरेर भनिएको पनि हुन सक्छ।

एक जना मानिस थिए। उनीसँग एउटा सानो हवाईजहाज थियो। त्यसलाई स्टार्ट गर्नका लागि त्यसको प्रोपेलर (पङ्खा) लाई हातैले समातेर घुमाउनुपर्छ। एक दिन उनले यसै गर्न खोजे तर सफल भएनन्। त्यसमा पावर आएन र प्रोपेलर घुमेन। उनी ककपिट (विमानचालकको कक्ष) भित्र गएर थ्रोटललाई अझ बढाए। यसले इन्जिनमा थप पावर बढायो। पुरानो कारलाई स्टार्ट गर्न खोज्दा पनि यसै गरिन्छ। उनले फेरि कोसिस गरे तर यस पटक पनि त्यसले काम गरेन। त्यसपछि उनले थ्रोटल बढाउँदै गए।

आखिरमा पाइलटले प्रोपेलरलाई जोडले घुमाए त्यसपछि इन्जिन स्टार्ट भयो। उनले थ्रोटल यति धेरै बढाए कि विमानमा साँच्चै नै पावर आयो। प्लेन अगाडि बढ्न तयार भयो। यो त राम्रै कुरा थियो। तर, त्यतिखेर पाइलट ककपिटबाहिर उभिरहेका थिए। त्यो चाहिँ निकै नराम्रो कुरा थियो। उनले प्लेन अगाडि नबढोस् भनेर एउटा चक्काको अगाडि एउटा ठुलो ओट राखिदिए तर अर्को चक्का रोकिन सकेन र अघिल्तिर गुड्न सुरु गर्‍यो। एउटा चक्का चाहिँ अड्किएको थियो अनि अर्को चक्का गुड्न थाल्यो। त्यसपछि प्लेन गोलाकार रूपले घुम्न सुरु गर्‍यो अनि यसले गति लियो।

यही क्रममा उनले विमानको पखेटामा भएको डन्डीलाई समात्ने प्रयत्न गरे। उनले यसो गर्दा अर्को पाङ्ग्रा ओट नाघेर अगाडि गुड्न सुरु गऱ्यो। अब विमानलाई धावनमार्गमा अगाडितर्फ गुड्न नदिन उनी विमानमै झुन्डिरहनुबाहेक अरू उपाय रहेन। उनले धेरैबेरसम्म विमानलाई समातिरहनै सकेनन् किनभने उनी विमानसँगै फनफनी घुमिरहँदा उनलाई रिँगटा लागिरहेको थियो। अन्ततः उनी हवाईजहाजलाई छोड्न बाध्य भए। हवाईजहाज आफैँ सिधा भयो त्यसपछि धावनमार्गमा गति बढाएर गुड्न सुरु गऱ्यो, तलमाथि गऱ्यो अनि पाइलटविना नै उड्यो।

त्यहाँ नजिकै केही अरू पाइलटहरूले पनि हेलिकप्टरसम्बन्धी प्रशिक्षण लिइरहेका थिए। त्यो घटनालाई उनीहरूले देखिरहेका थिए त्यसैले उनीहरूले त्यो विमानलाई पछ्याउन थाले। तपाईंमाथि विमान उडिरहेको र त्यसलाई तपाईंले हावामा पछ्याइरहेको त्यो दृश्यको कल्पना गर्नुहोस् त। एउटा रित्तो विमान अरू कुरालाई बेवास्ता गर्दै आफूखुसी उडिरहेको थियो। त्यो विमान उड्नका लागि नै बनाइएको थियो र त्यहीअनुसार नै उडिरहेको थियो। त्यसको इन्धन नसकुन्जेलसम्म त्यो हवाईजहाज लगभग एक घण्टा पैँतालिस मिनेटसम्म यसरी नै उडिरह्यो। त्यसपछि त्यो बन्द भयो। त्यो बिस्तारै तलतिर झर्न थाल्यो अनि खुला चौरमा सामान्य दुर्घटनासहित अवतरण भयो। त्यो विमानले सहजताका साथ उडान भरेको देख्दा त्यहाँका हेलिकप्टरका पाइलटहरू आश्चर्यचकित भए।

मैले यो कथालाई स्मरण गर्नुको खास कारण के हो भने कहिलेकाहीँ चालकको आफ्नै कारणले विमान दुर्घटना हुन्छ। उनीहरू ककपिटभित्र जान्छन् अनि सोच्छन्, "मैले यसो गर्नु छ। मैले त्यसो गर्नु छ। मैले यसो गर्नु छ।" त्यसपछि उनीहरूका आफ्नै क्रियाकलापका कारण समस्या उत्पन्न हुन्छ। यस कथाको उक्त हवाईजहाजले त्यसभित्र कोही पनि नहुँदासमेत हावामा रहँदा आफ्नो कामलाई उत्कृष्ट ढङ्गले सम्पन्न गऱ्यो। तपाईंले हवाईजहाज उडाइरहँदा त्यसलाई उपयोगी र उचित मार्गनिर्देशन दिनु आवश्यक हुन्छ– त्यसलाई जुन उद्देश्यका लागि निर्माण गरिएको हो त्यही काम गर्न दिन, अरू कुराका लागि होइन। यो जीवनमा पनि यस्तै हुनुपर्छ। म आफ्नो जीवनमा स्वयम्का लागि यो गर्छु, यो त यस्तो हुनुपर्छ, उस्तो हुनुपर्छ भनेर हामीले निरन्तर सोचिरह्यौँ भने दुर्घटना हुन सक्छ। जीवनलाई जुन उद्देश्यका लागि सृजना गरिएको हो त्यसैअनुरूप चल्न दियौँ भने जीवनमा एउटा सुन्दर सरलता हुन्छ।

यदि हाम्रो जीवनमा केही खराब भयो भने हामी अन्य मानिसहरूलाई अथवा दुर्भाग्य या कर्मलाई दोष दिन्छौँ। तर, कहिलेकाहीँ यो कुरा हामीले आफैँसँग कस्तो व्यवहार गरिरहेका छौँ भन्ने विषयमा निर्भर रहन्छ। के हामीमा स्पष्टता छ? के हामीसँग वास्तविक योजना छ? के हामी अनपेक्षित परिस्थितिको सामना गर्न लचिला भइरहेका छौँ? हाम्रो जीवनलाई यसले गर्न सक्ने उत्कृष्ट कार्य गर्न दिनुको साटो कतै हामीले यसले गर्न नसक्ने कार्य गर्न लगाइरहेका त छैनौँ? मेरो अनुभवअनुसार हवाईजहाजलाई निर्देशन दिने र यसलाई उड्न दिने कुराका बिचमा सन्तुलन कायम गरेजसरी हामी जीवनलाई नियन्त्रण गर्ने र यसलाई फक्रिन दिने कुराहरूका बिचमा सन्तुलन कायम गर्न चाहन्छौँ।

आफ्नो ज्वालालाई खोज्नुहोस्

एउटा उखान छ, "अँध्यारोलाई सराप्नुभन्दा एउटा मैनबत्ती बाल्नु उत्तम हो।" तपाईँ रातभरि ओछ्यानमा पल्टेर अँध्यारोलाई सराप्न सक्नुहुन्छ तर यसले प्रकाश ल्याउँदैन। हामी आफ्नो समस्यारूपी अँध्यारो जङ्गलका बिचमा बसेर रुन सक्छौँ। मलाई राम्रोसँग के पनि थाहा छ भने बेलाबेलामा समस्या एकदमै ठुलो भएको जस्तो देखिन्छ तर कुनै एउटा स्थितिमा पुगेपछि हामीले भन्नैपर्छ, "अब त अति नै भयो।"

त्यस्तो अवस्थामा हामीले आफ्नो हिम्मतलाई अघि सार्नुपर्छ अनि सलाई कोरेर त्यो मैनबत्तीलाई बाल्नुपर्छ। त्यसपछि हामी त्यो मैनबत्तीको ज्वालालाई अर्को मैनबत्ती बाल्न प्रयोग गर्न सक्छौँ। अनुमान गर्नुहोस् त! पहिलो मैनबत्तीको प्रकाश हराउँदैन बरु हामीसँग अब दुई गुणा बढी उज्यालो हुन्छ। त्यसपछि हामी आफ्नो जीवनमा पुनः उज्यालो नपारेसम्म यस कार्यलाई निरन्तरता दिइरहन सक्छौँ तर एउटा बलेको मैनबत्तीले मात्रै अरू मैनबत्तीहरूलाई बाल्न सक्छ। यसर्थ हामीले सदैव आफूभित्र त्यो ज्वालालाई भेट्टाउनु आवश्यक छ।

प्रकाश के हो? यो एउटा चेतना हो। एउटा साँचो प्रकाशले हाम्रो जीवनको कठिन समयमा पनि हामीलाई मार्गदर्शन प्रदान गर्न सक्छ।

कठिन समयका विषयमा मेरो दृष्टिकोण नयाँ होइन तर मेरो विचारमा यो सन्देश आज पनि त्यति नै सान्दर्भिक छ जति प्लेटोको समयमा थियो अथवा

सन्त कबिरले पन्ध्रौँ शताब्दीमा लेखिरहेका समयमा थियो अथवा यी दुवै जनाभन्दा हजारौँ वर्षपहिला थियो। मेरो कुरा सरल छ। यो संसार एउटा कठिन स्थान हुन सक्छ तथापि मानिसहरू जन्मजात नै असल हुन्छन् अनि शान्ति सबैभित्र पाउन सकिन्छ। मृत्युले हामीले माया गर्ने चिजलाई खोस्छ अनि हामीले अहिले पनि अनुभूत र सम्मान गर्न सक्ने चिजमा रूपान्तरण गरिदिन्छ। वास्तविकतालाई सिधै हेर्नका लागि साहसको आवश्यकता हुन्छ तर जीवन वास्तवमा जस्तो छ त्यही रूपमा अनुभव गर्न यसले हामीलाई स्वतन्त्र बनाउँछ। हामीले आफ्ना अपेक्षाहरूमाथि शासन गर्नुपर्छ अन्यथा तिनीहरूले हामीमाथि नै शासन गर्नेछन्। हाम्रा सबैभन्दा कठिन दिन तथा सबैभन्दा राम्रा दिन दुवैमा आफूभित्रको वास्तविक चिजसँग जोडिने सम्भावना हामीसँग सदैव हुन्छ। यसै गरी हाम्रो हृदयमा आनन्द, तृप्ति अनि शान्तिको अनुभव गर्ने कुरालाई रोज्ने अवसर पनि सदैव हुन्छ।

यी विषयहरूले मलाई कबिरको एउटा कविताको स्मरण गराउँछन्:

चन्द्रमाको चम्किलो प्रकाश भित्र चम्कन्छ
दृष्टिविहीन आँखाले यसमा स्नान गर्न सक्दैन
भित्रै चन्द्र र सूर्य छन्
अनि भित्रै मौन आवाज छ
भित्र सबै वाद्ययन्त्रहरू एउटै लयमा बजिरहेका छन्
सुन्न नसक्ने कानले गीतको एउटा शब्द पनि सुन्न सक्दैन
यदि तपाईँ मेरोमेरो मात्र भनिरहनुहुन्छ भने
तपाईँ एउटा कार्यमा पनि सफल हुनुहुनेछैन
जब म स्वयम्सँग आसक्तिको भावले जोडिरहँदिनँ भने
त्यसपछि मेरा प्रिय मेरो कार्य सम्पन्न गर्न आउँछन्
स्वतन्त्र हुने इच्छाले ज्ञान प्राप्त हुन्छ
तथापि आत्मज्ञान पाएपछि मात्र तपाईँ वास्तवमा स्वतन्त्र हुनुहुन्छ
फल फलाउने इच्छाका कारण बोटबिरुवाहरूमा फूल फुल्छन्
फल पाकेपछि बोटबिरुवालाई फूलको आवश्यकता पर्दैन
जसरी कस्तूरीमृगले आफ्नै नाभिभित्र कस्तूरी बोकेको हुन्छ
सुगन्ध खोज्ने मृगले आफैँमा होइन घाँसमा खोज्छ।

तपाईंभित्र सबै वाद्ययन्त्रहरू एउटै लयमा बजिरहेका छन्। अन्तस्करणको गहिराइमा शान्तिलाई सुन्नुहोस्। यो शान्त ध्वनि हो। यसलाई ध्यानपूर्वक सुन्नुहोस् अनि सायद तपाईंले स्वयम्लाई सुन्न सक्नुहुन्छ।

अध्याय ८

क्षमा गरेर स्वयम्लाई मुक्त गर्नुहोस्

एउटा यस्तो संसारको कल्पना गर्नुहोस् जहाँ हरेक व्यक्ति शान्तिका साथ जिउँछन्। त्यो विश्वशान्तिबाट के उत्पन्न हुन्छ कल्पना गर्नुहोस् त– दयाका सुन्दर फूलहरू ! यस्तो संसारको कल्पना गर्नुहोस् जहाँ समाजले आफ्नो प्रतिभा र स्रोतसाधनहरू तथा शक्तिलाई सबैको भलाइका लागि उपयोग गर्छ। जहाँ अहिले सुरक्षाका निम्ति खर्च हुने अरबौँअरब डलर एकअर्कालाई आक्रमण गर्न खर्च गर्नुको साटो रोगविरुद्ध आक्रमण गर्नका लागि उपयोग गरिन्छ। जहाँ समुदाय र परिवारहरूलाई हिंसा र अपराधले टुक्र्याउँदैन– बरु उनीहरू एकताबद्ध, बलियो, समझदार र एकअर्काको हेरचाह गर्ने खालका हुन्छन्। जहाँ सबैको घर सुरक्षित, आरामदायी र स्वागतका लागि तयार हुन्छ। जहाँ हामीलाई समृद्ध बनाउने उद्देश्यले मानवजातिको सेवा गर्नका लागि नयाँ प्रविधिलाई डिजाइन गरिएको हुन्छ। जहाँ प्रशस्त खाना र पानी उपलब्ध हुन्छ अनि हामीसँग भएका चिज खुसीसाथ आफ्ना साथीहरू, छिमेकीहरू र अपरिचित व्यक्तिहरूलाई बाँड्छौँ। जहाँ सिमानाले पुराना नक्सामा कोरिएका धर्काहरूबाहेक अरू कुनै अर्थ राख्दैन। जहाँ हरेक प्रकारका सानाठुला प्राणीहरूले फस्टाउने ठाउँ पाउँछन्। जहाँ प्रकृतिलाई माया र सम्मान गरिन्छ। जहाँ हाम्रा गाउँ, नगर र सहरहरू कृतज्ञता अनि उदारताले भरिपूर्ण हुन्छन्।

त्यस्तो संसारको कल्पना गर्नुहोस्।

विनाशको बन्दुकको नाललाई घृणा गर्नुको साटो हामी यसरी नै शान्तिसँग जिउन सक्छौँ– हामी सबै जना, एकजुट भएर।

“ठिक हो !” हामी भन्छौँ, “हामीले चाहेको यही नै हो !” तर, सर्वप्रथम हामीले शान्ति भनेको के हो भन्ने कुरा वास्तवमै नबुझेसम्म यस्तो आदर्श विश्व कहिल्यै बन्नेछैन। निकै कम मानिसहरूले मात्रै यो कुरा बुझ्छन्। हामीलाई युद्धका बारेमा सबै कुरा थाहा छ तर शान्तिका बारेमा थोरै मात्र थाहा छ।

हामीसँग शान्तिका बारेमा धेरै विचारहरू हुन सक्छन् तर तिनीहरू प्रायः 'युटोपियन' सपनाभन्दा केही बढी मात्र हुन्छन्। अनि, 'युटोपिया' शब्दको अर्थ के हो ? ग्रिक भाषामा, 'यु' को अर्थ 'छैन' र 'टोपोस' को अर्थ 'स्थान' भन्ने हुन्छ त्यसैले यी दुई शब्द मिलाएर यसको अर्थ 'कुनै स्थान छैन' भन्ने हुन्छ। हामी एउटा यस्तो स्थानको कल्पना गरिरहेका छौँ जसलाई हामीले फरक तरिकाले नहेरेसम्म त्यो कहिल्यै अस्तित्वमा आउन सक्दैन। "शान्ति तपाईंभित्रै प्राप्त हुन्छ।" सताब्दिऔँदेखि चलिआएको सन्देश यही नै हो। यो तपाईंभित्र रहेको 'स्वयम्' र मभित्र रहेको 'स्वयम्' बाट सुरु हुन्छ।

हामीले आफ्नै लागि आन्तरिक शान्तिको अनुभव गरेपछि मात्र शान्ति के हो भनेर जान्न थाल्नेछौँ। यसकै लागि आत्मज्ञानको महत्त्व छ। हामीले आफूभित्र रहेको आन्तरिक शान्तिलाई बुझेपछि र त्यो शान्तिको सम्पर्कमा आएपछि मात्र मानिसहरूबिचको शान्तिलाई बुझ्न सक्छौँ। त्यसपछि हामीले साँच्चै नै शान्तिपूर्ण ढङ्गले काम गर्ने तरिकालाई रोज्न सक्छौँ। यसकारण एउटा अमूर्त 'युटोपिया' को रूपमा मात्र रहनुभन्दा हामीले खोजिरहेको विश्वशान्ति वास्तविकता बन्ने सम्भावना रहन्छ।

केवल एउटा बिउ

मैले के पाएको छु भने शान्तिका बारेमा कुरा गर्दा त्यसले 'अरू मानिसहरू' का सम्बन्धमा सबै खालका बहाना र कल्पनाहरू उत्पन्न गर्न सक्छ। हामी सोध्छौँ– यदि अरू मानिसहरू शान्तिसँग बाँच्नै चाहँदैनन् भने हामीले कसरी विश्वशान्तिलाई सम्भव बनाउन सक्छौँ? सुन्दाखेरि त व्यक्तिगत शान्ति भन्ने कुरा राम्रै लाग्छ तर समाजका सबै मानिसहरूलाई कसरी शान्तितर्फ लैजान सकिन्छ ? हुन सक्छ अरू मानिसहरू समस्या हुन्, समाधान होइनन् !

हाम्रो ध्यान 'अरू मानिसहरू' मा केन्द्रित हुँदा हामी आफूभित्र मोडिनबाट विमुख हुन्छौँ। यो एउटा सत्य कुरा हो– अरबौँ व्यक्तिहरूलाई पूर्ण रूपले शान्तिलाई अँगाल्न प्रेरित गर्नु एउटा अत्यन्तै ठुलो कार्य हो। तर, यसलाई सुरु गर्ने एउटा राम्रो तरिका छ– एक पटकमा एक जना अनि त्यो व्यक्ति को हो जसबाट हामीले सुरुवात गर्नुपर्छ ? हामी आफू नै हौँ !

कल्पना गर्नुहोस्, तपाईँ र म चारैतिर क्षितिजसम्म फैलिएको एउटा विशाल मैदानमा उभिरहेका छौँ। म भन्छु, "म के चाहन्छु भने यो मैदान र यस वरपरका सबै जमिनलाई समेत जङ्गल बनाइदिनुहोस्।" तपाईँ भन्नुहुन्छ, "ठिक छ, यो राम्रो विचार हो!" तर, तपाईँ कसरी सुरु गर्नुहुन्छ?

यो कार्य एउटा विशाल र जटिल चुनौतीजस्तो देखिन्छ– लगभग असम्भवजस्तो। तर, तपाईँले एउटा रुखको प्रकृतिलाई बुझ्नुभयो भने यो वास्तवमा अति नै सरल छ। हरेक रुखमा आफूलाई कैयौँ गुणा वृद्धि गर्ने क्षमता हुन्छ। तपाईँले केवल उर्वर माटो र उपयुक्त बिउबाट सुरु गर्नु आवश्यक छ किनभने एउटा रुख पूरै जङ्गलको रूपमा फैलिन सक्छ। हातैले १०,००० बिउ रोप्नुपर्दैन। तपाईँले पानी, ठुला उपकरण, विशेषज्ञहरू र अन्य कुराहरू ल्याउनु आवश्यक छैन। तपाईँसँग उब्जाउ हुने जमिन र एउटा बिउ छ भने यीमध्ये केही पनि आवश्यक छैन। केवल एउटा बिउ भए पुग्छ।

छनोट गर्न सिक्नु

के हाम्रा लागि लड्न र युद्धमा जानसमेत स्वीकार्य समय हुन्छ? सायद हुन्छ। यो कुरा हामीले आफ्नो हृदयमा महसुस गरेअनुसार हामी प्रत्येकले आफ्ना लागि युद्ध वा शान्ति के रोज्छौँ भन्ने विषयमा निर्भर रहन्छ। हामीभित्र युद्ध र शान्ति दुवै छ। हामीभित्र स्पष्टता र भ्रम पनि छ। हामीले आफूलाई बुझेपछि मात्र सही छनोट गर्न सक्छौँ।

महान् संस्कृत महाकाव्य 'महाभारत' को एउटा प्रसिद्ध अध्यायमा भगवान् कृष्ण एक जना योद्धा अर्जुनसँग युद्धमैदानमा जान्छन्। त्यसपछिको घटनाले हामीलाई शान्ति र युद्धका बारेमा केही महत्त्वपूर्ण कुरा बताउँछ किनभने त्यहाँ मुख्य पात्र अर्जुनले एउटा अचम्मको निर्णय लिन्छन्।

एउटा विशाल युद्ध सुरु हुन लागेको छ अनि अर्जुन चाहिँ लड्न चाहँदिनँ भन्छन्। उनले वरपरका सैनिकहरूलाई हेर्छन् अनि परिवारका सदस्यहरू, साथीहरू, गुरुहरू, सहकर्मीहरूको लामो लस्करलाई देख्छन्। आफूलाई प्रेम गर्ने र आफूसँग परिचित मानिसहरूका विरुद्धमा उनी आफ्नो धनुष उठाउन चाहँदैनन्। उनको तर्क हितकारी र निःस्वार्थ देखिन्छ।

अब तपाईँलाई अर्जुनले शान्तिलाई अँगालेको देखेर कृष्ण खुसी हुनेछन् भन्ने लाग्न सक्छ। यस्तो हुँदैन। किन? किनभने, अर्जुनसँग आत्मज्ञान छैन। यी योद्धाले उनले लिने निर्णयलाई निर्धारण गर्ने धेरै कारणहरूलाई बुझेका छैनन्। उनका भावनाहरू काल्पनिक छन् र उनले पूरै तस्बिर देखेका छैनन्। उनको परिस्थितिको वास्तविकतासँग उनका भावनाहरू जोडिएका छैनन्। अर्को शब्दमा भन्नुपर्दा उनले आफूलाई वास्तवमा चिनेकै छैनन्।

कृष्णले अर्जुनलाई युद्धको पृष्ठभूमि बताउँदै संसारमा उनको आफ्नो स्थान बुझ्न मदत गर्छन्। एक योद्धाको रूपमा यस न्याययुद्धमा भाग लिनु उनको कर्तव्य पनि हो भन्नेसमेत बुझाउँछन्। बिस्तारै यी योद्धाले आफ्नो जिम्मेवारीलाई बुझ्छन् अनि आफैँले छनोट गर्नका लागि अब उनी पूर्ण रूपले स्वतन्त्र छन् भन्ने कुरा पनि बुझ्छन्। सही निर्णय लिने कुरा महत्त्वपूर्ण हो। यो तपाईँसँग विकल्प उपलब्ध 'छ' भन्ने कुरा थाहा पाएपछि सुरु हुन्छ।

मान्नुहोस् तपाईँ कारागारमा हुनुहुन्छ। धेरै वर्षदेखि तपाईँले आफ्नो कोठरीको झ्यालबाट बाहिर हेर्दै हुनुहुन्छ र भाग्ने योजना बनाइराख्नुभएको छ। तपाईँनजिकै एउटा अग्लो पर्खाल छ। तपाईँ त्यसलाई मात्र देख्न सक्नुहुन्छ। यसले तपाईँले देख्न सक्ने क्षेत्रलाई नियन्त्रण गर्छ र मुस्किलले मात्रै तपाईँको कोठरीमा प्रकाश छिर्न दिन्छ। तपाईँलाई यही पर्खालले मात्रै स्वतन्त्र हुनबाट वञ्चित तुल्याउँछ भन्ने लाग्ला तर त्यो पर्खालपछाडि अर्को पर्खाल पनि छ। दोस्रो पर्खाल पहिलो पर्खालभन्दा पनि अग्लो छ तर तपाईँको कोठरीनजिकको पर्खालका कारण तपाईँ अर्को पर्खाललाई देख्न सक्नुहुन्न। त्यो दोस्रो पर्खालभन्दा पछाडि अझै अग्लो अर्को पर्खाल छ तर पहिलो पर्खालका कारण तपाईँ त्यो तेस्रो पर्खाललाई समेत देख्न सक्नुहुन्न।

हप्तौँदेखि तपाईँले पहिलो पर्खाललाई नाप्न आवश्यक पर्ने सबै उपकरणहरूलाई गोप्य रूपले जम्मा गरिरहनुभएको छ। तपाईँले फेरि एक पटक आफ्नो डोरीलाई सावधानीपूर्वक नाप्नुहुन्छ र त्यो पर्खाल पार गर्न डोरीको लम्बाइ पर्याप्त छ भनेर निश्चय गर्नुहुन्छ। तपाईँ आफ्नो कोठरीबाट बाहिर भाग्नुहुन्छ अनि हतारहतार पर्खालमाथि चढ्नुहुन्छ तर पहिलो पर्खालमाथि पुगेपछि तपाईँले दोस्रो पर्खाल भेट्नुहुन्छ अनि तपाईँको डोरी त्यो पर्खालमाथिसम्म पुग्नका लागि पर्याप्त हुँदैन। तपाईँको आफ्नो परिस्थितिबारेको बुझाइ गलत भयो।

हामीले पूरा तस्बिर नदेखेसम्म सही निर्णय लिन सक्दैनौँ। आत्मज्ञान प्राप्त नगरेसम्म आफ्नो हृदयभित्रको शान्तिसँग हामी जोडिन सक्दैनौँ। आफ्नो हृदयभित्रको शान्तिसँग नजोडिएसम्म हामी गलत कारणहरूका लागि युद्ध गर्ने कुरालाई रोज्न सक्छौँ। आफ्नो हृदयभित्रको शान्तिसँग नजोडिएसम्म हामी गलत कारणहरूका लागि युद्ध नगर्ने कुरालाई पनि रोज्न सक्छौँ। आन्तरिक शान्तिबाट के रोज्ने भन्नेबारेमा स्पष्टता आउँछ। युटोपिया (सबै कुराले परिपूर्ण काल्पनिक आदर्श स्थान) को सपना देख्नुको साटो हामीले वास्तविकतालाई स्पष्ट रूपमा हेर्नुपर्छ र सोहीअनुरूप रोज्नुपर्छ।

अर्को एउटा विशाल फट्को

त्यसो भए के विश्वशान्ति साँच्चै सम्भव छ? के हामी मानिसहरू साँच्चै आपसमा मिलेर बस्न सक्षम छौँ? धेरै मानिसहरूलाई यस्तो लाग्दैन। तपाईँले यस विषयका सन्दर्भमा भेट्न सक्ने नकारात्मक कुरा वास्तवमा निकै गम्भीर हुन्छ। सेनेकाले भनेका छन्, “हामीले कार्य कठिन भएकाले जोखिम उठाउनलाई हिम्मत नगरेको होइन, हामीले हिम्मत नगरेकाले चाहिँ कार्य कठिन भएको हो।” के हामी शान्तिलाई एउटा अवसर दिने हिम्मत गर्छौँ?

म तपाईँलाई केही समयअघि घटेको एउटा घटनातिर लैजान चाहन्छु। यो घटना केवल १२ सेकेन्डसम्म चल्यो र यसले केवल १२० फिटको दूरी तय गऱ्यो तर यसले संसारलाई नै परिवर्तन गरिदियो। म ऊर्जाबाट चल्ने पहिलो उडानका बारेमा कुरा गर्दै छु। निःसन्देह धेरै मानिसहरूले राइट दाजुभाइको साहसी योजनालाई हेरेर भनेका थिए, “यसले काम गर्दैन!” अथवा “तिमीहरू अनाडी छौ!” अथवा “भगवान्‌ले हामीलाई उडोस् भनेर चाहेका भए उनले हामीलाई पखेटा दिन्थे!” तर, साइकल मर्मतको काम सुरुवात गरेका यी दुई जनासँग ठुला सपनाहरू थिए अनि उनीहरूले ‘हुँदैन’ भन्ने शब्दको अर्थ बुझेनन्। यसैलाई भनिन्छ दृढता। त्यस्तै गरी शान्तिको कुरा आउँदा हामीलाई थप दृढता र थप साहसको आवश्यकता पर्छ।

शान्ति असम्भव छ भन्ने मानिसहरूलाई म उडानको अर्को उदाहरण दिन्छु– हामी चन्द्रमामा गयौँ। यो मिसन (लक्ष्य) : कल्पनादेखि वास्तविकतासम्मको एउटा विशाल फट्को– के यो कार्य ‘गर्न सकिँदैन’ भन्ने मानिसहरूका कारण सफल भयो

कि 'प्रयास गरेर हेरौँ न त' भन्ने मानिसहरूका कारणले सफल भयो ? सन् १९६२ मा राष्ट्रपति जोन एफ केनेडीले भनेका महत्त्वाकाङ्क्षी शब्दहरूलाई हेरौँ:

> *हामी चन्द्रमामा जाने कार्यलाई रोज्छौँ। यस दशकमा हामी चन्द्रमामा जाने कार्य र अन्य कार्यहरूलाई रोज्छौँ। किनभने, सजिलो भएकाले नभएर कठिन भएकाले ती कार्यलाई रोजेका हौँ। किनभने, यो लक्ष्यले हाम्रो उत्कृष्ट ऊर्जा तथा सिपहरूलाई व्यवस्थित गर्न र मापन गर्न सहयोग गर्नेछ। किनभने, यो एउटा यस्तो चुनौती हो जसलाई हामी स्वीकार गर्न तयार छौँ तर पछाडि सार्न तयार छैनौँ अनि त्यसलाई हामी जित्न चाहन्छौँ।*

चन्द्रमामा भएको त्यो पहिलो साहसिक यात्रापछि सायद हामीले अँगालेका केही नकारात्मक कुराहरूलाई छाडिदिनुपर्छ। पक्कै पनि यस पृथ्वीमा शान्ति स्थापना गर्नु हाम्रो सबैभन्दा ठुलो सामूहिक उपलब्धि हुनेछ। त्यसो भए हामीले किन आफ्नो सङ्कल्पलाई दृढ नबनाउने ? केनेडीको आह्वानलाई अनुसरण गरेर यसो भन्दा कसो होला :

> *हामी मानिसबिचमा शान्ति प्राप्त गर्ने कुरालाई रोज्छौँ। किनभने, यस दशकमा यो कार्य सजिलो नभएर कठिन भएकाले त्यसलाई रोजेका हौँ। किनभने, यो लक्ष्यले हाम्रो उत्कृष्ट ऊर्जा तथा सिपहरूलाई व्यवस्थित गर्न र मापन गर्न सहयोग गर्नेछ। किनभने, यो एउटा यस्तो चुनौती हो जसलाई हामी स्वीकार गर्न तयार छौँ तर पछाडि सार्न तयार छैनौँ अनि त्यसलाई हामी जित्न चाहन्छौँ। किनभने, यदि हामी हरेकले आफैँबाट सुरु गर्‍यौँ भने शान्ति सम्भव छ।*

प्रतिशोधको अभिशाप

हामीले एकअर्कालाई सम्मान गर्न छाडेपछि द्वन्द्व हुन्छ। सम्मानको अभावमा हाम्रा सिद्धान्त र नियमहरू मानिसहरूभन्दा बढी महत्त्वपूर्ण हुन्छन्। दिमाग हृदयमाथि हाबी हुन्छ। त्यसपछि हामी जसका विरुद्धमा छौँ उनीहरूमाथि सिद्धान्त थोपर्न थाल्छौँ। युद्धका प्रवर्धकहरूले अर्को पक्षलाई अमानवीय तुल्याउनु फाइदाजनक

हुन्छ भन्ने कुरा सताब्दियौँदेखि थाहा पाएका छन्। तपाईँले आफ्ना विपक्षीहरूलाई राक्षस बनाइदिनुभयो भने सज्जन मानिसहरूलाई उनीहरूप्रति घृणा गर्न सजिलो हुन्छ। कुनै पनि समाजले शान्तितिर आफ्नो पाइला तब मात्र चाल्छ जब उसले आफ्नो शत्रुलाई मानवका रूपमा स्वीकार गर्छ। यो परिवर्तन एक पटकमा एक व्यक्तिबाट हुन्छ।

यो प्रसङ्गले मलाई प्रतिशोधको विषयलाई स्मरण गराउँछ, "ममाथि अन्याय भएको छ, मैले बदला लिनुपर्छ!" यो भावना असाध्यै न्यायोचित देखिन सक्छ। एकदमै सही हो जस्तो लाग्न सक्छ। योभन्दा पनि अझ बढी के महसुस हुन सक्छ भने तपाईँले आफूलाई सुरक्षित राख्न बदला लिनुपर्छ तर यसले डर, घृणा र अरूसँग बदला लिने इच्छा पैदा गर्नुबाहेक अरू के नै गर्छ र?

महाभारतको कथा कुरुक्षेत्रको युद्धबाट प्रेरित छ। दाजुभाइका दुई समूह कौरव र पाण्डवबिचको सङ्घर्षबाट यो द्वन्द्व उत्पन्न भएको थियो। यहाँ दुवैले आफूहरू नै प्राचीन भारतीय कुरु राज्यका वास्तविक उत्तराधिकारी भएको महसुस गरेका थिए। केही मानिसका मान्यताअनुसार यस युद्धले कलियुगको सुरुवात गऱ्यो। कलियुग चार युगहरूमध्येको एउटा युग वा समय हो। भारतीय पौराणिक कथनअनुसार कलियुग भनेको कलह, झगडा र द्वन्द्व बढ्ने समय हो।

प्रतिशोधका विषयमा महाभारतमा रहेको एउटा कथा मेरो दिमागमा सधैँ बसिरहेको छ। यसले हामी को हौँ– विशेष गरी हाम्रो हृदयभित्र शान्तिसँगको सम्बन्ध के हो भन्ने कुराको स्पष्टता गुमाएपछिको अवस्थालाई चित्रण गर्छ। यो राम्रोसँग छनोट गर्नुको महत्त्वका बारेमा पनि हो। कृष्ण र अर्जुन युद्धमैदानमा हुँदाको सबैभन्दा पहिलो संस्करणको कथा निकै लामो र जटिल छ अनि यसमा रहेका धेरैजसो भागमा विभिन्न खालका व्याख्या तथा थपघट हुने गरेकाले म यसलाई सकेसम्म सरल रूपले सङ्क्षेपमा बताउँछु।

महाभारत युद्धको केही समयपछि परीक्षित् नामका एक जना असल घरानाका राजकुमार राजा भए। उनी असल शासक मानिन्थे अनि उनको शासनकालमा जनताले शान्ति र समृद्धि पाएका थिए। एक दिन उनी आफ्नो घोडामा कतै बाहिर निस्कन्छन् र उनले मानिसको रूप धारण गरेका कलियुगलाई भेट्छन्। (महाभारतकालमा विभिन्न वस्तुहरूले मानिसको रूप धारण गर्नु र विभिन्न पात्रको जस्तो क्रियाकलाप गर्नु सामान्य कुरा थियो।)

कलियुग परीक्षित्का अगाडि उभिएर भन्छ, "म कलियुग हुँ र म तपाईंको राज्यमा फैलिन चाहन्छु– यो मेरो समय हो।" अनि, परीक्षित् भन्छन्, "म तपाईंलाई यसो गर्ने अनुमति दिन्नँ किनभने मलाई थाहा छ तपाईं को र के हुनुहुन्छ। मानिसलाई भ्रमित पार्ने, आपसमा लडाउने र तिनीहरूलाई आफ्ना जिम्मेवारी बिर्साइदिने तपाईं नै हुनुहुन्छ।"

कलियुगलाई के महसुस हुन्छ भने यहाँ उसका लागि एउटा ठुलो चुनौती छ। "म सबै ठाउँमा हुने तर उनको राज्यमा चाहिँ नहुने यो कसरी हुन सक्छ र!" उसले मनमनै सोच्छ। उसलाई के पनि थाहा छ भने परीक्षित् एक शक्तिशाली शासक हुन् अनि उसले उनलाई सिधै चुनौती दिने आँट गर्न सक्दैन। उसले एक क्षणका लागि त्यो परिस्थितिलाई विचार गरेर भन्छ, "हजुर! म तपाईंसँग आश्रय माग्दै छु।"

यसरी कसैले आश्रय मागेपछि सदैव शरण दिनु राजाको कर्तव्य हो। त्यसैले अब परीक्षित्ले तुरुन्तै विचार गर्नुपर्ने भयो। "मैले यसलाई कुन ठाउँमा शरण दिएँ भने उसले मेरो राज्यलाई हानि पुर्‍याउन सक्दैन?" उनी सोच्न थाल्छन्, "म यसलाई सधैँ मेरो नजर पर्ने गरी कसरी आफूनजिकै राख्न सक्छु?" त्यसपछि परीक्षित्ले यी दुर्भाग्यपूर्ण शब्दहरू भन्छन्, "ठिक छ, तपाईं आउन सक्नुहुन्छ र मेरो बुद्धिमा शरण लिन सक्नुहुन्छ।"

कलियुग खुसी हुन्छ किनभने उसलाई त्यस स्थानबाट सारा राज्यमा शासन गरिरहन सकिन्छ भन्ने कुरा थाहा छ।

केही दिन बितेपछि परीक्षित् सिकार खेल्न जाने निर्णय गर्छन्। जाँदाजाँदै उनलाई तिर्खा लाग्छ। उनले एउटा आश्रम देख्छन् र पानीको खोजीमा उनी भित्र पस्छन्। त्यहाँ उनको शमीक नामक ऋषिसँग भेट हुन्छ। उनी गहिरो ध्यानमा हुन्छन्। परीक्षित् उनलाई भन्छन्, "ऋषिवर, मलाई अलिकति पानी दिनुहोस् न!" तर, शमीकले उनको कुरा सुन्दैनन्। त्यसैले राजाले फेरि भन्छन्, "ऋषिवर! म विनम्रतापूर्वक तपाईंसँग अलिकति पानी माग्छु।" शमीक अझै पनि कुनै जवाफ दिँदैनन्।

अब परीक्षित्लाई रिस उठ्छ। यो उनका लागि निकै अनौठो कुरा हो। वास्तवमा उनी अत्यन्तै क्रोधित हुन्छन्। उनले आफूलाई हेपिएको महसुस गर्छन्। उनले नजिकै मरेको सर्प देख्छन् अनि त्यो फोहोर जन्तुलाई ऋषिको घाँटीमा बेरिदिन्छन्– एउटा घोर अपमान।

ऋषिका शिष्यहरूमध्ये एक जनाले यो सबै घटनालाई नियालिरहेका हुन्छन्

अनि राजालाई तक्षक नामक सर्पको टोकाइबाट सात दिनभित्र मृत्यु हुनेछ भनेर श्राप दिन्छन्। परीक्षित्लाई आफ्नो गल्ती महसुस हुन्छ अनि शमीक ऋषिसँग माफी माग्छन् तर ऋषिले श्रापलाई उल्टाउन केही पनि गर्न सक्दैनन्।

राजाको सुरक्षाका लागि तुरुन्तै एउटा टावर (धरहरा) निर्माण गरिन्छ अनि उनी कुनै पनि सर्प नजिक आएमा मार्न भनेर आफ्ना सिपाहीहरूलाई तयारी अवस्थामा राख्छन्। सातौँ दिनमा परीक्षित्लाई सायद श्रापको प्रभाव पर्दैन कि भन्ने लाग्छ। सूर्यास्त हुनै लागेको हुन्छ। उनलाई भोक लागेको महसुस हुन्छ त्यसैले उनी फलफूल राखेको स्थानतिर जान्छन्। उनी जसै त्यहाँ पुग्छन्, त्यहाँ एउटा किरो देखापर्छ। उनले ठट्टा गर्दै भन्छन्, यदि यो सर्प हो भने म यसलाई टोक्न दिन्छु। तक्षकले किराको स्वरूपबाट सर्पको स्वरूपमा परिणत भएर श्राप पूरा गरिदिन्छन्।

परीक्षित्का छोरा जनमेजय निकै क्रोधित हुन्छन्। उनी यति धेरै क्रोधित हुन्छन् कि उनी राज्यका सबै सर्पहरूलाई नष्ट गर्न चाहन्छन्। उनले एक विशाल नागयज्ञ सप्ताह अथवा नागबलि यज्ञको आयोजना गर्छन्। उनका सैनिकहरूले फेला पारेका सबै सर्पहरूलाई यज्ञमा हाल्दै जलाउँछन्। यसरी प्रतिशोधको चक्र निरन्तर जारी रहन्छ।

कथामा परीक्षित्, शमीकका शिष्य र जनमेजय सबैले अन्यायबाट पीडित भएको महसुस गर्छन्। यस भावनाले उनीहरूलाई क्रोधित बनाउँछ र त्यस क्रोधले उनीहरूका मार्गमा आउने सबै चिजहरूलाई जलाउँछ– उनीहरू आफू को हुन् भन्ने चेतसमेतलाई। जनमेजयलाई अन्ततः अर्का एक ऋषि आस्तिकले यो यज्ञलाई रोक्न राजी गराउँछन्। आस्तिक ऋषि भन्छन्, “तक्षकबाहेक जीवित सर्पहरू निश्चय नै निर्दोष छन् र तिनीहरू मारिनु हुँदैन। यदि तपाईंले तिनीहरूलाई जीवनदान दिनुभयो भने तपाईंको कीर्ति बढ्नेछ।” जनमेजयले सर्पहरूलाई जलाउन छोड्छन्।

यदि तपाईंलाई रुचि छ भने कलियुगको कथाबारे थप जान्नका लागि म तपाईंलाई नै छोडिदिन्छु। अन्यथा म पूरै महाभारतलाई सङ्क्षेपमा टुङ्ग्याउने कोसिस गर्छु। मुख्य कुरो के हो भने कलियुग आएको छ र स्पष्टता गएको छ। त्यसो भए के बाँकी रहन्छ त? क्रोध, पीडा, डर, प्रतिशोध– यी सबै बारम्बार दोहोरिरहन्छन्। यो त्रासको चक्रले पीडाबाहेक केही उत्पन्न गर्दैन। तपाईंले

प्रतिशोध राखेर आँखाको बदलामा आँखै निकालिदिन्छु भन्न सक्नुहुन्छ तर यसबारेमा गान्धीजीको प्रसिद्ध भनाइ यस्तो छ– यसले त सारा संसारलाई अन्धो बनाइदिन्छ।

क्षमाका बारेमा एउटा फरक दृष्टिकोण

विशेष गरी तपाईं र तपाईंका प्रियजनलाई धेरै हानि हुँदा क्रोधदेखि क्षमासम्मको बाटो एकदमै उकालो र कठिन हुन सक्छ। हामीले क्षमालाई विनम्र स्वीकृतिका रूपमा नलिई आफैँलाई पीडाबाट मुक्त गर्ने एउटा साहसी मार्गका रूपमा बुझ्न सक्यौँ भने सफलता प्राप्त हुन्छ।

कतिपय कार्यहरू यति भयानक, यति हानिकारक, यति क्रूर र यति घृणाले भरिएका हुन्छन् कि त्यसलाई स्वीकार गर्नै सकिँदैन। तिनीहरूलाई न्यायिक प्रक्रियामा लैजानैपर्छ। क्षमा भनेको विगतका ती कार्यसँगको सम्बन्धबाट आफूलाई मुक्त गर्नेबारेमा हो जसले गर्दा यसले हामीलाई पुरानै अवस्थामा अल्झाई नराखोस्। क्षमाले पीडकलाई आफ्नो कर्मको जिम्मेवारीबाट मुक्त गर्दैन, यसले पीडकबाट हामीलाई चाहिँ मुक्त गर्छ।

मैले द्वन्द्वबाट बाँचेका धेरै व्यक्तिहरूलाई भेटेको छु अनि उनीहरूका केही कथाले मलाई रुवाएको छ। मलाई के थाहा छ भने युद्धहरूमा मारिएका व्यक्तिका छोराछोरीहरू मनमा प्रतिशोधको भावना लिएर हुर्कन सक्छन्। हामीलाई मानसिक रूपले विक्षिप्त बनाउने त्यस्ता घटनाहरूबाट हामीले बोक्ने भावनाहरूलाई छोड्न त्यति सजिलो छैन तर हामीले आफ्ना लागि केही गर्ने कार्यलाई रोजेपछि हामी पीडित हुनबाट छुटकारा पाउन पहिलो कदम चाल्छौँ। प्रतिशोध लिन चाहने व्यक्तिले आफ्नो डर र क्रोधभन्दा माथि उठेर आफूभित्रको शक्तिलाई प्राप्त गरेमा यो अत्यन्तै प्रभावकारी हुन्छ। विगतमा मानिसहरूलाई जे भएको भए पनि आज राम्रोसँग बाँच्नका लागि उनीहरूको दृढतालाई देख्दा म छक्क पर्छु। एउटा महत्त्वपूर्ण कुरा के हो भने उनीहरूले पीडालाई त भोगे तर उनीहरू आफ्नो बाँकी जीवन पीडित भएर बाँच्न चाहँदैनन्।

म पहिलो पटक दक्षिण अफ्रिकामा पुग्दा

म चौध वर्षको हुँदा सन् १९७२ मा पहिलो पटक दक्षिण अफ्रिका गएको थिएँ। म त्यहाँ कार्यक्रमहरूलाई सम्बोधन गर्न जाँदा मैले जे देखेँ, मैले जे अनुभव गरेँ त्यसबाट म चकित भएँ। यसले मलाई भारतमा रहेको भयानक जातपातको व्यवस्थालाई स्मरण गरायो जसलाई म घृणा गर्थें। त्यति बेला नेल्सन मन्डेला तत्कालीन शासन व्यवस्थालाई उल्ट्याउने प्रयासका लागि जेलमा परेका थिए।

रङ्गभेद अत्यन्तै क्रूर प्रकृतिको थियो। एक पटक दक्षिण अफ्रिकाको सरकारले मलाई भन्यो, “तपाईँले काला र गोरा जातिलाई एकै ठाउँमा राखेर कार्यक्रम गर्न पाउनुहुन्न। फरक जातिका मानिसहरूलाई छुट्टाछुट्टै राख्नुपर्छ।” मैले भनेँ, “मलाई माफ गर्नुहोस्! म त्यस्तो गर्दिनँ। मेरो कार्यक्रममा जो पनि आउन सक्छन्। म मानिससँग कुरा गर्छु। म उनीहरूको जातसँग कुरा गर्दिनँ। म उनीहरूको धर्मसँग कुरा गर्दिनँ।”

म कालोसूचीमा परेँ। सरकारी अधिकारीहरूले एउटा किशोर आगन्तुक वक्तालाई गिरफ्तार गरेर तुरुन्तै फैलिने अन्तर्राष्ट्रिय समाचार बनाउन चाहेनन्। बरु उनीहरूले मलाई पछ्याए अनि २४ सै घण्टा निगरानी गरे। मेरो विचारमा म जहाँ गएँ, मैले जसरी यात्रा गरेँ, म जोसँग घुलमिल भएँ र मैले जे भनेँ त्यसबाट उनीहरूको लगभग सबै नियमहरूलाई तोडिदिएँ। यसबारेमा उनीहरूको डर र आक्रोश निकै चर्को थियो।

मेरा कार्यक्रममा आउने मानिसहरूको समूहमा एउटा गज्जबको सम्मिश्रण हुन्थ्यो– तपाईँले कल्पना गर्न सक्नेजति सबै आकारप्रकार, रूप र रङ्का मानिसहरू आउँथे। तर, हामी सबै एउटै चिजको खोजमा थियौँ– हामीभित्रको आन्तरिक शान्तिको अनुभव गर्ने र तृप्त जीवन जिउने। विभेद र हिंसाका बिचमा पनि यो अद्भुत सम्भावनालाई स्वागत गरिँदै थियो। यो कार्य त्यो समयका सबै कानुनहरूको विरुद्धमा थियो। यसबाट कहिलेकाहीँ मानिसले आफ्नो दिमागमा खेल्ने खतरनाक खेलहरूभन्दा हामीभित्रको शान्ति बढी शक्तिशाली हुन्छ भन्ने कुरा मलाई प्रस्ट भयो। यी खेलहरू विनाशकारी परिणामलाई निम्त्याउने खालका समेत हुन्थे।

हालैका वर्षहरूमा मैले सोवेटोमा कार्यक्रमहरू गरेको छु जहाँ मानिसहरूलाई तपाईँले पत्याउनै नसक्ने गहिरो पीडा दिइएको छ। त्यहाँ आउने धेरै वक्ताहरूले

क्षमाका बारेमा कुरा गर्छन् तर क्षमा सबैभन्दा महत्त्वपूर्ण तपाईँका लागि हो, ती पीडकहरूका लागि होइन भन्ने कुरा गर्ने व्यक्ति सायद म मात्रै हुँ। म यसो भन्छु– मानिसहरूले यति जघन्य कार्यहरू गर्न सक्छन् जसका लागि सायद तपाईँले उनीहरूलाई माफ गर्न सक्नुहुन्न। तर, एउटा कुरा तपाईँले आफ्ना लागि गर्न सक्नुहुन्छ– पीडाको बन्धनलाई काट्न सक्नुहुन्छ। यसो गरेमा हिजो जे भयो त्यसले आज तपाईँको जीवनलाई थप प्रभाव पार्दैन भन्ने कुरालाई तपाईँले सुनिश्चित गर्नुहुन्छ।

एक पटक म दक्षिण अफ्रिकाको एउटा कार्यक्रममा बोल्दै थिएँ। कारागारमा रहेकी एक जना महिलाले मलाई एउटा प्रश्न पठाएकी थिइन्। त्यसमा लेखिएको थियो, "मेरो जीवनमा मैले गरेको कर्मका लागि म आफैँलाई माफ गर्न सक्दिनँ। मैले आफ्ना दुई जना बच्चाहरूको हत्या गरेँ र आफूलाई लागेको आरोप सहन नसकेर आफैँलाई समेत मार्न खोजेकी थिएँ। म तपाईँले भन्नुभएको त्यो शान्तिको अनुभूति गर्न चाहन्छु तर मैले त्यसलाई अनुभूत गर्ने क्षमता नै गुमाइसकेकी छु जस्तो लाग्छ। के मेरा लागि कुनै सम्भावना छ ?"

मैले श्रोताहरूतिर हेरेँ। मैले के महसुस गरेँ भने मभन्दा बढी उनीहरूले नै यो भयानक घटनालाई नजिकबाट अनुभव गरेका थिए। मैले उनीहरूलाई सोधेँ, "के तपाईँलाई यी महिलाका लागि कुनै सम्भावना छ जस्तो लाग्छ ?"

यो वास्तवमा निकै नै अचम्मको परिस्थिति थियो। सबैले एकै स्वरमा भने, "छ !" उनीहरूको जवाफ यही नै थियो– उनका लागि आशा छ। त्यो पल मेरा लागि सदैव स्मरणीय रहनेछ। यसले मलाई स्पष्ट रूपमा के सन्देश दियो भने यहाँ मानवताका लागि आशा छ।

कर्तव्य र जिम्मेवारी

मैले यसअघि बताएको महाभारतको कथामा जनमेजयलाई आस्तिकले चुनौती दिएका थिए। उनले आफ्नो कर्तव्य, आफ्नो धर्म पूरा गरिरहेको छु भनेर जवाफ दिएका थिए। केही मानिसहरू आफ्नो देश, धर्म, समुदाय, परिवारका लागि लडाइँ गर्नुलाई एउटा ठुलो नैतिक जिम्मेवारी ठान्छन्। मैले तपाईँलाई अरूप्रति गर्नुपर्ने तपाईँको कर्तव्य के हो भनेर परिभाषित गर्न खोजेको होइन। तपाईँमा आफूप्रतिको पनि एउटा कर्तव्य छ भनेर म तपाईँलाई स्मरण मात्र गराउन चाहन्छु। अनि, केही गर्नुअघि तपाईँले आफैँलाई बुझ्नु र लडाइँ गर्ने वा नगर्ने निर्णय लिनुअघि

आफूभित्रको शान्तिलाई अनुभव गर्नु नै तपाईँको आफूप्रतिको कर्तव्य हो। तपाईँको दिमागलाई त युद्धको औचित्य स्वीकार गराउन सकिएला तर तपाईँको हृदयलाई पनि गराउन सकिन्छ त?

केही वर्षअघि प्रेम रावत फाउन्डेसनले आफ्नो शान्ति शिक्षा कार्यक्रम (पेप) लाई श्रीलङ्कामा लग्यो। यो देशले एउटा भयानक गृहयुद्धको सामना गरेको थियो। पेपलाई सुरुमा कारागारका कैदीबन्दीहरूलाई मदत गर्नका लागि प्रयोग गरिएको थियो। आज यसले समाजमा पुनःस्थापित हुन चाहने सबै खाले मानिसहरूलाई मदत गर्दै उनीहरूभित्र रहेको व्यक्तिगत शान्तिको चेतलाई बुझ्न र त्यससँग पुनः जोडिन मदत गर्छ। हामीले श्रीलङ्कामा पूर्वलडाकुहरूलाई आफूसँग जोडिन मदत गर्ने हेतुले उनीहरूसँग सहकार्य गर्‍यौँ र यसले एउटा ठुलो प्रभाव पार्‍यो। एक जना पूर्वतमिल टाइगरले मलाई भने, “यदि मैले मेरो जीवनमा यो सन्देश पहिल्यै पाएको भए म युद्धमा जाने नै थिइनँ।” हाल शान्ति शिक्षा कार्यक्रम १०० भन्दा बढी देशहरूमा सञ्चालित छ। यो कार्यक्रम द्वन्द्वमा संलग्न समुदायका मानिसहरूका लागि नियमित रूपमा सञ्चालन गरिन्छ।

कोलम्बियामा हाम्रा टिमहरूले एफएआरसी क्रान्तिकारी समूहका पूर्वलडाकुहरूसँग काम गरेका छन्। उनीहरूमध्ये धेरैले बाल्यकालदेखि नै युद्ध गर्दै आएका थिए र उनीहरूलाई युद्धबाहेक अरू केही पनि थाहा थिएन। दशकौँसम्म देशभरि निजी सेनाहरू थिए। उनीहरू भयानक हिंसा र अपराधमा संलग्न थिए। यो अराजक अवस्था विकसित हुनुमा लागुपदार्थको ठुलो भूमिका रहेको थियो। एक पूर्वएफएआरसी लडाकुले शान्ति शिक्षा कार्यक्रम पूरा गरेपछि मलाई भने, “यदि एक जना छापामारले यो सन्देशलाई हृदयबाट ग्रहण गर्न सक्छ भने कल्पना गर्नुहोस् त तपाईँले बाँकी संसारका लागि अझ केके गर्न सक्नुहुन्छ होला।”

हरेक दिनको द्वन्द्व

युद्धको अनुभव नगरेका व्यक्तिहरूलाई युद्धको कुरा सिद्धान्तजस्तो लाग्न सक्छ तर हाम्रो दैनिक जीवनमा सानो आकारमा ठिक त्यस्तै क्रियाकलाप चलिरहन्छ। एउटा सामान्य स्तरको द्वन्द्वको उदाहरणलाई हेर्नुहोस्। तपाईँ आफ्नो कार हाँकेर अगाडि गइरहनुभएको छ। कसैले तपाईँको अगाडिबाट बाटो काट्छ र माफी पनि माग्दैन। तपाईँ आक्रोशित हुनुहुन्छ! तपाईँ रिसले आगो हुनुहुन्छ। तपाईँले जोडले आफ्नो हर्न बजाउनुहुन्छ र अर्को ट्राफिक लाइटसम्म उसलाई पछ्याउनुहुन्छ। यो के

भएको हो ? तपाईँलाई कस्तो महसुस हुन्छ ? तपाईँले आफूले कस्तो अनुभूति गर्ने भन्ने कुरा उनीहरूलाई नियन्त्रण गर्न दिनुभएको छ। थप दश सेकेन्डमा तपाईँ कहाँ पुग्नुहुन्थ्यो र ? स्वर्ग ? या राजमार्गमा एउटा कारको लम्बाइ बराबरको दूरी परसम्म मात्र ? यदि तपाईँहरू दुवैले अन्ततः कुनै महत्त्वहीन चिजका लागि प्रतिस्पर्धा गर्दै हुनुहुन्छ भने त्यो व्यक्ति या तपाईँमध्ये कसले कुरा बुझेको छैन ? तपाईँहरू दुवैले !

हामी अर्को तरिकालाई अपनाउन सक्छौँ। यदि कसैले हाम्रो अगाडिबाट बाटो काट्न खोजिरहेको देख्यौँ भने हामीले कारको गति घटाएर त्यस व्यक्तिलाई अघि जान दिन सक्छौँ। हामीले उसलाई नियन्त्रण गर्‍यौँ। हामीले पार्किङ गर्न खोजेको ठाउँमा अरू कसैले आएर ओगट्न खोज्दै छ ? तपाईँ उसलाई पार्किङ गर्न दिनुहोस्। हामी आफ्नै नियन्त्रणमा छौँ। के थाहा सायद उसले साँच्चै अत्यन्तै जरुरी काममा पुग्नुपर्ने थियो कि ! उसको आवश्यकता हाम्रोभन्दा बढी नभए पनि हाम्रो व्यवहारले उसको दिमागमा दयाको एउटा बिउ रोप्न सक्छ।

यो किन पनि महत्त्वपूर्ण छ भने ससाना विवादहरू बढेर तुरुन्तै वियोगमा परिणत हुन सक्छन् भन्ने कुरालाई हामी देख्न सक्छौँ। हामीले जता हेरे पनि मानिसहरू द्वन्द्वमा फसेका हुन्छन् अनि विपन्न क्षेत्रहरूमा युवा नै प्रायः अगाडि हुन्छन्। हामी कति पटक सहरको कुनै भागमा एक जना अर्को युवा वा युवती मारिएको समाचारलाई देखेपछि पनि त्यसलाई सामान्य रूपमा लिन्छौँ र वास्तै गर्दैनौँ ? यदि यस्तो भएमा हामीले एक क्षणका लागि के सोच्नु र स्वीकार गर्नुपर्छ भने हाम्रो नजरमा उनीहरूले आफ्नो मानवता गुमाइसकेका छन्। उनीहरू हाम्रा लागि एक व्यक्ति नभएर अपराधको अर्को तथ्याङ्क मात्र हुन्। हामीले हिंसाबाट पीडितहरूलाई मानवका रूपमा हेर्न छोड्यौँ भने सहरहरूमा युद्ध झन् चर्किन्छ मात्रै।

दिकदारीका विरुद्धमा आशा

म युवाहिंसा न्यूनीकरणका लागि गरिएका थुप्रै कार्यक्रमहरूमा सहभागी भएको छु। उनीहरू सबैले सामना गर्ने एउटा चुनौती भनेकै मानिसहरूले महसुस गर्ने निराशा हो। हिंसालाई कसले रोक्न सक्छ ? सबैले एकजुट भएर। यो प्रयास हामी हरेकबाट सुरु हुन्छ। प्रहरी, राजनीतिज्ञ, सामुदायिक संस्था, स्थानीय मानिस अनि बालबालिकाहरू स्वयम्– हामी सबैले सहभागी हुनु आवश्यक छ। हामी सबै मानिस हौँ र हामी सबैले आफूभित्र आशालाई खोज्नु आवश्यक छ। तपाईँ र मैले पनि त्यो आशालाई आफूभित्र खोज्नु आवश्यक छ।

युवाहरूले समुदायसँग जोडिने, जागिर पाउने, राम्रो घर पाउने, अवसरहरू प्राप्त गर्ने, आदरसम्मान र माया पाउने आशा देखेनन् भने उनीहरू समाजबाट टाढिने गर्छन्। योभन्दा पनि महत्त्वपूर्ण कुरा उनीहरू आफैँबाट टाढा हुन पुग्छन्। यदि तपाईँले आफैँसँगको प्रेमलाई महसुस गर्नुहुन्न भने अरूसँगको प्रेमलाई कसरी महसुस गर्नुहुन्छ? विशेष गरी तपाईँलाई उनीहरूले केही हानि गर्छन् भन्ने डर छ भने! यी बालबालिकाहरू अरूसँग झगडा गर्न पुग्छन् किनभने उनीहरू आफैँसँग झगडा गरिरहेका हुन्छन्।

ती बालबालिकाहरूभित्र दिकदारीको भयानक कोलाहल छ। नियन्त्रण तथा महसुस गर्न अनि आनन्द लिन र त्यसलाई जतन गरेर राख्न सकिने एउटा चिज छ भनेर उनीहरूले देखून्। त्यसका लागि मदत गर्नु हाम्रा लागि चुनौती हो। त्यो चिज उनीहरूभित्रै छ। उनीहरूले आफ्नो हृदयमा प्रेमको त्यो भावनासँग जोडिएपछि मात्रै आफ्नो छेउछाउका अरू व्यक्तिहरूप्रति राम्रो महसुस गर्न सक्छन्। यसरी सबैलाई प्रदान गर्नका लागि आन्तरिक शान्तिसँग एउटा शक्तिशाली चिज छ।

परिवारलाई सशक्त बनाउनुहोस्

युवाहरूले गर्ने छनोटका बारेमा हामीले सोध्नु आवश्यक छ– उनीहरूलाई आफ्नो परिवारसँगको भन्दा अपरिचित व्यक्तिहरूसँगको घनिष्ठताले किन बढी अर्थ राख्छ? कहिलेकाहीँ त कस्तो लाग्छ भने परिवारसँग आफ्नै बच्चाहरूका लागि समय छैन। हरेक व्यक्तिको ध्यानलाई आकर्षण गर्न खोज्ने धेरै चिजहरू छन् जस्तो लाग्छ। कहिलेकाहीँ आमाबुवाले छोराछोरीलाई जिम्मेवारी दिनुको अर्थ उनीहरूलाई आफ्नै जीवनमा अगाडि बढ्न छोडिदिनु हो। के हुन्छ अनुमान लगाउनुहोस् त! त्यसपछि उनीहरूले एक्लो महसुस गर्छन् अनि मित्रताका लागि कुनै गिरोहतर्फ लाग्छन्। युवाहरू त्यो गिरोहरूपी नयाँ परिवारमा स्वीकृत हुने हतारोमा उनीहरूले प्रारम्भिक परीक्षणका रूपमा कसैको ज्यानसमेत लिन पुग्छन्।

सरकारले परिवारलाई सहयोग गर्नु आवश्यक छ। व्यवसायबाट परिवारलाई सहयोग पुग्नु आवश्यक छ तर योभन्दा जरुरी हामीले परिवारलाई सहयोग गर्नु आवश्यक छ। परिवारलाई सशक्त बनाउन हामी सबैले के गर्न सक्छौँ? हामीले आफ्नै परिवारबाट सुरुवात गरौँ।

स्तब्ध पार्ने एउटा मुस्कान

आफैँमा र समाजमा हराइसकेका धेरै युवाहरू तथा अपराध गर्नबाट आफूलाई रोक्न नसक्ने वृद्ध मानिसका लागि कारागार अहिले एउटा गन्तव्य भएको छ। मूल रूपमा जेलभित्र रहेका मानिसहरूलाई आफूसँग पुनः जोडिन, उनीहरूमा रहेका आन्तरिक स्रोतहरू पत्ता लगाउन र व्यक्तिगत शान्ति महसुस गर्न मदत पुगोस् भनेर पेप (शान्ति शिक्षा कार्यक्रम) बनाइएको थियो। कैदीबन्दीहरू जेलको पर्खालभित्र र बाहिर दुवै ठाउँमा हुँदा उनीहरूको अनुभवलाई रूपान्तरण गरेर आफू को हौँ भन्ने कुरा बुझ्नका लागि यसले पूर्ण रूपले परिवर्तन गर्न सक्छ। हामीले सहयोग गरिरहेका संस्थाका कर्मचारीहरूका लागि पनि यो कार्यक्रम उपयोगी साबित भएको छ।

मैले कहिल्यै पनि यति उच्च सुरक्षा भएका कारागारभित्र जाने अपेक्षा गरेको थिइनँ! यी स्थानहरूको भ्रमण गर्दैगर्दा निकै गम्भीर बनाउन सक्छ तर यसले सधैँ एउटा अद्वितीय अनुभव प्रदान गर्छ। मैले मदत गर्न नसके पनि वास्तवमै जेल संसारको एउटा सानो प्रतिरूप हो– एउटा सूक्ष्म जगत्। त्यहाँभित्र तपाईँले सबै प्रकारका मानिसहरूलाई भेट्नुहुन्छ।

बाल्यकालमा मैले मेरा पिताजीले युद्धमैदानमा कृष्ण र अर्जुनको संवादका बारेमा कुरा गर्दै गरेको सुनेको थिएँ। पहिलो पटक जेलमा भएको कार्यक्रममा जानुभन्दा अघिसम्म त्यो वार्तालाप कस्तो थियो होला भनेर मैले बुझ्न सकेको थिइनँ। त्यहाँभित्रको कर्कश कोलाहल र गलत ठाउँमा पुगेको अनुभूति एकदमै फरक खालको थियो। म पुगेका कुनै पनि जेलमा शान्तिको वातावरण थिएन तर म ती स्थानहरूमा पुग्दा मैले प्रायजसो वर्णन गर्नै नसकिने ती स्तब्ध पार्ने मुस्कानहरूलाई देख्छु। स्तब्ध पार्ने खालको किन हो भने कैदीबन्दीहरू त्यहाँ पूर्ण अन्धकारमा बाँचिरहेका छन्। सायद बसौँदेखि उनीहरू त्यहाँ छन् तर पनि उनीहरूले यस्तो सकारात्मक ऊर्जा व्यक्त गर्न सक्छन्।

एक पटक एउटा जेल कार्यक्रममा पुग्दा मानिसहरू जेलभित्र पसेपछि उनीहरूले कतिसम्म आफ्नो नियन्त्रण गुमाउँछन् भन्ने कुरालाई मैले महसुस गरेँ। बाहिरको यो ठुलो संसारमा उनीहरूले सबै प्रकारका दबाबहरूलाई महसुस गरेका भए पनि कमसेकम उनीहरूको आफ्नै घर त थियो। उनीहरू जतिसुकै हतास भए पनि वा समस्यामा परेका भए पनि उनीहरूले आफ्नो ठान्ने त्यो एउटा स्थान त थियो।

जेलमा परेपछि उनीहरूले त्यसलाई पनि गुमाएका छन्। उनीहरू कुनै चिजको मालिक रहेनन्। जेलले उनीहरूको वातावरण र समयतालिकालाई नियन्त्रण गर्छ। शक्ति गार्डहरूको हातमा हुन्छ अनि उनीहरूका कैदीबन्दी साथीहरू नै प्रतिस्पर्धा र समस्या दुवै कुराका स्रोत हुन सक्छन्। पर्खाल, फलामे डन्डीको बार र बाहिरी घेराबारहरूका बिचमा रहने कुरा कसैलाई पनि मन पर्दैन। यसमा कुनै शङ्का छैन तर अचेत जीवन बिताइरहेका व्यक्तिहरूसँगै कैद हुनु अत्यन्तै कठिन हुन्छ। अन्ततः जस्तोसुकै नराम्रो भौतिक वातावरण भए पनि त्यस जेललाई एकअर्काका लागि साँच्चै दयनीय बनाउने चाहिँ मानिसहरू नै हुन्।

यस्तो अवस्थामा म कसैलाई के भन्न सक्छु र? यति मात्र भन्न सक्छु– म तपाईँलाई यहाँबाट बाहिर निकाल्न त सक्दिनँ तर म तपाईँलाई आफैँभित्र स्वतन्त्र हुनका लागि मदत गर्न सक्छु। म कैदीबन्दीहरूलाई प्रस्ट रूपमा भन्न चाहन्छु, "तपाईँ यहाँ शान्तिको अनुभव गर्न सक्नुहुन्छ!" आन्तरिक शान्ति तपाईँसँग के छ र के छैन भन्ने कुरासँग सम्बन्धित हुँदैन। निश्चित रूपमा जोसुकैले जेलमा बस्नुभन्दा स्वतन्त्रता र आरामदायी घरलाई मन पराउँछन् होला तर शान्ति त्यहाँ पनि छैन– यो त तपाईँभित्रै छ।

कैदीबन्दीहरूले यो कुरा बुझेपछि उनीहरूले आफूसँग एउटा विकल्प छ भन्ने कुरालाई महसुस गर्छन्– आफूभित्रको शान्ति, प्रेम र आत्मसम्मानसँग जोडिने या नजोडिने भन्ने कुरामा उनीहरूले एउटा विकल्पलाई रोज्न सक्छन्। जेलमा आफूले चाहेको कुरा रोज्न पाउनुले अपत्यारिलो खालको स्वतन्त्रताको महसुस गराउन सक्छ। छनोट गर्नु एक प्रकारको शक्ति हो। कैदीबन्दीहरूले एक्लिएको र त्रसित भएको महसुस गर्न सक्लान् तर आनन्द, शान्ति र स्पष्टता भएको कुनै स्थान पाउनु भनेको उनीहरूका लागि जीवनदान नै हो। यस्तो कुराको महसुस गर्नु कति राम्रो परिवर्तन हो– एउटा स्थान छ जहाँ तपाईँ जान सक्नुहुन्छ, जहाँ तपाईँ सधैँ पहिलो नम्बरमा हुनुहुन्छ, तपाईँ त्यहाँको बासिन्दा हुनुहुन्छ, जहाँ तपाईँले सहज महसुस गर्न सक्नुहुन्छ, जहाँ तपाईँले वास्तवमा आफू को हुँ भन्ने कुरालाई महसुस गर्न सक्नुहुन्छ।

कहिलेकाहीँ कैदीबन्दीहरूले शान्ति शिक्षा कार्यक्रमले उनीहरूलाई आफूभित्र भएका सबै राम्रा कुराहरूसँग कसरी जोड्छ भन्ने कुरा व्यक्त गर्छन्। एक जनाले मलाई भने, "तपाईँको सन्देशले मेरो हृदयमा गहिरो प्रभाव पार्छ। म मेरो शक्ति, मेरो प्रेम, मेरो प्रकृति, मेरो शान्ति, मेरो आनन्द, मेरो कला पत्ता लगाइरहेको छु।"

कैदीहरूले मसँग बाँडेको मुस्कानले के बुझाउँछ भने उनीहरूले अहिले आत्मज्ञानले के दिन सक्छ भन्ने कुरा बुझ्न थालेका छन्– उनीहरूले शान्तिलाई अपनाइरहेका छन्।

तपाईँ के परिवर्तन गर्न सक्नुहुन्छ ?

जेलको त्यो गह्रौँ ढोका उनीहरूको पछाडिबाट जोडसँग बन्द हुँदा धेरै कैदीहरूले आफ्नो दुर्दशाका लागि अरू व्यक्तिहरूलाई दोष लगाउँछन्। अरूलाई जिम्मेवारी पन्छाउनु भनेको प्रतिशोधको एउटा रूप हो अनि निराशाको चक्र यसरी नै निरन्तर चलिरहन्छ। यो कैदीहरूले मात्र गर्ने कुरा नभएर वास्तवमा सबै ठाउँका मानिसहरूले यस्तै गर्छन्।

एक जना कैदीले वास्तवमा अरूको सट्टा आफूलाई हेर्न थालेपछि अत्यन्तै राम्रो कुराको प्रारम्भ हुन्छ। आफूले सोचेभन्दा धेरै शक्ति उनीहरूसँग छ भन्ने कुरा सायद उनीहरूले पहिलो पटक महसुस गर्छन्। अन्ततः उनीहरूले के बुझ्छन् भने उनीहरूले न्याय प्रणालीलाई परिवर्तन गर्न सक्दैनन्। उनीहरूले विगतलाई परिवर्तन गर्न सक्दैनन् तर उनीहरूले आफैँलाई परिवर्तन गर्न सक्छन्। कस्तो सुन्दर अनुभूति !

यो निराशाबाट सशक्त अवस्थातिरको परिवर्तन धेरै नै महत्त्वपूर्ण हुन्छ किनभने व्यक्तिहरूबाटै समाजको निर्माण हुन्छ, समाजबाट व्यक्तिको निर्माण हुने होइन। एक पटकमा एक व्यक्ति गर्दै सँगै मिलेर प्रगति गर्छौँ। यो प्रक्रियामा जेलमा रहेका व्यक्तिहरू पनि सामेल हुन्छन्। कुनै समुदायभित्रका व्यक्तिहरू बलिया नभएसम्म त्यो समुदायमा सधैँ कमजोरीहरू रहिरहनेछन्। यदि व्यक्तिहरूमा परिवर्तन सम्भव भएन भने त्यो समाजमा समस्या हुनेछ। समय समयमा संसारभरका जेलहरूभित्र र पूर्वलडाकुहरूका लागि पनि म शान्ति सम्भव छ भन्ने देख्छु।

मेरो सन्देशसँग जोडिनका लागि कुनै व्यक्तिमा खुला विचारधारा हुनुपर्छ र ? मलाई थाहा छैन, सायद उनीहरू सुन्न तयार भए पुग्छ। कलम र पेपरप्याड दिइन्छ भनेर सुनाइएकाले धेरै कैदीबन्दीहरू पहिलो पेप कार्यक्रममा आएका थिए भन्ने कुरा मलाई थाहा छ ! तर, त्यहाँ पुगेपछि उनीहरूले सुन्न थाले– साँच्चै नै सुन्न थाले अनि त्यसले उनीहरूको जीवनलाई नै परिवर्तन गऱ्यो।

म जेलहरूमा ती योद्धाहरूलाई देख्छु जसले अन्ततः आफूभित्रको युद्धलाई जित्न थालेका छन् र उनीहरूका साथमा रहनु भनेको शक्तिशाली हुनु हो। पेपले उनीहरूलाई आन्तरिक युद्धलाई जित्न एकदमै सरल उपाय प्रदान गर्छ। यसले शान्तिका पक्षमा लड्नका लागि तयार आन्तरिक सामर्थ्यरूपी एउटा शक्तिशाली सेनासमेत दिन्छ। केही कैदीहरू जीवनभरिका लागि जेलमा छन्। म उनीहरूको जेलमा फर्केर कहिल्यै नआउन पनि सक्छु भन्ने कुरा उनीहरूलाई थाहा छ तर उनीहरूले मलाई धन्यवाद दिन्छन्– अन्ततः उनीहरूले शान्तिसँग बाँच्नु भनेको के हो भन्ने कुरालाई अनुभव गरेका छन्।

आफूलाई स्वतन्त्र बनाउनुहोस्

मुस्कुराउँदै गरेका कैदीहरूका अनुहारको ताजा स्मरणहरूलाई दिमागमा लिएर म जेलबाट बाहिरिँदा बाहिरी संसारका 'सामान्य' मानिसहरू चाहिँ मैले झन् दयनीय अवस्थामा पाएँ। चाहे जेलभित्र होस् या बाहिर आन्तरिक शान्तिबाट अलग हुनु भनेको एउटा भयानक आजीवन कारावास हो। डर, अपेक्षा र पूर्वाग्रहहरू– ती सबै पर्खाल, ढोका र बारहरूजस्ता बन्न पुग्छन्। त्यस कारागारभित्र तपाईँको जीवनलाई कष्टकर बनाउने व्यक्ति अरू कोही नभएर तपाईँ नै हुनुहुन्छ। तपाईँले आफ्ना लागि परिवर्तनलाई छनोट नगरेसम्म त्यहाँबाट छुट्ने कुनै सम्भावना नै हुँदैन। सबैभन्दा पीडादायी जेल भनेकै आफूभित्रको जेल हो। सबैभन्दा हिंसात्मक युद्ध भनेकै आफूभित्रको युद्ध हो। सबैभन्दा मुक्तिदायक क्षमा भनेकै आफूभित्रको क्षमा हो। सबैभन्दा शक्तिशाली शान्ति भनेकै आफूभित्रको शान्ति हो।

जेलभित्र वा बाहिर तपाईँको परिस्थिति जस्तोसुकै भए पनि तपाईँले आफ्नो स्वतन्त्रताको चेत आफैँले सृजना गर्ने हो भनेर पहिचान गर्ने समय आजै हो। हाम्रो जीवन पूर्ण नहुन सक्छ तर हामी सबैले आफूभित्रको पूर्ण शान्तिलाई अनुभूत गर्न सक्छौँ– यदि हामीले त्यसो गर्ने कुरालाई रोज्यौँ भने। तपाईँ आफ्नो वास्तविक 'स्वयम्' सँग जोडिँदा, आन्तरिक शान्तिलाई अनुभव गर्न आफूलाई स्वतन्त्र बनाउँदा हुने रूपान्तरणको परिमाणलाई कम नआँक्नुस्।

आफ्नो वास्तविक 'स्वयम्' लाई अनुभव गर्ने विषयमा यहाँ एउटा कथा छ। यसलाई मैले केही वर्षअघि टेक्सासको सान एन्टोनियोको डोमिन्गुएज राज्यस्तरको कारागारमा कैदीहरूसँग कुरा गर्दा सुनाएको थिएँ। यस कुराले उनीहरूमा गहिरो

प्रभाव पाऱ्यो अनि हामी आफूभित्र रहेको शक्तिलाई बिर्सने खतरामा हुँदा यो कुरा हाम्रा लागि महत्त्वपूर्ण हुन्छ।

एक पटक हावा र सूर्यबिचमा को ठुलो भन्ने विषयमा प्रतिस्पर्धा भयो। सूर्यले भन्यो, "म को हुँ र म के हुँ भन्ने कुरा तिमीलाई थाहै होला।" अनि, हावाले भन्यो, "हो, मलाई थाहा छ! मेरो विचारमा म तिमीभन्दा ठुलो छु। यसलाई हामी यसरी सुल्झाउन सक्छौँ– तल हिँडिरहेको त्यो मान्छेलाई हेर त! उसले ज्याकेट लगाएको छ। म तिमीसँग बाजी लगाउन सक्छु– मेरो शक्तिले म उसलाई ज्याकेट खोल्न बाध्य पार्न सक्छु।"

सूर्यले भन्यो, "अवश्य, कोसिस गर।" त्यसपछि हावा चल्न थाल्यो। हावा जति वेगले चल्न थाल्यो त्यति नै जोडले त्यो मानिसले आफ्नो ज्याकेटलाई समात्यो। हावा अझ बढी वेगसँग चल्यो अनि उसले आफ्नो ज्याकेटलाई अझ जोडले समात्यो, उसले आफ्नो ज्याकेटलाई झनै जोडले समात्यो, अझै दह्रो गरी समात्यो। हावाले फेरि प्रयास गऱ्यो तर त्यो मानिसले आफ्नो ज्याकेटलाई यति बलियोसँग समात्यो कि हावा थकित भयो र उसले हार स्वीकार गऱ्यो।

त्यसपछि सूर्यको पालो आयो अनि सूर्यले गरेको यति मात्र हो, ऊ केवल चम्किरह्यो। ऊ चम्केपछि त्यो मानिसले ज्याकेट खोल्यो किनभने उसलाई त्यसो गर्दा आराम भयो। यो संसारमा हामी जहाँ भए पनि र जो भए पनि हामी हरेकभित्र एउटा सूर्यले चम्कने प्रतीक्षा गरिरहेको छ। यसलाई चम्कन दिनुहोस्।

अध्याय ९

यस क्षणमा प्रेम गर्नुहोस्

म जन्मँदा मेरो नाम 'प्रेम' राखियो। 'प्रेम'– शुद्ध, कुनै सर्तविनाको प्रेम जसमा कुनै अपेक्षा हुँदैन। त्यसैले यस अध्यायको विषय धेरै अघिदेखि मेरो हृदयनजिकै छ।

प्रेम विभिन्न रूपमा आउँछ र यसले हाम्रो जीवनलाई आकार दिन्छ। हामीहरूमध्ये केहीलाई यसले अनुभवको उच्चतम र न्यूनतम विन्दुमा लैजान्छ। यसले हाम्रा सबै भावनाहरूलाई स्पर्श गर्छ तर प्रेमका बारेमा सोच्ने र अनुभूति गर्ने केही तरिकाहरू छन्। तिनले हाम्रो जीवनलाई अझै राम्रो र स्थिर बनाउन मदत गर्छन्। हाम्रो जीवनमा बेलाबेलामा आइरहने खुसी र दुःखको आँधीबेरी चाहिँ होइन।

यसपछिका केही पृष्ठहरूमा म 'प्रेम' का बारेमा केही व्यक्तिगत विचार र कवि तथा अन्य व्यक्तिका विलक्षण पङ्क्तिहरूलाई प्रस्तुत गर्नेछु। तपाईंले कल्पना गर्न सक्नुहुन्छ, अरू व्यक्तिहरूमा वा बाहिरी संसारमा व्यक्त गरिने प्रेममा मेरो त्यति रुचि छैन। हामीले आफूभित्र महसुस गर्ने प्रेममा चाहिँ मेरो रुचि छ। हरेक हरफ आफैँमा अनुपम छन्। ती हरफहरूलाई संवादका क्षणहरूजस्तै बनाउने आशयले प्रस्तुत गरिएको छ– निष्कर्ष नभएर सुरुवातका बुँदाहरूमा।

प्रेमलाई कुनै कारण चाहिँदैन

प्रेम हुनका लागि कुनै बाहिरी कारणहरू आवश्यक छैनन्। अपेक्षाहरू बदलिन्छन्, इच्छाहरू बदलिन्छन् त्यसैले सम्बन्धहरू पनि बदलिन्छन् तर साँचो प्रेम सधैँ हामीभित्रै छ। हामी यो अरू कसैलाई दिन सक्दैनौँ र यसलाई अरू कोहीसँग माग्न पनि सक्दैनौँ। प्रेम भित्रको एउटा शक्ति हो। भित्रको एउटा कृपा हो। भित्रको एउटा सौन्दर्य हो।

प्रेम आफैँमा पूर्ण छ

रुखले छाया कसरी दिन्छ? यसले केही गर्दैन। त्यो स्वयम् त्यहाँ छ र त्यहाँ भएकै कारणले यसले छाया दिन्छ। तपाईँको तिर्खा मेट्न सक्छु वा तपाईँलाई माछा दिन सक्छु भनेर के नदीले विज्ञापन गर्छ र? गर्दैन, यो त केवल बग्छ र यसमा मानिसले आफूलाई चाहिएको कुरा पाउँछन्। के हावाले पानीजहाजका पालहरूमा हावा भर्नका लागि सम्मान खोज्छ? खोज्दैन, यो त जता बग्छ, बग्छ। तपाईँ जसलाई प्रेम गर्नुहुन्छ उसलाई कसरी मदत गर्न सक्नुहुन्छ? त्यहाँ तपाईँ स्वयम् भएर।

प्रेम सरल छ

सन्त कवि कबिरका केही हरफहरू:

कबिर बजारमा उभिएर, सबैको भलो चाहन्छन्।
न कसैलाई मित्र, न कसैलाई शत्रु ठान्दछन्।।
प्रेम यतिसम्म सरल हुन सक्छ।

प्रेम आगो हो

तपाईँले कहिल्यै योगको कक्षा देख्नुभएको छ भने धेरै मानिसहरूले आफ्नो सन्तुलन कायम राख्न निकै सङ्घर्ष गर्छन् भन्ने कुरा तपाईँलाई थाहै होला। प्रशिक्षकले भन्छन्, "आफ्नो सन्तुलन कायम राख्नुहोस्।" अनि, मानिसहरू लामबद्ध भएर धरमराउँदै एउटै खुट्टाले उभिने कोसिस गरिरहेका हुन्छन्। यसरी नै हाम्रो भावनात्मक सन्तुलन कायम राख्न पनि मुस्किल हुन सक्छ तर तपाईँको सन्तुलन कहाँ छ भन्ने कुरा म तपाईँलाई बताउन सक्छु– तपाईँको हृदयमा। तपाईँको हृदय नै तपाईँको साँचो घर हो।

हामीले आफूलाई हराएको महसुस गर्छौँ किनभने हामीले हाम्रो हृदयरूपी घरमा फर्केर आउने बाटो नै बिर्सेका छौँ अनि हामी भ्रमित हुन्छौँ। अङ्ग्रेजीको 'फोकस' शब्द ल्याटिनको 'हर्थ' बाट आएको हो। यसको अर्थ आगो बाल्ने अँगेनु भन्ने हुन्छ र यो घरको मध्य भागमा हुन्छ। हामीले आफूभित्र आगो बलेको महसुस

गर्दा हामीलाई घरमा छौँ भन्ने कुरा थाहा हुन्छ, हामीलाई प्रेममा छौँ भन्ने कुरा थाहा हुन्छ।

प्रेम चम्कन्छ

सूर्य र चन्द्रमा सही स्थानमा हुँदा त्यहाँ जादु हुन्छ अनि चन्द्रमा चम्कन्छ। हामीसँग भएकै चिजप्रति हामी आभारी हुँदा स्वयम् जीवनप्रतिको प्रेमले हामी चम्कन्छौँ। हामी सबैभित्र यो क्षमता छ।

प्रेम भित्र छ

कश्मीरमा बस्ने चौधौँ शताब्दीकी असाधारण कवयित्री लल्ला देडले परमात्माको खोजीमा सामाजिक परम्परालाई त्यागिन्। आफ्नो विवाह र घर छोडेर उनी एउटी फकिर कवयित्री र गायिका बनिन्। उनका कविताका दुईओटा छोटा अंशहरू यहाँ प्रस्तुत छन् :

ममा लगन थियो,
तीव्र चाहनाले भरिएको,
मैले खोजेँ
चारैतिर परपरसम्म।

तर, जुन दिन
ती सच्चा स्वामीलाई
मैले पाएँ
म आफ्नो घरमा आएँ।

तिमी धरती हौ, आकाश हौ,
हावा हौ, दिनरात हौ।
तिमी अन्न हौ,
चन्दनको लेप हौ,
पानी, फूल अनि सबै थोक हौ।
म तिमीलाई अर्पण गर्नका लागि
ल्याउन नै के सक्थेँ र?

प्रेम यस क्षणमा रहन्छ

केही समय पहिलाको कुरा हो। एक दिन काम गर्दैगर्दा म कबिरका कविताहरूबाट प्रेरित एउटा गीत सुनिरहेको थिएँ। त्यसको शब्द र सङ्गीत दुवै एकदमै विलक्षण भएकाले त्यस क्षणमा मग्न हुनका लागि मैले ल्यापटपमा गरिरहेको कामलाई रोक्नुपऱ्यो। कवितामा कबिरले भनिरहेका छन्– तृप्तिलाई भोलिका लागि नछोड्नुहोस्, अहिले नै अनुभूत गर्नुहोस्। तिर्खा लागेको छ भने अहिले नै पिउनुहोस्, भोक लागेको छ भने अहिले नै खानुहोस्।

'अहिले' भनिने यस क्षणमा नै हामी जिउँछौँ त्यसैले हामी यही क्षणमा मात्र प्रेम गर्न सक्छौँ। यदि हामीले प्रेमलाई भूत वा भविष्यमा मात्र हुने चिजजस्तै सोच्यौँ भने हामीले प्रेमलाई वर्तमानमा गुमाउन सक्छौँ। प्रेमको कुनै भविष्य छैन– यो अहिले छ, नत्र कहिल्यै छैन। बरु हामी यस क्षणका लागि आफ्नो हृदयलाई खोल्न सक्छौँ र कुनै दिव्य चिजको अनुभव गर्न सक्छौँ– भोलि गरिने प्रेमको अनुभूतिको कल्पना होइन, बरु आज हाम्रो हृदयमा गरिने प्रेमको अनुभूतिको वास्तविक अनुभव।

प्रेम बग्छ

जसरी हामी छालहरूलाई नियन्त्रण गर्न सक्दैनौँ त्यसरी नै हामी प्रेमको बहाबलाई पनि नियन्त्रण गर्न सक्दैनौँ। यो आफूलाई राम्रो लागेको ठाउँतिर बग्छ। यसलाई स्वीकार गरियो भने राम्रो महसुस हुन्छ।

प्रेमले सुमधुर गीत गाउँछ

हंस क्रिस्चियन एन्डर्सनले लेखेको एउटा परीको कथाको फरक रूप यहाँ प्रस्तुत छ। खास कथा चाहिँ ओपेरा गायक जेनी लिडप्रति उनको एकतर्फी प्रेमबाट प्रेरित थियो। उनलाई स्विडिस नाइटिङ्गेलको नामले चिनिन थालियो।

एक जना राजा थिए। उनी बुलबुल चराको गीत मन पराउँथे। साँझमा उनी आफ्नो झ्याल खोल्थे अनि एउटा बुलबुल चरो उडेर आई पालीमा बस्थ्यो र उनका लागि गाउन थाल्थ्यो। यी क्षणहरूले उनको हृदयमा खुसीको बहार ल्याउँथे।

एक दिन एक जना अर्का राजाले उनलाई यान्त्रिक बुलबुल चरा पठाइदिए।

राजा ज्यादै हर्षित भए। "आहा!" उनले सोचे, "कति राम्रो उपहार! अब मैले हरेक साँझ बुलबुलको प्रतीक्षा गर्नुपर्दैन। मैले त यसमा चाबी घुमाए मात्र पुग्छ अनि यो तयार भइहाल्छ।"

यसपछि उनले झ्याल खोल्न छोडिदिए अनि बुलबुल आउन छोड्यो।

राजा त्यो यान्त्रिक बुलबुललाई खुब मन पराउँथे। उनको आज्ञाअनुसार दिनको कुनै पनि बेलामा त्यसले गाउँथ्यो। सुन र हिरा जडित त्यो चरो एकदमै सुन्दर थियो।

राजालाई गीत सुन्न मन लागेका बेलामा त्यसलाई गाउने निर्देशन दिन्थे अनि त्यसले सधैँ गाउँथ्यो। उनी त्यसले धेरैभन्दा धेरै गीत गाओस् भन्ने चाहना राख्थे तर त्यसले उनका लागि जति धेरै गीत गाउँदै गयो उनलाई त्यसको सङ्गीत त्यति नै कम मन पर्न थाल्यो। तैपनि उनले त्यो यान्त्रिक चरालाई बिहान, दिउँसो र राति गाउन बोलाउँथे।

एक दिन त्यो यान्त्रिक बुलबुल बिग्रियो। त्यसलाई बनाउन राज्यको सबैभन्दा कुशल कालिगडहरूकहाँ पठाइयो तर कसैले पनि त्यसलाई बनाउन सकेनन्।

राजा तत्कालै बिरामी भए। त्यस यान्त्रिक बुलबुलले उनका लागि गाओस् भनेर उनी उत्कट चाहना राख्थे। त्यसको अभावमा सबै थोक ज्यादै नीरस हुन थाल्यो। उनी बिछ्यौनामा पल्टिएका हुन्थे। दरबारका सबै मानिसहरूको कुनै पनि प्रयासले उनलाई सान्त्वना दिन सकेन। राज्यका हरेक व्यक्तिको मन गह्रौँ भएको थियो र तिनीहरू कतै राजा मर्ने त होइनन् भनेर डराइरहेका थिए।

अन्त्यमा राजाका लागि गाउने गरेको जङ्गलको त्यो बुलबुल चरालाई खोज्न आफ्ना सैनिकहरूलाई आदेश दिए तर उनीहरूले त्यसलाई भेट्टाउन सकेनन्।

एक रात दरबारमा सबै चिज शान्त भएका समयमा राजा झ्यालनिर गए, त्यसलाई खोले र जङ्गलतिर हेर्न लागे। त्यो वास्तविक बुलबुल आओस् भन्ने उनको चाहना थियो। उनले बिस्तारै बोलाउँदै भने, "बुलबुल तिमी आऊ न। मलाई थाहा छ, गल्ती मेरै थियो। तिमी आफूखुसी आउन र जान स्वतन्त्र छौ अनि यसले नै तिम्रो गीतलाई अझै सुन्दर बनाउँछ। म तिम्रो आदेश मान्छु तर तिमीले मेरो आदेश मान्नैपर्छ भन्ने छैन। कृपया मलाई दया गर!"

त्यो साँझ सूर्यास्त हुनेबित्तिकै उनले बाहिर पखेटा फट्फटाएको सुने। बुलबुल झ्यालमा आयो अनि गाउन थाल्यो। राजा हर्षले गदगद भए।

"आएकामा धन्यवाद!" उनले बुलबुलसँग भने।

"झ्याल खोल्नुभएकोमा धन्यवाद!" बुलबुलले भन्यो।

जे छ त्यसलाई प्रेम गर्नुहोस्

स्टोइक दार्शनिक एपिक्टिटसले भनेका छन्, “तपाईँले भेट्नै नसकिने आफ्ना छोरा, मित्र वा साथीप्रति मरिहत्ते गर्नु भनेको हिउँदमा अन्जिर खोज्नुजस्तै हो।” एपिक्टिटसको यो कुरा कडा लाग्न सक्छ तर उनको दर्शनमा एउटा दयालुपन छ। कहिलेकाहीँ कसैको अनुपस्थिति, गुमाउँदाको अवस्था र तिरस्कार असाध्यै पीडादायी हुन्छ। त्यस बेलामा हामी ती कुराहरू यस्तो भइदिएको भए हुन्थ्यो भनेर त्यसका बारेमा कल्पना गर्न थाल्छौँ। यो आफैँलाई बचाउने एउटा तरिका हो तर भ्रम हटेपछि पनि पीडा त हुन्छ नै।

यदि हामीले वास्तविकतालाई स्पष्टसँग देख्न सक्यौँ भने हामीले भएको चिजलाई प्रशंसा गर्न सुरु गर्छौँ, नभएको चिजबाट आफूलाई विचलित तुल्याउँदैनौँ। हिउँदमा अन्जिर खोज्नुको सट्टा हामीसँग पहिलेदेखि नै भएको चिजलाई प्रेम गर्छौँ।

प्रेम अटुट हुन्छ

केही व्यक्तिहरूले मीराका नामले पनि चिन्ने गरेका मीराबाईको जन्म सोह्रौँ शताब्दीमा भारतमा भयो। उनी कृष्णलाई प्रेम गर्थिन्। मानिसहरूले उनलाई एक महान् सन्त मान्छन्। उनले प्रायः आफ्ना रचनाहरूमा आफ्ना इष्टदेव कृष्णप्रतिको गहिरो आध्यात्मिक तथा भावनात्मक मिलन र उनीसँग भौतिक रूपमा बिछोड हुँदाको पीडा– दुवै भावनाहरूलाई व्यक्त गर्दै हृदयस्पर्शी कविताहरू लेखिन्। उनका भजन (भक्तिगान) हरू सामान्य भक्तिको सीमाभन्दा माथि छन्। छन्दमा लेखिएका उनका गीतहरूबाट पूरै मानवजातिले नै लाभ उठाउन सक्छ। मीराबाईका लागि प्रेम दिनु हो, लिनु होइन अनि जब साँचो प्रेम दिइन्छ, दुईओटा हृदय एक हुन्छन्। उनले एउटा असाधारण जीवन बाँचिन्। उनका श्रीमान्को परिवारले उनको ज्यान लिने कोसिस गरे तर मैले यहाँ त्यसबारे चर्चा गरेँ भने यो किताबका बाँकी रहेका सबै पन्नाहरू भरिन सक्छन्। म यहाँ उनका प्रेमका अभिव्यक्तिहरूमध्ये एउटालाई प्रस्तुत गर्छु :

हे प्रभु! प्रेम अटुट छ!
प्रेम छ, त्यसले मलाई
हिराजसरी नै तिमीसँग बाँध्छ

यसले त्यो हतौडीलाई नै फुटाइदिन्छ,
जसले यसलाई हिर्काउँछ।

मेरो हृदय तिमीमा समाहित हुन्छ
जसरी पालिस सुनमा समाहित हुन्छ।
जसरी कमल जलमा रहन्छ,
म तिमीमै रहन्छु।

त्यो चराजस्तै
जसले रातभरि हेरिरहन्छ
हिँडिरहेको चन्द्रमालाई,
तिमीभित्र रहेर म आफैँ हराएकी छु।
हे मेरा प्रिय! फर्केर आऊ।

प्रेम सधैँ सजिलो हुँदैन

धेरै वर्षपहिला म आफ्नो परिवारसँगै सार्डिनिया गएँ। भाडामा लिएको कारबाट म बाहिर निस्कन लागेको थिएँ। त्यस बेला मेरो छोरो सानै थियो। उसले जोडसँग कारको ढोका लगाइदिँदा मेरो औँला च्यापियो। तपाईंले यस्तो खालको अनुभव गर्नुभएको छ कि छैन भन्ने कुरा मलाई थाहा छैन तर साह्रै दुख्यो, निकै नै दुख्यो। मैले आफ्नो छोरातिर हेर्दा उसलाई पनि दुखिरहेको थियो तर फरक तरिकाले। उसको अनुहारमा प्रस्टसँग झल्किरहेको थियो, "हरे! मैले यो के गरेँ?"

मैले के महसुस गरेँ भने मेरो औँलामा चोट लागे पनि मेरा भावनाहरूमा चोट लाग्नु हुँदैन। चोट लागेपछि कराउँदै त्यो सानो बच्चामाथि रिस पोखेर के फाइदा? मैले उसको अनुहारमा हेरेँ र सोचेँ, "मैले कसरी प्रतिक्रिया जनाएँ भने उसको दुःख हट्न सक्छ!" त्यसैले मैले भनेँ, "ठिकै छ, म यसो अलिक परसम्म हिँड्छु, तिमी पनि मसँगै आउने हो?"

हामी सँगसँगै घुम्न थाल्यौँ अनि उसले मसँग सोधिरह्यो, "ड्याडी हजुरको औँला ठिक छ?"

"अँ, ठिक छ।" मैले भनेँ, "यो ठिक छ।" सफा नियतको झुटो! मेरो हात कामिरहेको थियो। निकै दुखिरहेको थियो तर उसले यो कुरा थाहा पाउनु आवश्यक थिएन।

इमानदारीपूर्वक भन्ने हो भने मैले यसो गर्दा एकदमै धेरै सचेत भएर प्रयास गर्नुपर्‍यो। म महसुस गर्न सक्थेँ– मेरो कुनै एउटा भागले अहिले पनि कराएर भन्न चाहन्छ, "तैँले किन यसो गर्नुपरेको?"

मैले त्यहाँ कुनै तमासा खडा नगरेकै कारणले के मेरो दुखाइ कम वा बढी भयो त? अहँ, भएन। शरीरको दुखाइ उस्तै थियो तर भावनात्मक दुखाइ चाहिँ छिट्टै हट्यो। यो सधैँ सजिलो हुँदैन तर यस्तो समयमा सचेत भएर दयाको विकल्पलाई रोज्नु भनेको भित्रको प्रेमतिर मोडिनु हो।

पहिला आफैँलाई प्रेम गर्नुहोस्

आफूभित्र खालीपनको महसुस हुँदा त्यसलाई भर्न हामी कहिलेकाहीँ अरू व्यक्तिसँग आशा राख्छौँ। मैले मेरा साथीहरूलाई देखेको छु– उनीहरूले आफ्नो जीवनमा अरू सबै व्यक्तिको हेरचाह गर्छन् तर आफ्नै चाहिँ गर्दैनन्। कतिपय मानिसहरू एक्लो हुनबाट धेरै डराएर अरूलाई खुसी तुल्याउन आफ्नो भलाइलाई समेत दाउमा राखिदिन्छन् तर हामीले आफैँसँग प्रेम नगरेसम्म अरू कसैले हाम्रो प्रेमलाई किन कदर गर्नुपर्छ र? पहिला त हामीले आफैँलाई प्रेम गर्नुपर्छ।

प्रेम तपाईँको हृदयमा छ

कवि रुमीका केही हरफहरू:

जसै मैले मेरो पहिलो प्रेम कहानी सुनेँ,
मैले तिमीलाई खोज्न सुरु गरेँ,
त्यो प्रेम कति अन्धो थियो भनेर नजानीकन नै।

प्रेमीहरूको मिलन अन्त्यमा मात्र हुने होइन,
उनीहरू सधैँ एकअर्कासँगै हुन्छन्।

प्रेम साँचो हुन्छ

आठौँ शताब्दीका सुफी सन्त रबिया अल बासरीलाई कतिपयले सुफी परम्पराको पहिलो साँचो सन्त मान्ने गरेका छन्। उनका केही हरफहरू:

प्रेममा, एउटा हृदय र अर्को हृदयका बिचमा केही हुँदैन।
यदि प्रेम व्यक्त भयो भने,
त्यो प्रेम होइन, तीव्र इच्छा हो।
वास्तविक स्वाद लिएपछिको साँचो वर्णन।
जसले चाख्छ उसले जान्दछ,
जसले वर्णन गर्छ, उसले ढाँट्छ।
तपाईँले कुनै चिजको वास्तविक रूपको वर्णन
कसरी गर्न सक्नुहुन्छ
जसको उपस्थितिमा तपाईँ नै मेटिनुहुन्छ?
जसको उपस्थितिमा तपाईँ अझै अस्तित्वमा हुनुहुन्छ?
अनि, जो तपाईँको यात्राको सङ्केतका रूपमा रहन्छ?

शब्दभन्दा परको प्रेम

मानिसहरूले आफ्नो हृदयको अनुभवहरूका बारेमा भनेका र लेखेका कुराहरूबाट हामी प्रभावित हुन सक्छौँ। अनि, प्रेमलाई भाषाका माध्यमबाट सुन्दर ढङ्गले हाम्रो सम्झनामा राख्न सकिन्छ। प्रेमीहरूबिच सुरुसुरुका दिनहरूमा प्रयोग हुने ती कोमल र प्रभावित पार्ने शब्दहरूका बारेमा सोच्नुहोस्। विवाहमा गरिएका बाचाहरूका बारेमा सोच्नुहोस्। हामीले बच्चाहरूलाई दिने गरेका राम्रा सल्लाहहरूका बारेमा सोच्नुहोस्। हामीले परिवार र साथीहरूलाई मनाउनका लागि प्रयोग गर्ने गरेका मिठा शब्दहरूका बारेमा सोच्नुहोस्। आफ्ना जनताहरूसँग अत्यन्तै निकट भएको महसुस गरेका समयमा ठुला नेताहरूले गर्ने गरेका भाषणहरूका बारेमा सोच्नुहोस्। कसैको मृत्युपछिको दाहसंस्कारका बेलामा व्यक्त गरिएका हार्दिक प्रशंसायुक्त शब्दहरूका बारेमा सोच्नुहोस्।

तर, प्रेम शुद्ध रूपमा हुँदा यो भाषाभन्दा पर हुन्छ। हामी आफूभित्र गहिराइमा पुग्दा शब्दहरू समाप्त हुन्छन्। आफूभित्रको यात्रा गर्दा हामी समय, सङ्ख्याहरू, दृश्यहरू, विचारहरू, परिभाषाहरू, नामहरू, भाषा आदिभन्दा परको अवस्थामा पुग्छौँ। शान्तिको यस आन्तरिक ब्रह्माण्डमा प्रेम गर्ने र प्रेम पाउने सबैभन्दा उत्तम भावनासँग हाम्रो भेट हुन्छ।

आफ्नो जीवनलाई प्रेम गर्नुहोस्

हरेक क्षणमा हामीलाई अस्तित्वको उपहारलाई अनुभव र प्रशंसा गर्ने ठुलो उपहार दिइन्छ। अहिले नै हामी अन्धकारबाट आभारको प्रकाशतिर मोडिन सक्छौँ र हामीभित्र जीवन प्रवाह भइरहेको कुरालाई अनुभूत गर्न सक्छौँ। हामीले यसो गर्दा हामीसँग आफ्ना लागि जे छ त्यसैसँग प्रेम गर्छौँ। हामी हरेक दिन आफ्नो श्वासलाई प्रेम गर्ने, आफ्नो खुसीलाई प्रेम गर्ने, आफ्नो स्पष्टतालाई प्रेम गर्ने कुरालाई रोज्न सक्छौँ। हामी जीवनलाई प्रेम गर्न सक्छौँ।

हामीभित्र आउने र बाहिर जाने हरेक श्वाससँगसँगै हामी जीवनको कृपालाई स्वीकार गर्न सक्छौँ। यदि यस्तो भयो भने हाम्रो हृदय आभारले भरिन्छ र त्यसले अझ धेरै प्रेम ल्याउँछ। यसरी एउटा अनन्त चक्र अगाडि बढिरहन्छ।

हामी श्वास आउने कुरालाई रोज्न सक्दैनौँ तर हरेक श्वासलाई प्रेम गर्ने कुरालाई रोज्न सक्छौँ। यो रोजाइले हाम्रो शरीरमा कस्तो प्रभाव पार्छ? हामी मुस्कुराउन थाल्छौँ।

प्रेम गर्ने कुरालाई रोज्नुहोस्।

अध्याय १०

परमात्मालाई अपनाउनुहोस्

एक जना मानिस अग्लो पहाडको टुप्पोमा हिँडिरहेका थिए। उनी ठक्कर खाएर तल खस्न पुगे। उनी केही समयसम्म खसिरहे। त्यसपछि उनी एउटा चट्टानभित्रबाट उम्रेको एउटा सानो रुखको हाँगो समात्न सफल भए। त्यो हाँगामा झुन्डिएर तलतिर हेरे। जमिन निकै तल थियो। माथितिर हेर्दा पनि उक्लेर सुरक्षित ठाउँमा पुग्ने सम्भावना थिएन किनभने त्यहाँ ठाडो भिर थियो। त्यसमा खुट्टा अड्याउने कुनै ठाउँ नै थिएन। यसपछि उनले आफ्ना हातका मांसपेशीहरू गलेर फतक्क भएको महसुस गर्न थाले।

ती व्यक्ति हतास हुन पुगे। उनका हातहरू थकित अनि कमजोर हुन थालिसकेका थिए। अन्त्यमा अब लगभग त्यो हाँगाबाट हात छुट्ने स्थितिमा पुगेपछि उनी चिच्याए, “हे भगवान्! कृपया मलाई मदत गर्नुहोस्। म मर्न चाहन्नँ! मलाई सहायता गर्नुहोस्!”

अचानक माथिबाट एउटा चर्को आवाज आयो, “ल ठिक छ। मप्रति विश्वास छ भने हाँगालाई छोडिदेऊ, म तिमीलाई बचाउनेछु।”

ती मानिसले भिरको माथितिर हेरे अनि फेरि भिरको तलतिर जमिनसम्म हेरे। त्यसपछि उनी फेरि चिच्याए, “के त्यहाँ माथि अरू कोही हुनुहुन्छ?”

भगवान्तिर सिक्का फ्याँक्नु

यो चुट्किलाको एउटा अर्थ छ। त्यसका बारेमा म पछि कुरा गर्नेछु। सबैभन्दा पहिला त म आफ्नो धार्मिक पृष्ठभूमिका बारेमा केही बताउन चाहन्छु। हुर्किंदै गर्दा मलाई हिमालय क्षेत्रका फरकफरक समाज र धर्मका बारेमा थाहा भयो। पहाडहरूबाट कसरी संस्कृतिरूपी पानीसँगै बगेर सुफी दर्शन, बौद्ध दर्शन अनि सिख दर्शनसहित कैयौँ मान्यताहरू तल आए भन्ने कुराको पनि जानकारी प्राप्त

भयो। मेरो स्कुल रोमन क्याथोलिक थियो तर मैले धेरैजसो समय असाधारण हिन्दुभक्तिको माझमा बिताएँ।

वास्तवमा मेरी आमा एक कट्टर हिन्दु हुनुहुन्थ्यो तर मेरा पिताजी यस्तो कट्टरपनबाट मुक्त हुनुहुन्थ्यो किनभने उहाँ केवल विश्वास गर्नेभन्दा पनि जान्न चाहनुहुन्थ्यो। उहाँले आफ्नो पूरा जीवन ज्ञानको खोजी र त्यसकै चर्चा गरेर बिताउनुभयो। यो चिज उहाँका लागि चौघेराभित्रको स्थापित मान्यता अनि किताबमा पाउने कुरा थिएन।

हाम्रो परिवार सहर छोडेर बाहिरको यात्रामा निस्कने क्रममा हामी प्रायः छेउमा मन्दिरहरू भएको बाटो हुँदै जाने गर्थ्यौं। मानिसहरूका लागि आफ्नो कारको झ्यालको सिसालाई तल झारेर भगवान्तिर सिक्का फ्याँक्ने प्रचलन सामान्य कुरा थियो। छेउछाउका केही मानिसहरू चाहिँ सिक्कालाई बटुलेर मन्दिरमा लैजाने गर्थे। मलाई चाहिँ सायद केही व्यक्तिहरूले त्यो पैसा आफ्नै खल्तीमा राख्छन् होला भन्ने शङ्का लाग्थ्यो। हामी एउटा विशेष मन्दिरको छेउबाट जाने क्रममा मेरी आमाले सधैँ एउटा सिक्का फ्याँक्ने गर्नुहुन्थ्यो। त्यसपछि हरेक पटक मेरा पिताजीले उहाँसँग भन्ने गर्नुहुन्थ्यो, "तिमी किन यसो गर्छ्यौ?" उहाँले उत्तर दिनुहुन्थ्यो, "यसो गर्दा म स्वर्गमा पुग्न सक्छु।" त्यसपछि मेरा पिताजीले भन्नुहुन्थ्यो, "त्यो पैसा मलाई देऊ। तिमीलाई स्वर्ग पुऱ्याउने जिम्मा म लिन्छु।" तर, आमाले केवल यसो हेर्नुहुन्थ्यो, झ्याल खोल्नुहुन्थ्यो अनि आफ्नो भक्तिभाव प्रकट गर्दै सिक्कालाई बाहिर फ्याँक्नुहुन्थ्यो।

म कारको पछाडि बसिरहेको हुन्थेँ अनि आफू हुर्कँदै गएपछि म यस्ता खालका कुराकानीले सोच्न बाध्य हुन्थेँ। एकातिर म आफ्नी आमाको इच्छालाई बुझ्न सक्थेँ अर्कातिर उहाँले अरू सबैले गरेको कुरालाई नक्कल मात्रै गरिरहनुभएको जस्तो महसुस हुन्थ्यो। (यो घोकेर सिक्ने कुराजस्तै हो। यसका बारेमा मैले यस पुस्तकमा अन्यत्र पनि लेखेको छु।) चाहे जे होस्, भगवान्तिर सिक्का फ्याँक्ने कुरा केही अनौठोजस्तो लाग्दैन र? कम्तीमा पनि कार त रोक्नुहोस्!

तपाईँ कल्पना गर्न सक्नुहुन्छ। मेरा पिताजीको यस्तो विचारधाराले यसरी परम्परामा विश्वास गर्ने मानिसहरूसँग धेरै पटक मतभेदको अवस्था सृजना गरेको थियो। एक पटक उहाँ कुनै एउटा तीर्थस्थानमा जानुभयो। त्यहाँ निकै धेरै भक्तजन थिए। त्यसमध्ये एक जना मानिस एउटै खुट्टामा उभिएर चुपचाप भगवान्सँग प्रार्थना गरिरहेका थिए। त्यहाँ एउटा बोर्ड लगाइएको थियो। त्यसमा

उनी धेरै हप्ताअघिदेखि एकै खुट्टाले उभिरहेका तथा उनले एक शब्द पनि नबोलेको कुराबारे जानकारी दिइएको थियो। मेरा पिताजीले उनका छेउमा गएर भन्नुभयो, "हे भगवान्! तपाईँले यी मानिसलाई अर्को खुट्टा किन दिनुभएको? उनी यसलाई उपयोग नै गर्दैनन्। फेरि तपाईँले यी मानिसलाई किन मुख दिनुभएको? उनी त यसलाई पनि प्रयोग गर्दैनन्।" ती मानिस यति रिसाए कि उनले जोडसँग चिच्याएर भने, "तपाईँले यस्तो कुरा भन्ने हिम्मत कसरी गर्नुभयो!" यसैबिचमा उनको अर्को खुट्टा तल झऱ्यो।

मेरा मान्यताहरू

मानिसहरू प्रायः मलाई मेरो धार्मिक मान्यताका विषयमा सोध्ने गर्छन्। "तपाईँ के हुनुहुन्छ?" उहाँहरू सोध्नुहुन्छ। म प्रायजसो उत्तर दिने गर्छु, "सबैभन्दा पहिला म एक मानिस हुँ।" वास्तवमा मानिसहरू कस्तो खालको मान्यता राख्छन् भनेर मानिसलाई परिभाषित गर्ने कुरामा मेरो रुचि छैन। "तपाईँ के हुनुहुन्छ?" भन्ने प्रश्नको उत्तर हिन्दु, इसाई, मुस्लिम, यहुदी, सिख, बौद्ध, नास्तिक, जैन, ताओवाद, सिन्टो, बहाई आदि भनेर दिइयो भने उहाँहरू अपेक्षाहरूको एउटा कठोर पिँजडाभित्र हुनुहुँदो रहेछ भन्ने प्रतीत हुन्छ। "तपाईँ के हुनुहुन्छ" भनेर कसैले प्रश्न सोधेपछि खुला विचार भएका दुई जना मानिसहरूबिचमा सुरु हुनुपर्ने संवाद एकतर्फी भनाइ बन्न पुग्छ। "तपाईँ किन हुनुहुन्छ?" भनेर कसैलाई सोधियो भने यो प्रश्न चाहिँ बढी रोचक हुँदैन र!

आमाको तुलनामा मेरा पिताजीप्रति मेरो धार्मिक भावना बढी निकट थियो भन्ने कुरा सुन्दा तपाईँले आश्चर्य नमान्नुहोला। मेरा लागि परमात्मा अत्यन्तै महत्त्वपूर्ण छन्। उनले मेरो जीवनमा हरेक चिजलाई आकार दिएका छन् तर मलाई यो कुरा धार्मिक हो जस्तो लाग्दैन।

मैले विगतका वर्षहरूमा फरकफरक आध्यात्मिक परम्परा अपनाउने थुप्रै मानिसहरूलाई भेटेको छु। उहाँहरूमध्ये केहीलाई मैले निकै विचारवान् व्यक्तिका रूपमा पाएको छु। मलाई के थाहा छ भने आध्यात्मिकता मेरा मित्रहरूका लागि धेरै खुसी दिने तथा सहायता प्रदान गर्ने स्रोत बनेको छ। मैले आस्था राख्ने धेरै मानिसहरूसँग परमात्माका बारेमा अर्थपूर्ण कुराकानी गरेर आनन्द लिएको छु अनि सिकेको पनि छु तथापि म 'माथितिर' स्वर्ग हुन्छ भनेर गरिने विश्वासका बारेमा कुरा गर्दिनँ। म यहीँ तल नै आफूभित्रको दिव्य शक्तिलाई चिन्नेबारेमा कुरा गर्छु।

एक पटक म एसियामा थिएँ। मैले धेरै मन्दिरहरू पहाडका टाकुरामा भएको पाएँ। त्यसपछि मैले यस्तो किन भएको होला भनेर सोच्न थालेँ। मानिसहरू त यहाँ तल छन्। के मन्दिर पनि यहीँ तल हुनुपर्ने होइन र? त्यसो हुँदा हामी त्यहाँ सजिलै जान सक्थ्यौँ।

भगवान्‌भन्दा ठुलो को छ?

आध्यात्मिक सन्दर्भका बारेमा भारतमा एकदमै धेरै रमाइला कथाहरू छन्। यहाँ मलाई विशेष मन परेको अकबर र वीरबलको समयको एउटा कथा छ।

एक दिन सम्राट् अकबरको दरबारमा एक जना कवि आए। कविले उनका लागि मिठो कविता वाचन गरेर सुनाए अनि सम्राट् पनि एकदमै खुसी भए। कविका शब्दहरू सम्राट् कति महान् छन् भन्नेबारेमा केन्द्रित थिए। अकबरले कविलाई उपहारस्वरूप केही आभूषण दिए। यसकारण उनले केही अरू पङ्क्तिहरूको पनि रचना गरे। यो पहिलाका तुलनामा अझै सुन्दर थियो र अझै धेरै प्रशंसाले भरिएको थियो। अकबरले पनि कविलाई अझै धेरै रत्नहरू प्रदान गरे अनि कविले हरेक नयाँ कवितामा सम्राट्का बारेमा अझै अद्भुत कुराहरू राखिदिए।

कविले अकबरका बारेमा भन्दै जाँदा उनले भने, “हजुर सबैभन्दा महान् हुनुहुन्छ, हजुर अद्भुत हुनुहुन्छ, हजुर एकदमै दयालु हुनुहुन्छ।” यस्तैयस्तै विषयमा धेरै कुरा भने। त्यसपछि उनलाई सम्राट्को प्रशंसाका लागि शब्दहरू समाप्त भए भनेर चिन्ता हुन थाल्यो। त्यस दिनको अन्त्यतिर आइपुगेपछि उनले एक्कासि भन्न पुगे, “र, तपाईँ भगवान्‌भन्दा पनि ठुलो हुनुहुन्छ!”

दरबारको चारैतिर एक पटक सन्नाटा छायो। यसअघिसम्म त सम्राट्का दरबारियाहरूले हरेक नयाँ कवितामा “हो, हो, हो एकदमै सुन्दर!” भनिरहेका थिए किनभने उनीहरू जस्तोसुकै परिस्थितिमा पनि अकबरका विरुद्धमा जान चाहँदैनथे तर कविले “तपाईँ ईश्वरभन्दा पनि ठुलो हुनुहुन्छ!” भनिदिएपछि सबै जना चिन्ताग्रस्त भए। उनीहरू यस कुरामा सहमत हुन सकेनन्।

अकबरले दरबारको चारैतिर हेरे अनि भने, “के म साँच्चै भगवान्‌भन्दा ठुलो छु?”

कसैले पनि उत्तर दिने हिम्मत गरेनन्। “हो” को अर्थ पनि आफ्नो शिर काटिनु हो अनि “होइन” को अर्थ पनि आफ्नो शिर काटिनु हो।

हलमा सन्नाटा छायो। त्यसपछि सबैले सबैभन्दा बढी बुद्धिमान् र चलाख ठानिएका वीरबलतिर हेर्न थाले। उनी र अन्य सल्लाहकारका बिचमा पनि सधैँजसो तनाव भइरहन्थ्यो। यसको मुख्य कारण चाहिँ उनी एकदमै चतुर थिए। वीरबलको सम्राट्सँगको घनिष्ठ सम्बन्धलाई देखेर उनीहरू ईर्ष्या गर्थे।

अन्तिममा दरबारियामध्येकै एक जनाले भने, "महाराज! सायद वीरबलले यस प्रश्नको उत्तर दिन सक्छन् कि?"

"राम्रो कुरा हो।" सम्राट्ले उत्तर दिए। "वीरबल, ल भन त के म साँच्चै भगवान्भन्दा ठुलो छु?"

वीरबलले एकैछिन सोचे अनि भने, "के म हजुरलाई यसको उत्तर भोलि दिन सक्छु?"

सम्राट् केही अधैर्य देखिन्थे तर पनि उनले भने, "ठिकै छ।"

भोलिपल्ट फेरि दरबारमा सभा बस्यो। वीरबल अगाडि आए। उपस्थित सबै दरबारियाहरू मनमनै खुसी भइरहेका थिए। उनीहरू सोचिरहेका थिए, "आज त यिनी फसे! यदि उनले 'हो' भने पनि फस्छन् अनि 'होइन' भने पनि फस्छन्।"

"वीरबल", सम्राट्ले भने, "के तिमीले त्यो कुरा पत्ता लगायौ त? के म भगवान्भन्दा ठुलो छु?"

वीरबलले भने, "महाराज! मलाई तपाईँ भगवान्भन्दा ठुलो हुनुहुन्छ या हुनुहुन्न भन्ने कुरा त थाहा भएन तर एउटा कुरा छ जसलाई तपाईँले गर्न सक्नुहुन्छ त्यसलाई भगवान्ले चाहिँ गर्न सक्दैनन्।"

सम्राट् छक्क परे। "के? हैन त्यस्तो के कुरा छ र, मैले गर्न सक्ने तर भगवान्ले समेत गर्न नसक्ने?"

वीरबलले भने, "यदि तपाईँले कसैलाई आफ्नो राज्यबाट बाहिर निकाल्न चाहनुभयो भने तपाईँले निकाल्न सक्नुहुन्छ तर भगवान्ले कसैलाई बाहिर निकाल्न चाहे भने पनि ऊ कहाँ जान सक्छ र?"

यसर्थ उनी हामी सबैका लागि हुन् अनि हामीभित्रै छन्। हाम्रो आस्थाविश्वास, कार्य अनि पालनपोषण जेजस्तो भए पनि परमात्माको राज्यमा सबैलाई स्वागत हुन्छ। त्यहाँबाट कसैलाई कहिल्यै पनि निकालिँदैन।

भित्रका परमात्मा

यदि तपाईँ एक आध्यात्मिक व्यक्ति हुनुहुन्छ भने तपाईँले चाहेअनुसार आस्था राख्न पाउनु तपाईँको अधिकार हो। म भगवान्सँग सम्बन्ध राख्ने सबै मानिसहरूको स्वतन्त्रतालाई आदर गर्छु र उनीसँग सम्बन्ध नै नराख्नेहरूको स्वतन्त्रतालाई पनि आदर गर्छु। मेरा भगवान् सर्वव्यापी शक्ति हुन्। उनी हामीभन्दा पहिला पनि थिए, अहिले हाम्रो आसपासमा छन् अनि हामीपछि पनि रहनेछन्। यस विषयमा सन्त कबिरका केही शब्दहरू यहाँ प्रस्तुत छन्:

जसरी तिलमा तेल हुन्छ,
जसरी हुन्छ चकमकमा आगो
तिम्रा परमात्मा तिमीमै छन्,
जाग्न सक्छौ भने जाग।

धर्तीमा मानिसहरूको समय समाप्त हुनेछ। यस ग्रहको समय समाप्त हुनेछ। हामी आफ्नो आकाशमा चम्किला ताराहरूलाई देख्छौँ तर ती पनि समाप्त हुनेछन्। तर, निराकार परमात्मा सदा रहनेछन्। हामी जीवित रहेसम्म उनी हामीभित्र प्रवाहित भइरहन्छन्। यसकारण एउटा सुन्दर आशीर्वाद हामीभित्र आइरहन्छ– हरेक श्वासका साथमा हामीभित्र प्रवाहित ऊर्जाका रूपमा। यसले हामीलाई जीवित रहनका लागि सक्षम बनाउँछ। तिनै हुन् मभित्रका दिव्य शक्ति!

मेरा परमात्मा दयालु छन्। मेरा इच्छाहरूलाई पूरा गर्छन् भनेर होइन तर ब्रह्माण्ड नै अस्तित्वमा रहन सम्भव भएको छ र त्यही सम्भावनामा नै दया छ। उनी बादलमाथिको स्वर्गमा शासन गर्ने परमात्मा होइनन्। बरु उनी त हरेक प्राणीका लागि, सबै अस्तित्वका लागि स्वर्गको सम्भावना प्रदान गर्ने परमात्मा हुन्।

मेरा ईश्वर राम्रो र नराम्रोभन्दा पर छन्। उनी छन्। यस कुरालाई यथार्थमा प्रशंसा गर्ने हो भने तपाईँले उनलाई उनकै आँखाले देख्नुपर्छ। उनलाई आफूभित्रको परमात्माको आँखाले हेर्नुपर्छ। उनमा मान्छेजस्तो देखिने कुनै पनि विशेषता हुँदैन। तपाईँ ती परमात्मा होइन तर तपाईँबाट उनी छुट्टिएका छैनन्। चियादानीमा चियालाई हालियो भने चिया चिया नै रहन्छ अनि चियादानी चियादानी नै रहन्छ। चियादानी चियाबाट बन्ने होइन तर यसले चियालाई आफूभित्र राख्छ। तपाईँ त्यो भाँडो हुनुहुन्छ जसले आफूभित्र ती परमात्मालाई राख्नुभएको छ।

हाम्रा लागि के राम्रो र के नराम्रो भन्नेबारेमा हामीसँग सधैँ फरकफरक विचार हुन्छन् तर हामीले आफूभित्र रहेका परमात्मालाई अनुभव गर्ने हो भने ती विचारहरूलाई हटाउनुपर्छ। हामी दिमागबाट हृदयतिर जानुपर्छ। हामी आफूभित्र धारणा र अपेक्षाहरूलाई बोकेर हिँड्छौँ तर ती परमात्मासँग साक्षात्कार गर्ने कुरामा धारणाका लागि अलिकति पनि ठाउँ छैन। ती परमात्मा दुःखसुख, विचारअवधारणा, राम्रोनराम्रो, हाम्रो धारणाभन्दा पर छन्। यति भएर पनि हामीलाई धारणारहित हुँदा कस्तो हुन सक्छ भन्ने कुरा बुझ्न कठिन हुन्छ।

हामीले धारणा, सर्त, शङ्का अनि अवधारणालाई छोड्यौँ भने हाम्रा लागि स्वर्गको सुरुवात हुन्छ। त्यसपछि हामीले पूर्णताको सादगीलाई महसुस गर्छौँ। हाम्रा लागि त्यो पूर्णता हरेक श्वासमा छ। यी सबै चिजको प्रशंसा गर्नु अनि आफूभित्रका ती परमात्मासँग जोडिनु नै वास्तवमा जीवनको यथार्थलाई बुझ्नु हो। के कुनै मानिसले कहिल्यै यस्तो बुझाइलाई हासिल गर्न सक्छ? के मानिसले कहिल्यै ती परमात्मालाई अनुभव गर्न सक्छ? यो कुनै सामान्य कार्य होइन। यो कुरा असम्भवजस्तो लाग्छ तर यो सम्भव छ।

परमात्माको खोजी

यो विशाल संसारमा थुप्रै मानिसहरू छन्। ती हरेक मानिसमा यो जीवन के हो, यसको अर्थ के हो अनि यो कसरी अस्तित्वमा आयो भन्नेबारेमा आआफ्नै विचारहरू छन्। हामीभन्दा पहिला हजारौँ सभ्यताहरू आए र हुन सक्छ अझै धेरै सभ्यताहरू आउलान्। आस्थाका बारेमा हरेक संस्कृतिका आआफ्नै दृष्टिकोण छन् तर धार्मिक विश्वाससँगसँगै आन्तरिक शान्तिका लागि एउटा अवसर सधैँ रहन्छ। धर्महरूले प्रायः माथिको स्वर्गको कुरा गरेका हुन्छन् तर म यही पृथ्वीमा रहेको स्वर्गका बारेमा कुरा गर्छु। मेरा लागि त ती परमात्मालाई पाउने स्थान यही हो।

जीवनको समाप्तिपछि प्राप्त हुने सुविधालाई म त्यति आवश्यक ठान्दिनँ यद्यपि अरूले यसो गर्छन् भने उनीहरूको विचारलाई म स्वीकार र सम्मान गर्छु। म अहिले र यहीँ उपलब्ध हुने शान्तिको अनन्त अनुभूतिसँग जोडिने कुरालाई आवश्यक ठान्छु। म आफूभित्र आफ्नो हृदयमा ती परमात्मालाई सदैव अनुभव गर्न चाहन्छु।

सोह्रौँ शताब्दीका सन्त तथा कवि तुलसीदासले लेखेका छन् :

> *यो शरीरमा अवस्थित हृदयलाई चिन्ने सन्तले नै परम सत्यलाई प्राप्त गरेका छन्। यसलाई अनुभव गर्नुहोस् अनि त्यसपछि तपाईँ आफ्नो स्वतन्त्रतालाई प्राप्त गर्न सक्नुहुन्छ। वास्तवमा परम्परामा फसेका शिक्षकहरूले केवल ऐनाभित्रको मृगतृष्णालाई मात्रै जान्न सक्छन्।*

आफूभित्रै परमात्मालाई देख्नु

मेरा लागि भित्रका परमात्मासँग भेट गर्नु वास्तवमा एउटा अद्भुत अनुभव हो। उनीसँगको भेटले मेरो जीवन धन्य भएको छ। मैले यसरी आन्तरिक शान्तिलाई आफ्नो अनुभवका माध्यमबाट अनुभूत गर्ने धेरै मानिसहरूलाई चिनेको छु तर कहिलेकाहीँ भित्रको त्यो अनुभव हाम्रो नजर छलेर टाढिन सक्छ। हामी आफ्नो दिमागको बाहिरी र भित्री आवाजबाट विचलित भयौँ भने परमात्मा हाम्रो दृष्टिबाट ओझेल पर्न सक्छन्। हाम्रो दिमागले हामीलाई आफ्नो हृदयको स्पष्टताबाट टाढा लैजान्छ तर हामी भित्रतिर मोडियौँ भने हामीमध्ये हरेकले ती परमात्माको दर्शन र अनुभव गर्न सक्छौँ। यो कुराले मलाई एउटा कथाको स्मरण गराउँछ– आफ्नो दिमागका अपेक्षाहरूको पछि लाग्नुको साटो वास्तवमा आफूले आफूलाई चिन्नु नै लाभदायक हुन्छ।

पहाडको टुप्पोमा एउटा गाउँ थियो। वास्तवमा त्यो एउटा प्राचीन स्थान थियो। त्यहाँ न त बिजुली पुगेको थियो न कुनै प्रविधि। त्यहाँ अहिलेसम्म एकदमै कम मानिसहरू मात्रै पुगेका थिए। गाउँको बिचमा एउटा सुन्दर घर थियो। त्यसमा एक जना महिला र एक जना पुरुष बस्थे। त्यो एउटा खुसी र सामान्य परिवार थियो। ती पुरुषको आफ्नो छुट्टै कोठा थियो अनि उनी हरेक दिन त्यस कोठामा गएर एक घण्टाजति प्रार्थना गर्ने गर्थे।

एक दिन एक जना यात्रु त्यही गाउँ हुँदै कतै गइरहेका थिए। त्यो गाउँका लागि यो त एउटा दुर्लभ घटना थियो! एकदमै गर्मी मौसममा पहाडको लामो ठाडो उकालो चढेर त्यहाँ पुगेपछि उनलाई साँच्चै शीतलताको आवश्यकता थियो। यसर्थ उनले आफ्नो झोलालाई त्यस घरको ढोकाको बाहिर राखिदिए अनि छेउको नदीतिर लागे।

त्यो घरका मानिस बाहिर निस्किए। उनले त्यो अनौठो प्रकृतिको झोला देखे र त्यसलाई खोलेर हेरे। त्यसमा केही कपडा र जुत्ता थिए। त्यसमा उनले एउटा ऐना पनि भेट्टाए। उनले त्यो चिजलाई यसअघि कहिल्यै पनि देखेका थिएनन्। उनले झोलाबाट ऐना निकाले अनि ऐनामा हेरे। त्यसपछि उनी झस्किएर पछिल्तिर सर्न पुगे। उनी आनन्दले भावविभोर हुन पुगे किनभने अन्ततः उनले बसौँदेखि प्रार्थना गरिरहेका व्यक्तिको आकृतिलाई त्यो ऐनामा देखे। उनी देवता उनका पिताजस्तै देखिन्छन् भनेर सधैँ सोच्ने गर्थे। त्यसपछि उनले यो कुरा सत्य भएको महसुस गरे। ती व्यक्तिले त्यो ऐनालाई आफ्नो कोठाको टेबुलमा राखिदिए। अब उनले आफूले प्रार्थना गरिरहेका ती देवताका स्वरूपलाई साँच्चै नै देख्न सक्थे। त्यसैले उनी हरेक रात घण्टौँसम्म प्रार्थना गर्न थाले।

उनकी श्रीमतीले आफ्ना श्रीमान्‌ले लामो समयसम्म आफ्नै कोठामा समय बिताउने गरेको कुरालाई छिट्टै नै ख्याल गरिसकेकी थिइन्। यस कुराले उनमा शङ्का उत्पन्न भयो। अन्ततः उनलाई आफ्ना श्रीमान्‌ले सायद अर्की श्रीमती खोजेको हुनुपर्छ र उसलाई त्यहाँ लुकाएको हुनुपर्छ भन्ने लाग्यो। एक दिन श्रीमान् बाहिर भएको मौका पारेर उनी चुपचाप उनको कोठामा पसिन्। यथार्थमा उनले पनि पहिलो पटक ऐना देख्न पुगिन्। त्यसपछि त्यो ऐनामा हेरेर उनी बेहोसजस्तै भइन्। "श्रीमान् बाहिर निस्केर नआउनु कुनै आश्चर्यको कुरै होइन रहेछ।" उनले सोचिन्, "मेरा श्रीमान् त यो ऐनामा भएकी सुन्दर युवतीसँग पूरै प्रेममा परिसकेका रहेछन्!"

त्यसपछि उनी एकदमै क्रोधित भइन्। यसकारण उनले ऐना बोकिन् अनि सिधै मन्दिरको पुजारीकहाँ पुगिन्। उनी लामो सेतो कपाल, बाक्लो सेतो दाह्री, चम्किला आँखा अनि मिठो मुस्कान भएका पुजारी थिए। उनले पुजारीलाई सबै कुरा सुनाइन् र पुजारीले पनि ध्यानपूर्वक सुने।

पुजारीले पनि कहिल्यै ऐना देखेका थिएनन्। उनले पनि त्यो ऐनालाई हातमा लिए। नजिकबाट नियाले अनि खुसीले उफ्रे। उनी चिच्याए, "यिनै ती देवता हुन्। म हरेक दिन यिनकै प्रार्थना गरिरहेको थिएँ!" अनि, आफ्नो मन्दिरमा गए र त्यो ऐनालाई पूजास्थलको बिच भागमा राखिदिए।

पुरुष, महिला र पुजारीले ऐनामा हेरेर आफैँलाई चिन्न सकेनन्– उनीहरूले आफ्नो धारणालाई देखे। किन? यदि तपाईँले स्वयम्‌लाई चिन्नुभएन भने वास्तवमा तपाईँ को हुनुहुन्छ भनेर देख्न सक्नुहुन्न।

दुई भिक्षु

यहाँ एउटा अर्को कथा प्रस्तुत छ। यसले दुई व्यक्तिबिचको अन्तरलाई बताउँछ। यसमध्ये एक जनाले हृदय र दिमागलाई खुला राखेर समर्पित जीवन जिइरहेका हुन्छन्। अर्का व्यक्ति चाहिँ जहाँ गए पनि आफ्नो कट्टरतालाई आफैँसँग लिएर हिँड्छन्। अरू धेरै कथाकै जसरी यस कथामा पनि धेरै संस्करण भेटिन्छन्। मलाई मन परेको संस्करण चाहिँ यस्तो छ।

दुई जना भिक्षुहरू आफ्नो गुम्बातिर गइरहेका हुन्छन्। उनीहरूले एउटा नदी तर्नुपर्ने हुन्छ। उनीहरूको घर पुग्ने यही मात्र एउटा बाटो हुन्छ र उनीहरूले नदी पार गर्नैपर्ने हुन्छ। त्यहाँ कुनै पुल हुँदैन। उनीहरूले पानीमै पसेर नदी पार गर्नुपर्छ भनेर महसुस गर्छन् तर नदी गहिरो र निकै वेगले बगेको हुन्छ।

त्यसै क्रममा भिक्षुहरूले एउटी सुन्दर युवतीलाई नदी किनारमा उभिएको देख्छन्। उनको आँखामा आँसु हुन्छ। तीमध्ये एक जना भिक्षुले उनीकहाँ गएर सोध्छन्, "तपाईँलाई के समस्या पर्‍यो ?"

उनी भन्छिन्, "म गाउँ जानुपर्ने छ तर नदी जोडसँग बगेको छ। यसले बगाउँछ भनेर मलाई डर लागिरहेको छ तर मैले पारि जानैपर्ने छ।"

भिक्षु भन्छन्, "केही छैन। म तपाईँलाई पारि तारिदिउँला।"

भिक्षुले उनलाई बोक्छन्, आफ्नो काँधमा राख्छन् अनि नदी पारि पुर्‍याउँछन्। पारि पुगेपछि उनलाई तल राख्छन्। उनले ती भिक्षुलाई धन्यवाद दिन्छिन् अनि भिक्षुले उनलाई आशीर्वाद दिन्छन्। अर्का भिक्षु पनि सँगै नदी पारि पुग्छन् अनि ती दुवै भिक्षु आफ्नो गुम्बातिर लाग्छन्।

मदत नगर्ने भिक्षु चाहिँ लगभग पूरै बाटाभरि नै चुपचाप हुन्छन्। गुम्बाको पर्खालनजिकै नपुगुन्जेलसम्म चुपै बस्छन्। अचानक ती भिक्षु भन्छन्, "तिमीले जे गर्‍यौ नि त्यो राम्रो गरेनौ ! एक जना भिक्षुले एउटी युवतीलाई त्यसरी काँधमा बोक्न कसरी मिल्छ ? तिमीले कसरी हिम्मत गर्‍यौ ! मलाई त तिमीले संसारलाई त्यागेका थियौ भन्ने लागेको थियो !"

महिलालाई सहयोग गर्ने भिक्षु अर्का भिक्षुतिर फर्केर भन्छन्, "तिमीलाई थाहा छ, मैले त उनलाई नदीको एउटा किनारदेखि अर्को किनारसम्म मात्र आफ्नो काँधमा बोकेर ल्याएको थिएँ। तिमीले त उनलाई गुम्बासम्म नै आफूसँगै लिएर आएछौ।"

कृतज्ञताका लागि प्रार्थना

यो अध्यायको सुरुवातमा मैले चुट्किला राखेको थिएँ। यसले धारणा बोकेका व्यक्तिहरूले दैनिक जीवनको सामना गर्दा उत्पन्न हुन सक्ने तनावहरूलाई महत्त्वका साथ देखाउँछ। मैले धेरै साथीहरूसँग कुराकानी गरेर के थाहा पाएको छु भने धारणाले कठिन परीक्षाहरूलाई पनि सहन सक्छ। विश्वास गर्ने मात्र नभई आफ्ना परमात्मालाई चिनेको छु भनेर महसुस गर्ने व्यक्तिहरू प्रायः यस्ता प्रश्नको सामना गर्दा विशेष रूपले लचिला हुन्छन्। हृदय केही निश्चित परिस्थितिमा दिमागभन्दा बढी बलियो हुन्छ। मानिसहरूले अप्ठ्यारो परिस्थितिहरूलाई सामना गर्दा किन प्रार्थना गर्नतिर लाग्छन् भन्ने कुराका बारेमा त मलाई राम्रोसँग थाहा छ। त्यो चुट्किलाको प्रसङ्गमा अभागी मान्छेले आफू मर्न नचाहने स्वाभाविक इच्छालाई अनुभव गरिरहेका बेलामा प्रार्थना गरेको छ। मेरो विचारमा सबै कुरा ठिक भइरहेका बेलामा पनि हामीले पुकारा गर्नेबारेमा सोच्न सक्छौँ।

मेरो बुझाइमा तपाईँले आफ्ना लागि व्यक्तिगत याचना गरेका बेलामा नभएर धन्यवाद दिएका बेलामा चाहिँ साँचो प्रार्थना हुन्छ। उदाहरणका रूपमा एउटा युद्धलाई नै हेर्नुहोस् न– त्यहाँ दुवैतर्फका सैनिकहरूले विजयका लागि प्रार्थना गरिरहेका हुन्छन्। यहाँ प्रार्थनाका बारेमा एउटा छोटो कथा छ :

एक दिन एक जना युवक जागिरका लागि एउटा महत्त्वपूर्ण अन्तर्वार्ता दिन साइकल चढेर गइरहेका थिए। उनको साइकल एउटा धारिलो ढुङ्गामाथिबाट गुडेर जाँदा पन्चर हुन पुग्यो। “यो त बर्बादै भयो।” ती व्यक्तिले सोचे, “यदि मेरो साइकलको टायर बनेन भने त म जागिर पाउन सक्दिनँ।” त्यसपछि उनी आफ्नो समस्या समाधानका लागि प्रार्थना गर्न थाले। अघिल्लो घुम्तीको छेउमा अर्का एक जना युवक रहेछन्। उनी साइकल मर्मत गर्ने आफ्नो दोकानबाहिर बसेका थिए। उनी पनि एकदमै दुःखी थिए। उनको केही पनि कमाइ भइरहेको थिएन। उनले सोचे, “आज मैले ग्राहक पाइनँ भने मेरो अलिकति पनि कमाइ हुनेछैन।” त्यसपछि उनी पनि प्रार्थना गर्न थाले।

हेर्नुहोस्, एक व्यक्तिको दुर्भाग्य अर्को व्यक्तिको प्रार्थनाको सम्बोधन हुन सक्छ। हुन सक्ने चिजका लागि नभएर हामीसँग भएकै चिजका लागि चाहिँ धन्यवाद दिनु प्रार्थनाको धेरै गहिरो र धेरै शक्तिशाली रूप हो। मेरो अनुभवमा तपाईँका आभाररूपी प्रार्थनाहरूको सधैँ सम्बोधन हुन्छ।

जब हामीले आफूलाई दिइएको यस जीवनका लागि हृदयबाटै धन्यवाद दिन्छौँ तब यो एउटा हामीभित्रको शान्तिको अद्भुत अभिव्यक्ति हुन्छ। हाम्रो हृदयको आवाज कृतज्ञताका साथ जीवनको राम्रो र सही कुरालाई सराहना गर्दै गाउन तयार हुन्छ। यहाँ तपाईँका लागि एउटा सुखद विरोधाभास छ। कृतज्ञताले हामीलाई पूर्णताको महसुस गराउँछ तर हामीसँग सधैँ अझै धेरै ग्रहण गर्ने क्षमता हुन्छ। हामी सबैमा शान्ति, आनन्द र प्रेमको अनन्त क्षमता हुन्छ। के यो कुरा मननीय छैन र?

अठारौँ शताब्दीका एक सन्त स्वामी ब्रह्मानन्दको एउटा सुन्दर गीत छ। यसमा आभारको भावनालाई व्यक्त गरिएको छ। आफ्ना परमात्माका लागि उनले यी शब्दहरूमा गाएका छन्:

तिमीले अचम्मको सृष्टिको सृजना गर्‍यौ, सोच्दासोच्दै तिमीले यो नाटक रच्यौ
कलम, कागज र रङविना नै तिमीले अति सुन्दर तस्बिर बनायौ
हेर्दा एक अनुहार देखिए पनि त्यसैमा अनेकौँ अनुहार बनायौ
पानीको एउटा थोपाबाट तिमीले सबै जीव चराचर रच्यौ
सबैको हृदयरूपी मन्दिरमा तिमीले आफ्नो घर बनायौ
कुनै खम्बा र दलिनविना नै तिमीले यो सृजनालाई आधार दियौ
कुनै जमिनविना नै तिमीले एउटा भव्य महल बनायौ
कुनै बिउविना नै तिमीले पूरै जङ्गल बनायौ
हरेक व्यक्तिभित्र रहेर पनि तिमीले आफूलाई सधैँ गुप्त राख्यौ
ब्रह्मानन्दको हृदय अति आनन्दले भरियो
जब सद्गुरुले तिम्रो गुप्त रूप मलाई देखाए।

हामीभित्रको परमात्माका बारेमा गरिएको यो प्रशंसा कति सुन्दर छ।

स्वर्ग यहीँ बनाउनु

तपाईँका जेजस्ता मान्यताहरू भए पनि यस पृथ्वीमा अहिले नै तपाईँका लागि एउटा स्वर्ग छ– यो स्वर्ग जतन गरेर राख्न र अनगन्ती तरिकाले आनन्द लिनका लागि हो। स्वर्ग के हो? स्वर्ग त त्यस्तो स्थान हो जहाँ तपाईँले तृप्ति महसुस गर्नुहुन्छ। स्वर्गमा कस्तो अनुभूति हुन्छ? यो एकदमै सुन्दर प्रकृतिको हुन्छ।

हामीले आफ्नो आँखा र हृदयलाई खोलेपछि, यहीँ र अहिले नै स्वर्गलाई महसुस गरेपछि अनि आज यहाँ यस पृथ्वीमा जीवित हुनुको सौन्दर्यलाई स्वीकार गरेपछि हामी स्वर्ग पाउन सक्छौँ। सात पाउन्डको एउटा बच्चा जन्मिएपछि के पृथ्वीको तौल सात पाउन्डले बढ्छ ? बढ्दैन अनि त्यही व्यक्ति वयस्क हुँदा ऊ दुई सय पाउन्ड तौलको भयो र उसको मृत्यु भयो भने के पृथ्वीको तौल दुई सय पाउन्डले घट्छ त ? घट्दैन। हामी यहीँ छौँ– यही पृथ्वीमा।

यहाँ एउटा कथा छ। यो कथाले मैले कुरा गरिरहेको स्वर्ग र नरकको विषयलाई रोचक ढङ्गले प्रस्ट्याउँछ।

एक जना राजाले युद्ध गर्न जानुपर्ने भयो। उनलाई लडाइँमा आफू अग्रपङ्क्तिमा हुनुपर्छ भन्ने कुरा थाहा थियो– आजकलका हाम्रा केही राजनीतिक नेताहरूजस्तो चाहिँ होइन। उनीहरू युद्ध सुरु गर्न हतारिन त सक्छन् तर लडाइँका छेउछाउमा कहिल्यै कतै पनि देखा पर्दैनन्। ती राजालाई आफू रक्तपातपूर्ण परिस्थितिमा हुनेछु भन्ने कुरा थाहा थियो। उनले रातभरि सोचिरहे, “सायद युद्धमा म मर्न पनि सकुँला। यदि म मरेँ भने म स्वर्गमा जानेछु कि नरकमा जानेछु ? तर, यो स्वर्ग चाहिँ के हो अनि नरक भनेको के हो ?”

रातभरि यो सिलसिला चलिरह्यो।

बिहानै राजाले आफ्नो सुरक्षाकवच लगाए। उनी आफ्नो घोडामा चढे। उनका सेना उनका पछि तैनाथ भए। त्यसपछि सबै जना युद्धमैदानतर्फ अघि बढे। त्यो पूरा समय उनको दिमागको एक भागमा त्यही प्रश्न घुमिरहन्छ, “स्वर्ग के हो ? नरक के हो ?”

उनी घोडा चढेर गइरहेका बेलामा उनले एक जना एकदमै सम्मानित बुद्धिमान् सन्त अर्कातर्फबाट आइरहेको देखे। उनी हतारिँदै सन्तकहाँ पुगे र भने, “पर्खनोस् ! म तपाईँसँग दुईओटा प्रश्न सोध्न चाहन्छु ! स्वर्ग के हो र नरक के हो ?”

सन्त भन्छन्, “मलाई ढिला भइरहेको छ। मसँग तपाईँको उत्तर दिने समय छैन।”

राजा यो कुरा सुन्नासाथ निकै क्रोधित भए। “तपाईँलाई थाहा छ, म को हुँ ? म राजा हुँ ! तपाईँसँग आफ्नो शासकका लागि समय छैन ? यस्तो कसरी हुन सक्छ ?” उनको रिस अझै बढिरहेको थियो।

सन्त राजातिर हेरेर भन्छन्, “राजन्, तिमी यतिखेर नरकमा छौ।”

राजाले यसबारेमा एकछिन सोच्छन्, “ठिकै हो ! यिनको कुरा सही हो। यिनी

वास्तवमा बुद्धिमान् हुन्।" उनी आफ्नो घोडाबाट तल झरे अनि आफ्नो घुँडा टेकेर भन्छन्, "धन्यवाद ! हजुरले मेरो आँखा खोलिदिनुभयो। हजुरलाई धेरैधेरै धन्यवाद !"

सन्त राजातिर फर्कन्छन् अनि भन्छन्, "राजन्, अब तिमी स्वर्गमा छौ !"

तपाईँले याद गर्नुभयो, उनले केवल तीनओटा कुरा भने तर उनले राजाको सबैभन्दा ठुलो प्रश्नको उत्तर दिए। स्वर्ग र नरकको जिज्ञासा कहाँ थियो ? उनीभित्रै। यो नरक कहाँ थियो ? उनीभित्रै। यो स्वर्ग कहाँ थियो ? उनीभित्रै।

भ्रम, क्रोध र भय हुँदा तपाईँ नरकमा हुनुहुन्छ। स्पष्टता र कृतज्ञता हुँदा तपाईँ स्वर्गमा हुनुहुन्छ। यो यस्तै हुन्छ।

स्वर्गमा रहनु

हामीले प्रत्येक क्षणको महत्त्व र सुन्दरतालाई प्रशंसा गर्न थालेपछि हामी नाश नहुने चिजलाई नजिकबाट बुझ्न थाल्छौँ। वर्तमान क्षण अमर छ किनभने हामी सदैव यसै क्षणमा हुन्छौँ। हामी प्रत्येक क्षणमा सचेत भएर जिउन थालेपछि मात्रै हामी पृथ्वीमा स्वर्गको अनुभूति गर्छौँ। हामीले जीवनरूपी आशीर्वाद प्राप्त गरेका छौँ भन्ने कुरामा सचेत भएपछि मात्रै हामीलाई यो स्वर्गको अनुभूति हुन्छ। जीवनको अस्तित्वको सबैभन्दा ठुलो कुरा भनेकै आफूभित्र शान्तिलाई साँच्चै नै महसुस गर्नु हो। यो कुरा मेरा लागि सबैभन्दा दिव्य अनुभव हो।

आन्तरिक शान्तिको स्वर्ग आफैँमा अनुपम हुन्छ। साथै त्यो तृप्तिको अनुभूतिले हाम्रो चारैतिरको दुनियाँलाई पनि स्वर्ग बनाउन सक्छ।

जब तपाईँ शान्तिपूर्ण अवस्थामा हुनुहुन्छ, सूर्योदयको पहिलो मधुर स्पर्शलाई नियाल्नु दिव्य हो।

हरेक दिन र यससँग आउने सबै सम्भावनाहरू ल्याउने सूर्योदयको न्यानोपनलाई महसुस गर्नु दिव्य हो।

बिहान सबेरै आफ्नो हृदयको खुसीका लागि गाउने चराहरूको सामूहिक गीत सुन्नु दिव्य हो।

समुद्रमा सूर्यको किरणको नृत्यलाई नियाल्नु दिव्य हो।

केही क्षणका लागि एउटा ह्वेलले गुरुत्वाकर्षणलाई छोडेर पानीभन्दा बाहिर उफ्रिएको दृश्य देख्नु दिव्य हो।

सूर्यको रापले रापिएको बगैँचाबाट उत्पन्न सुवासहरूको बाफको सुगन्ध लिनु दिव्य हो।

आफ्नो अनुहारमा स्वच्छ हावालाई महसुस गर्नु दिव्य हो।

गर्मीयाममा बरफजस्तै चिसो पानी धित मर्ने गरी पिउनु दिव्य हो।

पाकेको सबैभन्दा मिठो फल रुखबाट सिधै टिपेर खानु दिव्य हो।

त्यस दिनलाई बिदाइ गर्दै अनि हामीलाई आराम गर्नेतर्फ सङ्केत गर्दै क्षितिजमा बिस्तारै डुबिरहेको अस्ताउँदो सूर्यलाई देख्नु दिव्य हो।

यस सुन्दर पृथ्वीमा सधैँ कतै न कतै सूर्योदय र सूर्यास्त भइरहेको हुन्छ भनेर जान्नु दिव्य हो।

चन्द्रमाको मधुर प्रकाशबाट धर्तीमा कोरिएका विभिन्न आकृतिहरूलाई देख्नु दिव्य हो।

घना जङ्गलमा लाटोकोसेरोको आवाजलाई सुन्नु दिव्य हो।

माथि आकाशबाट अचानक तारा खसेको अत्यन्तै सुन्दर दृश्य देख्नु दिव्य हो।

आफूले प्रेम गर्ने व्यक्तिको मुस्कानलाई देख्नु दिव्य हो।

सन्तुष्टिलाई महसुस गर्नु दिव्य हो।

आफ्नो श्वासमा परमात्मालाई महसुस गर्नु दिव्य हो।

यी भावनाहरू जीवनकै आनन्द हुन्– कुनै अरू चिजको मार्गमा बढेको कदम नभएर केवल जीवित हुनुको विशुद्ध आनन्द। यी सबै कुराहरू हामीले आनन्द लिनका लागि हुन्– हामी जहाँ भए पनि, हाम्रो उमेर जति भए पनि, हामीले जुनसुकै कुरालाई विश्वास गर्ने गरेको भए पनि, हामी जो भए पनि।

स्वर्गमा हुनुको अनुभव यही हो। त्यसो भए नरक के हो? हामी स्वर्गमा नहुनु नै नरक हो।

अध्याय ११

दयाका माध्यमबाट सर्वव्यापी आत्मतत्त्व बन्नुहोस्

म बाह्र वर्षको थिएँ। देहरादुनमा एक दिन म आफ्नो स्कुलबाट घर आइपुग्दा मैले त्यहाँ हाम्रो घरबाहिर पर्यटकको एउटा अनौठो गाडी देखेँ। उक्त गाडीलाई 'कमर' नामको बेलायती कम्पनीले निर्माण गरेको थियो। त्यस क्षेत्रमा सामान्यतया हामीले देखिरहने भारतमा निर्मित 'एम्बेसडर' कारहरूका बिचमा त्यो भ्यान छुट्टै देखिन्थ्यो। मेरा परिवारका सदस्यहरूमध्ये कोही पनि कहिल्यै भारतभन्दा बाहिर गएकै थिएनन्। यसर्थ उक्त विदेशी गाडी हाम्रो सडकमा देखिनु भनेको एउटा उत्सुकताको विषय बन्यो। म त्यो समयमा एउटा टिभी कार्यक्रम 'द ट्वाइलाइट जोन' को ठुलो प्रशंसक थिएँ। उक्त टिभी कार्यक्रम विज्ञानका रहस्यमयी काल्पनिक कथाहरू, एलियनहरू, उत्सुकताजनक कथाहरू अनि त्यस्तै प्रकारका विषयवस्तुमा आधारित थियो। त्यसकारण म कल्पनामा हराएँ– कमर भ्यानभित्र कोको हुन सक्छन्? उनीहरू किन यहाँ आएका होलान्?

म सानो छँदा अत्यन्तै जिज्ञासु स्वभावको थिएँ र ममा धेरै आत्मविश्वास पनि थियो। त्यसकारण म सिधै त्यो गाडीनिर गएर त्यसको ढोका खोलेँ अनि म त छक्क परेँ– गाडीको पछाडिपट्टि केही अनौठो लुगा लगाएका गोरा मानिसहरू चुपचापसँग बसिरहेका थिए। अहिले त हामी सजिलै सोच्न सक्छौँ, "ए, पर्यटकहरूको गाडीमा केही हिप्पीहरू पो बसेका रहेछन्!" तथापि, त्यतिखेर ती मानिसहरूका हरेक कुरा मेरा लागि नौलो थियो। उनीहरूले लगाएको भारतीय र विदेशी लुगाको सम्मिश्रण एकदमै विचित्रको देखिन्थ्यो अनि पुरुषहरूसमेत सबैको कपाल लामो थियो। यो मेरा लागि एकदमै अनौठो दृश्य थियो। वास्तवमा उनीहरूबाट आएको गन्धको तुलनामा त्यो दृश्य त केही पनि होइन। भ्यानभित्रबाट पसिनाले भिजेको शरीर, अगरबत्ती र अन्य सामग्रीहरूबाट आएको अनि गर्मीयाममा लामो यात्रा गरेपछि गुम्सिएको कडा गन्ध ह्वास्स निस्किरहेको थियो। एक पाइला पछि हटेर मैले के बुझ्ने प्रयास गरेँ भने मेरा आँखा र नाकले मलाई के भनिरहेका छन्!

एक जनाले मलाई नियालेर हेरे अनि आफ्ना औँला हल्लाउँदै अभिवादन गरे। मैले पनि अलिअलि हात हल्लाएँ जस्तो लाग्छ तर मेरो दिमागले अझै पनि त्यो दृश्यका बारेमा सोचिरहेको थियो। अकस्मात् जम्काभेट भएको त्यो अपरिचित अवस्था बिस्तारैबिस्तारै सौहार्दपूर्ण सम्बन्धमा बदलियो– “हो, उनीहरू अवश्य पनि केही नौला अनि हामीभन्दा निकै फरक छन् तर उनीहरू मिलनसार देखिन्छन्।”

केही बेरपछि मैले ती पुरुष र महिलाहरूसँग कुरा गरेँ। उनीहरू त मलाई नै पो भेट्न आएका रहेछन्। उनीहरू यस बालकलाई भेट्न चाहन्थे जो आन्तरिक शान्तिका बारेमा हृदयबाट नै बोल्थे। केही दिनसम्म उनीहरूले मलाई अनेकन् प्रश्नहरू गरे अनि मैले सकेजति तिनको जवाफ दिएँ। संवाद बढ्दै गएपछि हामीबिचको आदरभाव पनि बढ्दै गयो। उनीहरूद्वारा सोधिएका प्रश्नहरू अङ्ग्रेजीमा थिए तर वास्तवमा ती प्रश्नहरू भारतीयहरूले मलाई सधैँजसो सोध्ने प्रश्नभन्दा केही पनि फरक थिएनन्।

अवरोधलाई पार गर्नु

ती विदेशी मानिसहरू केही दिनसम्म त्यहाँ बसे अनि अरू विदेशीहरू पनि उनीहरूसँग मिसिन आइपुगे। त्यसपछि हामीले हरेक दिन एकअर्कालाई अझ राम्ररी चिन्न थाल्यौँ तथापि मेरा परिवारका सदस्यहरू अनि छरछिमेकका अलि पाका उमेरका मानिसहरू सांस्कृतिक सीमालाई पार गर्ने विषयमा मभन्दा अलि कम उदार थिए। उनीहरूले ती अपरिचित व्यक्तिहरूलाई अशुद्ध ठान्थे। मैले अशुद्ध भन्नुको अर्थ ती मान्छेहरूले भ्यानपछाडि बसेकाले राम्रोसँग नुहाउनुपर्थ्यो भन्न खोजेको चाहिँ होइन। बरु मेरो भनाइको अर्थ त तिनलाई आध्यात्मिक दृष्टिले अशुद्ध भएको मानिन्थ्यो। सन् १९६० को दशकको समयमा पश्चिमी मुलुकका मानिसहरू हाम्रो देशमा आउन सुरु गरेका छन् भनेर धेरै भारतीयहरूले गर्व गर्थे तर भारतीयहरू उनीहरूसँग केही हदसम्म सावधान पनि हुन्थे। विदेशीहरूका बारेमा सुन्नु एउटा कुरा थियो तर उनीहरूसँग आफैँ घुलमिल हुनु चाहिँ पूरै फरक कुरा थियो।

एक दिन ती विदेशीहरूमध्येकी एक जना अमेरिकी महिला केही खानेकुरा दिनुहोस् न भन्दै हाम्रो परिवारको भान्सामा पसिन्। उनलाई नम्रतापूर्वक तर कडा तरिकाले त्यहाँबाट बाहिर निस्कनुहोस् भनियो। त्यसपश्चात् पूरै भान्सालाई पुनः ‘पवित्र’ तुल्याउने काम भयो अर्थात् भान्साको सिरानदेखि पुछारसम्म सफासुग्घर

गर्नुपऱ्यो। त्यो कुरा कसैलाई 'अछुत' मानेको, 'बिटुलो' मानेको जस्तै थियो किनभने उनलाई तल्लो जातकी वा आफ्नो जातभन्दा पूरै बाहिरकी मान्छे भित्र पसेको जस्तो ठानियो। ती महिलालाई त्यस्तो व्यवहार गरेको देख्दा म आश्चर्यचकित भएँ। मैले भनें, "यिनी पनि एक जना मानिस नै हुन्। उनी खानेकुरा खोज्दै यहाँ आइन् त्यसैले उनलाई केही खानेकुरा दिऊँ।" तर, त्यहाँबाट स्पष्ट रूपमा जवाफ आयो, "हुँदैन। यस्तो त हुनै सक्दैन।"

केही वर्षपछि म अफ्रिका गएँ। त्यहाँ मैले स्पष्टसँग के बुझेँ भने आफूलाई कमजोर महसुस गर्ने मानिसहरू प्रायः अरूमाथि हैकम जमाउनका लागि कुनै उपायको खोजीमा हुन्छन्। केही मानिसहरू अरूलाई नियन्त्रण गरेर आफू ठुलो भइन्छ भन्ने ठान्छन् तर यो त केवल अहङ्कारलाई बढाउने एउटा बेकारको तरिकाबाहेक अरू केही पनि होइन। अन्ततः यसको अन्त्य हुने निश्चितप्रायः नै हुन्छ। हीनताबोधलाई अन्त्य गर्ने सबैभन्दा उत्तम उपाय भनेकै स्वयम्‌प्रति सम्मान र प्रेम बढाउनु हो तर अरूमाथि नकारात्मक गुणहरू थोपर्नु होइन। हामीले स्वयम्‌लाई प्राथमिकता दिएपछि पूर्वाग्रही बन्ने इच्छा स्वतः हराएर जान्छ।

त्यस कमर भ्यानका अपरिचित मानिसहरूमध्ये केही व्यक्तिहरू मेरो जीवनभरका लागि साथी भए। उनीहरूले भारतसम्मको यात्राका क्रममा थुप्रै भौतिक बाधाव्यवधानलाई पार गरेका थिए। अझ उनीहरूले अफगानिस्तान र पाकिस्तानमा सँगालेका अनुभवहरू त निकै रोचक थिए। आजको समयमा यस्तो खालको यात्रा गर्नु भनेको लगभग असम्भव नै हुन्छ अथवा यो एक किसिमको मूर्खता हुन्छ।

धेरैजसो ती पश्चिमा देशका मानिसहरूले सुरुवालको सट्टामा धोती लगाउन थाले अनि पश्चिमी शैलीको सर्टको सट्टा कुर्ता लगाउन थाले। इमानदारीपूर्वक भन्ने हो भने स्थानीय पहिरनमा उनीहरू हास्यास्पद देखिन्थे तर उनीहरू त्यसलाई मन पराउँथे। त्यति बेला म पनि कार्यक्रमका लागि यात्रा गर्दा धोतीकुर्ता नै लगाउँथेँ तर स्कुल जाँदा हरेक दिन पाइन्ट, ज्याकेट, पश्चिमी शैलीको सर्ट र टाईसहितको पोसाकमा हुन्थेँ। धेरैजसो समय पश्चिमी मानिसहरू भारतीय पोसाकमा हुन्थे भने भारतीय स्कुलका बालबालिकाहरू चाहिँ पश्चिमी पोसाकमा हुन्थे!

मलाई यी दुई संस्कृतिका बिचमा यति धेरै अन्तर हुन सक्छ भन्ने कुरा आफ्ना केही नयाँ साथीहरूका साथमा इङ्गल्यान्डको यात्रा गरेपछि मात्र महसुस भयो। यो मेरो पहिलो विदेश यात्रा थियो। यसर्थ मलाई अनौठो अनुभूति भइरहेको

थियो। मेरा निम्ति सबै थोक बिरानो थियो अर्थात् सबै चिजबिजहरू नौला थिए। मलाई राम्रोसँग याद छ, म त्यहाँ पुगेको केही बेरपछि मलाई स्पष्ट रूपमा बोध भयो, "म अब भारतमा छैन।" वास्तवमा यो केवल एउटा सोचाइ मात्र नभएर यो एउटा गहिरो अनुभूति थियो, "म घरबाट धेरै टाढा छु।" त्यतिखेर सन् १९७१ को जुन महिनाको समय थियो अनि म नोभेम्बरअघि भारत फर्किन सक्दिनँ भनेर मलाई हेक्का नै रहेन।

म लन्डन पुगेको दिन मेरा लागि भाडामा लिइएको घरमा पुगेँ। नुहाइधुवाइ गरेँ अनि तल्लो तलातिर ओर्लिएँ। म लामो हवाईयात्राको थकानलाई मेटाउने उद्देश्यले त्यहाँ एउटा सोफामा बसिरहेको थिएँ। मेरो वरिपरि गलैँचामा धेरै मानिसहरू बसेका थिए। तीमध्ये धेरैजसोलाई यसअघि मैले कहिल्यै भेटेको थिइनँ। उनीहरू मलाई हेरिरहेका थिए अनि म उनीहरूलाई। सुरुमा त कसैले केही पनि बोलेनन्। त्यसपछि बिस्तारैबिस्तारै हामीहरू कुराकानी गर्न थाल्यौँ। उनीहरूले गरेको स्वागत साँच्चै नै न्यानो थियो भन्ने कुरा प्रमाणित भयो।

इङ्गल्यान्ड पुगेको सुरुका दिनदेखि नै मैले स्वयम्सँग के बाचा गरेँ भने म जुन देशमा हुन्छु त्यहाँका नागरिकलाई सम्मान गर्नेछु। मेरो जिन्दगीको यो एउटा महत्त्वपूर्ण कुरा हो। किनभने, म शान्ति सन्देश सुनाउनका लागि थुप्रै ठाउँमा गएको छु। मेरो आफ्नो संस्कृति त मसँगै हुन्छ तर म भ्रमण गर्ने देशको संस्कृतिलाई पनि सदैव सम्मान गर्न चाहन्छु। म संसारभरि यात्रा गर्छु तर अहिले मेरो घर चाहिँ अमेरिका हो। म स्थानीय संस्कृतिको हिस्सा बन्न चाहन्थेँ र त्यसमा म पनि केही योगदान गर्न चाहन्थेँ। मलाई के लाग्छ भने आप्रवासीहरूले सही रूपमा यो सन्तुलन कायम राख्न साँच्चै आवश्यक हुन्छ।

'सही सन्तुलन कायम राख्ने' आप्रवासीहरूको यो सवाल सदियौँदेखि चल्दै आएको छ। आश्रयस्थलको खोजीमा पर्सियालीहरू भारत आएपछि तिनले पनि धेरै अवरोधको सामना गर्नुपर्‍यो। केही स्थानीय मानिसहरूले के महसुस गरेका थिए भने यस देशभित्र मानिसहरू पहिल्यै भरिभराउ छन् अनि यहाँ खाना र पानीका स्रोतहरूको माग पहिलेदेखि नै निकै धेरै छ। वरिष्ठ पर्सियालीहरूको एउटा समूह भारत आएपछि भारतका राजाले दूधको सानो जग र दूधले भरिएको एउटा गिलास मगाए। उनले त्यो दूधले भरिएको गिलास पर्सियालीहरूलाई देखाएर भने, "यो दूधको गिलासजस्तै हाम्रो देश पनि भरिएको छ। यसमा अझै थप्यौँ भने यसबाट पोखिन्छ!" अनि, उनले जगबाट त्यो गिलासमा अलिकति दूध खन्याए। त्यो दूध गिलासबाट भुइँमा पोखियो।

यस क्रममा एक जना बुद्धिमान् पर्सियाली अगाडि आए अनि नम्रतापूर्वक राजाको हातबाट गिलास लिए। उनले आफ्नो खल्तीबाट अलिकति चिनी निकालेर दूधमा घोलिदिए। "दूध अझ धेरै मिठो भएको छ।" उनले भने, "गिलासबाट बाहिर अलिकति पनि पोखिएको छैन। हामी हजुरको समाजलाई योगदान गर्छौं तर यहाँबाट केही पनि लैजाँदैनौँ।"

वसुधैव कुटुम्बकम्

मैले हवाईजहाज उडाइरहेका समयमा कहिलेकाहीँ म जानकारी दिन्छु, "यदि अहिले तपाईँले झ्यालबाहिर हेर्नुभयो भने हाम्रो ठिक तल फलानोफलानो देश र फलानोफलानो देशबिचको सिमानालाई देख्नुहुन्छ।" अवश्य पनि म सधैँ त्यस्तो सिमानालाई रोज्छु जसलाई तपाईँले देख्नै सक्नुहुन्न। मानिसहरू तल जमिनतिर नियालेर हेर्न थाल्छन् त्यसपछि उनीहरूलाई देखिने खालको कुनै सिमाना नै छैन भन्ने कुरा थाहा हुन्छ। केवल पहाडको शृङ्खला वा मरुभूमि या फाँट कि त समुद्रको दृश्य मात्र निरन्तर देखिन्छ। हामी सधैँजसो एकअर्काका बिचमा भिन्नता र विभाजनको खोजी गरिरहन्छौँ।

एउटा कमिलोसँग सिमानाका बारेमा कुरा गर्ने प्रयास गर्नुहोस्। केही मानिसहरू आफ्नो घरबाहिर सानो छेकबार लगाउँछन् अनि कमिलाहरू दिनभरि नै एकातर्फबाट अर्कातर्फ आउनेजाने आउनेजाने गरिरहन्छन्। एउटा चरोसँग सिमानाका बारेमा कुरा गर्ने प्रयास गर्नुहोस्। "ए, पखेटा भएको चरो, तिम्रो राहदानी खोइ?" काग, माहुरी र पुतलीहरूका लागि कुनै सीमा हुँदैन। माछा, डल्फिन र स्क्विड (समुद्रमा छिटो पौडन सक्ने एक प्रकारको जीव) का लागि कुनै सिमाना हुँदैन। यसै गरी बादल, हावा र पानीका लागि पनि कुनै सीमा हुँदैन।

बालापनदेखि नै हामीलाई मानिसहरूबिचको विभेदका बारेमा सिकाइन्छ अनि हामी त्यसैमा विश्वास गर्दै हुर्कन्छौँ। "हामी यहाँका बासिन्दा हौँ। यसर्थ हामी यस्ता छौँ। उनीहरू अर्कै स्थानका हुन् त्यसकारण उनीहरू फरक छन्।" तथापि, मानिसहरूबिचको भिन्नता प्रायः सतही मात्रै हुन्छ। एक जना भारतीयले भन्लान्, "हाम्रो भोजन नै सबैभन्दा स्वादिष्ठ छ। हाम्रो उत्कृष्ट गहुँको रोटीलाई त हेर्नुहोस्।" एक जना इटालेलीले भन्लान्, "हाम्रो भोजन नै सबैभन्दा स्वादिष्ठ छ। हाम्रो उत्कृष्ट पास्तालाई त हेर्नुहोस्।" तर, पास्ता कुन चिजबाट बन्छ? अनि, रोटी

कुन चिजबाट बन्छ? उनीहरूले अलिकति फरक तरिकाले बनाएको एउटै चिज खाँदै छन्। के नै ठुलो कुरा भयो र!

यदि कोही व्यक्ति आफ्नो मुटुको शल्यक्रिया गराउनका लागि डाक्टरकहाँ गयो भने के डाक्टरले उसको जातअनुसार फरक तरिकाले शल्यक्रिया गर्छन् त? कुनै डाक्टरले मेडिकल स्कुलमा मानिसहरूको छालाको रङ हेरेर उपचार गर्नुपर्छ भनेर पक्कै पनि सिकेका हुँदैनन्।

हामीमा धेरै कुराहरू समान छन्। 'मलाई तिर्खा लागेको छ' भन्ने कुरालाई धेरै भाषाका माध्यमबाट भन्न सकिन्छ तथापि यसको अर्थ सधैँ एउटै हुन्छ। मलाई प्रायजसो सोध्ने गरिन्छ, "तपाईँको घर कहाँ हो?" म मुस्कुराउँछु। म के भनूँ? "तपाईँ जहाँको हुनुहुन्छ, म त्यही ठाउँको हुँ। त्यो ठाउँ हो– पृथ्वी!" कहिलेकाहीँ प्रश्न सोध्ने व्यक्तिले मलाई यसको दिमाग त ठिक छ भनेजसरी मतिर हेर्छन् तर म सत्य कुरा नै भनिरहेको हुन्छु।

म मेक्सिको जाँदा मानिसहरूले मलाई मेक्सिकन हो भन्ठान्छन्। म मलेसिया जाँदाखेरि उनीहरूले मलाई मलेसियन हो भन्ने ठान्छन्। अन्य धेरै स्थानहरूमा पनि मलाई यस्तैठान्छन्। एउटा मात्र स्थानमा मलाई विदेशी सम्झेर रोकियो। शङ्का गरियो। त्यो देश भारत थियो! म आफ्नी बहिनीलाई भेट्न जाँदै थिएँ। उनी उत्तरी भारतको एउटा क्षेत्रमा बस्थिन्। भारतीय सेनाहरू त्यस क्षेत्रमा विदेशी मानिसहरूले प्रवेश नगरून् भन्ने चाहना राख्थे। त्यसकारण सैनिकको एउटा पोस्टमा एक जना सैनिकले मतिर हेरे अनि मसँग पासपोर्ट मागे। मैले भनेँ, "म त भारतीय हुँ!" एक जना सेनाका अधिकारी त्यहाँ के भएको रहेछ भनेर बाहिर निस्के अनि उनले मलाई तुरुन्तै चिनिहाले। उनी हाँसे अनि सैनिक जवानतर्फ हेरेर भने, "हो, उहाँ भारतीय नै हुनुहुन्छ!"

तपाईँलाई आश्चर्य लाग्न सक्छ, सामान्यतया खुला विचार भएका मानिसहरूले 'अन्य मानिसहरू भिन्न भएकै कारणले' उनीहरूका बारेमा कडा निर्णय लिन सक्छन्। एक पटक म अर्जेन्टिनामा मानिसहरूलाई आत्मज्ञानको विधिका बारेमा जानकारी दिँदै थिएँ (यसका बारेमा अध्याय १२ मा म विस्तृत रूपमा बताउनेछु)। मसँग काम गरिरहेका सहजकर्ताहरूमध्ये एक जनाले आएर भने, "यहाँ एक जना व्यक्ति हुनुहुन्छ। उहाँलाई ज्ञान दिनु हुँदैन।"

"किन दिनु हुँदैन?" मैले सोधेँ।

"उनले मलाई भर्खरै भनिन्– उनी एक यौनकर्मी हुन्।" सहजकर्ताले भने।

मैले भनें, “यदि उनी यौनकर्मी हुन् अनि तपाईँलाई यो कुरा मन पर्दैन भने तपाईँ उनीसँग नजानुहोस्। उनलाई ज्ञान दिने विषयसँग यो कुराको के सम्बन्ध छ र?”

वास्तविक सम्बन्धहरू

यदि हामीले आफ्नो दिमागमा धारणा र विचारहरूलाई केही बेरका लागि थाती राख्यौँ भने हाम्रो हृदयले हामीजस्तै मानिसहरूका बारेमा के भन्छ? सत्य कुरा के हो भने तपाईँले संसारमा घृणाका साथै स्वार्थ, ईर्ष्या, पक्षपात आदिको सामना गर्नुपर्ने हुन सक्छ। केही मानिसहरू चेतनाहीन भएर आफ्नो जीवन बिताउँछन्। परिणामस्वरूप यसले उनीहरू आफैँलाई र अरूलाई हानि पुऱ्याउन सक्छ। यथार्थ के हो भने हरेक दिन दयाका कारण अरबौँ कार्यहरू हुन्छन् तर त्यस्ता कार्यहरू कसैको नजरमै पर्दैन। हाम्रो आसपासमा उदारता, सृजनात्मकता, नम्रता, बुझाइसम्बन्धी कैयन् उत्कृष्ट कार्यहरू भएको देखिन्छ।

मानिसको स्वभावका बारेमा कुरा गर्ने हो भने आदर्शवादी या निराशावादी हुनुभन्दा यथार्थवादी हुनु आवश्यक छ। सत्य कुरा त के हो भने हामी सबैमा असल र खराब दुवै पक्ष हुन्छन्। मैले मानिसहरूको आँखामा निस्पट्ट अँध्यारो देखेको छु। अथाह अँध्यारो– कतै पनि प्रकाशको एउटा पनि किरण नभएको अवस्था! अनि, मैले मानिसहरूको आँखामा विलक्षण प्रकाशलाई पनि देखेको छु– आशा, आनन्द अनि प्रेमको चमक। कठिन समयमा भएका मानिसहरूमा पनि त्यो चमक देखेको छु। हामी सबैमा अन्धकार र प्रकाश दुवैको सम्भावना रहन्छ। यी दुवै हामीभित्र एकसाथ विद्यमान छन्।

मलाई राम्रो लागेको चिज मलाई मन नपरेको चिजबाट कहिल्यै पनि टाढा हुँदैन। प्रेम घृणाबाट कहिल्यै पनि टाढा हुँदैन। स्पष्टता द्विविधाबाट कहिल्यै पनि टाढा हुँदैन। प्रकाश अन्धकारबाट कहिल्यै पनि टाढा हुँदैन। प्रकाशलाई अन्धकारमा अनि अन्धकारलाई प्रकाशमा बदल्नका लागि केवल एउटा स्विचलाई थिच्नु आवश्यक हुन्छ। हामीले आफ्नो जीवनमा अन्धकारलाई हटाउने कुराका बारेमा चिन्ता गर्नु आवश्यक छैन, केवल प्रकाश ल्याउने कुरामा केन्द्रित हुनु आवश्यक छ। हामीले आफ्नो जीवनमा द्विविधालाई हटाउने कुराका बारेमा चिन्ता गर्नु आवश्यक छैन, केवल स्पष्टता ल्याउने कुरामा केन्द्रित हुनु आवश्यक छ। हामीले आफ्नो जीवनमा घृणालाई हटाउने कुराका बारेमा चिन्ता गर्नु आवश्यक छैन, केवल प्रेम ल्याउने कुरामा केन्द्रित हुनु आवश्यक छ।

हामीभित्र धेरै गुणहरू छन्– हामी तिनै चिजहरूमा कार्य गर्ने अथवा तिनलाई व्यक्त गर्ने कुरालाई रोज्छौँ। तिनैले हाम्रो जीवनका धेरै पक्षहरूलाई निर्धारण गर्छन्। रोज्ने यही क्षमता नै मानिसहरूको अनुभवको एउटा आधारभूत अंश हो। हाम्रो मानवता हामीले रोज्ने क्षमतामा आधारित हुन्छ।

एक जना मानिस थिए। एउटा कुराबाहेक उनको अरू कुरा सबै ठिकै थियो। उनी आफूलाई गहुँको दाना भन्ने ठान्थे। उनले कुनै कुखुरालाई नदेखेसम्म यसले खासै केही समस्या पार्दैनथ्यो। उनले कुनै कुखुरालाई देखेपछि चाहिँ त्यसले मलाई खान्छ कि भनेर उनी त्रसित हुन्थे।

त्यो समस्याले विकराल रूप लिँदै गयो अनि उनका परिवारका सदस्यहरूका लागि उक्त समस्या असह्य हुन पुग्यो। उनीहरू सँगसँगै कतै जाँदा कुखुरा देख्नेबित्तिकै उनी चिच्याउँथे अनि भाग्थे। यो अवस्था त्यति सहज हुँदैनथ्यो। त्यसकारण उनीहरूले उनलाई एक जना डाक्टरकहाँ लगे अनि डाक्टरले उनलाई एउटा विशेष स्वास्थ्य संस्थामा लैजाने सुझाव दिए। ती मानिस अस्पतालमै रहन थाले अनि डाक्टरले उनको उपचार गर्न सुरु गरे। ती डाक्टरले हरेक दिन उनीसँगै बसेर उनको उपचार गरिरहे अनि उनलाई 'तपाईँ एक जना मानिस हुनुहुन्छ, तपाईँ गहुँको दाना होइन' भनेर सम्झाइरहे।

उपचारको अवधि धेरै नै लम्बियो। धेरै लामो समयसम्म उपचार भइरह्यो। एक दिन डाक्टरले उनलाई सोधे, "तपाईँ को हुनुहुन्छ ?" अनि, उनले जवाफ दिए, "म एक जना मानिस हुँ !"

"के तपाईँ साँच्चै मानिस हुनुहुन्छ ? गहुँको दाना होइन ?"

"हो, म मानिस हुँ !"

"तपाईँलाई थाहा छ, तपाईँ त ठिक हुनुभयो नि !" डाक्टरले भने, "अब तपाईँ यहाँबाट जान सक्नुहुन्छ।"

ती मानिस असाध्यै खुसी भए किनभने अब त्यहाँबाट उनी जान पाउने भए। डाक्टरले उनको निरोगिताको प्रमाणपत्रमा हस्ताक्षर गरिदिए अनि उनी त्यसलाई लिएर त्यहाँबाट हिँडे। डाक्टरलाई पनि यस कुराले राहत मिल्यो।

लगभग पन्ध्र मिनेटपछि ती व्यक्ति फर्केर आए। डाक्टर छक्क परे, "तपाईँ यहाँ फेरि किन आउनुभएको ? मैले तपाईँलाई छुट्टी दिइसकेको थिएँ त ! तपाईँ त स्वस्थ भइसक्नुभयो !"

ती व्यक्तिले डाक्टरतर्फ हेरे अनि भने, “डाक्टरसाहेब म ठिक भइसकेँ भन्ने कुरा त मलाई थाहा छ तर के कसैले म गहुँको दाना होइन भनेर त्यो कुखुरालाई गएर भन्यो त?”

यही नै हाम्रो समस्या हो! हो, सायद हामीले गहुँको दाना हौँ भनेर सोच्दैनौँ होला तथापि हामी वास्तवमा के हौँ भनेर भ्रमित चाहिँ हुन सक्छौँ। हामी के हौँ? एक जना मानिस! अनि, मानिस एउटा यस्तो प्राणी हो जसले हृदयमा प्रेम, दया, प्रकाशको समुद्र नै बोकेर हिँड्छ। हामी सबैभित्र कहीँ न कहीँ यी विशेषताहरू निहित हुन्छन्। हामीमा विभाजन ल्याउने चिजलाई हामीले खोज्नुभन्दा पनि जीवनमा त्यो उत्कृष्ट चिजको उत्सव मनाउने कुरालाई सधैँ रोज्न सक्छौँ। त्यो चिज हामी सबैभित्र छ– तपाईँभित्र अनि मभित्र पनि।

आवश्यकताले हामीमा एकता ल्याउँछ

विभिन्न संस्कृतिहरूलाई नियाल्ने हो भने मानिसहरू प्रायः फरकफरक वस्तुहरूको खोजी गर्छन्। विभिन्न समुदाय अनि समाजका मानिसहरूले मृत्युलाई हेर्ने दृष्टिकोणका बारेमा नै कुरा गरौँ न। इन्डोनेसियाली ‘सुलावेसी’ द्वीपको ‘तोराजा’ भन्ने समुदायका मानिसहरूले अन्तिम संस्कारका लागि आवश्यक पैसा जम्मा गरुन्जेलसम्म आफ्ना आफन्तहरूको मृत शरीरलाई घरैमा राख्छन्। यस क्रममा मानिसको शवलाई महिनौँ या बसौँसम्म पनि यसरी घरभित्र राख्ने गरिन्छ। वास्तवमा उनीहरूले मानिसको मृत्यु भएको होइन, ‘अस्वस्थ’ मात्र भएको हो भनेर विश्वास गर्ने गर्छन्। त्यस मृत शरीरका लागि खानपिनको बन्दोबस्त गर्छन्। सँगै बस्छन् अनि कुराकानी गर्छन्। केसम्म गर्छन् भने गाडिसकिएको शवलाई समेत शवपेटिकाबाट बाहिर निकाल्छन् अनि मृत शरीरको कपाल, लगाएको लुगाफाटा मिलाइदिन्छन्। नातेदारहरूले शवसँग कुरा गर्छन् अनि फोटो खिच्छन्। हामीमध्ये केहीलाई त्यो एउटा भयावह दृश्य लाग्न सक्छ अनि अरूलाई चाहिँ त्यसो गर्नु भनेको मृत्युवरण गरिसकेका तिनका प्रियजनलाई आदरसम्मान र याद गर्नु हो।

मङ्गोलिया र तिब्बतमा धेरै मानिसहरूले मान्छेको मृत्युपश्चात् पनि उसको आत्मा जीवितै हुन्छ भन्ने विश्वास गर्छन्। त्यहाँ पुनर्जन्मको प्रक्रियामा सहयोग पुगोस् भन्ने उद्देश्यले मानिसको शवलाई टुक्राटुक्रा पारेर पहाडको टुप्पोमा प्रायः गिद्ध भएको ठाउँमा राख्ने गरिन्छ। ती पक्षीहरूलाई देवदूतका रूपमा हेरिन्छ।

तिनीहरूले मानिसको आत्मालाई पुनर्जन्मको प्रतीक्षा गरिरहेका समयमा स्वर्ग जानलाई मदत गर्छन् भन्ने जनविश्वास छ। त्यसैले यस परम्पराको नाम 'आकाश दफन' हो।

अधिकांश हिन्दु परम्पराअनुसार मृत शरीरलाई जलाइन्छ। सबै थोक जलाइन्छ, केही पनि बाँकी रहँदैन। फूलमाला लगाइएको फ्रेमभित्र मृतकको तस्बिर मात्रै बाँकी रहन्छ। कसैको घरमा पुग्दा तपाईंले त्यहाँ फूलमाला लगाएको फोटो देख्नुभयो भने ती व्यक्तिको निधन भइसकेको छ भन्ने कुरा थाहा पाउनुहुन्छ तर ती व्यक्तिको सम्झना परिवारका सदस्यहरूको हृदयमा रहिरहन्छ।

तपाईंले संसारभरि यात्रा गर्नुभयो भने मृत्युवरण गरिसकेका व्यक्तिलाई सम्झने अरू थुप्रै तरिकाहरू पाउनुहुनेछ। हिजोआज त मैले के पनि सुनेको छु भने अन्तिम संस्कारको अवशेषलाई कलशमा नराखीकन अत्यधिक ताप र चापका माध्यमबाट त्यसलाई हिरामा परिणत गरिन्छ अनि गहना बनाउन प्रयोग गरिन्छ !

हो, मानिसहरूका बिचमा सांस्कृतिक भिन्नताहरू छन् तर यिनै कुरालाई हामीले याद गर्न, आनन्द लिन र उत्सवसमेत मनाउन सक्छौँ। यी भिन्नताहरू हामी यस पृथ्वीमा कसरी जिउँछौँ भन्ने विषयका हिस्सा मात्रै हुन्। यी भिन्नताले हामी वास्तवमा के हौँ भन्ने कुराको सारलाई परिभाषित गर्दैनन्। इच्छा तथा आकाङ्क्षा अनि नियम र अनुष्ठान– यी विषयहरू वास्तवमा हाम्रा जीवनशैली हुन्, आफैँमा जीवन चाहिँ होइनन्। हामी जहाँको बासिन्दा भए पनि र हाम्रो आस्था जे भए पनि हामीलाई एकताबद्ध तुल्याउने कुरा अरू केही नभएर हाम्रै आधारभूत आवश्यकताहरू हुन्।

आवश्यकताहरू पूरा नभईकन हामीलाई बाँच्नै अप्ठ्यारो हुन्छ। हामी सबैलाई भोकप्यास लाग्छ। हामी सबैलाई बास चाहिन्छ। यो अत्यन्तै सुन्दर पृथ्वीको वरिपरि रहेको एउटै हावालाई हामी सबैले प्रयोग गर्छौँ। हामी श्वास लिन्छौँ अनि श्वास फाल्छौँ।

हाम्रा आवश्यकताहरूलाई पूरा गर्न हामीले कसरी एकआपसमा मिलेर काम गर्छौँ भन्ने कुरा सदैव निजी स्वार्थ र परोपकारको सुन्दर सम्मिश्रणका रूपमा रहन्छ। आज हामी मानवले निर्माण गरेको यस संसारलाई हेर्ने हो भने हामी के देख्छौँ? हामीले हाम्रा साझा आवश्यकताहरूलाई पूरा गर्ने चुनौतीको समाधान कसरी गरेका छौँ? कहिलेकाहीँ हामी यसमा यस्ता उत्कृष्ट मानवीय प्रगति, यस्ता उदारता र सुन्दरता, यस्ता हितकारी भावना र भौतिक लाभलाई देख्छौँ। अर्कातर्फ

हाम्रो नजर भय अनि लालचको प्रभावतर्फ पनि जान्छ– प्रदूषण, खाद्यान्नको अभाव, स्वास्थ्यसम्बन्धी समस्याहरू। यसमा पनि हाम्रो रोजाइको प्रमुख भूमिका रहन्छ। यदि हामी खराब काम गर्न सक्छौँ भने राम्रो काम पनि गर्न सक्छौँ। मानिसका लागि मानिसले नै प्रायजसो एकदमै खराब परिस्थितिहरूलाई सृजना गर्छ तर हामीमा नै त्यसलाई निवारण गर्न सक्ने सम्भावना पनि सदैव हुन्छ। यो कार्यको प्रारम्भ प्रायः एउटा सानो प्रयासबाट नै हुन्छ।

भोकको विषयलाई नै लिऊँ न। भोक लाग्नु स्वाभाविक कुरा हो तर खाद्यवस्तुको अभाव चाहिँ मानवनिर्मित समस्या हो। यदि हामीले प्रकृतिका साथमा उचित तवरले व्यवहार गर्ने हो भने यसले हामी सबैका लागि चाहिनेजति र त्योभन्दा पनि बढी भोजन उपलब्ध गराउन सक्छ। तर, खाद्यान्नको वितरण पद्धति अत्यन्तै कमजोर छ र निकै धेरै खाद्यान्नलाई खेर फालिन्छ। भारतमा अझै पनि मानिसहरू कुपोषणका कारण मृत्युवरण गर्न बाध्य छन् तर भारतले निकै ठुलो मात्रामा आफूले उत्पादन गरेको खाद्यान्न निर्यात गर्छ। हरेक पटक यो कुरा सोच्दा मलाई कहाली लाग्छ।

केही वर्षअघि म र 'प्रेम रावत फाउन्डेसन' को एउटा टिम भारतको एउटा राज्य झारखण्डको राजधानी राँचीको आसपासमा देखा परेका केही समस्यालाई कसरी सुल्झाउन सकिन्छ भन्ने ध्येयले त्यतातिर हेर्न गएका थियौँ। त्यस क्षेत्रका मानिसहरू उच्च गरिबीका साथसाथै गम्भीर राजनीतिक तनाव अनि सामुदायिक हिंसाको सिकार भएका थिए। त्यहाँको जमिनमा भारतको खनिजस्रोतको लगभग ४० प्रतिशत हिस्सा रहे तापनि त्यति नै प्रतिशत मानिसहरू गरिबीको रेखामुनि जीवनयापन गर्न बाध्य थिए अनि उनीहरूले कुपोषणको समस्या पनि झेल्नुपरिरहेको थियो।

हामीले एउटा जमिन भेट्टाएका थियौँ र स्थानीय मानिसहरूको मदतका लागि एउटा संरचना निर्माण गर्ने अभिप्रायले त्यसलाई खरिद गर्ने सोच बनाएका थियौँ। हाम्रा सल्लाहकारले सुझाए, "यस्तो नगर्नुहोस्। यस क्षेत्रमा आतङ्कवाद र अपराधको भयङ्कर समस्या छ अनि हामी यहाँ काम गर्ने कसैको पनि सुरक्षाको सुनिश्चितता गर्न सक्दैनौँ।" यदि हामीले हार मानेको भए ती समस्याहरू यथावतै रहन्थे त्यसैले हामी अघि बढिरह्यौँ।

प्रश्न यस्तो थियो– हामी कसरी स्थानीय मानिसहरूमा सबैभन्दा धेरै सकारात्मक प्रभाव पार्न सक्छौँ? एक जनाले अस्पताल निर्माण गर्नुपर्छ भनेर पनि

सल्लाह दिए तर हामीसँग अस्पतालका बारेमा केही पनि अनुभव थिएन। अस्पताल निर्माण गर्ने कार्य निकै चुनौतीपूर्ण हुन्थ्यो अनि त्यसको सञ्चालन गर्ने कार्य अझ धेरै जटिल हुन्थ्यो। त्यसपछि अर्का एक जना व्यक्तिले स्कुल बनाइदिनुस् भनेर सुझाए तर त्यस क्षेत्रमा पहिले नै स्कुलहरू प्रशस्त थिए। मलाई हामीसँग त्यसको व्यवस्थापन गर्ने क्षमता छ जस्तो लागेन। अन्ततः हामीले पोषणका विषयमा विचार गर्‍यौँ। सबै मानिसहरू यसमा सहमत हुनुभयो। धेरै परिवारको अवस्था निकै निराशाजनक थियो। मैले त्यहाँका केही बालबालिकाहरूलाई भेटेँ। तीमध्ये केहीले त खनेर मुसाको गुँड पत्ता लगाउन सिकेका थिए। मुसाको गुँडबाट उनीहरूले त्यसले थुपारेको खाने कुरा चोरेर लैजान्थे। हामीले हरेक दिन तात्तातो पौष्टिक भोजन निःशुल्क प्रदान गर्ने उद्देश्यले एउटा ठुलो भोजनालयको निर्माण गर्ने निधो गर्‍यौँ।

वास्तवमा कसलाई खाना उपलब्ध गराउने अनि कसलाई नगराउने भन्ने विषयमा कुनै पनि किसिमको राजनीतीकरण नहोस् भन्ने मेरो चाहना थियो। त्यसकारण मैले त्यहाँका सबै स्थानीय मानिसहरूलाई बोलाएँ अनि कसलाई निःशुल्क भोजन प्रदान गर्ने भनेर तिनलाई नै निर्णायक बनाएँ। त्यसको लगत्तै बालबालिकाहरू आउन सुरु गरे। त्यसपछि वृद्धवृद्धाहरू अनि शिशुहरूका साथमा तिनका आमाहरू पनि आउन थाले। विकासको एउटा भागका रूपमा मैले त्यहाँ एउटा बाथरुम निर्माण गरेर एउटा नियम पनि बनाएँ जहाँ सबैले राम्रोसँग आफ्नो हात धुनुपर्थ्यो। हात धुने कुरा धेरै बालबालिकाहरूका निम्ति नौलो विषय थियो। केही बालबच्चाहरूले आफ्नो घरमा बिहान सबैभन्दा पहिला गाईभैँसीको गोबर सोहोर्नुपर्थ्यो किनभने यसलाई गुइँठो बनाएर इन्धनका रूपमा प्रयोग गरिन्थ्यो। तिनले मलाई के बताए भने उनीहरू ती सबै काम गरिसकेर हात नधोईकन सिधै बिहानको नास्ता गर्न जान्थे।

भोजनकेन्द्रलाई निकै सफासुग्घरका साथ राखिन्थ्यो र अहिले पनि त्यसरी नै निरन्तर सरसफाइ गरिन्छ। त्यहाँ काम गर्ने सबै मानिसहरूले मास्क लगाउँछन्। खानेकुरा स्वादिलो हुन्छ अनि स्थानीय रूपमा उपलब्ध सामग्रीहरूलाई प्रयोग गरेर सावधानीपूर्वक तयार गरिन्छ। त्यहाँ आएका मानिसहरूले आफूले चाहेजति खान पाउँछन्।

केही वर्षपछि हामीले उक्त भोजन वितरणको प्रभावलाई हेर्‍यौँ। त्यो निकै प्रभावकारी थियो। त्यस क्षेत्रमा अपराध कम भयो किनभने उनीहरूले

आफ्नो परिवारको खानेकुराका लागि खर्च गर्नुपर्ने पैसा बचत हुँदै गयो। पैसा बचतको परिणाम के पनि निस्क्यो भने रोजगारीका लागि टाढाटाढासम्म जाने अभिभावकहरू पहिलाको तुलनामा घट्न थाले अनि दिनभरि काममा समय बिताउने बालबालिकाहरू पनि घट्न थाले। स्कुलमा विद्यार्थीहरूको उपस्थितिको सङ्ख्यामा निकै वृद्धि भयो। परिणामतः उनीहरू परीक्षामा उत्तीर्ण पनि हुँदै गए। बालबालिकाको स्वास्थ्यमा सुधार देखियो। फलस्वरूप स्थानीय अस्पतालहरूमा बिरामीको चाप पनि घट्यो। हामीले गरिरहेको कार्यले स्थानीय बासिन्दाहरूलाई मदत पुगिरहेको थियो। यसलाई देखेर स्थानीय आतङ्कवादी समूहहरूले हाम्रो टिम अनि उपकरणहरूमा कुनै प्रकारको क्षति पुऱ्याएनन्।

हरेक दिन प्रदान गरिने केवल एक समयको स्वस्थकर भोजनले त्यो पूरै क्षेत्रमा यति ठुलो परिवर्तन हुन्छ भन्ने कुरा मलाई अहिले पनि विश्वासै लागेको छैन। हामीले घाना र नेपालमा पनि यस्तै प्रकारको कार्यक्रम प्रारम्भ गरेका छौँ। त्यहाँ पनि यसको निकै सकारात्मक प्रभाव परिरहेको छ। एक पटक फेरि एउटा सानो प्रयासका कारण धेरै ठुलो परिवर्तन भइरहेको छ।

(अलिक फरक प्रसङ्ग– नेपालको हाम्रो भोजनकेन्द्रलाई भूकम्पप्रतिरोधी प्रविधिलाई पालना गरेर मजबुत तरिकाले निर्माण गरिएको थियो। सन् २०१५ मा त्यहाँ ठुलो भूकम्प गयो। त्यहाँ छेउछाउका धेरै घरहरू भत्किए अथवा असुरक्षित भए तर हाम्रो भवन अलिकति मात्र चर्कियो। यही कारणले त्यतिखेर त्यो भोजनकेन्द्र एउटा आश्रयस्थल बन्यो। वस्तुतः उक्त केन्द्र एउटा जीवनरक्षक बन्न पुग्यो।)

दयाका बारेमा

हामी मानिसहरू अरूको आवश्यकताका सम्बन्धमा कसरी फरक प्रतिक्रिया जनाउँछौँ भन्नेबारेमा यहाँ एउटा चुट्किला छ।

एक जना मानिस मरुभूमिमा हराए। उनलाई एकदमै धेरै तिर्खा लाग्यो। उनी आफ्नो हात र घुँडा टेकेर घस्रिरहेका थिए। उनको जिब्रो सुकेर बालुवाले नै बनेको हो कि जस्तो लागिरहेको थियो। उनी असाध्यै तिर्खाएका थिए। त्यसपछि उनले एक जना उँटमा चढेका मानिसलाई भेटे। उनले नम्र भएर भने, “हजुर! कृपया मलाई पानी दिनुहुन्थ्यो कि?”

"म तपाईँलाई एउटा टाई दिऊँ त?" उँटमा चढेका मानिसले भने अनि आफूसँग भएको टाईको प्याकेटलाई खोले। त्यहाँ थुप्रै टाईहरू थिए। "तपाईँलाई कुन चाहिँ टाई मन पर्छ?" ती व्यक्तिले सोधे।

"होइन, होइन मलाई टाई चाहिएको छैन।" तिर्खालुले जवाफ दिए। "के तपाईँसँग पानी छ?"

"टाई लिए हुन्न?"

"होइन, मलाई टाई चाहिएकै छैन।" ती मानिसले भने अनि उनी घस्रिँदै अगाडि बढिरहे। त्यसपछि उनी फर्केर भन्छन्, "के तपाईँ पानी कहाँ छ भनेर साँच्चै भन्न सक्नुहुन्न?"

"हजुर, म भन्न सक्छु– पानी कहाँ छ भन्ने कुरा। यहाँबाट आधा माइल सिधा अगाडि जानुहोस्। त्यहाँ एउटा मरुद्यान भेट्टाउनुहुन्छ। त्यहाँ पानी छ। प्रशस्तै पानी।"

तिर्खाले छट्पटाइरहेका ती मानिस हात र घुँडा टेकेर घस्रँदै अन्त्यमा त्यो सुन्दर मरुद्यानमा पुगे। त्यहाँ सुन्दर रुख, बिरुवा अनि फूलहरू थिए। उनले त्यो हरियालीको पछाडिपट्टि पानी टिलपिल गरिरहेको एउटा गहिरो तलाउ देखे। त्यस मरुद्यानको बाटैमा एक जना अग्ला मोटाघाटा मानिस उभिरहेका थिए। ती तिर्खालु मानिस घस्रँदै उनीकहाँ पुगे।

"के म त्यो मरुद्यानमा गएर पानी खान सक्छु?" उनले सोधे।

"के तपाईँले टाई लगाउनुभएको छ?"

यदि सचेत भएर सोचेनौँ भने हामी पनि यस्तै गर्न पुग्छौँ– मानिसहरूको आवश्यकतालाई पूरा गर्नुभन्दा पहिला तिनलाई अप्ठ्यारो अवस्थामा पुऱ्याइदिन्छौँ। त्यसको साटो आफूसँग अरूले जस्तो व्यवहार गरोस् भन्ने चाहन्छौँ हामीले पनि उनीहरूसँग त्यस्तै व्यवहार गऱ्यौँ भने के होला? यदि एकअर्कासँग प्रतिस्पर्धात्मक विभेद गर्नुभन्दा हामी साझा उद्देश्य लिएर अघि बढ्यौँ भने के होला? यदि हामी दयालु भयौँ भने के होला?

'दया' लाई अङ्ग्रेजीमा 'काइन्ड' भनिन्छ। यसको इतिहास 'किन्' शब्दसँग जोडिएको छ। यसको अर्थ 'परिवार र सम्बन्धहरू' भन्ने हुन्छ। यदि हामीले दयालु भएर सोच्यौँ र कार्य गऱ्यौँ भने हामी र अरूबिचको तगारोलाई हटाउन सक्छौँ। हामीसँग भेट हुने सबै मानिसहरूसँग दयाभाव राख्न सक्छौँ। यस्तो व्यवहार गरेपछि हामी केही पनि गुमाउँदैनौँ, बरु सबै थोक पाउनेछौँ। हामी यसमा सात अरब गुणा वृद्धि गर्न सक्छौँ। हामीबाट केही पनि गुम्नेछैन। सबै थोक पाइनेछ।

हामीले दयालाई बाँड्न थालेपछि हाम्रो सम्पर्कमा आएका मानिसहरूको एउटा परिवार बनाउँछौँ अनि हामीमा समानभाव हुनेछ– हामी सबैले हामी एउटै हौँ भनेर महसुस गर्छौं। तर, बाहिरतिर दया बाँड्नुभन्दा पहिला हामी स्वयम्सँग दयालु हुनुपर्छ। दयाको सुरुवात हामी स्वयम्बाट हुनुपर्छ– हामीभित्र रहेको उत्कृष्ट मानवीय गुणहरूले भरिएको एउटा सम्बन्धबाट अनि यो त्यहीँबाट बाहिर आउँछ।

'इम्प्याथी' (करुणा) निकै लामो समयदेखि मानिसको अनुभवको एउटा अंशका रूपमा रहँदै आएको छ तर यो शब्दलाई बिसौँ शताब्दीमा मात्र प्रचलनमा ल्याइयो। अहिले यसका अनेकन् परिभाषाहरू छन् तर म यहाँ यो शब्दको शक्तिलाई सबैभन्दा सरल अर्थमा बताउन चाहन्छु– यसको अर्थ स्वयम् आफूलाई अरूको ठाउँमा राखेर हेर्नु हो। तपाईँलाई त्यस्तै अनुभव नहुन पनि सक्छ। ती व्यक्तिसँग तपाईँको विमति पनि हुन सक्छ तथापि ती मानिसले के महसुस गरिरहेका छन् भन्ने विषयलाई बुझ्ने प्रयत्न गर्नु नै महत्त्वपूर्ण हो।

सधैँजसो अरू मभन्दा पूरै फरक हुन् भनेर देख्नुको साटो आफ्नो आसपासको संसारलाई बुझ्ने यो निकै उत्तम उपाय हो। धर्म, रङ, राष्ट्रियता या कुनै पनि विषयका आधारमा मानिसलाई वर्गीकरण गर्ने प्रयास गर्नुको साटो तिनीहरूले जे महसुस गरिरहेका छन् आफूले पनि केवल त्यस्तै महसुस गर्ने कोसिस गर्नुहोस्। भोकदेखि लिएर पीडासम्म, दुःखसम्म, क्रोधसम्म अनि युद्धसम्म पनि तपाईँले जसको आवश्यकता पूरा भएको छैन उनीहरूप्रति करुणा राख्ने प्रयत्न गर्नुपर्छ। यो कार्य गर्नका लागि मानिस हुनुको अर्थ के हो भनेर हेक्का राख्नुपर्छ।

समाज परिवर्तनको सुरुवात आफैँबाट गरौँ

दया हामीभित्रैबाट सुरु हुन्छ। यसर्थ यदि हामी संसारलाई अझै उत्तम स्थान बनाउन चाहन्छौँ भने सर्वप्रथम हामीले आफैँलाई नियाल्नुपर्छ। मैले धेरै पटक विश्वको यात्रा गरेको छु। मैले आजसम्म पनि एउटा आदर्श समाज फेला पारेको छैन। मैले के देखेको छु भने पूरै समाजलाई परिवर्तन गर्नु एउटा कठिन कार्य हो। यसका लागि समय लाग्छ। कहिले हाम्रो प्रगति हुन्छ अनि कहिले अवनति। यदि हामीले स्वयम्बाट सुरु गर्‍यौँ भने हामी के सोच्छौँ र कसरी व्यवहार गर्छौं भन्ने कुरालाई बदल्न सक्षम हुन्छौँ। त्यसपछि हामी सबैले मिलीजुली कार्य गर्न सक्छौँ।

कुनै पनि भवनको मजबुतीलाई त्यसको प्रत्येक इँटाको अवस्थाले निर्धारण

गर्छ। यदि एउटा इँटा चर्कियो वा टुक्रियो भने त्यसले छेउछाउका अरू इँटाहरूलाई पनि प्रभाव पार्छ। यो प्रभाव अरू इँटामा पनि सर्दै जान्छ र छेउछाउका हरेक इँटामा थप दबाब पर्न जान्छ। कुनै पनि घरको सुरक्षाको अवस्थालाई जाँच्नका लागि त्यो घरको हरेक इँटा कत्तिको बलियो छ भनेर हेर्नुपर्दछ। हरेक व्यक्ति र समाजका साथमा पनि यही नियम लागु हुन्छ। हामीले हरेक एकाइलाई ध्यान दिनु आवश्यक छ। वस्तुतः यो विषय हरेक व्यक्तिबाटै सुरु हुन्छ। हरेक व्यक्तिले स्वयम्लाई सम्भव भएजति बलियो तुल्याउने कोसिस गर्नुपर्छ।

एउटा घडीका बारेमा सोच्नुहोस्। त्यसभित्र धेरै नै पुर्जाहरू हुन्छन्। केही चल्छन्, केही चल्दैनन् तर राम्रो घडीमा ती सबै पुर्जाहरू अत्यावश्यक छन्। तपाईँले बाहिरबाट त एउटा घण्टाको सुई, एउटा मिनेटको सुई अनि एउटा सेकेन्डको सुईलाई देख्नुहुन्छ तर त्यसभित्र एउटा सानो सिङ्गो संसार हुन्छ। घडीका सारा भागहरूले मिलेर त्यो घण्टाको सुईलाई सही ढङ्गले सञ्चालन गर्छन्– त्यसै गरी मिनेटको सुई अनि सेकेन्डको सुईलाई पनि। घडी बनाउनेवालालाई राम्रोसँग के थाहा हुन्छ भने त्यसो हुनका लागि प्रत्येक दिन त्यस घडीका पुर्जाहरूले ठिक ढङ्गले काम गरिरहनुपर्छ।

यसलाई हेर्ने यहाँ अर्को तरिका पनि छ। तपाईँ टेलिभिजनको अगाडि हुनुहुन्छ अनि त्यसमा अन्तरिक्षबाट लिएको पृथ्वीको तस्बिरलाई देख्नुहुन्छ। त्यसपछि तपाईँ त्यो फोटोलाई जुम गर्दै (ठुलो पार्दै) जानुहुन्छ अनि तपाईँले पहाडहरूको एउटा फोटो देख्नुहुन्छ। त्यसपश्चात् पहाडको छेउको एउटा जङ्गललाई देख्नुहुन्छ। त्यसपछि थोरै सङ्ख्यामा रुखहरूलाई देख्नुहुन्छ अनि एउटा रुखका पातहरूलाई देख्नुहुन्छ। तपाईँ अझै पनि जुम गर्दै जानुहुन्छ। त्यसपश्चात् पातका तस्बिरहरू रङका थोपाहरूमा बदलिन्छन्। तपाईँ अझै जुम गर्दै जानुहुन्छ। अन्ततः 'एउटा रातो, अर्को हरियो अनि अर्को निलो' गरी तीनओटा आयताकार आकृतिहरूलाई देख्नुहुन्छ। तपाईँ एउटाएउटा पिक्सेल (स्क्रिनमा चित्रको सबैभन्दा सानो एकाइ) लाई देख्ने अवस्थामा पुग्नुहुन्छ। तपाईँले प्रारम्भदेखि नै यसैलाई त हेरिरहनुभएको छ तर साँच्चै भन्ने हो भने तपाईँले एउटा पात, एउटा रुख, एउटा पहाड अनि पूरै संसारलाई देख्नुभयो।

हरेक मानिस एउटा पिक्सेलजस्तै हुन्छ अनि हामी सबै मिलेर एउटा समुदायको निर्माण गर्छौँ। अनि, एउटा समाज त्यसपछि पूरै विश्वको जनसङ्ख्या। यदि समाजरूपी ठुलो तस्बिरमा कुनै खोट देखिन्छ भने हामीले मानिसरूपी प्रत्येक

पिक्सेलमा के खराबी छ भनेर हेर्नुपर्ने आवश्यकता हुन्छ। त्यसले किन राम्रोसँग प्रकाश दिइरहेको छैन? अनि, मेरो भूमिका कस्तो छ? के मैले आफ्नो समुदाय, समाज अनि सम्पूर्ण संसारको एउटा उत्कृष्ट तस्बिरको निर्माणमा मदत गरिरहेको छु? के मैले राम्रोसँग प्रकाश दिइरहेको छु त? हामीले आफैँभित्र जुम गर्‍यौँ भने के हुन्छ?

एउटा घडीलाई चल्न नदिन, एउटा भवनलाई कमजोर तुल्याउन, एउटा सफा चित्रलाई बिगार्न, एउटा समाजलाई भत्काउन त्यसको एउटा सानो भाग बिग्रिए पुग्छ। त्यसकारण हामी आफैँलाई बुझ्नका लागि समय खर्चनु भनेको स्वार्थी हुनु कदापि होइन। सारा संसारलाई उज्यालो पार्नका निमित्त तपाईँले एउटा बलेको मैनबत्तीबाट सुरु गर्नुपर्छ।

हामी एउटै स्थानबाट आएका हौँ

एउटा दृष्टिकोणबाट हेर्ने हो भने 'युनिभर्सल सेल्फ' (सर्वव्यापी आत्मतत्त्व) एउटा विरोधाभासजस्तो देखिन्छ। के 'आत्मतत्त्व' अरू सबै चिजभन्दा फरक छैन? के म अद्वितीय रूपको 'म' होइन? के तपाईँ अद्वितीय रूपको 'तपाईँ' होइन?

हामी जीवित भएसम्म हामी हरेकमा एउटा फरक विशेषता छ तर हामी सबैका आधारभूत आवश्यकताहरू समान छन्– हाम्रो हृदयमा शान्तिको आवश्यकतासहित। आन्तरिक शान्ति शक्तिशाली या कमजोर, धनी या गरिब, कुनै एउटा जात या अर्को जातका लागि मात्र सीमित हुँदैन। शान्ति त सबैका लागि अनि सबैभित्र विद्यमान हुन्छ।

हाम्रो दिमाग हाम्रै वरपरको दुनियाँलाई निश्चित आकार प्रदान गर्ने कार्यमा निरन्तर व्यस्त भइरहन्छ तर हाम्रो अस्तित्व सुन्दर रूपमा सरल छ। सोच्नुहोस् त हामी निदाएका समयमा धनी र गरिब, पढालेखा र निरक्षर, असल र खराबका बिचमा के अन्तर हुन्छ? निदाएका बेलामा हाम्रा धारणा र भिन्नताहरू टाढा भाग्छन्। हामी केवल श्वास लिइरहेका हुन्छौँ।

हाम्रा आधारभूत आवश्यकताहरू हामी सबैमा समान हुन्छन् र हामी बस्ने ग्रह पनि हामी सबैको साझा हो तर योभन्दा पनि एउटा ठुलो चिज हाम्रा लागि साझा छ– निरन्तर विस्तार भइरहेको हाम्रो ब्रह्माण्ड। हामीले अन्तरिक्षको व्यापकताका बारेमा कल्पना गर्दा नक्साको एउटा रेखाको खासै महत्त्व हुँदैन। हाम्रो घरको

वास्तविक प्रकृति नै यस्तै हुन्छ। फ्रान्सेली दार्शनिक सिमोन वेले यस विषयमा केही कुरा बताएका छन्:

हामीले आफूलाई त्यो ब्रह्माण्डकै रूपमा चिन्नुपर्छ।
त्यो ब्रह्माण्डभन्दा साना हरेक चिजले दुःख भोग्नुपर्छ।

त्यो सर्वव्यापी शक्तिको झिल्को हामी जन्मेदेखि नै हामीभित्र छ। यो हरेक व्यक्ति र हरेक चिजबिचमा सम्बन्ध गाँस्ने अदृश्य जालोको रूपमा रहेको छ। हामी फरक छौँ र सँगसँगै उस्तै पनि छौँ। हामी एउटै हौँ।

सिद्धान्तले हामीबिचमा विभाजन ल्याउन सक्ला तथापि हामीभित्रको दिव्यशक्तिले हामीलाई एकताको सूत्रमा बाँधेर राख्छ। व्यक्तिव्यक्तिबिच, मित्रमित्रबिच अनि अपरिचितअपरिचित व्यक्तिबिचको यो सम्बन्धका बारेमा कसैलाई पनि चेत छैन तथापि आँधीबेरी आएपश्चात् सूर्य पुनः देखा परेजसरी यो जुनसुकै समयमा पनि देखिन सक्छ। कवि कबिरदासले हाम्रो सर्वव्यापी प्रकृतिलाई यी शब्दहरूमा अभिव्यक्त गरेका छन्:

समुद्रमा थोपो छ भन्ने कुरा सबैलाई थाहा छ।
थोपोभित्र समुद्र छ भन्ने कुरा चाहिँ कसैकसैलाई मात्र थाहा छ।।

यसमा फेरि पनि एउटा विरोधाभास देखिन्छ– थोपोभित्र समुद्र। एकछिनका लागि कबिर दासकै भनाइलाई मानौँ र मानवजातिलाई समुद्रमा सँगै बगिरहेको पानीका रूपमा कल्पना गरौँ। छालबाट माथि उठेका हरेक थोपालाई बादलले बोकेर आफ्नो यात्राको प्रारम्भिक विन्दुमा फर्केर जानुभन्दा पहिला विभिन्न ठाउँहरू– पहाड, तराई, सहरहरूमा झारेको दृश्यलाई नियाल्नुहोस्। यसको आफ्नो बाटोमा अघि बढ्ने क्रममा थोपोथोपो मिलेर खोलो बन्छ अनि बिस्तारैबिस्तारै नाम र इतिहास बोकेका शक्तिशाली नदीहरूमा परिणत हुन्छ। मिसिसिपी, अमेजन, गङ्गा, थेम्स अनि बाँकी सबै नदीहरू मिस्सिएर समुद्र बन्छ। त्यसपछि सबै समुद्रहरू एकसाथ मिलेर एउटा नामविहीन विशाल महासागरको निर्माण हुन्छ अनि यो पृथ्वीभरि फैलन्छ। के यो यस यात्राको अन्त्य हो त? होइन, यसको चक्र पुनः सुरु हुन्छ। छालबाट माथि उठेका पानीका थोपाहरू माथितिर उठ्छन्... अनि यसै

गरी यसको यात्रा अघि बढिरहन्छ। ठिक यसै गरी हाम्रो जीवनयात्रा पनि सञ्चालित हुन्छ। हामी थोपो अनि समुद्र दुवै हौँ।

पृथ्वीले अरबौँ वर्षदेखि आफ्नो पानीलाई एउटा चक्रमा घुमाइरहेको छ। सुरुवात र समाप्ति हुने पानीको यो निरन्तर प्रक्रिया अन्त्यहीन दिव्यशक्तिको 'क' देखि 'ज्ञ' जस्तै हो। यो प्रक्रिया कहिल्यै रोकिँदैन। प्रसङ्गवश मैले यहाँ पुनर्जन्मको विषयलाई उठान गर्न खोजेको चाहिँ होइन! म के भनिरहेको छु भने त्यो दिव्यशक्ति हामीभन्दा पहिला पनि थियो, जिन्दगी रहेसम्म हामीलाई जीवित तुल्याइरहेको छ अनि हामीपश्चात् पनि रहनेछ।

हालै एक जनाले मलाई सोधे, "तपाईँको हालखबर के छ?" मैले उत्तर दिएँ, "ठिक छ! चलिरहेको छ। जाने प्रकृति भएको चिज जानमै व्यस्त छ र आउने प्रकृति भएको चिज आउनमै व्यस्त छ। यहाँ आएका हरेक चिजले एक दिन जानैपर्छ तर त्यो दिव्यशक्ति सधैँभरि यहाँ रहिरहने प्रकृतिको छ। यो मात्रै यहाँ स्थिर रहिरहन्छ।" उनले मबाट यस्तो जवाफको अपेक्षा गरेका थिएनन् जस्तो लाग्छ!

हाम्रो मानवस्वरूप जीवनको निरन्तर चलिरहने चक्रको क्षणिक अवधिको एउटा अभिव्यक्ति हो। अन्ततः हामी सबै एकअर्काका साथमा, ब्रह्माण्डका साथमा, त्यो दिव्यशक्तिका साथमा एउटै हौँ। त्यो नै सर्वव्यापी आत्मतत्त्व हो।

अध्याय १२

अभ्यास, अभ्यास, अभ्यास

जीवन एउटा किताब हो भनेर सोच्नुहोस्। हामी जन्मिएपछि यसको पहिलो पृष्ठ खुल्छ। यसभित्र हामी कृतज्ञता र प्रस्तावनालाई पाउँछौँ– जस्तो प्रारम्भिक बाल्यकाल। हामी यस खण्डका लागि धेरै जस लिन चाहिँ सक्दैनौँ तर कथा वास्तवमा चाँडै नै अघि बढ्न थाल्छ। हरेक नयाँ पन्ना पल्टँदै जाँदा आफ्नो अस्तित्वको सेतो खाली पन्नामा नयाँ मसीले हरेक दिन केही लेख्ने अवसर हामीसँग हुन्छ।

यदि तपाईँ भाग्यशाली हुनुहुन्छ भने तपाईँको पुस्तकमा धेरै पन्नाहरू हुनेछन् जुन तपाईँका साहसिक कार्य र अनुभवहरूका कथाले भरिएका हुनेछन्। सबै कथाहरूजस्तै बाटोमा केही कठिन समयहरू पनि आउनेछन् अनि एक दिन एउटा पन्नाबाहेक सबैमा लेखिसकिएको हुनेछ र त्यो अन्तिम पन्नामा एउटा शब्द देखिनेछ– "समाप्त!"

तपाईँ आफ्नो किताबमा के लेखिरहनुभएको छ? के यसको कुनै अर्थ लाग्छ? के यसमा तपाईँको ध्यान आकर्षित हुन्छ? के यसले तपाईँलाई प्रेरित गर्छ? के यो तपाईँले भन्न चाहेकै कथा हो?

प्राचीन भारतीय इतिहासका अनुसार ऋषि वेदव्यासले 'महाभारत' रचना गर्न चाहेपछि उनले भनेको कथा बुझेर लेख्नका लागि उनलाई एक जना निकै पारङ्गत व्यक्तिको आवश्यकता थियो। उनलाई एक जना लेखक चाहिएको थियो। यसका लागि उनी ज्ञानका भण्डार गणेशजीकहाँ गए। गणेशजीले आफ्नो कलम नरोकिएसम्म लेखिरहन्छु भनेर बताए। गणेशजी वेदव्यासलाई वास्तवमा यसो भनिरहेका थिए, "म के चाहन्छु भने तपाईँले आफ्नो हृदयबाट कुरा गर्नुहोस् र यसका बारेमा धेरै नसोच्नुहोस्।" यसको जवाफमा वेदव्यासले गणेशलाई अनुरोध गरे, "तपाईँ जे बुझ्नुहुन्छ त्यो कुरा मात्रै लेख्नुहोस्।" तपाईँले पनि आफ्नो जीवनको कथामा जे लेख्नुहुन्छ, त्यो तपाईँले बुझेको हुनुपर्छ। तपाईँले लेखिरहनुभएको

तपाईँको कथा तपाईँको आफ्नै हो या अरू कसैको ? के यसमा स्पष्टता र उद्देश्य छ ? के यसले तपाईँलाई केही अर्थ दिन्छ ?

प्रत्येक दिनले हाम्रा लागि आफैँलाई व्यक्त गर्ने एउटा नयाँ अवसर ल्याउँछ– भरिने प्रतीक्षा गरिरहेको एउटा नयाँ खाली पन्ना। हामी वास्तवमा जे हौँ त्यसमा केही अविस्मरणीय, केही रमाइलो, केही सत्य कुरा लेख्न आत्मज्ञानले हामीलाई मदत गर्न सक्छ। केही अर्थपूर्ण कुराहरू। मेरो जीवनको कथा म मात्र लेख्न सक्छु र तपाईँको जीवनको कथा तपाईँ मात्र लेख्न सक्नुहुन्छ। हरेक दिन हामीले आफ्नो कलम लिएर हाम्रो हृदयमा जे छ त्यसलाई लेख्नु आवश्यक छ। मसीलाई निरन्तर बग्न दिनुहोस्।

मलाई थाहा छ, यस्तो गर्न सधैँ सजिलो हुँदैन। मैले के बुझेको छु भने विचलित हुने र असन्तुष्टि महसुस गर्ने अवस्थादेखि आन्तरिक शान्ति र एउटा तृप्त जीवनको अनुभवसम्मको यात्रा सधैँ सहज हुँदैन। हामी कहिलेकाहीँ हाम्रो कथा कोलाहलको संसारमा डुबिरहेको छ भनेर महसुस गर्न सक्छौँ। मलाई कहिलेकाहीँ यो सबै गाह्रो पनि लाग्छ। यसका लागि अभ्यास चाहिन्छ। यदि हामी आफ्नो डुङ्गालाई नदीमा खियाउन चाहन्छौँ भने हामीले बहनालाई एक दुई पटक मात्र चलाएर पुग्दैन।

यस अध्यायमा म आन्तरिक शान्तिको मार्गमा हामीले सामना गर्ने चुनौतीहरू र हामीलाई मदत गर्न सक्ने चिजका बारेमा केही थप कुरा गर्नेछु। हाम्रो जीवनमा यी सबै कुरा किन यति धेरै महत्त्वपूर्ण छन् भनेर म फेरि बताउनेछु अनि यसै क्रममा हामी सबै कसरी धुलो हुने प्रक्रियाबाट छुट्टीमा छौँ भन्नेबारेमा म कुरा गर्नेछु। हो, धुलो ! सदाझैँ म तपाईँलाई के सोच्ने भनेर भन्दिनँ। त्यसको साटो म के आशा गर्छु भने यसपछि आउने शब्दहरूले हामीले आफैँलाई बुझ्न सक्ने र आफैँसँग अझ जोडिन सक्ने थप तरिकाहरू प्रदान गर्नेछन्।

हामी कता गइरहेका छौँ

यदि तपाईँले मसँगै परिचय अध्यायदेखि यहाँसम्म यात्रा गर्नुभएको हो भने हामीले सँगसँगै लामो दूरी पार गरेका छौँ। आधुनिक जीवनको व्यस्तताले कसरी हाम्रो वरिपरि कोलाहल उत्पन्न गर्छ भन्ने कुरा हामीले पत्ता लगायौँ तर हाम्रो जिउने तरिकालाई सबैभन्दा बढी प्रभाव पार्ने कुरा चाहिँ हाम्रा कानहरूबिचको कोलाहल

हो। जीवन कति धेरै अनमोल छ र आन्तरिक शान्तिसँग जोडिएर हाम्रो जीवनको अनुभवलाई हामी कसरी रूपान्तरण गर्न सक्छौँ भनेर हामीले विचार गरेका छौँ। हामीले जान्नु र मान्नुबिचको भिन्नतालाई बुझेका छौँ। बाहिरी संसारबाट तपाईँका आवश्यकताहरू पूरा हुन्छन् भनेर अपेक्षा गर्नुको सट्टा तपाईँले आफैँबाट सुरु गर्नुको महत्त्वलाई पनि हामीले बुझेका छौँ। हाम्रो जीवन कृतज्ञताले कसरी फक्रन सक्छ अनि आन्तरिक शान्तिले कठिन समय र आफूभित्रका लडाइँहरूलाई छिचोल्न कसरी मदत गर्न सक्छ भन्ने कुरालाई हामीले देखेका छौँ। हामीले प्रेमका गीतहरू सुनेका छौँ, यहीँ पृथ्वीमा प्राप्त हुने स्वर्गको उत्सव मनाएका छौँ र हाम्रा सर्वव्यापी सम्बन्धहरूलाई महसुस गरेका छौँ।

यो पूरै पुस्तकभरि शान्ति सदैव हामीभित्रै छ र यसलाई जान्न सकिन्छ भन्ने सन्देशलाई मैले दोहोऱ्याएको छु। मैले यो असल उद्देश्यले गरेको हुँ। यस बुझाइको सरलता महत्त्वपूर्ण छ तर हाम्रो व्याकुल दिमागले यसलाई भ्रमित र जटिल बनाउन सक्छ अनि हामीलाई आन्तरिक शान्तिको स्पष्टताबाट अलग्याउन सक्छ। हरेक दिन हाम्रो ध्यान खिच्ने धेरै परिवर्तनशील चिजहरू छन्– एकछिन त तिनीहरूले हामीलाई खुसी पार्छन् अनि अर्को क्षणमा तिनीहरूले समस्याहरू ल्याउँछन् तर आन्तरिक शान्ति अपरिवर्तनशील छ। जीवन हामीभन्दा बाहिर परिवर्तन भइरहने प्रकृतिको पनि हुन सक्छ तर व्यक्तिगत शान्ति बाह्य संसारका बारेमा हुँदै होइन। हामी जो भए पनि, हामी जहाँ भए पनि, हामीले जे गरेको भए पनि, परिवर्तनले हामीमा जे ल्याए पनि– शान्ति निरन्तर हामीभित्रै छ र यो आत्मज्ञानका माध्यमबाट हामीलाई उपलब्ध छ।

आफ्ना बारे ज्ञान प्राप्त गर्नु भनेको हामी को हौँ भनेर खोज र उजागर गर्ने प्रक्रिया हो। हामी सचेत भएर जिएनौँ र आफूभित्रको अस्तित्वलाई लुकिरहन दियौँ भने कुन चिज जोखिममा पर्छ ? हामीले आफूसँग भएको सबैभन्दा मूल्यवान् चिजलाई छोडिदिन्छौँ– जीवनका बारेमा आफ्नो अनुभवलाई। त्यस बेला हामी सबै प्रकारका मानसिक र भावनात्मक पीडाबाट पीडित हुन पनि सक्छौँ अनि हाम्रो पीडाले हामीवरिपरि रहेका र हामीले माया गर्नेहरूलाई समेत असर पार्न सक्छ।

यसका विपरीत आत्मज्ञानले हामीलाई हामीभित्र रहेका सबै राम्रा चिजसँग जोड्छ। शान्ति हामीभित्रको स्पष्टता हो। शान्ति हामीभित्रको बुझाइ हो। शान्ति हामीभित्रको चैन हो। शान्ति हामीभित्रको दया हो। शान्ति हामीभित्रको नम्रता हो। शान्ति हामीभित्रको प्रकाश हो। शान्ति हामीभित्रको आनन्द हो। शान्ति

हामीभित्रको कृतज्ञता हो। शान्ति हामीभित्रको सुन्दरता हो। शान्ति हामीभित्र यो श्वास आउनु र जानु हो। शान्ति हामीभित्रको परमशक्ति हो। शान्ति यो सबै चिज हो र योभन्दा पनि विशेष चिज हो। शान्तिले यी सबै राम्रा चिजहरूलाई हृदयले अनुभूत गर्ने एउटै अनुभवका रूपमा लिएर आउँछ जुन हामी वास्तवमा को हौँ भन्ने समयातीत अनुभव हो।

शान्तिलाई स्वीकार गर्न साहस चाहिन्छ

तपाईँको जीवनमा आत्मज्ञानलाई अँगाल्दा चुनौतीहरू आउन सक्छन्। यसका लागि सायद केही व्यक्तिहरूले आफ्नो सामाजिक वा व्यावसायिक अवस्थाका विरुद्ध जानुपर्ने हुन सक्छ। परिवार, साथी र सहकर्मीहरूले तपाईँलाई शङ्का र बहिष्कार गर्न पनि सक्छन्। हामी आफूलाई त्यस्ता मानिसहरूद्वारा घेरिएको पाउँछौँ जो भित्री संसारमा केही पनि छैन भन्ने कुरामा विश्वास गर्छन् र उनीहरू प्रायः हामीसँग आफ्नो यो विचारलाई सही साबित गर्न लागिरहन्छन्।

मानिसहरूको दिमागमा कहिलेकाहीँ एउटा शक्तिशाली आवाज हुन्छ जसले उनीहरूलाई आफूभित्र नहेर भन्छ। प्रायः ती विचाररूपी हल्लाहरू अरूबाट उनीहरूमा हस्तान्तरण हुँदै आएका हुन्। हृदयले भन्छ– “कृपया मलाई हेर्नुहोस्, मेरो प्रशंसा गर्नुहोस्, मेरो आनन्द लिनुहोस्!” अनि, दिमागले भन्छ, “हुँदैन, हुँदैन, हुँदैन!” त्यसपछि हामी आफूभित्रबाटै विभाजित हुन्छौँ।

हामीले संसारसँग अन्तरक्रिया गर्दा हामीलाई धेरै प्रगति र आनन्द प्राप्त हुन सक्छ तर हामी जे हौँ यो त्यसको एउटा अंश मात्र हो। कसैले यसो भन्नका लागि उसमा ठुलो साहसको आवश्यकता पर्छ, “दुईओटा संसार छन्– बाहिरी र भित्री। यी दुवै मेरा लागि महत्त्वपूर्ण छन् ...।” “मेरो दिमाग र मेरो हृदय आपसमा शान्तिसँग रहन सक्छन्।” साहसी व्यक्तिले मात्र यसो भन्न सक्छ।

मानिसहरू कहिलेकाहीँ के सोच्छन् भने आन्तरिक शान्ति र तृप्तिको अनुभव गर्नका लागि आफूलाई मन पर्ने कुनै गुम्बा या त्यस्तै प्रकारको कुनै ठाउँमा शरण लिनुपर्छ। उनीहरूलाई के लाग्छ भने परको त्यस स्थानमा एउटा विशाल ऊर्जाको स्रोत हुनुपर्छ र त्यसको नजिक पुगेपछि मात्र उनीहरूले आफ्नो स्पष्टता र सन्तुष्टिको बत्ती बाल्न सक्छन्। सायद उनीहरूले त्यो ऊर्जाको स्रोतबाट टाढा हुँदा आफू फेरि अँध्यारोमा पुग्छु भन्ने ठान्छन्। म यसलाई फरक तरिकाले हेर्छु।

एक जना मानिसको रूपमा तपाईँको शान्ति, स्पष्टता र असलपन तपाईँकै हृदयबाट आउँछ। तपाईँभित्र एउटा आन्तरिक ऊर्जाको स्रोत छ, तपाईँभित्र प्रकाशको एउटा आन्तरिक स्रोत छ, शान्तिको एउटा आन्तरिक आश्रयस्थल छ अनि तपाईँ जहाँ गए पनि यी सबै कुराहरूलाई आफूसँगै लिएर जानुहुन्छ।

म कहिलेकाहीँ सहारा मरुभूमिमाथि भएर उड्छु। यी यात्रामध्ये एउटा यात्रामा यो उदाहरण मेरो दिमागमा आयो। तपाईँले मरुभूमिको यात्रा गर्नु छ भनेर कल्पना गर्नुहोस्। तपाईँले पानीको ठुलो बोतल, केही खाना र छायाका लागि छाता ल्याउनुभएको छ। यी सामानहरू तपाईँको यात्राका लागि पर्याप्त छन्। तपाईँका वरिपरि बालुवा नै बालुवाको विशाल क्षेत्र छ। त्यहाँ कतै पनि मरुद्यान छैन। यो क्षेत्रमा धेरै गर्मी र सुक्खा छ। अब यसलाई आफ्नो जीवनको यात्राको रूपमा लिनुहोस्। आफूभित्र व्यक्तिगत शान्ति हुनु भनेको यात्राको हरेक पाइलामा पानी, खाना र छायाजस्ता अत्यावश्यक चिजहरूलाई आफूसँगै बोकिरहनुजस्तै हो। धेरै मानिसहरू आफ्नो जीवनमा रित्तै यात्रा गर्छन् अनि मरुभूमिलाई आफ्नो आवश्यकताअनुसार रूपान्तरण गर्ने प्रयास गर्छन् तर के तपाईँले कहिल्यै तातो बालुवालाई चिसो पानीमा परिणत गर्ने प्रयास गर्नुभएको छ? वास्तविकता सरल हुन्छ तर यसलाई परिवर्तन गर्न गाह्रो छ।

तपाईँ पानी नबोकीकन मरुभूमिमा गएको भए कल्पना गर्नुहोस् त तपाईँलाई कति तिर्खा लाग्थ्यो होला! त्यो तिर्खालाई साँच्चै महसुस गर्नुहोस्। म केही बेरमा यस विषयमा फेरि कुरा गर्नेछु।

म तपाईँलाई कसरी सहयोग गर्न सक्छु?

मानिसहरू मलाई प्रायः सोध्छन्, "यदि मैले यसो गरेँ, त्यसो गरेँ भने के मलाई शान्ति प्राप्त हुन्छ?" शान्तिलाई केही कार्यद्वारा निर्माण गर्नुपर्छ भनेर उनीहरू सोचिरहेका छन् तर वास्तवमा आफूभित्र पहिलादेखि नै भएको चिजका लागि उनीहरूले आफूलाई प्रस्तुत गर्नु मात्र आवश्यक छ। शान्ति रहेको भित्रको त्यो स्थानसँग कसरी जोडिने भन्ने कुरा बुझ्नु र त्यसप्रति कृतज्ञता महसुस गर्नुलाई नै 'आत्मज्ञान' भनिन्छ। यो हामी सबैले सिक्न सक्ने कुरा हो। सिक्नु भनेको के हो? यो जीवनको उपहारलाई एउटा नयाँ तरिकाले अनुभव गर्नु हो।

केही व्यक्तिहरू एक्लै 'आत्मज्ञान' को यात्रा गर्न सक्षम छन् भने बाँकी अरूलाई मार्गदर्शनबाट लाभ हुन्छ। यस संसारमा धेरै शिक्षक र वक्ताहरू छन्। यदि तपाईँलाई समय समयमा केही मार्गदर्शन चाहिन्छ भने तपाईँलाई उपयुक्त लाग्ने व्यक्ति वा मानिसहरूलाई खोज्नुहोस्। आफूलाई साँच्चै नै बुझेको व्यक्ति तपाईँसँगै भएमा तपाईँ ढुक्क हुन सक्नुहुन्छ। उनले अँध्यारोमा बाटो देखाउन सक्छन्।

म मेरो भूमिका यही रूपमा देख्छु। मानिसहरू के हुनुपर्छ वा के हुनु हुँदैन भन्ने कुरा बताउनु मेरो भूमिका होइन। हामी सबैलाई यो जीवनरूपी चमत्कार प्राप्त भएको छ भन्ने कुराको याद दिलाउनु अनि तपाईँलाई आन्तरिक शान्तितर्फको बाटो देखाउने कार्यमा मदत गर्नु नै मेरो भूमिका हो। तपाईँ त्यस दिशामा जान चाहनुहुन्छ वा चाहनुहुन्न भन्ने कुराको निर्णय तपाईँले मात्रै लिन सक्नुहुन्छ। त्यहाँ पुग्न तपाईँ यही बाटोलाई नै रोज्न चाहनुहुन्छ भन्ने कुराको निर्णय तपाईँले मात्र गर्न सक्नुहुन्छ।

के तपाईँ भारतीय शास्त्रीय सङ्गीत सुन्नुहुन्छ? यो पश्चिमी शास्त्रीय सङ्गीतभन्दा धेरै फरक छ। यसमा सितार, तबला र बाँसुरीजस्ता वाद्ययन्त्रहरू हुन्छन् तर धेरै चर्चा नगरिने अर्को एउटा महत्त्वपूर्ण वाद्ययन्त्र पनि हुन्छ। त्यसलाई तानपुरा भनिन्छ। यसमा एउटा लामो घाँटी हुन्छ। त्यस घाँटीमा तारहरू जोडिएका हुन्छन्। वाद्यवादकले ती तारहरूलाई निरन्तर बजाइरहन्छ। त्यसलाई बजाउने व्यक्ति प्रायः पृष्ठभूमिमा हुन्छ। वास्तवमा कहिलेकाहीँ तानपुराका लागि माइक्रोफोन पनि दिइँदैन। अन्य वाद्यवादकहरूले राग वा मधुर सङ्गीत बजाउँदा तानपुराले चाहिँ निरन्तर लयबद्ध धुन निकालिरहन्छ। अन्य सबै वाद्ययन्त्रहरूले तानपुराको धुनको सुरमा रहेर जे बजाउनुपर्ने हो त्यो बजाइरहन्छन्। तानपुराले उनीहरूलाई सही सुरमा राख्छ। यसले एउटा सूक्ष्म लयलाई पनि निर्धारण गर्छ। यो सङ्गीतको गति कायम राख्ने एउटा आधार बन्छ। त्यसले अन्य वाद्ययन्त्रहरूलाई त्यो सङ्गीतको तालमा नाच्न मदत गर्छ।

म तानपुराको भूमिकाको वर्णन किन गर्दै छु? किनभने, मेरो विचारमा यसले गर्ने कार्य मैले गर्ने कार्यजस्तै हो। एक जना राम्रा शिक्षकले तपाईँका लागि गीत गाउने कोसिस गर्दैनन् अथवा तपाईँका लागि तपाईँको उपकरण बजाउँदैनन् वा तपाईँको जीवनको लय निर्धारण गर्दैनन्। तपाईँ आफ्नो धुन आफैँ बजाउनुहुन्छ, आफ्नो ताल आफैँ निर्धारण गर्नुहुन्छ। मैले यहाँ तपाईँलाई सही सुरमा रहन र

जीवनको सङ्गीतको भित्रीताललाई महसुस गर्न मदत गर्ने मात्र हो। म तपाईँलाई 'तपाईँ स्वयम्' लाई सुन्नका लागि मदत गर्न सक्छु।

मेरा पिता श्री हंसजी महाराजले एक पटक एउटा अद्भुत उदाहरणमार्फत आत्मज्ञानको शिक्षकको भूमिकाबारे व्यक्त गर्नुभयो। उहाँले त्यसमा गुरुका बारेमा कुरा गर्नुभएको छ। त्यस्ता गुरुलाई विशेष गरी भारतमा मानिसहरूले प्रायः आफ्नो सद्गुरु भनेर सम्बोधन गर्छन्। उहाँले यस्तो भन्नुभएको छ:

> *आत्मज्ञान चन्दनको वृक्षजस्तै हो र गुरु बतासजस्तै हुन्। चन्दनको रुख पूरै सुगन्धले भरिएको हुन्छ, त्यसले चाहेर पनि आफूबाट त्यो सुगन्धलाई टाढासम्म फैलाउन सक्दैन। तर, बतास चल्दा त्यसले त्यो सुगन्धलाई जङ्गलभरि फैलाउँछ। फलस्वरूप अन्य रुखहरू पनि चन्दनको रुखजस्तै सुगन्धित हुन्छन्। यसरी नै आत्मज्ञानद्वारा सारा संसार सुगन्धित हुन सक्छ।*

महसुस गर्न सिक्नु

मैले वास्तवमा मेरा बुवाको सान्निध्यमा बसेर आत्मज्ञानका बारेमा सिकैँ। म सानो छँदा मञ्चमा बस्थैँ। उहाँ बोल्दा उहाँले भन्नुभएका कुरा र मानिसहरूले सोधेका प्रश्नहरूलाई म सुन्थैँ। यस क्रममा मैले के बुझैँ भने हामी शान्तिलाई अनुभव गर्न आवश्यक पर्ने सबै चिजहरू लिएर जन्मेका हुन्छौँ तर दैनिक जीवनको व्यस्तताले हामीभित्रका ती क्षमताहरूलाई धमिल्याउन सक्छ। आफूभित्रको स्पष्टतालाई प्राप्त गरेर हामी के होइनौँ भन्ने कुरालाई छोड्न सुरु गर्छौँ र हामी के हौँ भन्ने कुरालाई प्रस्ट देख्न थाल्छौँ। यो हाम्रो जीवनमा आवश्यक नपर्ने कुराहरूलाई स्वतः हट्न दिनेबारेमा हो। हामीलाई आवश्यक नपर्ने कुरा चाहिँ के हो? असान्दर्भिक भइसकेका अपेक्षा, डर, पूर्वाग्रह र नियमहरूलाई हटाउन सुरु गरौँ।

बसौँदेखि मैले के सिकेको छु भने बुझाइलाई कसैमाथि थोपर्न सकिँदैन। हामीले यसलाई आफ्ना लागि आफैँले स्वीकार गर्नुपर्छ। यसका लागि हामी नयाँ कुराप्रति खुला हुनुपर्छ। यदि तपाईँसँग एउटा खाली गिलास र एउटा पानीको बोतल छ भने बोतललाई गिलासभन्दा माथि राख्नुपर्छ जसले गर्दा गुरुत्वाकर्षणका कारण पानी तल झर्छ। पानी तलबाट माथिको खाली गिलासतिर बहन सक्दैन। यसै गरी ज्ञान खुला हृदयबाट सङ्कुचित दिमागमा प्रवाह हुन सक्दैन।

प्रायः मानिसहरू आत्मज्ञानका बारेमा आफ्नो दिमागले सबै खाले प्रश्न गर्न चाहन्छन्। वास्तवमा यसले कसरी काम गर्छ? यसले मेरा लागि काम गरिरहेको छ भन्ने कुरामा म कसरी ढुक्क हुन सक्छु? प्रमाण के छ? हाम्रो जीवनका अन्य पक्षहरूमा यस्ता बौद्धिक प्रश्नहरू सहयोगी हुन सक्छन् तर वास्तवमा तपाईंभित्रको स्वयम्का बारेमा तपाईंले अनुभवबाट मात्र सिक्न सक्नुहुन्छ, सिद्धान्तबाट होइन। तपाईंलाई के सही लाग्छ? तपाईंमा के कुराले गहिरो प्रभाव पार्छ? तपाईं कस्तो अनुभव गर्नुहुन्छ, त्यही नै यसको प्रमाण हो। प्रायः हाम्रो दिमागले नियन्त्रणलाई त्याग्न चाहँदैन अनि हामी वास्तवमा को हौं भनेर गहिरो रूपमा महसुस गर्ने मार्गमा दिमाग नै बाधक बन्छ। कहिलेकाहीं हामीले सोचाइका पछि लाग्न छोडिदिनुपर्छ– एउटा विश्वास गर्ने समय हुन्छ र एउटा जान्ने समय हुन्छ।

म एउटा त्यस्तो समयका बारेमा कुरा गर्न चाहन्छु जुन बेलामा मैले विश्वास गर्नु र जान्नुबिचको भिन्नतालाई अनुभव गरेको थिएँ। बसौं पहिला म स्की (हिउँमा चिप्लेटी खेल्नु) सिक्दै थिएँ र मलाई त्यो गाह्रो लाग्यो। मैले मानिसहरूलाई, साना केटाकेटीहरूलाई समेत पहाडमा जतातते सुइँसुइँ चिप्लेटी खेलेको देखेको थिएँ। उनीहरू अद्भुत देखिन्थे। द्रुत गतिमा चिप्लिरहेका भए पनि उनीहरू हिउँमा गज्जबको बाटो कोर्दै हिंड्थे। स्विजरल्यान्डका एक जना प्रशिक्षकले मलाई सिकाउने प्रस्ताव राखे। मैले मेरो स्की लगाएँ अनि सर्वप्रथम उनले भने, "यसरी हिंड्नुहोस्।"

मैले भनैं, "यो त उनीहरूले गरेजस्तो छैन। म पनि उनीहरूले गरेजस्तै गर्न चाहन्छु। के तपाईंले मलाई कुनै फरक कुरा सिकाउँदै हुनुहुन्छ?"

"यसलाई सुरु गर्ने यसरी नै हो" उनले भने।

मैले केहीबेर प्रतिरोध गरैं र त्यसपछि मैले आफैंसँग भनैं, "ठिक छ, उनलाई सिकाउन दिऊँ। यदि यो तरिकाले काम गऱ्यो भने ठिकै छ। नत्र फेरि सोचौँला।"

सुरुसुरुमा बायाँ जाने कोसिस गर्दा म दायाँतिर पुग्थैं। म रोकिन खोज्दा कहिलेकाहीं मेरो गति झन् बढेर जान्थ्यो। सुरुसुरुमा सिक्दै गर्दा स्किइङ (हिउँमा चिप्लेटी) तपाईंका लागि उल्टोजस्तो लाग्न सक्छ। सही तरिकाले गरियो भने अगाडि निहुरिंदा तपाईं सिधा उभिन सक्नुहुन्छ तर केहीबेरसम्म तपाईंको दिमाग चिच्याइरहन्छ, "पछाडितिर निहुरिनुपर्छ!" यसै गरी बायाँतिर झुक्दा तपाईंलाई दायाँतिर मोडिन मदत गर्छ तर प्रायः बायाँतिरै झुक्नु स्वाभाविक लाग्छ अनि तपाईं जाँदै गरेको दिशातिर हेर्नुको सट्टा आफ्नो स्कीको अगाडिको भागमा हेरिरहनुहुन्छ!

प्रशिक्षकले सोधिरहेका यी कुराहरूलाई मैले ख्याल गरेँ, "तपाईँले के 'महसुस' गर्नुभयो ? तपाईँलाई कस्तो 'महसुस' भयो ? के तपाईँले यस्तो 'महसुस' गरिरहनुभएको छ ?"

इमानदारीपूर्वक भन्ने हो भने धेरै पटक मैले नियन्त्रणभन्दा बाहिर गएको महसुस गरेँ। मैले के गर्नुपर्छ भन्ने कुरामा नै मलाई द्विविधा थियो तर म निरन्तर लागिरहेँ किनभने तपाईँले सिक्दै गर्दा अनिश्चिततालाई स्वीकार गर्नु र त्यसलाई पार गरेर अगाडि बढ्नु आवश्यक हुन्छ। त्यसपछि मैले यसलाई 'महसुस' गर्न थालेँ। मैले कसरी मोडिने हो भनेर सोच्न छोडिदिएँ अनि प्रशिक्षकले मलाई जे भने त्यही नै गर्न थालेँ। जतिजति मैले नयाँ अनुभूतिहरूमा भरोसा गर्न थालेँ त्यति नै सिपालु हुँदै गएँ।

आत्मज्ञान प्राप्त गर्नु पनि यस्तै कुरा हो। कसरी अनिश्चितताबाट सुरु गर्ने र त्यसलाई पार गरेर अघि बढ्ने भन्ने कुरा बुझ्न मानिसहरूलाई प्रायः सानो मदत आवश्यक हुन्छ।

ज्ञानका क्रियाहरू

शान्ति सबैका लागि सम्भव छ। आफ्नो व्यक्तिगत शान्तिका लागि आन्तरिक सम्भावना पत्ता लगाउन मदत गर्ने उद्देश्यले म मानिसहरूलाई पिस एजुकेसन एन्ड नलेज (शान्ति शिक्षा र आत्मज्ञान) भनिने निःशुल्क शैक्षिक कार्यक्रम उपलब्ध गराउँछु। यसलाई छोटकरीमा पिक भनिन्छ। पिकसम्म पुग्ने तरिका तपाईँले मेरो वेबसाइट www.premrawat.com बाट जान्न सक्नुहुन्छ। यसले तपाईँलाई आफूभित्र रहेका क्षमताहरूलाई महसुस गर्न मदत गर्छ। यस पुस्तक र अन्य स्रोतहरूमार्फत तपाईँले पहिल्यै थाहा पाइसक्नुभएका धेरै विषयहरूलाई यसमा समावेश गरिएको छ। कृपया ती निःशुल्क स्रोतहरूलाई निःसङ्कोच प्रयोग गर्नुहोला र कुनै प्रश्न भए मलाई पठाउनुहोला।

यदि यो पुस्तक र पिक कार्यक्रम तपाईँलाई राम्रो लाग्यो भने तपाईँका लागि आत्मज्ञानका केही व्यावहारिक तथा शक्तिशाली विधिहरू सिक्ने विकल्प पनि छ। यसले तपाईँलाई आफ्नो भित्री शक्तिलाई महसुस गर्न र आफ्नो ध्यानलाई बाहिरबाट भित्र लैजान मदत गर्छ। म छ वर्षको हुँदा त्यस दिन देहरादुनमा मेरा बुवाले मलाई सिकाउनुभएका विधिहरू यिनै हुन्। यसका बारेमा मैले यस पुस्तकको परिचय खण्डमा उल्लेख गरेको छु। मेरो अनुभवमा यी विधिहरूलाई

एक व्यक्तिबाट अर्को व्यक्तिसम्म लैजानु नै सबैभन्दा राम्रो तरिका हो। यी यस्ता अनमोल विधिहरू हुन् जसलाई साँच्चै नै राम्रोसँग बुझेका व्यक्तिबाट सिक्नुपर्छ। त्यसो त यदि तपाईँले अघिल्ला एघार अध्यायहरू पढ्नुभएको छ र तिनीहरूले तपाईँको हृदयलाई छोएका छन् भने तपाईँ आत्मज्ञानको सही बुझाइतर्फ अघि बढिसक्नुभएको छ।

चेतनाको गहिराइको ढोका खोल्ने कुञ्जी नै आत्मज्ञानप्रतिको तपाईँको तिर्खा हो। मैले यसअघि उल्लेख गरेको तिर्खा यही नै हो। तपाईँले त्यो तिर्खालाई महसुस नगरेसम्म पिक र अन्य कुनै पनि तरिका लाभदायक साबित नहुन सक्छ। यदि तपाईँमा साँच्चै आफूभित्रको स्वयम्‌लाई जान्ने चाहना र आवश्यकता छ भने पिक तपाईँका लागि सहयोगी हुन सक्छ। यो एउटा भाषा सिक्नुजस्तै हो। यसलाई सुरु गर्ने उत्सुकता र तीव्र लगन तपाईँमा हुनुपर्छ अनि अभ्यास गर्ने दृढताका साथ अघि बढ्नुपर्छ। वास्तवमा आत्मज्ञान स्वयम्‌को भाषा हो।

अपेक्षादेखि अनुभवसम्म

यस पुस्तकमा मैले हाम्रो जीवनमा अपेक्षाहरूले ल्याउने समस्याका बारेमा कुरा गरेको छु। आत्मज्ञान र शान्ति प्राप्त गर्ने कुरासँग पनि हाम्रा प्रायः ठुला अपेक्षाहरू जोडिएका हुन्छन्। "मैले शान्ति पाएँ भने त्यसको अनुभव यस्तो हुनुपर्छ। तपाईँले शान्ति प्राप्त गरेपछि तपाईँले यसरी काम गर्नुपर्छ।" यस्तैयस्तै अपेक्षाहरू राखिन्छ। म एउटा फरक तरिका प्रयोग गर्न सुझाव दिन्छु– आफ्नो तिर्खालाई महसुस गर्नुहोस्, आत्मज्ञानभित्र गहिरिएर खोजबिन गर्नुहोस् अनि अगाडि जे हुन्छ त्यसलाई स्वाभाविक रूपमा हुन दिनुहोस्। आन्तरिक शान्तिका बारेमा हामीसँग कुनै पनि सीमित विचारहरू छन् भने तिनलाई छोड्नु राम्रो हुन्छ किनभने अपेक्षाहरूले हाम्रो अनुभवको मार्गमा केवल बाधा पुऱ्याउनेछन्।

केही समयअघि म एक वक्ताको रूपमा श्रीलङ्कामा थिएँ। कार्यक्रम उद्घोषिकाले मञ्चको पछाडि बसिरहेका बेलामा आफ्नो परिचय दिँदै भनिन् "तपाईँसँग भेटेर खुसी लाग्यो तर मैले त तपाईँलाई एक फुटमाथि कार्पेटमा तैरिरहन सक्ने एक जना चमत्कारी मानिसको रूपमा अपेक्षा गरिरहेकी थिएँ!" उनले आन्तरिक शान्तिसँग सम्बन्धित व्यक्ति कस्तो हुन्छ भनेर एउटा धारणा बनाइसकेकी थिइन् तर म त त्यस्तो होइन। के मलाई जुनसुकै बेलामा शान्ति भइरहन्छ? हुँदैन! के मलाई कहिलेकाहीँ समस्या पर्छ? पर्छ! के मसँग आफूभित्रको संसारका अद्भुत

अनुभवहरू छन्? अवश्य छन्! के म कहिल्यै कार्पेटभन्दा एक फुटमाथि तैरिएको छु? अहिलेसम्म त छैन!

एक पटक म आत्मज्ञानको मार्गमा लागेका मानिसहरूसँग भेटघाट गर्दै थिएँ। प्रश्नोत्तरका क्रममा एक जना महिलाले हात उठाएर भनिन्, "अहिले मलाई ज्ञानको विधि थाहा छ तर मलाई केही पनि अनुभव हुँदैन।" यो कुरा सुनेर सबैको कान ठाडो भयो। मैले जवाफ दिएँ, "यदि केही पनि भइरहेको छैन भने अभ्यास गर्न छोडिदिनुस्।" अनि, उनले भनिन्, "अहँ, हुन्न, हुन्न, हुन्न! म अभ्यास छोड्न चाहन्नँ किनभने यसबाट मलाई धेरै शान्ति र खुसी महसुस हुन्छ। यो साँच्चै नै सुन्दर छ।" समस्या के थियो भने जे छ त्यसलाई सरल रूपमा महसुस गर्नुको सट्टा मैले कस्तो महसुस गर्नुपर्छ भनेर उनले सोचिरहिन्। अपेक्षाहरू!

कसैले कुनै बेला भनेका थिए, "उड्नका लागि हामीलाई पखेटा चाहिँदैन, हामीलाई बाँध्ने साङ्ला काटे मात्र पुग्छ।" यदि हामीले अपेक्षाका साङ्लाहरूलाई काट्यौँ भने हाम्रो स्वयम्लाई खोज्न, अनुभव गर्न र बुझ्न हामी स्वतन्त्र हुन्छौँ। यो कुरा त्यो कृतज्ञताभित्र छ। त्यो कृतज्ञता जान्नुबाट सुरु हुने 'वर्तमानमा भएकै चिज' का लागि हो अनि हामीले गर्ने यसको अभ्यास हाम्रो अन्तिम श्वाससम्म पनि अगाडि बढिरहन सक्छ।

मैले गरेको शान्तिको अनुभव

आन्तरिक शान्तिसँगको मेरो बलियो सम्बन्ध मेरो जीवनमा एउटा अद्भुत आशीर्वादका रूपमा रहँदै आएको छ– राम्रो र कठिन दुवै समयमा। मेरा समस्या केके छन् वा संसारमा के भइरहेको छ भन्ने कुराले मलाई केही फरक पार्दैन। ती सीमाहरूलाई पार गरेर म आफ्नो स्वयम्सँग पूर्ण रूपले जोडिएपछि सबै चिन्ताहरू हटेर जान्छन् अनि हरेक मानिसका लागि एउटा त्यस्तो स्थानमा रहने सम्भावना हुन्छ जहाँ उनीहरूको हृदयले गाउँछ र उनीहरू केवल आफू जीवित भएको सङ्गीतको आनन्द लिन्छन्।

म प्रायः आत्मज्ञानबाट आउने स्पष्टताका बारेमा कुरा गर्छु किनभने यसले हामी आफ्ना बारेमा कस्तो महसुस गर्छौँ र हामीले जीवनलाई कसरी सामना गर्छौँ भन्ने विषयलाई रूपान्तरण गर्न सक्छ। यहाँ एउटा उदाहरण छ। हवाईजहाज उडाउँदा त्यो कसरी चलिरहेको छ भन्ने कुरा थाहा पाउन तपाईँ आफ्ना इन्द्रियहरूको प्रयोग गर्नुहुन्छ– क्षितिजलाई हेरेर विमानलाई सिधा र सन्तुलित अवस्थामा राखेजस्तै।

वास्तवमा तपाईंले आफ्नो अनुभवका आधारमा उडाइरहनुभएको छ तर विशेष गरी मौसम खराब हुँदा वा अँध्यारो हुँदा हावामा हवाईजहाजको सन्तुलन सजिलै बिग्रन सक्छ। यस्तो अवस्थामा तपाईंका धारणा र विश्लेषणहरू वास्तविकताभन्दा फरक हुन सक्छन्। उपकरणहरूको सिङ्गो प्रणालीले तपाईंका इन्द्रियहरूलाई थप क्षमता प्रदान गर्छ। ती उपकरणहरूले तपाईं कति सिधा र सन्तुलनमा हुनुहुन्छ, तपाईंको गति कति छ, तपाईं कति छिटो मोडिँदै हुनुहुन्छ लगायतका कुराहरू ठ्याक्कै बताउँछन्। एक जना उडान प्रशिक्षकको हैसियतले म तपाईंलाई के भन्न सक्छु भने पाइलटहरूलाई उपकरणहरूका माध्यमबाट उडाउने कार्य सिक्न प्रायः धेरै समय लाग्छ। यसको आंशिक कारण के हो भने हिउँमा चिप्लेटी खेल्न सिकेजस्तै तपाईंले विशेषज्ञप्रति भरोसा गर्न सिक्नुपर्छ !

आत्मज्ञानले तपाईंको साँचो स्वयम्सँग जोडिएका आन्तरिक उपकरणहरूको एउटा सेट (समूह) विकास गर्न सक्षम बनाउँछ। तपाईं आफ्नो वास्तविकतालाई त्यहीं पाउनुहुन्छ। तपाईंले आफूलाई वास्तवमा त्यतैतिर उन्मुख गराउनुपर्छ।

उडानका उदाहरणलाई निरन्तरता दिऔं। ककपिटमा धेरै बत्तीहरू हुन्छन् त्यसैले एक निर्माताले 'डार्क ककपिट' (बत्तीविनाको विमानचालक कक्ष) को अवधारणा ल्याए। यसले बल्नुपर्ने बत्तीहरूको सङ्ख्यालाई न्यूनीकरण गर्छ र पाइलटलाई प्राथमिकता तय गर्न मदत गर्छ। यदि कुनै पनि बत्ती बलेको छैन भने सबै ठिक छ। यदि कुनै बत्ती बल्यो भने तपाईंले यसको कारण पत्ता लगाएर त्यसलाई समाधान गर्नुहुन्छ। यसलाई एउटा व्यस्त दिमागले बाहिरी संसारलाई स्क्यान (सावधानीपूर्वक छानबिन) गर्ने तरिकासँग तुलना गर्नुहोस्, त्यो सधैं समस्या र शान्ति दुवैको खोजीमा रहन्छ।

अरू मानिसजस्तै म पनि के कुरामा सचेत हुनुपर्छ भने अवश्य पनि मेरो दिमाग मेरो हृदयको बाटोमा बाधक बन्न सक्छ र अपेक्षाहरूले पनि मलाई प्रभाव पार्न सक्छन्। एक पटक मलाई जापानमा एक जना प्राध्यापकले एउटा मन्दिरमा बोलाए। उनी बागवानी विषयका एक प्रसिद्ध सम्मानित विशेषज्ञ थिए। यो भव्य बगैंचाहरूसहितको एउटा अत्यन्तै सुन्दर मन्दिर थियो। हामी चौरमा गएर बस्यौं। सबैले त्यो ठाउँ कति शान्तिपूर्ण छ भनेर टिप्पणी गरिरहेका थिए। वास्तवमा मेरो दिमागले स्पष्ट रूपमा सोचिरहेको थियो, "यो शान्ति होइन।" मैले सोचें, "यो त सन्नाटा हो !"

म त्यहाँ बसेर सुन्न थालें, साँच्चै सुन्न थालें। अनि, मैले के महसुस गरें भने वास्तवमा त्यो ठाउँ पटक्कै शान्त थिएन। कलकल आवाज निकालेर पानी

बगिरहेको थियो। त्यसपछि अचानक मैले झ्याउँकिरीहरू कराएको आवाज सुनेँ र त्यहाँ तिनीहरू सबै कराइरहेका थिए! म हावामा हल्लिएका पातहरूको आवाज र चराहरूले गाइरहेको सुन्न सक्थेँ। त्यो ठाउँ शान्त थिएन तर केही समयपछि मैले के महसुस गरेँ भने त्यस आवाजमा एउटा अद्भुत लय थियो। मैले 'सन्नाटा' र 'शान्ति' का बौद्धिक परिभाषाहरूलाई छोडेँ अनि त्यस क्षणमा मैले एउटै कुराको अनुभव गरेँ– बगैँचाको गीत, एक सुन्दर वास्तविकताको लय।

के तपाईं यस जीवन नामक छुट्टीको आनन्द लिइरहनुभएको छ?

आत्मज्ञानको खोज किन यति धेरै महत्त्वपूर्ण छ? आउनुहोस्, एक पटक फेरि हाम्रो अस्तित्वको आश्चर्यका बारेमा विचार गरौँ।

धेरै कवि र सन्तहरूले के भनेका छन् भने हामी मृत्युपछि आफ्नो वास्तविक घर जान्छौँ। यो संसार त एउटा यस्तो स्थान हो जहाँ हामी घुम्नका लागि आएका छौँ। मृत्युपछि पनि केही हुन्छ वा हुँदैन भन्ने विचारमा तपाईं चाहे विश्वास गर्नुहोस् या नगर्नुहोस् तर त्यो विचारमा हामी यहाँ केही समयका लागि आएका हौँ भन्ने कुरा चाहिँ बढी महत्त्वपूर्ण छ। मैले यसबारेमा 'धेरै' सोचेको छु। अनि, के निष्कर्षमा पुगेको छु भने हामी कहाँबाट आएका हौँ भन्ने कुरालाई हामी मानिसहरूले निकै सजिलै बिर्सन्छौँ। हामी धुलोबाट आएका हौँ। क्रिस्चियनहरूको 'बुक अफ कमन प्रेयर' ले व्यक्त गरेअनुसार हामी जन्मनुअघि विशाल ब्रह्माण्डको धुलोको बादलको अंश थियौँ र मृत्युपछि हामी त्यही धुलोमा फर्कनेछौँ– 'डस्ट टु डस्ट' (धुलोबाट सुरु भएर धुलैमा अन्त्य)। मैले यस विषयमा केही पङ्क्तिहरू लेखेको छु :

एक

मेरो खुट्टामुनिको धुलो
मूर्ख र ऋषिहरूको
समयको प्रकोपद्वारा मिश्रित
राजा र रङ्क
सन्त र डाँकु
जमिनमा पिसिएको

भिखारीको कचौरा र राजाको मुकुट
एउटै जमिनमा खिया लागेको
एउटै बतासले उडाएको
अनुग्रहविना छरपस्ट भएको
सबै चिजहरूको इतिहास
मेरो खुट्टामुनिको धुलो।

हाम्रो ब्रह्माण्डको उत्पत्ति १४ अरबभन्दा केही कम वर्षअघि भएको मानिन्छ अनि यो पृथ्वी करिब ४ अरब ५० करोड वर्षदेखि वर्तमान स्वरूपमा रहेको मानिन्छ। 'होमोसेपियनहरू' (बुद्धिमान् मानवप्रजाति) लगभग ३,००,००० वर्षअघिदेखि छन् र उनीहरू १०,००० वर्षअघिको हिमयुगदेखि आधुनिक मानवको स्वरूपमा आइपुगेका मानिन्छन्। यसको अर्थ आज हामी जुन रूपमा मानिसलाई चिन्छौँ त्यो मानिस पृथ्वी अस्तित्वमा आएपछिको समयावधिको तुलनामा निकै छोटो समयका लागि मात्र यहाँ छ। अझ सम्पूर्ण ब्रह्माण्डको समयावधिलाई हेर्ने हो भने त त्योभन्दा पनि अझ छोटो अवधिका लागि यहाँ छ। हामी आकाशगङ्गामा अरबौँ वर्षदेखि धुलोका कणहरूका रूपमा तैरिरहेका थियौँ। त्यसपछि महान् सर्वव्यापी शक्तिले हामीमाथि कृपा गरे अनि समयको लामो इतिहासमा एउटा सानो क्षणका लागि यस ग्रहमा यो जीवन जिउने अवसर प्रदान गरे।

त्यसैले हामीलाई धुलो बन्नबाट छुट्टी दिइएको छ। यो छुट्टी हामी जन्मिएपछि सुरु भयो र हाम्रो मृत्युपछि समाप्त हुन्छ। हरेक जीवित वनस्पति र जनावरहरू छुट्टीमा छन्। हामी सबैलाई एकदमै अद्भुत गन्तव्यमा ल्याइएको छ तर के हामी यो असाधारण छुट्टीमा छौँ भन्ने कुरा हामीलाई थाहा छ? के हामी आफ्नो समयको सक्दो सदुपयोग गर्दै छौँ? के हामी यो जीवनलाई अनुभव गर्ने कुराबाट विचलित भइरहेका त छैनौँ? पुनः धुलोमा परिणत हुनुअघि यस बहुमूल्य क्षणको, खरबौँ विविध चिजहरूलाई अनुभव गर्ने यस अवसरको के हामीले सकेजति आनन्द लिइरहेका छौँ?

कहिलेकाहीँ म छुट्टीमा छु भनेर बिर्सन्छु। हरेक दिन म आफूलाई के सम्झाउँछु भने अहिले मेरा लागि सबैभन्दा महत्त्वपूर्ण कुरा भनेको यो समय, यो अवसर, यो सुन्दरताको प्रशंसा गर्नु हो– यसको आनन्द लिनु र हरेक क्षणको धेरैभन्दा धेरै लाभ उठाउनु हो। ती हरेक क्षणमा अन्य सबै चिजहरूसँगको हाम्रो सम्बन्धलाई महसुस गर्ने सम्भावना हुन्छ। हामीले अध्याय ११ मा वर्णन गरेको त्यस सर्वव्यापी आत्मतत्त्वको अनुभव गर्ने सम्भावना हुन्छ।

जुन ब्रह्माण्डको धुलोबाट हामी बन्यौँ हाम्रो सौर्यमण्डलका सबै ग्रहहरू पनि त्यसैबाट बनेका हुन्। हामी सबै माथिको आकाशगङ्गा र पैतलामुनिको धुलोको अंश हौँ। हामी रुखहरूसँग अनि तिनका हाँगाहरूमा भित्र र बाहिर उड्ने चराहरूसँग जोडिएका छौँ। फूलको वरिपरि घुम्ने पुतलीसँग जोडिएका छौँ। घामको किरणले टल्किरहेको नदीमा दौडिने माछाहरूसँग जोडिएका छौँ। घाम र वर्षासँग जोडिएका छौँ। हामी सदैव पदार्थको अंश हुनेछौँ तर यति छोटो अवधिका लागि हामीलाई चेतनाको आशीर्वाद पनि प्राप्त भएको छ। हामीलाई महसुस गर्ने र बुझ्ने अस्थायी क्षमता दिइएको छ। त्यसो भए प्रश्न यो हो– के हामी आफ्नो छुट्टीको आनन्द लिइरहेका छौँ?

कार्पे डियम

पृथ्वी अन्ततः खण्डित भएपछि ब्रह्माण्डमा धुलोका रूपमा उड्नेछ र कतै अन्य स्थानमा अनगन्ती अरू कुनै चिजहरू बन्न पुग्नेछ। यो सर्वव्यापी रचनात्मकताको निरन्तर नवीकरण हो। त्यसैले हामीसित वर्तमानसँग जोडिरहने अवसर छ– बितेको हिजोसँग होइन अनि कहिल्यै नआउने भोलिसँग पनि होइन। बरु यस वर्तमान क्षणमा रहेको हाम्रो अस्तित्वको चमत्कारसँग– यही क्षणमा, यही क्षणमा अनि आउने यस्तै क्षणहरूमा। तथापि, हामी यति सरल प्रशंसालाई प्रायः कठिन बनाउन पुग्छौँ। चिनियाँ दार्शनिक लाओ त्जुले यसलाई यसरी व्यक्त गरेका छन् :

प्रत्येक क्षण नाजुक र क्षणिक छ।
विगतको क्षणलाई राख्न सकिँदैन,
चाहे त्यो जतिसुकै सुन्दर किन नहोस्।
वर्तमान क्षणलाई रोक्न सकिँदैन,
चाहे त्यो जतिसुकै सुखद किन नहोस्।
भविष्यको क्षणलाई समाउन सकिँदैन,
चाहे त्यो जतिसुकै चाहना गरिएको किन नहोस्।
तर, दिमाग यस नदीलाई आफ्नो ठाउँमा नियन्त्रण गर्न आतुर छ–
विगतका विचारहरूले सताएको,
भविष्यका चित्रहरूमा व्यस्त,
यसले वर्तमान क्षणको सरल सत्यलाई
बेवास्ता गर्छ।

यस क्षणको सरल सत्य के हो? कुनै चिजको अस्तित्व समाप्त भइसकेपछि त्यस चिजको महत्त्वलाई महसुस गर्नु बुद्धिमानी होइन। हामीसँग अहिले जे छ त्यसको महत्त्वलाई चिन्नु चाहिँ बुद्धिमानी हो। हामी सबैसँग अहिले के छ? यस क्षणमा हुनुको आश्चर्यलाई अनुभव गर्ने सम्भावना छ। हाम्रो जीवनको सबैभन्दा महत्त्वपूर्ण चिजलाई स्पष्टसँग देख्ने सम्भावना छ। हामी को हौँ भनेर साँच्चै नै जान्ने सम्भावना छ। कोलाहलबाट टाढा रहने र आन्तरिक शान्तिको अनुभव गर्ने सम्भावना छ। हामीलाई हाम्रा सबै राम्रा कुराहरूसँग एक हुने सम्भावनाको सम्झना गराउँदै हृदयले सधैँ हाम्रो दिमागको ढोका ढकढक्याइरहेको छ।

एउटा खाद्य बजारको कल्पना गर्नुहोस्। त्यसभित्र तपाईँले संसारमा पाउन सक्ने सबैभन्दा उत्कृष्ट खानेकुराहरू, सबैभन्दा ताजा फलफूल र तरकारीहरू, पकाइएका उत्तम खानेकुराहरू, सबैभन्दा उत्कृष्ट चिज (दूधबाट बनेको खाद्यपदार्थ), मानिसलाई थाहा भएसम्मका सबैभन्दा स्वादिष्ठ मिठाईहरू अनि सयौँ झरनाबाट बग्ने ताजा पेय पदार्थहरू पाउनुहुनेछ। तपाईँलाई के भनिएको छ भने यो बजारबाट तपाईँले आफूले चाहेको जुनसुकै चिज खान सक्नुहुन्छ तर यहाँ एउटा सर्त छ– तपाईँले ती चिजहरूलाई आफूसँग लैजान पाउनुहुन्न। तपाईँको प्रतिक्रिया के हुनेछ? के तपाईँ निराश हुनुहुनेछ? वा तपाईँले सोच्नुहुनेछ, "म यहाँ रहुन्जेलसम्म मैले आनन्द लिन सक्ने सबै कुराको आनन्द लिनेछु?"

हामीले सुनिरहेकै कुराजस्तो लाग्यो, होइन त? हामी धेरै आनन्द लिन सक्छौँ तर हामी यसलाई आफूसँग लिएर जान सक्दैनौँ। 'कार्पे डियम' (दिनलाई टिप्नुहोस्)।

असल ब्वाँसो, खराब ब्वाँसो

यस पुस्तकको माध्यमबाट हामी बारम्बार एउटा महत्त्वपूर्ण कुरामा पुग्छौँ र त्यो कुरा आत्मज्ञानको अभ्यासमा अत्यन्तै आवश्यक छ– त्यो हो 'रोजाइ'। हरेक क्षणमा हामीसँग छनोट गर्ने अवसर हुन्छ अनि त्यो हो– हामी आफूभित्र रहेको असल कुरालाई ध्यान दिन्छौँ कि खराब कुरालाई? सकारात्मक कुरालाई कि नकारात्मक कुरालाई?

स्थानीय अमेरिकी इन्डियन मूलका मानिसहरूको एउटा कबिला (समूह) थियो। एक दिन त्यो कबिलाको एउटा सानो केटाले मुखियाकहाँ आएर भन्यो, "मुखियाबा, मेरो एउटा प्रश्न छ। कोही मानिसहरू कहिलेकाहीँ असल हुन्छन् तर तिनै मानिसहरू अन्य समयमा किन खराब हुन्छन् ?"

मुखियाले भने, "किन त्यस्तो हुन्छ भने हामीभित्र दुईओटा ब्वाँसा छन्। तिनीहरू एकअर्कासँग लडिरहेका हुन्छन्। एउटा असल ब्वाँसो छ र अर्को खराब ब्वाँसो छ।"

त्यस केटाले केहीबेर यसबारेमा सोच्यो अनि उसले भन्यो, "मुखियाबा, कुन ब्वाँसोले जित्छ त ?"

मुखियाले जवाफ दिए, "जसलाई तिमीले खुवाउँछौ।"

हामीले खराब ब्वाँसोलाई दण्ड दिइरहनु आवश्यक छैन। त्यसो गर्दा हामीभित्रको असलपनलाई केही सहयोग हुँदैन। बरु असल ब्वाँसोलाई खुवाउनुहोस्। यसलाई समय दिनुहोस्, चेतना दिनुहोस्, विवेक प्रदान गर्नुहोस्, हेरचाह गर्नुहोस्, माया गर्नुहोस्। त्यसपछि के हुन्छ ? असल ब्वाँसो झन् बलियो हुन्छ।

घृणा, क्रोध, डर, भ्रमले खराब ब्वाँसोलाई खुवाउँछन्।

प्रेम, आनन्द, शान्ति, स्पष्टताले असल ब्वाँसोलाई खुवाउँछन्।

त्यसैले हामीले आफैँलाई सोध्नुपर्छ– आज हामी के छनोट गर्दै छौँ ? हामी पूर्वाग्रहलाई प्रोत्साहन गर्ने विकल्प रोज्छौँ कि विवेकलाई ? हामी भ्रमलाई प्रोत्साहन गर्ने विकल्प रोज्छौँ कि स्पष्टतालाई ? हामी युद्धलाई प्रोत्साहन गर्ने विकल्प रोज्छौँ कि शान्तिलाई ?

यहाँ छनोटले हामीलाई कसरी परिभाषित गर्छ भन्नेबारेमा मैले धेरै पहिला पढेका केही पङ्क्तिहरू छन्। ती शब्दहरू आजसम्म पनि मेरो सम्झनामा रहिरहेका छन् :

यदि तपाईँ बलियो हुन चाहनुहुन्छ भने भद्र हुनुहोस्।
यदि तपाईँ शक्तिशाली हुन चाहनुहुन्छ भने दयालु हुनुहोस्।
यदि तपाईँ धनी हुन चाहनुहुन्छ भने उदार हुनुहोस्।
यदि तपाईँ चलाख हुन चाहनुहुन्छ भने सरल हुनुहोस्।
यदि तपाईँ स्वतन्त्र हुन चाहनुहुन्छ भने आफैँलाई चिन्नुहोस्।

स्वतन्त्रतालाई रोज्नु

एक पटक म ज्ञानको विधि सिकिरहेका मानिसहरूसँग कुरा गरिरहेको थिएँ। एक जना मानिसले भने, “मलाई डर लाग्छ।”

“केको डर?” मैले सोधेँ।

“मैले आफूलाई अगाडि बढाउन सकिरहेको छैन– म यो अनुभवमा जानै सकिनँ।”

“किन?” मैले भनेँ। “तपाईं केवल भित्रतिर मोडिँदै हुनुहन्छ। आफैँसँग नडराउनुहोस्। उड्नुहोस्!”

पछि उहाँ मलाई भेट्न आउनुभयो। त्यो कुराकानी उहाँका लागि धेरै नै शक्तिशाली भएको कुरा बताउनुभयो किनभने उहाँले आफूलाई अगाडि बढ्न दिनुभयो र आफूलाई उड्ने अनुमति दिनुभयो। मैले उहाँलाई त्यसको अनुभव कस्तो भयो भनेर सोधेँ। उहाँले कुनै सीमा नै नभएको जस्तो स्वतन्त्रताको अनुभूति गर्न सकेँ भनेर बताउनुभयो। कुनै सीमा नै नभएको!

हाम्रो स्वभाव स्वतन्त्र हुनु हो। हामीलाई जे कुराले बाँध्छ त्यो त्यति ठुलो नहुन सक्छ तर हामीले आफूभित्र रहेको आवश्यकतासँग जोडिनुपर्छ। के तपाईं आफूभित्र त्यो स्वतन्त्रताको आवश्यकतालाई महसुस गर्न सक्नुहुन्छ? के तपाईं आफूभित्रको दिव्यशक्तिको आँखाबाट हेर्नका लागि आफूलाई स्वतन्त्र तुल्याउन सक्नुहुन्छ?

म हुर्कँदै गर्दा मैले चराहरूबाट एउटा स्वतन्त्रताको पाठ सिकेँ। तपाईंले एउटा स्वतन्त्र चरोलाई पिँजडामा राख्नुभयो भने त्यसले बाहिर निस्कनका लागि सङ्घर्ष गर्नेछ तर के तपाईंलाई थाहा छ, यदि तपाईंले धेरै लामो समयसम्म पर्खनुभयो भने अन्ततोगत्वा के हुनेछ? उसले त्यो पिँजडामा बस्न सिक्नेछ। एक दिन पिँजडाको ढोका खोल्नुभयो भने के होला, अनुमान गर्नुहोस् त? त्यो चरोले उड्ने प्रयाससमेत गर्नेछैन। मलाई थाहा छ किनभने मैले एक पटक पिँजडामा थुनिएका केही चराहरूलाई छोड्ने प्रयास गरेको थिएँ अनि तिनीहरू हलचल नै गरेनन्। तिनीहरूले स्वतन्त्रता के हो भन्ने कुरा नै बिर्सिसकेका थिए। हामीलाई पनि त्यस्तै हुन सक्छ।

हाम्रो जीवनमा जे भइरहेको भए पनि हामी को हौँ भन्ने गहिरो वास्तविकतासँग जोडिन हामी सदैव स्वतन्त्र छौँ। बाहिर जे भइरहेको छ त्यसको नियन्त्रणबाट मुक्त हुन सक्छौँ तर यो कुरा हाम्रा लागि हामी आफैँले रोज्नुपर्छ। हाम्रो श्वासको लय तल र माथि भइरहँदा यसले हाम्रा लागि जीवनरूपी चमत्कार ल्याउँछ। भित्रतिर मोडिनुहोस् अनि प्रत्येक क्षणमा तपाईँ आफूभित्रको असीम शान्तिसँग जोडिने कुरालाई रोज्न सक्नुहुन्छ। भित्र मोडिनुहोस् अनि तपाईँ आफैँभित्र टाढासम्म उड्न सक्नुहुन्छ। भित्र मोडिनुहोस् अनि संसारको कोलाहल सन्नाटामा परिणत भई यस क्षणको दिव्य सङ्गीत सुन्न सक्षम हुनुहुनेछ। भित्र मोडिनुहोस् अनि तपाईँले आफैँलाई सुन्न सक्नुहुनेछ। सुरुवात गर्नुहोस्!

लेखकका बारेमा

सन् १९५७ मा भारतमा जन्मनुभएका प्रेम रावतसँग ५५ वर्षभन्दा बढी लामो आफ्नो असाधारण जीवनयात्राको अनुभव छ। एक विलक्षण प्रतिभाशाली बालकबाट ७० को दशकका प्रसिद्ध किशोर व्यक्तित्व हुँदै अन्तर्राष्ट्रिय शान्तिदूतसम्मको आफ्नो यात्रामा उहाँले लाखौँ मानिसहरूलाई असाधारण स्पष्टता, प्रेरणा र जीवनको गहन सिकाइ प्रदान गर्नुभएको छ।

उहाँ हाल अमेरिकास्थित दि प्रेम रावत फाउन्डेसनका संस्थापक हुनुहुन्छ। आफ्नो शान्तिको स्रोतलाई आफूभित्रै कसरी अनुभव गर्न सकिन्छ भनेर उहाँले जीवनमा सबै क्षेत्रसँग जोडिएका मानिसहरूलाई सिकाउँदै आउनुभएको छ। उहाँको विश्वव्यापी प्रयास एक सयभन्दा बढी देशहरूमा फैलिएको छ। उहाँ एकएक जना गरेर सबैलाई आशा, खुसी र शान्तिको व्यावहारिक सन्देश प्रदान गर्नुहुन्छ।

उहाँ अन्तर्राष्ट्रिय स्तरमा सर्वाधिक विक्री भएको पुस्तक *'पिस इज पोसिबल'* (शान्ति सम्भव छ) का लेखक हुनुहुन्छ। उहाँ एक पाइलट पनि हुनुहुन्छ। उहाँसँग १४,५०० घण्टाभन्दा बढी समयको हवाईउडान भरेको अनुभव छ। उहाँ एक फोटोग्राफर हुनुका साथै पुरानो कारलाई पुनर्निर्माण गर्नमा रुचि राख्नुहुन्छ। उहाँ चार जना छोराछोरीका पिता र चार जना नातिनातिनाहरूका हजुरबुवा हुनुहुन्छ।

HarperCollins *Publishers* India

At HarperCollins India, we believe in telling the best stories and finding the widest readership for our books in every format possible. We started publishing in 1992; a great deal has changed since then, but what has remained constant is the passion with which our authors write their books, the love with which readers receive them, and the sheer joy and excitement that we as publishers feel in being a part of the publishing process.

Over the years, we've had the pleasure of publishing some of the finest writing from the subcontinent and around the world, including several award-winning titles and some of the biggest bestsellers in India's publishing history. But nothing has meant more to us than the fact that millions of people have read the books we published, and that somewhere, a book of ours might have made a difference.

As we look to the future, we go back to that one word—a word which has been a driving force for us all these years.

Read.

Harper Collins · 4th · HARPER FICTION · HARPER NON-FICTION · HARPER BUSINESS · HCCB HARPERCOLLINS CHILDREN'S BOOKS

HARPER DESIGN · Harper Sport · HARPER PERENNIAL · HARPER VANTAGE · हार्पर हिन्दी · BOOKTOPUS

